KB089949

로마의 선택과 결정

③ 공화정 종식

로마의 선택과 결정

③ 공화정 종식

초판 1쇄 인쇄일 2019년 06월 11일
초판 1쇄 발행일 2019년 06월 19일

편저자 윤홍렬
펴낸이 양옥매
디자인 표지혜 송다희

펴낸곳 도서출판 책과나무
출판등록 제2012-000376
주소 서울특별시 마포구 방울내로 79 이노빌딩 302호
대표전화 02.372.1537 **팩스** 02.372.1538
이메일 booknamu2007@naver.com
홈페이지 www.booknamu.com
ISBN 979-11-5776-743-4(04920)
ISBN 979-11-5776-576-8(04920) 〈세트〉

이 도서의 국립중앙도서관 출판시도서목록(CIP)은 서지정보유통지원 시스템 홈페이지(http://seoji.nl.go.kr)와 국가자료공동목록시스템 (http://www.nl.go.kr/kolisnet)에서 이용하실 수 있습니다.
(CIP제어번호 : CIP2019022523)

*파손된 책은 구입처에서 교환해 드립니다.

로마의
선택과 결정

3

공화정 종식

윤홍렬
편저

책과나무

신神의 검지를 위해 여백을 남긴다

Ad indicem Dei marginem relinquo

• 일러두기 •

1. 이해를 돕기 위해 시대별로 통사를 앞에 두었고, 개별 서사는 뒤따르면서 요약 또는 설명을 먼저 서술하고 그다음에 내용을 붙였다.
2. 지명은 당시의 지명에 따랐으며, 필요시 현재 지명을 부기해 두었다. 다만 오히려 혼란스러울 경우에는 현재 지명으로 표기했다.
3. 기원전은 'BC', 기원후는 'AD'로 표기했으나 아무런 표기가 없는 경우 기원후다.
4. 도량형은 가능한 현대식으로 표기했고, 화폐 단위와 토지 면적 등은 단수형으로 표기했으며, 인명은 프라이노멘 · 노멘 · 코그노멘을 모두 명기한 경우에도 셋 중 일반적으로 통용되는 1개만 주로 적었다.
5. 나이는 한국식으로 적었으며, 필요시에는 만 나이를 부기해 두었다.
6. 지도의 지명이 여러 곳일 경우는 좌에서 우로, 상에서 하로 붙였다.
7. "마음에 새기는 말"은 참고한 문헌에서 말한 자의 이름을 언급한 경우에는 명시했으며, 저자의 말을 인용했을 경우에는 별도로 이름을 명시하지 않았다.
8. 용어 정리는 종교, 군사, 정치 · 행정, 사회, 시설 · 기타 등의 순서로 했다.

○ 국가 권력과 부를 송두리째 쥐고 있던 로마의 귀족들은 호민관들의 노력에도 불구하고 철부지 어린애처럼 가진 것을 놓지 않으려고 발버둥 쳤다. 하지만 그들의 이웃과 동포들은 굶주림과 상심으로 분노하고 있었고, 이들을 달래어 병사로 삼은 로마 장군들은 정복 전쟁을 통하여 전리품을 나누어 주고 사병화시킨 다음 이 군사력으로 독재의 기초를 닦았다. 이들 장군들은 사소한 기회라도 맞닥뜨리면 언제라도 병사들을 이끌고 로마로 진격하여 귀족들의 오만과 탐욕을 짓밟고 군정의 깃발을 꽂을 태세였다.

○ 술라의 독재를 거부하던 카이사르도 결국 독재의 길을 걸었으며, 그 힘으로 시민들의 배고픔을 덜어 주고 오락을 베풀었다. 자유의 투사들이 카이사르에게 단검을 들이대고 이제는 질곡의 고리를 끊고 자유를 얻었다고 외쳤지만 시민들은 그 자유란 귀족들만의 자유임을 단박에 알아챘다. 그래서 그들은 브루투스를 용서하지 않았고 카이사르를 살해한 자들을 자유의 투사가 아닌 암살자로 낙인찍어 멀리 도망칠 수밖에 없도록 몰아갔다.

○ 자유의 투사들은 카이사르만 없다면 다시금 공화정이 꽃피고, 자신들이 보여 준 놀라운 용기로 시민들의 찬사 속에 후세에도 소멸되지 않는 드높은 명예가 부여되리라고 여겼다. 하지만 언젠가 카이사르가 암시한 것처럼 그의 죽음은 로마 세계를 혼돈과 내전의 비참함에 빠지게 했을 뿐이었다. 국가에 닥친 독재의 기운은 단 한 사람의 죽음으로 걷힐 수 있는 상황이 아니었다. 그것은 국가 지도층의 변화를 요구했지만 그들은 결코 변하지 않았다.

○ 마침내 카이사르란 이름을 양도받은 젊은이가 위선이라는 무기와 막대한 자금을 동원하여 더할 수 없이 강했던 정적들을 모두 물리치고 로마를 수중에 넣었다. 피비린내 나는 내전을 거친 후 최후의 승자가 결정되자, 로마 공화정은 맹렬한 기세로 문이 닫혔고 귀족들은 시민의 지도자요 통치자라는 지위에서 한 계단 내려와 왕과 닮은 시민 대표자에게 머리를 조아리며 명령을 받들어야 하는 처지로 전락했다. 로마의 귀족들은 자신들이 그렇게도 싫어했던 왕을 보게 되자, 그제야 지난 과오를 뉘우치며 한탄했지만 이미 소용없는 깨달음이요 때늦은 후회였다.

○ 이 글을 아들과 딸 그리고 그들의 아들과 딸에게 남긴다.

−2019년 6월

윤홍렬

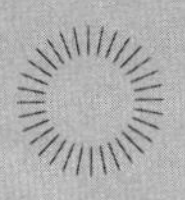

공화정 시대

2-4. 독재 권력의 출현(BC 88년~BC 27년)

○ 폰투스 왕 미트라다테스 5세의 왕비 게스파이피리스는 남편을 살해하고 자신의 아들 미트라다테스 6세(Mithradates VI Eupator)를 왕위에 올린 다음 섭정을 했다.(註. Mithradates는 '미트라 신의 선물'이란 의미이다. 미트라교는 3~4세기에 페르시아로부터 로마 제국에 전파되어 게르마니아 군단과 도나우 군단 병사들의 마음을 사로잡아 크게 번성했다. 미트라다테스를 영웅시하는 기록에는 그가 어릴 적에 어머니에게 버림받자 7년 동안 숲에서 힘을 길러 권좌를 되찾았다고 전한다.) 하지만 미트라다테스는 어머니가 아버지를 살해하고 그 권력을 차지한 것에 분개하고 있었다. 성장한 그는 마침내 어머니를 투옥하고 왕권을 다지기 위해 자신에게 도전할 만한 형제들을 남김없이 살해한 다음 누이와 결혼했다.

○ 이후 그는 비티니아 왕 니코메데스 3세와 손잡고 파플라고니아와 갈라티아를 정복하여 영토를 나누어 가졌지만 카파도키아를 놓고서는 서로 다투었다. 그러다가 BC 90년 그는 로마의 동맹국이 되어 성가시게 구는 비티니아 왕 니코메데스 4세를 몰아내려고 공격했으나 실패했을 뿐 아니라, BC 89년에 이에 대한 보복으로 니코메데스의 공격을 받았다. 그는 로마에 사절을 보내 니코메데스의 난폭한 행동을 제지해 달라고 요구했지만 로마는 오히려 비난받을 자는 미트라다테스라며 니코메데스의 편을 들었다. 그러자 그는 로마가 동맹시 전쟁

으로 정신없는 틈을 타 노골적으로 로마에 반대하는 세력을 소아시아에서 구축하고 소아시아에 거주하던 로마 시민들을 학살하도록 종용하면서 그들을 죽이거나 밀고한 노예에게는 자유를 주겠다고 부추겼다.(註. 플루타르코스는 술라 편에서 이때 죽은 로마 시민이 15만 명에 달한다고 기록했으나 이는 과장된 것으로 보인다.) 이렇듯 미트라다테스가 로마를 향해 창검을 겨누고 소아시아가 로마 시민들의 피로 대지를 적시자 로마는 그를 토벌하기로 결정했다. 이로써 제1차 미트라다테스 전쟁이 마침내 불을 뿜었다.

○ 미트라다테스를 토벌하기 위한 사령관에는 당시 집정관이던 술라가 임명되어야 마땅했다. 하지만 어느덧 술라는 마리우스의 정적이 되어 있었을 뿐 아니라, 마리우스는 술라가 토벌군의 사령관이 된 것을 시기하며 자신이 직접 미트라다테스를 정복하고 싶어 안달했다. 이렇듯 마리우스의 타오르는 시기심은 규정과 정당성을 깔보고 무시할 수 있는 힘을 주었다. 결국 그는 당시 호민관이던 술피키우스와 암약하여 술라의 자리가 되어야 하는 소아시아 토벌의 사령관 자리를 부정과 폭력으로 빼앗았다.

○ 술피키우스가 부리는 폭도들을 피해 동맹시 전쟁의 마지막 전투가 치러지고 있던 놀라(註. 놀라Nola는 '신도시'를 의미한다.)까지 간신히 도망친 술라는 자신의 권리가 강탈당한 데 격분했다. 그곳에서는 미트라다테스와의 전쟁에 파견하기 위해 병사들을 모집하고 있었는데, 술라는 자신을 지지하던 그 병사들에게 마리우스의 부당함을 호소하여 동조를 얻은 다음 그들을 이끌고 로마로 진격했다. 이제껏 어느 누구도 정치적 패배를 당했다고 해서 로마군을 이끌고 로마로 쳐들어가서 시가지를 피로 물들이고 난폭하게 도시를 점령한 로마 장군

은 없었다. 그러나 술라는 달랐다. 그는 정치적 승리를 위해서는 규칙과 관습을 언제라도 패대기치고 도덕성을 짓뭉갤 준비가 된 자였다. 이렇게 하여 정변을 일으킨 술라는 마리우스 파를 몰아내고 정권을 손아귀에 넣었다. 술라가 정변을 일으켰을 때 마리우스는 겨우 목숨을 구해 아프리카로 피신할 수 있었다.

○ 권력을 잡는 데 성공한 술라는 로마의 정국이 안정되자 당초 계획대로 미트라다테스를 토벌하기 위해 병사들을 이끌고 그리스로 건너갔다. 출병하기 전 그는 마리우스 파라고 의심되던 킨나에게 집정관직을 맡기면서 절대로 배반해서는 안 된다고 몇 번을 다짐받았다. 하지만 술라를 태운 배가 이탈리아를 떠나는 고동 소리가 멀어지자마자 킨나는 약속을 어기고 술라가 구축한 제도를 모조리 뒤엎었다. 그러자 동료 집정관 그나이우스 옥타비우스는 정변을 일으켜 킨나를 로마에서 추방하고 원로원은 그를 공공의 적으로 선포했다.

○ 그러나 아프리카에 도피해 있던 마리우스가 로마의 정세가 변했음을 알고 킨나에게 손을 내밀었다. 여기에 세르토리우스까지 킨나에게 가세하자 상황이 돌변했다. 그리하여 킨나는 동맹시 전쟁의 마지막 전투 장소였던 놀라로 가서 군대의 지지를 얻어 다시금 로마로 향했다. 집정관 그나이우스 옥타비우스가 킨나의 로마 입성을 막으려 했지만 힘이 부친 데다 상당한 군사력을 보유하고 있던 폼페이우스 스트라보(註. 제1차 삼두의 한 명인 폼페이우스 마그누스의 아버지)가 양측의 눈치를 보며 모호한 행동으로 일관하자, 마침내 로마는 킨나의 수중에 떨어졌다.

○ BC 87년 킨나와 함께 로마로 돌아온 마리우스는 피비린내 나는 복수를 벌였다. 그는 추방당한 이후로 단 한 번도 수염을 깎지 않은 채

정적들을 향해 복수의 칼을 갈았던 것이다. 예로부터 추방되었던 자가 다시 권력을 되찾을 때는 반드시 피에 굶주린다고 했다. 마리우스의 분노에 찬 칼부림으로 집정관 옥타비우스를 비롯한 수천 명의 머리가 로마 광장에 내걸렸다. 한때 마리우스를 모욕하거나 경멸했던 자들은 모두 그 대가를 치렀으며, 크라수스(註. 제1차 삼두의 한 명)의 아버지와 안토니우스(註. 제2차 삼두의 한 명)의 할아버지도 이때 살해당했다. 술라의 저택은 본보기로 불태워졌지만 술라의 아내 메텔라는 천신만고 끝에 가족들을 데리고 칼부림의 현장을 피해 술라가 있던 그리스로 피신할 수 있었다.

○ 정적들의 척결에는 바르디아이(bardiae)라고 불리는 해방 노예들이 동원되었다. 그들은 길을 걷다가 누군가가 마리우스에게 인사를 하는데도 그가 모른 척하면 이는 곧 유죄 선고를 받은 것으로 간주하고 그 자리에서 처형했으며, 약탈과 강간을 허락받은 것처럼 로마 시내를 휩쓸고 다녔다. 이들의 횡포를 보다 못한 세르토리우스가 킨나와 상의한 다음 군단을 이끌고 밤중에 그들을 덮쳐 거의 4천 명이나 되는 해방 노예들을 모조리 도륙했지만, 마리우스는 침묵했고 세르토리우스는 아무런 처벌도 받지 않았다.

○ 미트라다테스를 토벌하러 떠났던 술라는 로마의 정변 소식을 전해 듣고 자신의 지위가 위태로워졌음을 알았다. 하지만 그는 먼저 국가의 적 미트라다테스를 굴복시킨 후, 병사들의 창끝을 이탈리아로 향하게 할 만큼 침착하고도 냉철한 인간이었다. 술라는 BC 85년 미트라다테스와의 담판으로 평화 조약을 먼저 체결한 후 BC 83년 병사들을 이끌고 이탈리아에 상륙했다. 마리우스와 킨나 추종자들의 항전으로 술라가 한때 위기에 몰리기도 했지만, 마침내 이탈리아와 로마

는 다시금 술라의 깃발 아래 굴복하고 무릎을 꿇었다.

○ 로마를 손안에 다시 틀어쥐게 된 술라는 마리우스가 행한 피의 복수 이상으로 무시무시한 살육을 벌였다. 술라는 자신의 복수심에 희생된 자들이 소유했던 노예들을 해방시켜 자신의 씨족명인 코르넬리우스를 하사한 다음 이들을 공포 정치의 도구로 이용했다. 이들은 모두 1만여 명에 달했으며 '코르넬리이(cornelii)'라고 불렸다. 이처럼 마리우스와 술라가 노예를 해방시켜 공포 정치에 이용한 것은 해방 노예가 정치적으로 복잡한 연결 고리가 없고 자신에게 자유를 부여한 자에게만 충성을 바칠 것이라고 생각했기 때문이다. 살생부가 만들어지고 수많은 사람들이 무자비하게 도륙되었으며, 수십 명의 원로원 의원과 수천 명의 기사 계급이 처형장에서 비참하게 목숨을 잃었다.(註. 처형된 자는 어림잡아 40명의 원로원 의원과 1,600명의 기사 계급이라고 추정된다.) 이들의 재산은 모두 술라의 지지자와 퇴역병들에게 학살의 대가로 분배되었기에 재산이 많은 자들의 목숨은 더욱 위태로웠다.

○ 그러나 이러한 자들을 살해하고 끌어모은 돈만으로 퇴역병들 모두에게 퇴직금을 지급하기에는 턱없이 부족했다. 그리하여 술라는 자신의 권력에 저항했거나 킨나 파를 지원했다는 의심만으로도 벌금형에 처했다. 장기간에 걸친 완강한 저항은 신념에 대한 의지로 인정받지 못하고, 동포가 아닌 적으로 취급되어 도시는 파괴되고 주민들은 모조리 노예로 팔리는 비참함을 피해 가지 못했다. 잔인한 성품을 지닌 술라는 마리우스의 무덤을 파헤쳐 시체를 갈가리 찢고 티베리스강에 던져 버리는 잔혹한 행위도 서슴지 않았다.

○ 술라의 살생부에는 17세밖에 안 된 카이사르의 이름도 적혀 있었다.

그러나 카이사르의 어머니 아우렐리아는 술라 파에 속한 친정 사람들을 동원하여 그는 카이사르 가문을 이어 갈 유일한 어린 자손인 데다 아직 죄를 지은 적이 없으니 살려 달라는 탄원을 계속 넣었다. 베스타 신전의 여사제까지 나서서 카이사르의 면죄를 청하자 술라는 "그놈의 몸에는 백 명의 마리우스가 있다."고 뇌까리면서 마지못해 카이사르의 이름을 살생부에서 지웠다. 그러면서 카이사르에게 킨나의 딸인 아내와 이혼할 것을 명령했다. 그러나 대담하게도 카이사르는 아내에 대한 연민 때문인지 아니면 민중파를 지지하는 자신의 의지를 보여 주기 위함인지 냉혹하고 공포스런 술라의 명령을 거부하고 아드리아해를 건너 멀리 도망쳤다.

○ 권력을 다시 휘어잡은 술라는 평민의 보호자인 호민관의 권한을 대폭 축소시켰고, 군사적 행동을 방지하기 위해 속주의 군단을 이동시킬 때는 반드시 원로원의 사전 승인을 받도록 했다. 그리고 어떤 경우에도 병사를 이끌고 루비콘강을 넘어서는 안 된다는 법을 제정했다. 그 법은 원로원 결의문으로 새겨져 군단을 거느리고 루비콘강을 건너는 자는 누구든 지옥의 신들에게 떨어질 것이고, 신성모독죄와 반역죄를 저지른 것으로 간주한다고 명시했다. 그것도 모자라 술라는 자신이 가진 권력을 합법화시키기 위해 BC 3세기 말 파비우스 막시무스 이래로 한 번도 시행된 적이 없었던 독재관에 취임했는데 그것도 종신 독재관이었다. BC 81년 관습, 상소권, 호민관의 거부권 등 시민의 자유와 독립에 관한 모든 행위를 발아래 짓밟고서 그가 취한 종신 독재관은 죽지 않은 한 영원히 사라지지 않는 막강한 권력이었다.

○ 특히 술라는 호민관에 대해 냉혹하여 호민관이 발의한 모든 법안은

반드시 원로원의 승인을 거쳐야 한다고 규정했고 호민관이었던 자는 다른 선출직 관직에 절대 출마할 수 없다고 함으로써 정치가로서의 숨통을 끊어 버렸다. 그 옛날 평민들이 귀족들과의 고통스런 투쟁을 통해 호민관이라는 막강한 후견인을 세웠지만, 술라가 바로 그 평민들로 이루어진 병사들의 무력을 이용하여 호민관의 기세와 권한을 자른 것이다. 그리고 마지막으로 남은 로마의 정신적 지주였던 원로원을 자신의 손안에 넣어 두기 위해 300석이던 원로원 의석을 600석으로 늘린 다음 자신의 지지자들로 채워 넣었다.(註. 그때 술라는 원로원 의석을 로마인이 아닌 이탈리아인에게도 배정한 최초의 선례를 남겼다.) 이리하여 술라는 공화정의 존립을 유지하고 싶어 시도한 개혁이 오히려 공화정을 무너뜨리고 독재로 나아가는 방법을 모두에게 제시하는 꼴이 되었다.

○ 술라는 자신의 뜻대로 국가 제도를 고친 후 BC 79년 독재관 사임에 이어 모든 공직에서 퇴임했다. 퇴임 후에 그는 호위병도 없이 친구들과 희희낙락거리며 시내를 다녔는데 한번은 어느 초라한 시민이 길을 걸어가는 그의 곁으로 다가와 독재자라며 그에게 마구 비난을 퍼부었다. 술라는 그 시민을 날카롭게 쏘아보며 이렇게 말했다. "이런 놈 때문에 앞으로는 아무도 권력을 내놓으려 하지 않을 거야!" 그러자 비난을 내뱉던 그자는 공포로 얼어붙은 듯 그만 입을 다물었다. 술라는 독재관직을 내려놓았지만 위엄은 그대로 남아 있었던 것이다. 공직을 그만둔 그는 얼마 후 푸테올리(註. 현재 지명 '포추올리') 근처의 별장에 은거했다. 그는 그다음 해 병으로 죽었는데, 이는 2년 동안의 독재관 자리에서 스스로 물러나 새로 얻은 젊은 아내 발레리아와 평온한 삶을 누린 것이며 천수를 다하고 생을 마감한 것이었다.

은퇴 후의 이른 죽음은 그에게는 도리어 행복이었다. 왜냐하면 자신이 이루어 놓은 업적들이 하나씩 물거품이 되어 가는 것을 보지 않고 죽을 수 있었기 때문이다.(註. 이에 반해 3세기 말 스스로 권좌에서 내려온 디오클레티아누스 황제는 자신이 확립한 4두 체제가 무너지는 것을 목도하고 아내와 외동딸까지 처형당하는 고통을 겪어야 했다.)

○ 술라의 시신을 화장시킨 장작더미의 불꽃이 사라지자마자, 제일 먼저 술라 체제에 반기를 든 것은 술라의 측근이었던 레피두스였다. 사실 BC 79년 폼페이우스가 레피두스의 집정관 출마를 지지했을 때, 술라는 레피두스의 기질을 눈치챘는지 이를 탐탁지 않게 여겨 반대했었다. 그럼에도 폼페이우스가 레피두스를 계속 지지하자 술라는 폼페이우스의 이름을 유언장의 상속인 명단에서 지워 버렸다. BC 78년 술라가 죽고 난 후 그해 집정관 레피두스는 마침내 술라의 정책을 짓밟고 반란을 일으켰기 때문에 원숙한 정치가였던 술라의 판단이 옳았음이 입증된 셈이었다.

○ 레피두스는 술라가 추방한 모든 자들을 귀환시킬 것, 빈민들에게 다시금 싼 가격으로 곡물을 배급할 것, 몰수된 토지를 종전 주인에게 돌려줄 것, 호민관의 권한을 회복시킬 것 등을 법안으로 제출했다. 레피두스가 제출한 법안 중에서 추방 해제와 곡물 배급은 법제화되었지만, 중요했던 토지 문제와 호민관 권한의 문제는 완강한 반대에 부딪혀 처리되지 못했다.(註. BC 70년이 되어서야 크라수스와 폼페이우스가 집정관이 되어 호민관의 권한을 원상회복시켰다.) 그러자 그는 술라가 사용했던 방법에 호소하기로 했다. 국가가 적을 공격하라고 그의 휘하에 편성시킨 군대를 로마로 돌렸던 것이다. 하지만 그의 군사적 역량은 술라에 따르지 못했는지 카툴루스와 폼페이우스에게 패

전하여 사르디니아로 피신했다가 그곳에서 병들어 죽고 말았다.

○ 레피두스가 죽은 이후에도 술라 때 적으로 간주되어 재산을 모두 빼앗긴 자들과 그들의 아들들은 유랑민이 되어 언제든 복수하려는 마음을 품고 있었다. 그뿐 아니라 술라 휘하의 퇴역병들은 농사를 몰랐기에 하사받은 농지는 폐허화되었고, 가난과 빚더미에 올라선 상태여서 개인적 이익을 위해 언제든지 동포에게 다시금 검을 뽑을 태세였다. 이것은 공화정 체제가 심각한 위기에 도래했음을 의미했다. 훗날 성직자 아우구스티누스의 관찰을 빌리자면 '당시 로마는 중대한 반란에 부닥쳤고 이어 동맹국과 싸웠으며, 그 후 내전으로 국력이 몹시 위축되자 공화정의 피해를 마침내 깨닫게 되어 군주가 통치하는 국가 체제로 바꿔야 하는 절박한 상황'에 이르게 되었다.

○ 게다가 살아남은 술라의 정적들은 호락호락한 상대가 아니었다. 그중에서도 마리우스의 부장으로 활약하며 바르디아이를 제거했던 세르토리우스(Quintus Sertorius)는 탁월한 장군이었다. 마리우스 파에 속했던 그는 동맹시 전쟁에서 한쪽 눈을 잃었다. 그때 세르토리우스가 말하기를 "훈장은 언젠가 자신의 몸에서 떼어 내야 하는 것이지만 실명이란 훈장은 평생 몸에 달고 다닐 수 있다."며 부상에 낙심하지 않았다. 그는 마리우스 밑에서 게르만의 테우토네스족(註. 영식으로 '튜튼족') 토벌에 큰 공을 세우면서, 미천한 신분의 태생이었지만 갖은 노력과 고생 끝에 마침내 부장의 지위에까지 올랐다. 하지만 BC 83년 술라가 이탈리아에 상륙하여 내전이 터졌을 때 술라에게 이길 대책을 마련했지만 받아들여지지 않았을 뿐 아니라, 내전에서 패한 후 마리우스 파에 가담한 죄로 술라의 살생부에 등록되고 말았다. 세르토리우스가 술라를 미워하게 된 것은 그가 호민관 선거에 나섰을

때 술라가 반대파를 구성하여 자신을 낙마시켰던 적이 있었기 때문이다.

○ 살생부에 등록되자 세르토리우스는 죽음을 피해 자신이 한때 근무했던 히스파니아로 돌아가서 세력을 키웠다. 하지만 그는 히스파니아에서 술라 파들의 공세를 받자 또다시 망명의 길을 떠돌아야 했으며, 실패와 패배를 거듭하다가 아프리카에서 술라 파에게 힘겹게 승리를 거둘 수 있었다. 승리의 소식이 퍼지자 히스파니아에서 사절이 찾아와 로마 총독의 압제로부터 자신들을 구해 달라고 간청했다. 히스파니아로 되돌아간 세르토리우스의 운명은 이때부터 상승세를 타기 시작했다. 애초에 20여 개의 히스파니아 도시들로부터 지지를 받았으나 승리가 거듭되자 날로 힘이 더해져 큰 세력을 떨쳤던 것이다. 세르토리우스는 로마의 체제를 본떠 히스파니아에 원로원과 정부를 구성하고 독립을 꾀했으며 폰투스 왕 미트라다테스와 동맹을 맺기도 했다. 더군다나 술라가 죽은 후 레피두스가 반란을 일으키다 실패하고 사르디니아에서 죽자 패잔병들이 히스파니아의 세르토리우스에게 규합되어 세력이 더욱 커졌다. 그러면서 히스파니아 주민들을 달래고 아우르자 그곳의 주민들은 애꾸눈 세르토리우스를 가리켜 한니발이 부활한 것이라고 믿었다. 그는 히스파니아에서 술라 파 병사들에게 줄곧 이겼고, 유구르타와 싸웠던 누미디쿠스의 아들 메텔루스 피우스에게도 승리했다.

○ 하지만 세르토리우스의 운명도 BC 77년 폼페이우스 마그누스와 메텔루스 피우스가 힘을 합쳐 공격하자 빛을 다하고 말았다. 왜냐하면 그가 폼페이우스를 공격하여 거의 승리를 눈앞에 두었을 무렵 메텔루스 피우스가 지원군을 이끌고 와 오히려 수세에 몰린 데다 BC 78

년 술라가 죽은 후 세르토리우스는 항전의 방향을 잃어버렸으며 때마침 터진 히스파니아인들의 반란에 강경 대응하자 민심이 완전히 세르토리우스를 떠났기 때문이다. 그 틈에 마르쿠스 페르페르나가 귀족인 자신이 기사 계급인 세르토리우스를 상관으로 받드는 데 불만을 품고 모반을 일으켜 세르토리우스를 살해했다. 페르페르나는 술라 파의 공세를 피해 53개 대대에 달하는 병력과 상당한 자금을 가지고 이탈리아에서 히스파니아로 왔으나 병사들의 강권에 밀려 어쩔 수 없이 세르토리우스 휘하에 들어갔던 자였다. 세르토리우스는 용기와 인내, 아량과 검소함 그리고 지혜와 의리 등 영웅으로서의 자질을 모두 갖추었지만 가혹한 운명은 그를 죽음의 덫으로부터 피할 수 없게 했다. 그때가 BC 72년이었다. 하지만 세르토리우스를 배반한 페르페르나는 지휘관으로서의 자질이 부족한 자였다. 그는 며칠 후 폼페이우스에게 격파되어 포로로 잡힌 후 처형됨으로써 범죄의 대가를 치렀다.

○ 술라가 죽었다는 소식을 접한 카이사르는 BC 78년 소아시아 총독 밑에서의 군 생활을 접고 로마로 돌아왔다. 당시 로마는 술라 밑에서 세력을 키웠던 폼페이우스와 크라수스가 득세하고 있었다. 귀국 후 카이사르는 로마에서 변호사 생활을 시작했지만 변호사로서는 명성을 얻지 못했다. 그러나 크라수스는 재벌로서 폼페이우스는 군지휘관으로서 커다란 명성을 쌓아 갔다.

○ 이즈음 미트라다테스 6세와의 전쟁으로 치안의 손길이 제대로 닿지 못한 바다에는 킬리키아를 근거지로 한 해적들이 이탈리아 해안까지 약탈하고 있었다.(註. BC 75년 변호사 생활을 접고 유학길을 떠났던 카이사르도 해적들에게 붙잡힌 적이 있었다. 해적들은 몸값으로 20탈란톤

을 요구했지만 그는 자신의 몸값이 겨우 그것밖에 안 되겠냐며 50탈란톤을 제시했다. 이는 그가 낮은 몸값보다는 큰 몸값이 목숨을 지키는 데 유리하다는 것을 깨닫고 있었기 때문이다. 신이 난 해적들은 비싼 몸값이 된 카이사르를 포로가 아니라 귀한 손님처럼 대우했고 50탈란톤을 받자 그를 풀어 주었다. 하지만 그들은 풀려난 카이사르의 공격으로 모두 붙잡혀 처형되었다. 카이사르가 번뜩이는 지혜로 해적의 소굴에서 살아 나와 그들을 일망타진했다는 쉽게 믿지 못할 전설 같은 이야기는 그가 내전에서 승리했고 승리한 자들이 주군의 영광을 위해 온통 찬사를 바칠 준비가 되어 있었기에 버젓이 역사에 기록될 수 있었으리라.) 이들이 지중해 세계를 제패한 로마 함대까지 격파하고 로마로 가는 선박들을 위협하자 바닷길은 매우 위험한 항해가 되었다. 그러자 곡물가가 치솟고 시민들이 기근에 시달렸다. 이러한 상황을 앉아서 두고 볼 수만은 없게 된 로마는 전직 법무관 마르쿠스 안토니우스(註. 훗날 옥타비아누스와 악티움 해전을 벌인 안토니우스의 아버지)에게 광범위한 권한과 자원을 주어 해적들을 소탕하게 했지만 그는 BC 72년 크레타섬에서 참패했고, 그 이후에도 해적 소탕은 지지부진하게 진행되었다. 그렇게 되자 해적들은 지중해 연안을 끊임없이 괴롭혔고 급기야 로마의 관문인 오스티아 항구까지 침공하여 로마 함대를 무찌르고 주변을 약탈했다.

○ 이에 정부의 무능을 비난하며 신속하고 효과적인 대책을 내놓으라고 시민들이 소요를 일으키자 BC 67년 호민관 아울루스 가비니우스가 해적 소탕과 관련한 강력한 법안을 민회에 상정하기에 이르렀다. 가비니우스가 법안을 발의할 때는 총사령관의 이름이 거명되지 않았지만 그 역할을 할 사람은 분명했다. 결국 로마 원로원에서는 폼페이우

스를 총사령관으로 임명하여 3년간 해적 소탕을 벌이도록 하는 법안을 통과시켰다. 이 법안에 따르면 총사령관 폼페이우스는 속주 총독보다 우위였고 로마 세계의 거의 모든 주요 지역이 포함된 것이나 다름없는 지중해 해안에서 72㎞(註. 400스타디온, 1스타디온은 약 180m)에 이르는 지역의 절대 지휘권이 주어졌다. 이는 2백 척의 전함과 법무관급 군단장 15명까지 거느릴 수 있는 막강한 지위였다. 하지만 가비니우스 법이 통과되자 그가 실제로 동원한 것은 5백 척의 전함과 12만 명의 보병 그리고 5천 기의 기병이었고 법무관급 군단장 24명과 재무관 2명을 선발하여 실로 엄청난 군사력을 지니게 되었다. 이 법안에 찬성한 원로원 의원은 카이사르뿐이었고, 다른 원로원 의원들은 이 법안이 한 사람에게 너무 큰 권한을 집중시켜 위험하다고 주장했으나, 해적들의 출몰에 막대한 피해를 입고 있는 시민들의 분노 앞에 반대의 목소리는 잦아들었다.(註. 학자들 중에는 폼페이우스가 쉽사리 강력한 지휘권을 부여받도록 폼페이우스의 지지자들이 곡물가의 폭등과 기근을 과장했다고 주장하는 자도 있다.) 거부권을 행사하려던 호민관들에게는 티베리우스 그라쿠스가 옥타비우스의 호민관직을 파직시켰던 예를 따르겠다는 위협을 가하자 거부권 행사도 포기되었으며(註. 호민관 옥타비우스가 거부권을 행사하자 동료 호민관 티베리우스 그라쿠스는 투표에 부쳐 그를 파면시켰다.), 호르텐시우스와 카툴루스(註. Quintus Lutatius Catulus는 마리우스와 함께 킴브리족 그리고 테우토니족을 물리친 카툴루스의 아들)의 반대 연설은 군중들이 야유 속에 힘없이 주저앉았다. 폼페이우스가 해적 소탕 사령관에 임명되던 당일, 그의 드높은 명성과 기대 때문에 그간 계속해서 오르던 곡물가가 폭락해 버릴 정도였다.

○ 이렇듯 막중한 임무를 부여받은 폼페이우스는 불과 40여 일 만에 서 지중해의 해적들을 몰아내고 49여 일 만에 나머지 지중해의 모든 해적들을 완전히 소탕함으로써 총 3개월 동안에 그들이 설치해 놓은 시설과 요새들을 모조리 파괴하여 바닷길의 안전을 보장했다. 그가 소탕 작전을 이렇게 빨리 성공할 수 있었던 것은 군사적 우월뿐 아니라, 포로로 잡히거나 항복한 해적들에 대한 유연한 처분이 있었기 때문이다. 그 당시 해적들은 잡히면 대부분 처형되거나 노예로 팔렸지만, 폼페이우스는 그들을 소아시아의 농장이나 촌락에 정착시켰다. 훗날 이 해적들은 농부가 되었고 폼페이우스의 충직한 클리엔스가 되었으며, 일부는 로마 시민권을 획득하여 폼페이우스의 정치적 입지를 강화시키는 데 한몫했다. 이제 폼페이우스에 대한 시민들의 인기는 하늘을 찔렀다. 그리고 루쿨루스가 종결하지 못하고 있던 미트라다테스와의 전쟁도 폼페이우스가 넘겨받아 승리로 종식시켰다. 그 여세를 몰아 무정부 상태가 된 시리아를 평정했으며 계속 말머리를 남쪽으로 돌려 형제끼리 권좌를 놓고 다투고 있던 유대까지도 손아귀에 넣었다. 결국 폼페이우스의 업적은 로마의 세계를 유프라테스강(註. 당시 명칭 '에우프라테스강')까지 확장시켰고, 전쟁의 승리로 엄청난 돈을 국고에 쏟아부었으며, 해적을 소탕하여 바다의 안전을 확보했고, 소아시아를 전쟁의 공포에서 해방시킨 것이다.

○ 이렇듯 폼페이우스가 엄청난 무훈과 인기를 얻게 되자 이를 바라보는 원로원은 생각이 복잡해졌다. 예전에 술라가 그러했던 것처럼 폼페이우스가 병사를 이끌고 이탈리아로 돌아와서 내전을 벌이고 반대파들을 살육한 후 독재자가 될까 두려워했던 것이다. 하지만 폼페이우스는 야심 찬 정치적 인간이 아니어서 그들의 걱정거리에서 멀리 벗

어나 있었다. 브룬디시움(註. 현재 지명 '브린디시')항에 도착한 그는 법이 정하는 원칙대로 휘하의 군대를 모두 해산하고 혼자의 몸이 되어 친구들과 로마로 향했다. 폼페이우스가 수많은 병사들을 이끄는 사령관이 아니라 일개 시민의 모습으로 로마로 간다는 소식에 연도에는 시민들이 몰려나와 환영의 물결로 그를 칭송했다. 하지만 영리한 자와 배운 자는 순수하지 못하다고 했던가? 로마 지식인들의 집단인 원로원은 무서웠던 폼페이우스가 군대라는 강력한 무기를 내려놓는 것을 보자 단박에 건방진 생각이 들었다. 폼페이우스가 요구하는 동방 속주의 재개편, 휘하 병사들에 대한 토지 분배 등을 차일피일 미루다가 결국 거절해 버린 것이다. 이러한 결정은 정직하면서도 두려움이 없는 스토아 철학자들이 중심이 된 폼페이우스의 정적들이 주도했다. 폼페이우스는 선량하기는 했지만 공화정 로마를 이끌 만한 정치적 신념도 수완도 없었다. 그는 낙심하고 체면만 구긴 채 알바의 별장에 틀어박혀 로마 시내에 나오지 않게 되었다.

○ BC 65년 카이사르는 조영관(註. '아이딜리스 쿠룰리스aedilis curulis'라고 하며 공공사업, 공공 오락, 물 관리, 도로 관리, 식량 공급 등을 관장했다.)직을 맡게 되면서 공공시설의 보수와 볼거리를 시민들에게 제공하여 인기를 모았다. 그 인기의 기세에 편승하여 대담하게도 그는 술라가 정변을 일으켰을 때 파괴했던 카피톨리움의 마리우스 기념비를 복구했다. 이러한 행동은 마리우스가 그의 고모부이기도 했지만 그가 민중파의 지도자로 나서겠다는 선언이나 다름없었다. 그때까지만 해도 민중파는 술라 파들의 위세에 눌려 제대로 기를 펴지 못하고 있었기에 카이사르의 행동은 대단한 용기였다. 이런 행동을 할 수 있었던 데는 그가 같은 해 술라의 외손녀인 폼페이아와 재혼을 했

기 때문에 술라 파가 자신을 해치지 못할 것이란 계산이 깔려 있을 수도 있었다. 여하튼 그런 일이 있고 나자 시민들은 카이사르를 보는 눈빛이 달라져 그를 민중 지도자로 보게 되었고 호감을 갖게 되었다. 그리고 BC 63년 카이사르는 대제사장직에 출마했다. 다른 관직은 아무리 높고 좋은 직책이라도 기한이 있었으나, 폰티펙스 막시무스(pontifex maximus)라고 불리는 대제사장직만은 평생토록 유지할 수 있으며 로마의 모든 정치인들이 열망하는 명예로운 직책이었기 때문이다. 카이사르는 대제사장 선거에 엄청난 뇌물을 뿌렸으며 이는 모두 빚이었다. 그래서인지 선거 당일 그는 어머니 아우렐리아에게 만약 낙선한다면 다시는 집에 돌아오지 않을 것이라고 다짐하기도 했다. 하지만 카이사르는 이 선거에서 힘겹게 당선했다.

○ BC 63년 키케로가 집정관으로 있을 때 카틸리나 역모 사건이 터졌다. 그 사건의 원인은 몰락한 귀족인 카틸리나가 집정관직에 출마했지만 연거푸 3번이나 낙선한 데 있었다. 그는 부채의 전액 탕감 등 급진적인 제안을 내세웠지만 이에 반대하는 기성세력들이 똘똘 뭉쳐 자신을 낙선시키자 절망했다. 낙선이 거듭되자 로마에서는 그가 동조 세력을 규합하여 무력으로 집권할 것이란 소문이 파다하게 퍼지고 의심을 받게 되었다. 마침내 결정적인 고발과 증거가 드러나 역모 혐의를 추궁받자 카틸리나는 에트루리아로 도망쳤고, 키케로는 오늘날 계엄령에 해당하는 '원로원 최종 결의(세나투스 콘술툼 울티뭄 senatus consultum ultimum)'를 선포하여 그를 공공의 적으로 규정지었다. 그뿐만 아니라 로마법(註. 가이우스 그라쿠스가 제정한 '셈프로니우스 법'을 말한다.)에 따르면 범죄자라도 상소할 기회를 주는 것이 당연함에도 불구하고 집정관 키케로는 이를 무시한 채 반역에 연루된 자

들을 모두 사형에 처했다. 이는 법률가답지 못한 행동이었다.(註. 훗날 키케로는 셈프로니우스 법을 어겼다는 이유로 정적들로부터 비난받고 공격당했으며 결국 망명 생활까지 하게 되었다.) 반면에 카이사르는 역모 사건 관련자들의 범죄 근거가 미약하므로 가벼운 벌을 주는 것만으로 종결시켜야 된다고 주장하다가 분노한 부유층 젊은이들에게 하마터면 목숨까지 잃을 뻔했다.

○ 음모 사건이 카틸리나와 지지 병사들의 패배와 죽음으로 끝나자, 원로원은 신참자 키케로에게 '국부(國父, 파테르 파트리아이pater patriae)'란 대단한 칭호를 부여했으며, 키케로는 이 칭호로 불린 최초의 로마인이었다. 애초에 국부란 칭호는 이렇듯 대단한 공적을 쌓은 자에게 주어졌다. 그러다가 제정 시대에 들어서는 황제가 즉위한 다음 어느 정도 국가를 위해 공적을 쌓았을 때 부여하는 것으로 관례화되었다. 하지만 아부는 마약과 같아 세월이 흐르면 정도와 깊이가 더해져야만 다소나마 종전과 같은 효과가 있는 법이어서, 옥타비아누스는 아우구스투스라고 불리고 난 후 26년이 더 흐른 뒤에야 국부의 칭호를 받았지만, 안토니우스 피우스는 즉위한 다음 해에 국부라고 불리었고, 마침내 177년 콤모두스는 마르쿠스 아우렐리우스의 공동 황제로 지명된 17세의 어린 나이에 이런 거창한 칭호를 선물로 받았다.

○ 카이사르는 공공사업을 계획할 때뿐 아니라 사치를 부릴 때도 대단히 씀씀이가 컸다. 만약 카이사르에게 군사적 재능이 없었다면 유흥과 사치를 즐긴다는 측면에서 그는 칼리굴라, 네로, 콤모두스와 같은 부류의 통치자로 후세에 기억되었으리라. 심지어 그는 자신의 애인에게 주는 선물까지도 대개의 귀족들과는 달리 깜짝 놀랄 만한 선물을 주곤 했는데, 그러자니 빚이 많을 수밖에 없었다. 하지만 그는 작은 빚

은 그냥 채무이지만 큰 빚은 재산이 될 수도 있다는 것을 납득한 사람이었다. 그 돈의 대부분은 로마의 최고 부호인 크라수스에게서 빌린 것이었다. 그렇지만 여기저기에 진 빚이 적지 않아서 BC 61년 그가 히스파니아 속주(註. 히스파니아 울테리오르hispania ulterior였다.)의 총독으로 임명되어 그곳으로 가던 날, 빚을 갚고 가라는 빚쟁이들의 독촉을 크라수스가 보증함으로써 겨우 임지로 떠날 수 있었다.(註. 이때 크라수스가 보증한 빚은 500만 데나리우스였고, 그 이후 카이사르가 빚이 가장 많았을 때는 무려 7,500만 데나리우스라고 알려졌다. 1denarius는 약 12,000원.)

○ 카이사르는 히스파니아 총독으로 있으면서 속주의 통치와 행정에 관심을 갖기보다는 로마에 적대적인 서쪽 지방의 부족들을 공략하여 무공을 세우는 데 힘썼다. 그뿐만 아니라 우호적인 부족들도 괴롭혔으며 심지어 투항한 부족까지 무자비하게 약탈했다. 그 덕에 1년 후 카이사르는 상당한 빚을 갚을 수 있었다. BC 60년 로마로 돌아온 그는 히스파니아에서의 승리를 기념하기 위해 개선식을 하든지, 아니면 집정관 선거에 출마하든지 둘 중 한 가지를 선택해야 했다. 왜냐하면 집정관 선거 출마는 타불라리움(註. tabularium은 '공문서 보관소')에 가서 직접 등록을 해야 했으나, 개선식을 거행하려는 자는 로마 시내에 들어올 수가 없다는 규정 때문이었다. 결국 카이사르는 개선식을 포기하고 BC 59년도 집정관이 되기 위해 선거전에 출사표를 던졌다. 이는 히스파니아에서의 무공과 통치에서 얻은 명예를 기반으로 집정관 선거에 나서는 것이 실리적이라는 판단에서 내린 결정이었다.

○ 그러나 혼자의 힘만으로는 집정관에 당선되기가 어렵다고 판단한 카

이사르는 상심하여 별장에 은거하고 있는 폼페이우스를 설득하고 크라수스에게도 이점을 내세워 삼두 정치(트리움비라투스triumviratus)의 기반을 닦았다. 이 세 명은 각자의 희망 사항을 이룰 수 있도록 서로 도와준다는 밀약을 맺었던 것이다. 이 밀약으로 카이사르는 BC 59년도 집정관에 무난히 당선되었다. 민중파의 기수라고 자처한 카이사르가 집정관이 되자 크라수스 형제가 시도한 농지 개혁이 보완되어 다시금 원로원에 제출되었으며, 삼두의 밀약에 따라 폼페이우스 부하였던 퇴역병들도 농지를 배분받게 되었다. 동료 집정관이었던 비불루스는 카이사르의 독선에 거부권을 행사했지만 카이사르 지지자들의 위세에 눌려 뜻을 이루지 못하자, 분한 마음을 품고 원로원에도 나오지 않아 국정은 카이사르 마음대로 결정되었다.(註. 마르쿠스 비불루스는 카토의 사위였으며 카이사르를 떨어뜨리기 위해 카토 등이 내세운 집정관 후보였다. 결국 BC 59년도 집정관을 뽑는 선거에서 루케이우스가 낙선하고 카이사르와 비불루스가 집정관에 당선되었다. 비불루스는 집정관직 외에도 카이사르와 함께 공직을 지낸 적이 많았지만 항상 수세에 밀렸다. 훗날 내전이 벌어졌을 때 비불루스는 폼페이우스 파가 되어 해군 지휘권을 거머쥐고 카이사르가 진을 치고 있던 그리스의 디라키움 앞바다를 봉쇄했다. 그는 지독한 반카이사르 파가 되어 카이사르 군의 함선이 나포되면 선상의 모든 병사들을 무참하게 죽였다. 비불루스는 카이사르를 '비티니아의 왕비'라고 맹비난을 가하기도 했는데, 이는 카이사르가 젊었을 때 비티니아 왕 니코메데스 4세과 동성애 관계라고 의심받고 있었기 때문이다.)

○ 집정관 임기를 마친 카이사르는 갈리아와 일리리쿰에 5년 임기의 총독으로 부임했다. 당시만 해도 갈리아는 단일 국가를 형성하지 못하

고 부족끼리 다투며 살고 있었다. 그러면서도 갈리아족보다 더욱더 야만스러웠고 문명의 빛을 받지 못한 동측의 게르만(註. 게르만은 갈리아어로 '습관이나 풍습이 다른 이웃'이란 의미) 부족으로부터 끊임없이 시달렸다. 그러다가 BC 58년 갈리아의 헬베티족이 게르만족의 침입을 피해 서측으로 이동하려고 카이사르에게 허락을 요청했으나 카이사르는 위험스런 이동이 될 게 뻔해 보여 불허했다. 결국 다른 경로를 통해 이동하려던 헬베티족은 타부족과 분쟁을 일으켰고, 그때 카이사르는 갈리아의 분쟁에 끼어들어 로마의 영향력을 키워 갔다. 동맹 부족과 속주를 보호한다는 명목으로 갈리아 분쟁에 끼어든 그는 BC 57년 벨가이족과의 전쟁을 승리로 이끌었으며, 이때 로마 원로원은 15일간의 감사제를 결정했는데 이처럼 긴 기간은 유래가 없던 일이었다. BC 56년 붕괴 위기에 있던 삼두 정치는 루카에서 회담을 거쳐 다시 결속했고 카이사르의 속주 통치 기간도 연장되었으며, 카이사르는 그해에 터진 베네티족의 항거를 잠재웠다.

○ 갈리아의 저항 세력들이 브리타니아(註. 현재 영국 '그레이트브리튼섬')로부터 지원을 받는다는 사실을 깨달은 카이사르는 BC 55년 제1차 그리고 BC 54년 제2차 브리타니아 침공을 감행했다. 제1차 브리타니아 공략 후에 원로원은 무려 20일간의 감사제를 선포했다.(註. 아부는 시간이 흐를수록 강도가 더 강해지기 마련이다. 그런 까닭에 훗날 탑수스 전투에서 승리하고 돌아온 카이사르에게 원로원은 자그마치 40일간의 감사제를 선포함으로써 아부를 다했다. 그 이후 그것도 모자라 안토니우스를 상대로 히르티우스, 판사 그리고 옥타비아누스가 데키무스 브루투스를 도와 싸웠던 무티나 전투에서 승리한 기념으로는 놀랍게도 50일간의 감사제를 선포했다. 더군다나 탑수스와 무티나의 전투는 외국을 상

대로 싸운 것도 아니며, 로마인끼리의 전투였다.) 그리고 BC 53년 카이사르는 지난해 사비누스와 코타의 부대를 전멸시킨 에부로네스족을 휩쓸어 마을을 모두 불태우고 부족민을 기아 상태로 몰아넣었다. 이는 갈리아에 흉년이 크게 들어 식량 공급을 해결하기 위해 로마군 병사들을 갈리아 여러 지역으로 분산 배치하자, BC 54년 에부로네스족 암비오릭스가 힘이 약해진 로마군을 공격하여 사비누스와 코타가 이끄는 부대를 전멸시킨 데 대한 앙갚음이었다. 이렇듯 갈리아가 로마군에게 핍박당하자 BC 52년 아르베니족의 베르킨게토릭스가 동족의식을 일깨우며 갈리아 부족들을 모두 뭉쳐서 로마의 지배에 대항했다. 부족끼리 분열되어 싸움을 일삼던 갈리아인들이 이처럼 연합한 것은 로마가 자신들을 굴복시키고 브리타니아까지 침공하여 세력이 확대된 것을 더 이상은 두고 볼 수 없다는 생각이 일치했다는 의미였다. 카이사르는 베르킨게토릭스의 갈리아 연합군에 고전하며 수세에 몰렸으나, 알레시아 공방전을 고비로 결정적인 승기를 잡았다. 알레시아 공방전을 승리로 이끈 카이사르는 갈리아를 완전히 평정했고, BC 51년 갈리아 부족들의 사소한 항거를 마지막으로 전쟁은 끝나고 갈리아는 신속하게 로마화되었다.

○ 갈리아인들로서는 로마화로 자신들의 자유정신이 훼손되었지만 로마군이 게르만족의 성가신 침입을 막아 주며 약간의 세금만 부담하면 평화를 얻을 수 있었기에 쉽사리 동화의 길을 걸어갔다. 그들의 로마화는 훗날 카이사르와 폼페이우스 간에 내전이 터졌을 때 얼마든지 로마에 반기를 내걸고 다시금 독립을 외칠 수도 있었으나 그런 일이 전혀 일어나지 않았다는 것을 보아도 성공적인 로마화였다. 더 나아가 갈리아인들은 카이사르에게 폼페이우스와 싸우는 데 필요한

것들을 지원하겠다고 나섰지만 카이사르는 로마의 내분은 로마인끼리 결정짓는다고 말하며 거절하기도 했다. 갈리아의 로마화가 이처럼 성공적이었던 것은 로마가 정복한 곳을 적으로 만든 것이 아니라, 그들을 로마화시킨 후 정복한 사령관의 클리엔스로 삼았기 때문이다.(註. 마케도니아를 정복했던 아이밀리우스 파울루스가 죽자, 마케도니아뿐 아니라 그에게 정복당한 히스파니아, 리구리아가 상여를 짊어지는 명예를 빼앗기지 않으려고 서로 간에 경쟁했다고 한다. 이들은 정복당한 후 파울루스의 클리엔스가 되었기 때문이다. 하지만 조선이 패망하여 일본의 압제 아래에 놓였을 때도 수많은 친일파들이 일왕에게 충성하지 못해 안달이었던 것을 보면 역사가들의 시각이 편향되지 않았는지 의심이 든다. 오랜 역사와 문명의 광원이었던 마케도니아 주민 중에 조국의 주권이 압살되어 적의 수중에 떨어진 것에 분노한 자가 없진 않았으리라.)

○ 그러나 갈리아 전쟁은 유럽의 신대륙 정복에 버금가는 인류의 사회적 재앙이었다. 왜냐하면 100만 명 이상의 갈리아인이 전쟁터에서 목숨을 잃었고, 전사자보다 더 많은 갈리아인이 가족과 재산을 모두 잃은 채 노예 신분의 나락으로 떨어진 참혹한 전쟁이었기 때문이다.(註. 8년간에 걸친 안록산의 난으로 당나라 인구가 5,300만 명에서 1,700만 명이 되어 약 70%의 인구가 감소했다는 기록이 있는 것을 보면, 전란으로 인한 호적 소실을 감안하더라도 전쟁의 소용돌이가 그 사회에 미치는 영향이란 실로 비참하다고 하겠다.) 이 전쟁이 먼 과거의 일이 되어 버린 지금, 진실은 감추어지고 기록을 남긴 승자들의 주장만이 찬연할 뿐이지만, 카토를 비롯한 당시의 로마인들은 갈리아 전쟁의 목적이 미개한 갈리아를 문명화시키려는 것이 아니라 카이사르의 개인적 축재와 야심에 있었음을 너무나 잘 알고 있었다. 그러기에 그

들은 카이사르를 전범자로 단정 짓고 갈리아인들의 손에 넘기려고까지 했으며, 훗날 大 플리니우스도 카이사르에게 희생된 인원을 집계하면서 갈리아 전쟁을 반인륜적 범죄 행위로 단죄했던 것이다. 그럼에도 카토조차 갈리아 전쟁이 한창일 때는 승리가 남길 이익에 대해서 그 어떤 의문도 제기하지 않을 만큼 로마에게 막대한 전리품을 남겼다.

○ 한편 삼두의 한 명으로 BC 54년 시리아 총독으로 부임한 크라수스는 파르티아(註. 중국에서는 '안식국'이라고 불렀다.)를 정복하고자 군사를 일으켰다. 크라수스는 무공을 세우려는 욕심에 파르티아 원정길에 올랐지만 BC 53년 카르하이에서 적장 수레나스에게 참패했다. 사막 한가운데서 치러진 이 전투의 패배로 삼두의 한 명인 크라수스는 목숨을 잃었고 그의 아들도 전사했으며, 2만 2천 명이나 되는 로마 병사들이 목숨을 잃었고 1만 명의 병사들이 포로로 끌려갔다. 그때 크라수스의 나이 61세였다. 이때 빼앗겼던 군단기는 훗날 아우구스투스가 파르티아와 평화 협정을 맺어 되찾았지만, 포로는 단 한 명도 귀환하지 못했다. 평화 협정을 맺을 때는 이미 너무 많이 흘러 버린 세월 탓에 파르티아에 끌려간 포로들이 모두 죽은 후였기 때문이다. 이는 한 사람의 무절제한 욕망이 스스로의 무덤을 파게 하고 국가의 위기까지 초래했던 비극이었다.

○ BC 54년 폼페이우스의 아내였던 카이사르의 딸 율리아가 죽고 BC 53년 크라수스도 카르하이에서 죽자, 폼페이우스와 카이사르의 사이는 묶어 줄 사람 없이 점차로 벌어졌다. 폼페이우스는 카이사르가 갈리아에서 세운 무공을 견제했고, 원로원에서는 카이사르의 독주를 더욱 경계했다.

○ BC 52년 연초부터 정변이 일어나 밀로(Titus Annius Milo)에게 클로디우스(Publius Clodius Pulcher)가 살해당하고 집정관조차 선출하지 못하는 등 혼란이 거듭되자 원로원은 비불루스의 발의로 폼페이우스에게 6개월간 단독 집정관을 맡겨 국정을 바로잡게 했다. 다만 독재관이 아니기 때문에 호민관의 거부권은 그대로 살아 있다는 조건이었다. 폼페이우스와 사이가 좋지 않았던 카토조차도 정부가 없는 것보다는 어떤 정부라도 존재하는 것이 나을 것이고 그가 최선의 방법으로 공화국을 보호하리라고 기대한다며 원로원의 결정에 동감을 표했다. 국가 권력을 손안에 쥐자 폼페이우스는 카르하이 전투에서 전사한 크라수스의 아들 푸블리우스 크라수스의 나이 어린 미망인 코르넬리아와 5번째로 결혼했다. 이 결혼은 반카이사르 파였던 메텔루스 스키피오가 미망인이 된 딸 코르넬리아를 폼페이우스에게 시집보내 환심을 사는 등 그를 끌어들이고자 한 결과였다. 그러자 사람들은 "국가의 혼란을 바로잡아야 할 중책을 떠맡은 자가 며느리로 맞이해야 할 어린 여인을 아내로 맞이하여 자신의 소임을 망각한 채 결혼잔치를 벌였다."며 비난을 퍼부었다. 하지만 폼페이우스는 남의 비난에도 아랑곳하지 않고 코르넬리아의 팔에 안겨 본 사내라면 그녀의 품 안이 얼마나 행복한지 알 것이라며 철없는 농담으로 대꾸했다. 6개월 후 로마의 질서가 회복되었을 때 폼페이우스는 새로 장인이 된 메텔루스 스키피오에게 동료 집정관직을 주었다. 하지만 사람들은 그가 장인을 동료 집정관으로 선택하자 국가 권력을 장인과 사위가 나누어 가진다며 비웃었다.

○ 원로원과의 갈등을 해소하기 위해 쿠리오와 안토니우스를 통한 카이사르의 타협과 노력에도 불구하고 마침내 원로원은 카이사르에게

군지휘권을 넘기고 로마로 귀환하라는 명령을 내렸다. 원로원의 명령이었지만 그는 쉽게 따를 수도 거부할 수도 없었다. 왜냐하면 원로원의 명령을 거부하자니 국가 반역죄를 저지르게 되는 것이고, 그대로 따르자니 목숨을 버리는 행위임에 틀림없었기 때문이다. 원래 기질도 그러했지만, 군사 지휘 경험으로 더욱 단련된 결단력을 보인 카이사르는 되돌아올 수 없는 결정적인 선택을 했다. BC 49년 1월 10일 밤 수천 명의 선발 부대와 함께 국법을 거스르고 병사들과 함께 루비콘강을 건넌 것이다.(註. 학자에 따라서는 카이사르가 루비콘강을 건넌 날짜가 11일 새벽이라고도 하고 12일이라고도 한다. 또한 루비콘강이 북이탈리아 어디에 있는지 정확한 위치를 알 수 없어 학자들 간에 논란이 많다.) 그때 그는 강을 건너기 전 따르던 병사들에게 충성을 호소하며 이렇게 말했다. "주사위는 던져졌다!(아레아 약타 에스트 Area jacta est!)"

○ 이탈리아로 창끝을 돌린 카이사르의 공격에 원로원과 폼페이우스는 속수무책으로 후퇴만 하다가 브룬디시움항에서 그리스로 떠났다. 폼페이우스는 자신의 클리엔스들이 버티고 있는 동방에서 결전을 벌이고 싶었던 것이다. 그렇다고 폼페이우스가 로마와 이탈리아에 대한 미련을 아주 버린 것은 아니었다. 버리기는커녕 그는 자주 이렇게 중얼거렸다. "술라도 해냈는데 나라고 왜 못 하겠는가?" 이렇듯 폼페이우스는 이탈리아에 상륙하여 마리우스 군을 파죽지세로 공략했던 술라를 생각하며 이탈리아를 무단으로 점령한 카이사르 군을 일거에 쓸어버리는 희망을 꿈꾸었다.

○ 카이사르는 간발의 차이로 이탈리아 내에서 결전을 벌이지 못한 것을 후회하면서도 공격의 고삐를 늦추지 않고, 우선 폼페이우스 지지

세력의 거점이자 최정예 부대가 진을 치고 있는 히스파니아를 공략했다. 히스파니아로 진군하면서 그는 "우리는 병사 없는 지휘관과 싸우기 위해 먼저 지휘관 없는 군대와 싸우러 간다."는 말을 남겼다. 그만큼 히스파니아의 지휘관들을 우습게 여겼다는 의미리라. 하지만 이는 허영에 찬 자만심일 뿐, 사실 카이사르는 일레르다(註. 현재 에스파냐의 '레리다')에서 홍수를 만나 적에게 포위된 채 보급로가 끊어지기도 하는 등 힘든 전투를 치렀다. 그럼에도 그는 아프라니우스와 페트레이우스가 지휘하는 폼페이우스 파 병사들과 맞붙어 결정적인 승리를 거두었고 마침내 폼페이우스를 쫓아 '병사 없는 지휘관'과 싸우기 위해 그리스로 건너갔다.

○ 그리스에서 그는 폼페이우스와 싸움을 매듭지었다. 디라키움(註. 현재 알바니아의 '두러스') 전투를 포함하여 몇 번의 작은 전투에서 카이사르는 고전을 면치 못하기도 했지만, 마침내 그리스의 파르살루스(註. 현재 그리스의 '파르살라') 평원에서 벌어진 전투로 결정적인 승리를 낚아챘다. 사실 이곳을 전쟁터로 삼은 것은 폼페이우스의 실수였다. 더 정확히 말하면 폼페이우스는 해군의 지원을 받을 수 있는 바다가 면한 곳에 결전의 터를 잡으려고 했으나, 전술이라고는 전혀 모르는 문외한인 귀족들이 디라키움 전투에서 패배하여 도망가고 있는 카이사르를 추격하여 섬멸하라고 야단이었던 것이다. 폼페이우스를 채근하는 귀족들은 얼마 전 디라키움의 승리로 기고만장해졌으며, 폼페이우스가 계속 추격하지 않는다면 강력한 경쟁자를 일부러 살려주려는 것이 아니고 무엇이냐며 따졌다. 그들은 폼페이우스가 카이사르를 도망치도록 내버려 둠으로써 전체 로마군을 다스리는 것이나 다름없는 현재의 지위를 계속 유지하고 싶어 하는 것이라고 맹렬히

비난했다. 폼페이우스는 그러한 비난에 견디지 못하고 전쟁터를 선택하는 데 있어 절대로 하지 말아야 할 치명적인 결정을 하고 만 것이다. 파르살루스 전투는 카이사르의 완승으로 끝났고, 겨우 목숨을 구한 폼페이우스는 측근과 가족들을 데리고 이집트로 피신했다.

- 당시 이집트는 프톨레마이오스 13세와 클레오파트라 7세가 공동 통치하고 있었다. 하지만 남매는 화합과 절제의 덕목을 발휘하여 국가를 다스리지 못해 권신들의 농간으로 파열음을 냈고 권력 투쟁에서 패배한 클레오파트라는 왕궁에서 쫓겨나 있었다. 이집트에 도착한 폼페이우스 일행은 망명을 요청했지만 이집트의 권신들은 속임수를 사용하여 궁지에 몰린 폼페이우스를 살해했다. 폼페이우스의 망명을 받아들인다면 로마의 승자 카이사르의 미움을 받을 것이라고 생각했고, 쫓아내자니 폼페이우스의 원망을 듣는 것뿐 아니라 카이사르로부터 적을 계속 추격하도록 만들었다는 질타를 들을 것이 분명했기 때문이다. 그러나 카이사르는 냉정하기는 해도 냉혹한 자는 아니었다. 뒤늦게 이집트에 도착한 그는 한때 사위였고 동료였던 폼페이우스의 비참한 최후를 알고서는 눈물을 쏟았다. 카이사르는 살인자들을 색출하여 도망친 테오도토스를 제외하고 모두 처형했다. 테오도토스는 나중에 마르쿠스 브루투스에게 잡혀 모진 고문 끝에 목숨을 잃었다.
- 폼페이우스의 죽음을 확인한 카이사르는 바로 로마로 돌아가지 않고 이집트의 알렉산드리아에서 클레오파트라 7세에게 푹 빠져 내연 관계를 맺고 있었다. 그는 이집트 권부를 향해 왕궁에서 내쫓긴 클레오파트라에게 권좌를 돌려주고 선왕이 진 빚을 갚으라고 으름장을 놓았다.(註. '국정을 방치하고 한가로이 피리나 부는 사람'이란 의미의 '아

울레테스'란 조롱조 별명을 가진 프톨레마이오스 13세의 부왕 프톨레마이오스 12세 아울레테스는 BC 59년 신하들에게 폐위되어 로마로 망명했다. 하지만 그는 폼페이우스의 도움을 받아 로마군의 힘으로 복위할 수 있었으며, 이때 로마에게 진 빚이 1,750만 데나리우스에 달했다. 카이사르는 이 빚에서 750만 데나리우스를 탕감해 줄 터이니 나머지 1,000만 데나리우스를 즉시 상환하라고 요구했다.) 또한 내전을 치르기 위해 폼페이우스가 이집트에 도움을 청했을 때 이집트에 주둔한 로마군과 50여 척의 전함을 그에게 지원한 것을 문제 삼았다. 이렇듯 카이사르가 고압적인 태도로 일관하며 프톨레마이오스에게 압박을 가한 것은 그가 클레오파트라와 화합하여 공동으로 통치하기를 원했기 때문이다.

○ 하지만 이집트의 권신들은 불만을 품고서 프톨레마이오스 13세를 부추겨 카이사르에 대항했다. 겨우 1개의 군단 병력만을 이끌고 이집트에 상륙했던 카이사르는 프톨레마이오스의 군대와 싸우기에는 힘에 겨웠다. 이에 카이사르는 페르가몬의 미트라다테스(註. 폰투스 왕 미트라다테스 6세의 서자였다.)에게 지원군을 요청한 다음, 그 병사들을 지휘하여 알렉산드리아 전쟁에서 승리할 수 있었다. 이 전쟁에서 패전한 프톨레마이오스 13세는 도망치다 나일강에 빠져 목숨을 잃고 말았다. 그 이후 클레오파트라는 막내 남동생 프톨레마이오스 14세와 결혼하여 왕조를 지키기 위한 형식을 갖추었다.(註. 이집트에서는 왕을 신으로 받들었고, 신이란 제우스와 헤라의 경우처럼 오누이 간에 결혼하는 것이 부당하지 않았다. 훗날 로마 황제 칼리굴라가 누이동생 드루실라를 아내인 것처럼 대한 것도 자신이 신이라고 생각했기에 가능했다.)

○ 파르살루스 전투에서 패하고 폼페이우스까지 죽었지만, 폼페이우스의 잔당들은 아프리카에서 카토를 중심으로 계속 농성했다. 카이사

르는 아프리카로 군대를 돌려 그들을 진압하고, 다시 병사들을 히스파니아로 이끌고 가서 폼페이우스 아들이 지휘하고 있던 병력들까지 모두 섬멸함으로써 폼페이우스 파들을 철저히 짓밟아 숨통을 끊었다.

○ 로마로 돌아온 카이사르는 BC 46년에 10년 기한의 독재관이 되었고, 원로원의 수를 600명에서 900명으로 늘리면서 늘어난 원로원 의석에는 자신의 지지 세력과 갈리아 전쟁 후에 자신의 클리엔스가 되었던 갈리아의 부족장들까지 의원으로 받아들였다. 그리고 BC 44년 마침내 그는 아예 왕과 다름없는 종신 독재관에 취임하려고 원로원에 승인을 요구했다. 원로원은 힘을 가진 자에게는 언제나 비굴했기에 카이사르의 요구를 승인하기에 바빴다. 사실 카이사르와 폼페이우스가 서로 싸울 때만 해도 폼페이우스 편이 승리하면 정적들을 모조리 학살하고 심지어는 중립을 지킨 사람들마저도 죽일 것이라는 소문이 파다했다. 그러나 폼페이우스 지지파들이 패하자 카이사르는 이렇게 말해 세상을 평온하게 했다. "나는 승리함으로써 나의 연설과 행동에 대해 설명을 요구받지 않을 뿐 아니라 말하고 행할 수 있는 완전한 자유를 얻었다. 하지만 그러한 자유가 잔인한 행위를 할 이유가 되지는 않을 것이다." 실로 카아사르는 내전을 치르면서 폼페이우스 편의 지휘관들과 병사들에게 관용을 베풀어 포로가 된 그들을 놓아준 적이 한두 번이 아니었다.

○ 내전에서 승리한 카이사르는 관직을 이용해 자신의 동조자를 만드는 데 거리낌이 없었다. 심지어 하루짜리 집정관직을 부여하는 데도 마다하지 않았다. 어느 집정관이 임기를 하루 남기고 죽자, 정오가 지나서 보궐 집정관으로 레빌루스(Gaius Caninius Rebilus)를 앉혔

다. 수많은 사람들이 원로원으로 가는 레빌루스에게 축하의 말을 전하고 그와 같이 가려고 몰려들자 옆에 있던 키케로가 한마디 거들었다. "서두릅시다! 이렇게 우물쭈물하다간 임기가 끝나겠습니다."(註. 사람이란 명예를 중히 여기는 존재이므로 하루짜리 직위를 부여하는 것이 가능했다. 하루짜리 직위는 퇴직하는 날 승진과 동시에 퇴직시키는 방식으로 요즘 한국에서도 '명예'스럽게 시행되고 있다.)

○ 그럼에도 카이사르는 자신에게 아첨하는 자들의 얼굴 뒤에서 무언의 오만과 무례함을 보고서는 심한 조바심과 좌절감을 느꼈다. 그리고 카이사르의 정책에 반대하거나 불만을 가진 자들은 카이사르가 독재관으로서도 부족하여 공화정을 무너뜨리고 군주정으로 나아가 스스로 왕이 될 것이라고 믿으면서 서서히 음모의 싹을 틔웠다. 4세기 율리아누스 황제의 말을 따르면, 카이사르는 인간애로 가장하여 모든 사람들에게 아첨했지만 그들로부터 아무런 사랑을 받지 못했던 것이리라.

○ 카이사르는 로마의 위엄과 명예를 되찾고자 크라수스를 패배시킨 파르티아를 향해 검을 겨누었다. 그의 계획은 파르티아를 굴복시킨 다음 인도로 동진하여 카스피해를 돌아 게르마니아를 경유하여 갈리아로 되돌아오겠다는 야심 찬 계획이었다. 더욱이 카르하이 전투에서 포로가 된 1만 명의 로마 병사들을 구해 내고 싶었다. 그는 출정하기 전 이 전쟁의 의미를 밝히기 위해 원로원 회의를 소집하고 회의장으로 향했다. 회의장은 폼페이우스가 마르스 광장에 세운 건축물이었다. 카이사르는 평소와 다름없이 호위병을 대동하지 않은 채 원로원 회의장으로 들어갔다.

○ 이미 회의장에서는 음모자들이 모든 준비를 끝내고 카이사르를 기다

리고 있었다. 그가 회의장으로 들어서 연설을 하려고 하자, 킴베르를 비롯하여 암살을 모의한 의원들이 탄원하는 척하며 그에게 다가와 둘러섰다. 그중에는 카이사르 진영에서 충성과 용맹을 바친 자도 있었기에 그는 이들의 탄원 속에 다른 속셈이 있으리라고는 생각하지 않았다. 그가 그들의 탄원을 몇 번이나 거절하며 연단으로 나서려는 순간, 갑자기 살기를 띤 암살자의 단검이 카이사르를 찔렀다. 그러자 여러 명이 정신없이 카이사르에게 칼날을 들이대었고, 암살자들은 당황한 탓에 같은 암살자의 칼에 상처를 입기도 했다. 카이사르는 무려 23군데의 상처를 입고 피투성이가 된 채 폼페이우스 석상 바로 밑에서 죽음을 맞이했다.(註. 파스살루스 전투 후에 카이사르 파들이 폼페이우스 석상을 서둘러 치웠지만 카이사르가 관대함을 발휘하여 그 석상을 다시 제자리에 갖다 놓으라고 지시했다. 이를 듣고 키케로가 쓴소리 한마디를 했다. "훗날 자기 조각상도 철거될까 봐 미리 손써 두는 게지!") 그중 가슴에 찔린 2번째 상처가 치명적이었다. 주모자 브루투스는 카이사르의 애인 세르빌리아의 아들이었고 그는 폼페이우스 편에 섰으나 세르빌리아의 간청으로 카이사르의 관용을 받아 목숨을 부지할 수 있었던 자였다. 또 다른 주모자 카시우스는 브루투스의 처남이었다. 카시우스는 자신에 대한 카이사르의 처우에 불만을 품고 있었으며, 사실 브루투스는 카시우스의 계략으로 암살에 참여하게 된 것이므로 암살을 발의한 자는 바로 카시우스였다.

○ 암살자들은 세부적인 계획 없이 독재자만 제거되고 나면 로마의 모든 시민들이 자신들에게 환호하며 칭송을 바칠 것이라고 여겼다. 하지만 생전의 카이사르는 전략가이자 전술가였으며 변호사이고 문장가이면서 적까지도 아우를 줄 아는 탁월한 정치가였다. 또한 하고자

했던 일에는 신속한 결단으로 경쟁자를 따돌렸으며, 때에 따라서는 무자비한 면모를 보였던 자이기도 했다. 이러한 카이사르가 살해되었다는 소식에 로마 시민들은 모두들 두려움에 떨었다. 특히 그를 따르던 병사들의 난폭한 움직임에 피해를 입지 않을까 전전긍긍했다. 심지어 BC 44년 당시 집정관이던 안토니우스까지도 두려움에 휩싸여 집정관의 복장을 벗어 던지고 노예 차림으로 자기 집으로 줄행랑을 친 뒤 집 주위를 견고하게 방어하고 있었다. 마침내 카이사르를 지지하는 시민들은 암살범을 잡아내어 당장 처형하라고 외치기 시작했다.

○ 카이사르 누이의 외손자 중에 가이우스 옥타비우스 투리누스라는 소년은 선천적으로 허약했지만 남다른 책임감으로 카이사르의 주목을 받았다. 카이사르는 개선식에서도 옥타비우스를 참여시켜 영예를 같이했으며, 옥타비우스가 청탁받아 자신에게 부탁하는 것은 가능한 모두 받아들였다. 이런 일도 있었다. 아그리파는 폼페이우스 파였던 자신의 형이 북아프리카 전투에서 포로가 되자 옥타비우스에게 사면시켜 줄 것을 카이사르에게 말해 달라고 부탁했다. 옥타비우스는 자신의 혈연관계를 이용하여 카이사르에게 청탁을 들어 달라고 해 본 적이 없었을 뿐 아니라, 그때 마침 카이사르는 자신의 관용을 남용하는 것에 매우 화가 나 있어 망설일 수밖에 없었다. 하지만 옥타비우스는 용기를 내어 카이사르에게 아그리파 형의 사면을 부탁했고, 카이사르는 옥타비우스의 부탁을 들어주었다. 여하튼 카이사르가 옥타비우스에게 애정과 관심을 보인 것은 분명했다. 그래선지 카이사르의 유언장에는 옥타비우스가 제1상속인으로 올라가 있었다.

○ 카이사르가 죽었을 때 옥타비우스는 파르티아로 떠날 원정군이 집결

된 마케도니아 서해안 아폴로니아(註. 디라키움에서 남쪽으로 약 80㎞에 위치)에 있다가 카이사르가 살해되고 제1상속자가 자신이라는 소식을 전해 들었다. 그가 카이사르의 죽음을 알게 된 것은 어머니 아티아의 편지를 받고서였다. 아티아는 그 편지에서 옥타비우스에게 신속하게 그리고 조용히 로마로 돌아오도록 당부했다. 그러자 아폴로니아의 많은 사람들은 옥타비우스의 위험을 걱정하면서 그대로 여기에 머물 것을 간청했고, 그의 친구들도 로마의 정세를 좀 더 지켜보자며 충고했다. 그들의 충고가 안전을 도모하는 데는 적절할지 모르나, 옥타비우스는 그들의 걱정을 고마운 마음으로 받아들이면서도 로마에서 자신의 역할을 이루려면 안주하기보다는 거칠고 위험한 상황에 내던져진 채로 혼란의 파도를 헤쳐 나가야 한다는 생각에는 흔들림이 없었다. 그는 한 달도 되지 않아 즉시 로마로 돌아온 것이다. 하지만 로마에 와서도 옥타비우스에 대한 주변의 걱정은 그치질 않았다. 그가 고국에 돌아오자 친척들은 카이사르의 양자가 된다는 것은 로마 정치의 위험한 권력 투쟁에 뛰어드는 것이므로 차라리 신변 안전을 위해 양자권을 포기하라고 조언했지만, 그는 양자권을 포기한다면 누가 보아도 조롱받을 불명예스런 일이므로 애초에 마음먹었던 길을 가겠다는 굳은 뜻을 밝혔다.

○ 이탈리아에 온 옥타비우스는 카이사르의 재정 비서 역할을 담당한 발부스를 찾아가 그가 보관 중이던 카이사르의 재산을 넘겨받았고, 키케로를 만나서는 도움을 청했으며, 안토니우스에게는 카이사르의 유산을 유언에 따라 나누어 줄 예정이니 유산을 넘겨 달라고 요청했다. 그러나 안토니우스는 카이사르가 살해당한 다음 날인 3월 16일에 카이사르의 아내 칼푸르니아에게서 카이사르의 공문과 공금을 전

달받아 가지고 있었지만 옥타비우스에게 차일피일 미루며 요구를 들어주지 않았다. 게다가 사리 분별도 못하는 애송이가 지지자도 없이 카이사르를 계승한답시고 설쳐 대다간 그 무게에 짓눌려 파멸하고 말 것이라며 모욕을 주었다.(註. 옥타비아누스는 카이사르의 유언에 따라 로마 시민 30만 명에게 300세스테르티우스씩 나눠 주려고 했다. 이는 한화로 환산하면 2천억 원이 훨씬 넘는 돈이었다. 또 다른 말에 의하면 안토니우스에게 손을 벌리지 않더라도 당시 옥타비아누스는 많은 돈이 있었는데 이것은 그가 카이사르의 파르티아 원정 자금을 손안에 넣었기 때문이라고 한다.) 그렇게 되자 옥타비우스는 포기하지 않고 지인들로부터 돈을 꾸어 카이사르의 유언에 따라 재산 분배를 실행했다.

○ 옥타비우스가 이탈리아에 도착했을 때 그가 카이사르의 양아들로 지목되어 사실상의 후계자임이 알려지자, 카이사르 휘하에 있던 수많은 제대 병사들과 병사들이 그를 추종했다. 이러한 병사들의 충성심은 그들의 순수한 마음에서 우러나온 것도 있겠지만 그들의 마음속에는 예전에 카이사르가 보여 준 후덕한 하사금에 대한 기억이 더 컸기 때문이기도 했다. 카이사르는 내전 초기에 병사 1인당 500데나리우스를 하사했고, 내전에서 승리를 거둔 후에는 병사 1인당 무려 6천 데나리우스란 거금을 주었다. 6천 데나리우스란 금액은 군단병의 기준으로 보면 자그마치 26년이 넘는 연봉에 해당되었다.(註. 당시 군단병의 연봉은 225데나리우스였다.) 그뿐만 아니라 카이사르는 돈이 부족하면 백인대장이나 대대장들에게 꾸어서라도 병사들의 기대를 저버리지 않았다. 따라서 옥타비우스를 따르는 병사들은 카이사르의 양아들이 그런 면을 본받을 것이라는 기대감을 간직하고 있었다.

○ 병사들의 이런 기대는 옥타비우스와 안토니우스 간에 경쟁할 때 민

낯이 드러났다. 안토니우스가 병사 1인당 100데나리우스를 부르니 옥타비우스가 500데나리우스를 외쳤고, 다시 안토니우스가 500데나리우스를 부르자 옥타비우스와 원로원은 안토니우스와 싸워 승리할 경우 5천 데나리우스를 주겠다고 약속했던 것이다. 하지만 훗날 무티나 전투에서 안토니우스에게 승리하고 돌아왔을 때 원로원이 국고의 고갈로 약속했던 하사금 5천 데나리우스를 2,500데나리우스로 감액 결정하자 이를 알게 된 병사들은 분노했다. 결국 원로원은 옥타비우스의 요구에 따라 우선 2,500데나리우스를 주고 나머지는 조속한 시일 내에 당초 약속한 대로 전액 지급하겠다고 재결의할 수밖에 없었다.

- 이렇듯 병사들은 옛정이나 충성도에 따라 사령관을 결정하는 것이 아니라 탐욕의 충족을 위해 최고 입찰가를 부르는 자의 사병(私兵)으로 전락하고 말았다. 이러한 하사금의 관행은 옥타비우스가 훗날 황제로서 국가의 권력을 틀어쥐고 난 이후에야 형편없이 줄어들었다. 왜냐하면 더 이상 병사들을 돈으로 유혹하여 충성을 매수할 필요가 없어졌기 때문이다.
- 카이사르가 살해당했을 때 시민들은 안토니우스가 카이사르 암살자들을 처단할 것으로 생각했으나, 그는 암살자들과 타협을 선택했고 그 대가로 원로원으로부터 카이사르가 이루어 놓은 법적 제도와 행정적 결정을 뒤집지 않겠다는 약속을 받아냈다.(註. 안토니우스는 카이사르의 암살을 미리 알고도 발설하지 않았다. 또한 암살자들은 안토니우스까지 해치울 생각이었지만 브루투스의 반대로 목숨을 구할 수 있었다.) 이것은 카이사르의 양자인 옥타비우스로서는 자신의 궁극적인 목표나 의지와는 상관없는 딴짓이었다. 안토니우스와 옥타비우스는

서로 간에 경쟁했으며 군사적 충돌을 피할 수 없었다. 안토니우스는 집정관 임기가 만료되자 갈리아 키살피나 속주의 총독 자리를 빼앗기 위해 데키무스 브루투스를 포위 공격했다. 그러나 그는 데키무스 브루투스를 지원하러 온 히르티우스와 판사 그리고 옥타비우스가 이끄는 로마군을 맞아 무티나(註. 현재 지명 '모데나') 근처에서 싸웠으나 패하여 갈리아로 도망치고 말았다.

○ 하지만 무티나 전투의 최대 수혜자는 옥타비우스였다. 무티나 전투에서 두 집정관 히르티우스와 판사가 전사하자 옥타비우스는 지휘관이 없어진 군대를 모두 아울러서 8개 군단을 지휘하는 막강한 사령관이 되어 군단을 이끌고 로마로 내려왔기 때문이다. 로마 최고의 군사력을 손에 쥐자 그는 자신의 이름을 가이우스 율리우스 카이사르 옥타비아누스라고 고쳐, 자신이야말로 카이사르의 양자로서 그의 뜻을 계승하는 자임을 명백히 하고 그제야 입양 의식을 치렀다.(註. 옥타비아누스가 사용했던 '카이사르'란 이름은 마술과 같은 힘을 지녔다. 훗날 옥타비아누스가 내전에서 최종 승리했을 때 그 이름을 사용할 필요가 없어졌지만 모든 세계에 영향을 미쳐 근대까지 황제를 독일은 '카이저', 러시아는 '짜르'로 칭하여 카이사르의 이름을 차용했다. 카이사르란 이름의 위력은 종교의 세계에서도 "하나님의 것은 하나님께 카이사르의 것은 카이사르에게"로 비유되면서, 천상의 지고한 존재에 대한 지상의 지고한 존재를 '카이사르'라고 불렀다.)

○ 로마에서는 더 이상 막강한 군대를 거느린 옥타비아누스의 뜻을 거스를 자가 없었다. 하지만 옥타비아누스는 혼자의 힘으로 원로원 그리고 반카이사르 파인 브루투스와 카시우스 모두를 상대하기에는 너무나 벅찼다. 게다가 갈리아로 도망친 안토니우스는 히스파니아와

갈리아의 병사들을 합쳐 더욱 막강해져 있었다. 옥타비아누스의 불안한 마음은 결국 갈리아에서 분루를 삼키며 대군을 이끌고 로마를 향해 진격의 고삐를 조이고 있던 안토니우스와의 동맹을 생각하게 했다. 이렇게 하여 옥타비아누스는 북이탈리아 라비니누스강 한가운데 떠 있는 조그만 섬에서 안토니우스 그리고 레피두스와 이틀간을 회의한 끝에 상생을 위해 손잡기로 결정하기에 이르렀다. 이로써 서로 간의 속마음을 미소로 숨겼겠지만 로마의 권력은 제2차 삼두 정치로 나아갔다.

○ 옥타비아누스는 위선에서는 누구에게도 뒤지지 않을 만큼 선천적인 재능이 있었기에 정적과도 동맹을 맺을 수 있었으리라. 삼두 정치를 성립시킨 그들은 술라 때 나돌았던 살생부를 국가 재건이라는 명목 하에 다시금 작성하고 카이사르 암살에 연루된 자들을 모두 처형했다. 살펴보면 내전에서 승리한 자는 모두 다 반대파에게 잔혹한 처벌을 가했다. 마리우스도 술라도 옥타비아누스도 그러했다. 다만 카이사르만은 달랐다. 그 점이 카이사르를 위대하고 돋보이게 했으며, 또한 자신의 죽음을 재촉하게 했다. 반면에 잔인한 승자들은 모두 천수를 누렸다.

○ 살생부의 첫머리에는 키케로의 이름이 올라와 있었다. 안토니우스는 자신의 인격을 모독하고 비난한 키케로를 무척 증오했다. 옥타비아누스는 카이사르가 죽고 난 후 키케로를 '아버지(파테르pater)'라고 부르며 따랐지만 안토니우스의 결정을 되돌리지 못했다. 어쩌면 그의 친근감이란 가면을 쓴 것이었는지도 모른다. 안토니우스는 키케로의 목숨을 거두면서 자신을 모욕하고 비난했던 오른손을 용서할 수 없었던지 그것을 잘라 머리와 함께 로마 광장에 내걸었다.

○ 키케로는 자신의 천재성을 스스로도 알고 있어 자화자찬에 이골이 났지만 겸허한 구석도 있었다. 이 불세출의 탁월한 연설가는 지구가 평면이라고 생각하던 그 시절에 플라톤이 주장했듯이 지구가 둥글다고 주장하며 이렇게 말한 적이 있었기 때문이다. "인간들은 우주 한 가운데에 있는 이 구(球)에서 살아야 하는 운명을 갖고 태어났다. 둥근 모양의 천체와 별에는 신의 혼이 깃들어 있어 이들은 놀랄 만큼 빠른 속도로 자전과 공전을 하고 있으며, 우리가 살고 있는 지구는 이런 별들과 비교했을 때 너무나 작다. 이토록 작은 곳에서 태어나 그조차도 다 돌아보지 못하고 겨우 한 점만 스치고 지나가는 인간의 삶이 얼마나 보잘것없는지 생각하면 부끄러움을 감출 수 없다." 그러면서 인간은 아무렇게나 우연히 씨가 뿌려져 태어난 것이 아니라 인간을 돌보는 어떤 존재가 성취한 일이며, 인간이 모든 고난에서 벗어나 마지막 항구에 오면 영원한 피난처인 죽음에 도달할 수 있다고 말했다.

○ 살생부로 이탈리아를 공포와 배신의 피로 물들이게 한 후, BC 42년 옥타비아누스와 안토니우스는 마케도니아의 필리피에서 브루투스와 카시우스의 연합군을 맞아 힘겹게 승리했다. 사실 이 전투는 브루투스 진영이 전황을 우세하게 이끌고 있을 때, 자기 진영이 패배한 카시우스가 브루투스까지도 포함한 전체 아군이 패배한 것으로 알고 자포자기한 나머지 자결해 버린 결과였다.(註. 역사가 아피아누스에 따르면 카시우스 죽음에 대해 다른 기록을 남겼다. 그에 따르면 카시우스가 자결하기 전에 전령이 브루투스의 승리를 알려 주었지만, 그는 자신의 숙영지가 안토니우스 군에게 초토화되었음을 비관하여 판다루스라는 해방 노예의 도움을 받아 자살한 것이라고 서술했다. 아피아누스는 카시우

스가 쉽게 이길 수 있었던 전투에서 수치스런 패배를 당했기에 "이 전쟁을 브루투스가 완벽하게 승리해 주길 바란다."는 말을 남기고 죽음을 맞이했다고 주장했다.) 그리고 브루투스는 서전에서 옥타비아누스 군의 숙영지를 쑥대밭으로 만들었으나, 의지했던 동료 카시우스가 죽자 낙심하고, 휘하 부관들의 잘못된 건의를 받아들여 적과 난타전을 벌인 끝에 패배한 후 스스로 목숨을 끊었다.

○ 필리피 전투에서 승리한 안토니우스는 이제껏 로마의 정치가라면 누구나 야심을 품었던 파르티아 정벌을 위해 동방에 머물고 있었다. 안토니우스가 동방에서 파르티아 원정을 준비하고 있을 때 동생 루키우스와 아내 풀비아가 페루시아(註. 현재 지명 '페루자')에서 반란을 일으켰다. 반란은 옥타비아누스와 아그리파에 의해 신속히 진압되어 실패로 끝났지만, 안토니우스와 옥타비아누스는 껄끄러운 관계로 변했다. 경색된 두 사람의 관계를 풀고자 BC 40년 안토니우스와 옥타비아누스 그리고 레피두스 간에 브룬디시움 협약이 맺어지고 안토니우스는 동방, 옥타비아누스는 서방과 일리리쿰, 레피두스는 아프리카를 각각 담당했다. 그리고 안토니우스는 옥타비아누스의 누나인 옥타비아와 정략결혼을 하고, 옥타비아누스는 안토니우스의 의붓딸 클로디아와 약혼했다.

○ 폼페이우스의 둘째 아들 섹스투스 폼페이우스는 문다 전투에서 카이사르에게 패하여 형 그나이우스 폼페이우스는 죽고 자신은 히스파니아의 깊은 오지에 숨었다가 점차 힘을 키워 옥타비아누스와 대결할 때는 해상에서 막강한 세력을 구축했다. 막강한 해군력을 지닌 그는 자신의 함대로 이탈리아를 봉쇄하고 옥타비아누스의 숨통을 조였다. 이탈리아가 봉쇄되어 곡물 수입이 끊기고 곡물가가 치솟자 옥타비아

누스는 봉쇄를 풀어 달라는 시민들의 거친 항의를 받기 시작했다. 견디다 못한 옥타비아누스는 BC 39년 마침내 삼두와 섹스투스 폼페이우스 간에 미세눔(註. 현재 지명 '미세노') 협약을 맺어 이탈리아 봉쇄를 풀고 곡물 수송 선박의 안전을 보장받았다. 그리고 협약을 공고히 하기 위해 옥타비아누스는 섹스투스 폼페이우스의 처고모인 스크리보니아와 정략결혼을 했다. 이로써 섹스투스 폼페이우스의 이탈리아 봉쇄로 불안했던 곡물 가격이 안정될 수 있었다.(註. 고대 역사서에는 섹스투스 폼페이우스가 거의 해적이나 다름없는 지위로 떨어져 있었다고 서술되어 있는데 이는 사실에 근거하기보다는 승자인 옥타비아누스 측에서 기록했기 때문이다.)

○ 하지만 미세눔 협약은 옥타비아누스의 처신과 배반에 섹스투스 폼페이우스가 분노하면서 금이 가기 시작했다. 옥타비아누스가 스크리보니아와 이혼하고, 섹스투스 폼페이우스 휘하의 부하가 배반한 후에 옥타비아누스 편에 서자, 미세눔 협약은 여지없이 깨졌던 것이다. 이렇게 되자 옥타비아누스와 섹스투스 폼페이우스 간의 결전은 피할 수 없는 수순이 되었다.

○ 미세눔 협약이 균열 조짐을 보이고 섹스투스와의 전투가 임박해지자 옥타비아누스는 안토니우스에게 지원을 요청했다. 하지만 정작 안토니우스가 함대를 이끌고 브룬디시움항에 나타났을 때 그는 항구를 열어 주지 않았다. 안토니우스가 브룬디시움에 도착했을 무렵 갈리아에 있던 아그리파가 참전하자 옥타비아누스는 이 전투에서 승리할 수 있다는 자신감에 승리의 무공을 안토니우스에게 빼앗기고 싶지 않았기 때문이다. 파르티아와 일전을 벌일 준비로 여력이 없던 중에도 처남의 요구를 받고 지원에 나섰던 안토니우스는 이런 대우를 받

자 분노했다.

○ 이렇듯 강력한 적을 눈앞에 두고 분열의 조짐이 보이자, 둘이 서로 다툰다면 공동의 적을 이롭게 할 뿐이라며 마이케나스와 옥타비아가 중재에 나서 BC 37년 타렌툼에서 협약이 이루어졌다. 타렌툼 협약으로 안토니우스와 옥타비아누스는 삼두 정치를 5년간 더 연장했으며 협약을 굳건히 하기 위해 풀비아와 안토니우스 사이에 태어난 큰아들 안틸루스와 옥타비아누스의 딸 율리아를 약혼시켰다. 훗날 아버지로부터 추방형을 받았던 율리아는 이때부터 정략결혼의 희생양이 되었다. 협약 성립에 대한 보답으로 안토니우스는 130척의 전함을 옥타비아누스에게 지원하고, 옥타비아누스는 2만 1천 명의 로마 병사들을 안토니우스에게 보내기로 약속했다. 그러나 약속은 제대로 지켜지지 않았다. 안토니우스는 전함을 건넸지만 옥타비아누스는 안토니우스에게 불과 2천 명의 병사들만 보내고 말았던 것이다.(註. 옥타비아누스는 그 이후 섹스투스 폼페이우스와 전투를 벌였고, 그 전투에서 파손된 전함을 제외하고 70척의 전함을 안토니우스에게 돌려주었다.) 안토니우스는 이것을 두고두고 잊지 않았다. 안토니우스는 협약을 진지하게 받아들인 반면 옥타비아누스는 처음부터 약속을 꼭 지켜야겠다는 생각이 없었던 것이 분명했다. 어릴 때부터 기만이 몸에 밴 옥타비아누스는 이런 경우에도 자신의 자질을 유감없이 발휘한 결과였다.

○ BC 36년 미세눔 협약이 파기되고 나울로쿠스(註. 현재 지명 '베네티코') 해전에서 옥타비아누스의 충직한 부하이자 친구인 아그리파에게 대패하자, 섹스투스는 메사나를 경유하여 아시아 속주로 도망쳤다. 그곳에서 그는 풍부한 자금으로 병사들을 끌어모아 아시아 총독

가이우스 푸르니우스에 대항했다. 그러자 푸르니우스는 분노하여 섹스투스를 공격했고, 섹스투스는 나울로쿠스 해전에서 패배한 그다음 해 푸르니우스에게 붙잡혀 처형당하고 말았다. 처음에 안토니우스는 섹스투스에게 무덤덤했으나 그가 파르티아를 도와주고 있다는 사실을 알자 격분했다. 아마도 푸르니우스는 동방을 지배하고 있던 안토니우스의 승인을 받아 섹스투스를 죽였으리라.(註. 훗날 옥타비아누스는 사신이라면 섹스투스를 죽이지 않았을 것이며, 더군다나 안토니우스는 섹스투스를 죽일 권리조차 없다고 소리 높여 비난했다. 이는 페루시아 전쟁 때 섹스투스가 안토니우스의 어머니를 보호하고 그녀를 아들의 품에 무사히 돌려보냈던 것을 잊은 배은망덕한 행위라는 의미였다.) 그때 섹스투스 폼페이우스의 나이 불과 27세였다. 이렇듯 그는 대부분의 사람들이 이제 막 경력을 쌓을 나이에 삶을 마감했다. 옥타비아누스와 그의 추종자들이 줄곧 섹스투스에게 해적이니, 약탈자니, 비천한 무리들의 우두머리니 하면서 모질게도 욕했던 것은 오직 그에게만이 카이사르의 위광과 겨룰 수 있는 폼페이우스 마그누스의 위광이 온몸에 서려 있기 때문이었다.

○ 시킬리아에 근거지를 둔 섹스투스 폼페이우스가 패퇴하고 소아시아로 도망쳤을 때, 그가 다스렸던 시킬리아 통치권을 두고 옥타비아누스와 레피두스가 다투었다.(註. 미세눔 협약으로 섹스투스 폼페이우스는 사르디니아, 코르시카, 시킬리아, 펠로폰네소스 반도를 손에 넣고 있었다.) 레피두스는 이번 전쟁에서 자신이 큰 공로를 세웠으니 시킬리아를 다스리겠다고 주장하면서 옥타비아누스에게 떠나라고 했다. 그러나 비정한 레피두스의 병사들은 카이사르라는 칭호를 앞세운 옥타비아누스에게 매수되어 자신의 지휘관을 버리고 옥타비아누스에게

로 돌아섰다. '카이사르의 아들'이란 마법의 명함은 여기서도 먹혀들었던 것이다. 세력 경쟁에서 패배한 레피두스는 옥타비아누스의 진영으로 달려가서 무릎을 꿇었다. 옥타비아누스는 그를 일으켜 세워 자신이 평화와 질서를 원하고 있음을 병사들에게 보여 주는 증거로 삼았다. 이로써 옥타비아누스는 단독으로 안토니우스와 겨룰 수 있는 막강한 군대를 보유하게 되었고 군사력에서 나오는 자신감으로 안토니우스의 권위에 도전할 수 있었다. 그리고 그는 레피두스를 유배지로 보냈다. 레피두스는 로마에서 남쪽으로 80㎞쯤 떨어진 해안 도시 키르케이에서 유배 생활을 강요당하다가 24년 후에 유배지에서 죽었다. 전설에 따르면 키르케이의 경사지에 있는 수많은 동굴에는 사람들을 돼지로 둔갑시키는 키르케라는 마녀가 살았다고 한다.

○ 옥타비아누스는 레피두스를 유배형에 처하기는 했으나, 그가 안토니우스의 도움으로 선임될 수 있었던 대제사장이란 권위 있는 자리는 그가 유배지에서 죽을 때까지 그대로 두었다. BC 12년 오랜 유배 생활 끝에 레피두스가 죽자 그제야 옥타비아누스는 폰티펙스 막시무스라는 종교계의 최고위직을 차지했다. 그동안 안토니우스는 서방에서 옥타비아누스가 섹스투스 폼페이우스를 제거하고 실권을 차지하는 데 도움을 주느라 자신은 아무것도 얻지 못한 채 2년 가까운 세월을 쓸데없이 소모하고 나서야 동방으로 돌아가 자신의 세력을 구축하기 위해 온갖 노력을 기울였다.

○ 파르티아 정복 준비에 박차를 가한 결과, BC 36년 드디어 안토니우스는 만반의 준비를 갖추고 크라수스와 그의 병사들이 한 맺힌 넋을 묻은 파르티아를 향해 진격의 나팔을 불었다. 그는 우호적인 왕국 아르메니아를 경유하여 남쪽으로 나아갔다. 안토니우스는 행군 속도

가 늦어지자 파르티아의 영토로 들어섰을 때 공성용 장비와 대부분의 식량이 실려 있던 300여 대의 마차를 약간의 경비병들에게 수송하도록 명령하고 서둘러 진격을 계속했다. 그러나 이는 얼마 안 가 실책임이 드러났다. 산악 지대 깊숙이 위치한 프라스파(註. 현재 이란의 '마라게')를 포위하고서 성을 공략하려던 시점에서야 안토니우스는 모든 공성 장비를 뒤에 남겨 두고 온 것이 실수였음을 알았지만 이미 때늦은 후회였다. 더군다나 파르티아의 프라아테스 4세는 로마군이 두고 온 마차를 공격하여 모두 불태웠기 때문에 식량까지 바닥난 데다, 가장 세력이 큰 동맹국으로 여겼던 아르메니아는 승산이 없다고 생각했는지 전쟁터를 떠나고 말았다. 만약 파르티아와 비슷한 전투 장비를 사용하는 아르메니아 기병 1만 6천 명이 계속하여 로마군을 도왔더라면 전쟁 양상이 달라졌으리라.(註. 안토니우스가 파르티아 정복에 실패하고 고생 끝에 아르메니아까지 후퇴했을 때 병사들은 배신한 아르메니아 왕 아르타바스데스를 응징하라고 외쳤지만, 그는 왕의 배신을 질책하지 않았으며 늘 하던 대로 친밀감과 존경을 표했다. 왜냐하면 로마군은 겨우 후퇴에 성공하여 병사들을 많이 잃은 데다 물자도 부족해 응징할 힘이 없었기 때문이다. 하지만 BC 34년 안토니우스는 병사를 이끌고 아르메니아로 쳐들어가서 배신의 죄과를 물어 아르메니아 왕 아르타바스데스와 두 명의 아들을 포로로 붙잡았다. 이때 안토니우스는 아르메니아 왕에게 협상하자는 제의로 속임수를 써 사로잡았으며, 이에 대해 훗날 옥타비아누스는 안토니우스가 비열한 방법을 사용함으로써 로마인의 명예에 먹칠했다고 비난했다. 폐위된 아르메니아 왕은 악티움 해전으로 옥타비아누스가 정신없이 바쁜 틈을 타 자신의 왕국을 되찾았다.) 식량이 떨어진 안토니우스의 병사들은 비참했다. 병사들이 배고픔을 이기지 못하여 아무 풀뿌리나 나무뿌리를 먹는 바람에 정신 착란과 구토 증세를 일으키는 경우가 허다했다. 1리터 정도의 밀은 50데나리우스를 줘야 구할 수 있었고, 보리로 만든 빵 한 덩어리의 가치는 같은 무게의 은과 맞바꾸었을 정도였다.(註. 평시에는 밀 1모디우스 즉 8.49리터가 비싸야 1.5데나리우스였으니까, 밀 1리터는 0.2데나리우스가 되지 않았다.)

○ 안토니우스는 전력의 3분의 1을 잃는 엄청난 피해를 안고서 겨울의 눈보라 속에 철군할 수밖에 없었고, 결국 파르티아 침공은 실패로 끝났다. 그는 자신의 실패를 성공으로 위장하려 했지만 옥타비아누스의 정보망을 속일 수 없었다. 옥타비아누스는 안토니우스가 보내오는 승리의 외침에 빈정거리며 대꾸했다. "그렇게 대승을 했으니 내가 많은 병사들을 지원할 필요 없이 제국의 동부에서 병사들을 추가 모집하는 것이 어렵지 않겠군요." 그러고서는 옥타비아에게 병사들에게 줄 많은 양의 옷과 돈, 안토니우스 군의 참모진에게 줄 선물, 섹스투스와의 전투에서 부서지지 않고 남은 70척의 전함 그리고 2천 명의 병사들을 주어 안토니우스에게 보냈다. 옥타비아누스의 이런 행위는 타렌툼 협약의 위반이었으며, 안토니우스를 조롱하는 행위였다. 왜냐하면 앞서 서술한 대로 타렌툼 협약 시에 옥타비아누스는 안토니우스에게 2만 1천 명의 병사를 주기로 약속했기 때문이다.

○ 동방에서의 세력 확장에 힘을 쏟던 안토니우스가 로마 장군으로서 크라수스의 치욕적인 패배를 설욕하고 알렉산드로스 왕과 견줄 수 있는 영광을 성취하려면 파르티아 정복은 반드시 이루어 내야 할 과업이었다. 따라서 세력의 거점을 지리적으로 가까운 알렉산드리아에 두어야 했으며, 게다가 이러한 열망의 성취를 위해서는 이집트 여왕

의 지원이 절대적으로 필요했다. 하지만 이는 어디까지나 안토니우스의 입장에서 말한 것일 뿐, 옥타비아누스 측에서는 그가 이집트의 클레오파트라 7세와 눈이 맞아 헌신적인 부인 옥타비아를 버리고 여왕의 치마폭에 파묻혔다고 생각하며 로마 시민들에게 분노의 씨앗을 퍼뜨렸다. 이 소문이 로마에 퍼지자 로마 시민들은 경악했다. 그리고 곧바로 옥타비아누스와 안토니우스는 서로에게 비난 섞인 서신이 오고 갔다. 옥타비아누스는 자신이 미세눔의 약속을 저버리며 스크리보니아를 버릴 때는 가책을 느끼지 않았지만, 안토니우스가 브룬디시움의 약속을 저버리며 옥타비아를 버린 것은 절대 용서하지 않았다. 왜냐하면 그는 자신의 잘못에 대해서는 쉽게 용서했지만, 남의 배신에 대해서는 냉정했기 때문이다. 이제 옥타비아누스와 안토니우스의 결전은 피할 수 없게 되었다.

○ BC 31년 옥타비아누스와 아그리파가 이끄는 로마 함대와 안토니우스와 클레오파트라가 지휘하는 함대가 그리스 악티움 앞바다에서 맞붙었다. 안토니우스 해군은 악티움 앞바다에서 옥타비아누스와 아그리파의 해군에게 포위되어 물자 보급이 어려워졌을 뿐 아니라 전염병까지 도는 등 악조건 속에 있었다. 오전의 전투가 백중세로 끝나고 오후가 되자 바람의 방향이 남쪽으로 바뀌었다. 이때 전선의 뒤에 남아 소함대를 이끌고 있던 클레오파트라가 갑자기 돛을 펴더니만 쏜살같이 전쟁터를 벗어났고, 안토니우스도 기함을 버리고 다른 배로 옮겨 탄 후 40척의 전함과 함께 클레오파트라의 뒤를 쫓아갔다. 클레오파트라가 전투의 참혹함과 아비규환을 이해하지 못하고 경거망동한 행동을 했다고 고대 역사서에 기록되어 있으나, 사전 준비를 보면 사실은 처음부터 여차하면 적의 포위망을 벗어나려는 계획이었다.

○ 적과의 전투에 몰두하느라 안토니우스와 클레오파트라를 따라 도주할 기회를 잃고 남겨진 안토니우스 해군은 모두 항복했고, 카니디우스 크라수스가 지휘하고 있던 육군도 옥타비아누스의 설득과 협상 끝에 모두 안토니우스를 버리고 옥타비아누스 편으로 돌아서고 말았다. 안토니우스의 육군이 옥타비아누스에게로 돌아서자 이를 반대하던 육군 사령관 카니디우스와 몇몇의 장교들은 이는 배신행위와 다름없다고 생각하고서 병영을 빠져나와 안토니우스에게로 갔다. 이로써 전쟁은 싱겁게 옥타비아누스의 승리로 끝났다. 내전이 끝난 뒤 카니디우스는 옥타비아누스에 의해 사형에 처해졌는데, 그 이유는 전쟁터에서 병사들을 버렸다는 것이었다. 그러나 죽임을 당한 이유를 좀 더 명확하고 솔직하게 말한다면 그는 승자에게 굴복하기를 거부했고 충절로써 사람을 판단할 줄 모르는 적에게 패했기 때문이다.

○ 옥타비아누스는 악티움 해전에서 승리하고 동방의 통치를 재편성한 후 이탈리아의 브룬디시움으로 귀환했다. 그가 상륙하자 모든 원로원 의원들과 수많은 시민들이 브룬디시움으로 찾아와 환영의 물결을 이루었다. 원로원 의원들이 귀환하는 승리자에게 로마의 관문까지 마중하는 일은 이제껏 흔하게 있었으나 500㎞나 떨어진 곳까지 여행하여 귀환을 축하하는 것은 유례가 드문 일이었다. 이는 이제 로마가 도전을 허락하지 않는 단 한 명의 통치자를 섬긴다는 것을 공식적으로 인정하는 꼴이었다.

○ 이탈리아에서 한 달가량을 보낸 후 옥타비아누스는 곧바로 이집트로 추격에 나서 안토니우스와 클레오파트라를 죽음으로 몰아넣었다. 한번 무너진 패배의 기세는 쉽게 만회되지 않는 법이다. 더군다나 안토니우스 휘하의 병사들과 동맹군들은 대부분 이탈리아 병사가 아닌

동방의 병사들로 이루어져 충성심에서 옥타비아누스 군보다 훨씬 열등했다. 그들이 패색이 짙은 안토니우스에게 목숨을 바쳐 가며 싸울 리가 만무했다. 안토니우스 함대와 보병들은 제대로 전투에 나서지도 않은 채 쉽사리 항복하고 도주했으며 성문까지 열어 주었다. 그렇게 되자 알렉산드리아를 방어하던 안토니우스는 클레오파트라가 자신을 배신한 것이 분명하다고 소리치며 격분했다. 이 말을 전해 들은 클레오파트라는 두려움을 느끼며 이를 벗어나기 위해 사람을 시켜 자신이 자살했다고 거짓말을 전하게 했다. 안토니우스는 클레오파트라가 자살했다는 소식을 듣자 절망하며 스스로 목숨을 끊기 위해 칼로 자신을 배를 찔렀으나 목숨은 쉽게 끊어지지 않았다. 아직도 숨이 붙어 있던 그는 클레오파트라를 찾았고 그녀의 품에서 숨을 거두었다.

○ 남편의 죽음에도 클레오파트라의 삶에 대한 희망은 집요했다. 그녀가 자신을 찾아온 옥타비아누스에게 이제껏 자신이 한 행동은 어쩔 수 없는 것이었다고 변명하자, 옥타비아누스는 그녀의 말에 조목조목 반박했다. 옥타비아누스가 되돌아간 후 그의 참모인 돌라벨라(Cornelius Dolabella)가 클레오파트라에게 사흘 내에 이집트를 떠나야 할 것이라고 전하자, 그녀는 절망했다. 전리품이 되어 로마의 개선식에서 사슬에 묶인 채 장식되는 굴욕을 그녀의 자존심이 용납하지 않았으리라. 결국 이집트의 마지막 여왕은 무화과 바구니에 몰래 들여온 이집트 코브라에게 물려 스스로 생을 마감했다.(註. 이집트 코브라는 2m가 넘는 크기로 무화과 바구니에 몰래 들여오기 어렵다고 한다. 따라서 옥타비아누스가 클레오파트라를 살해해 놓고서는 코브라 이야기를 꾸며 냈다고 역사가 카시우스 디오는 주장했다.) 그러고 나서 옥타비

아누스는 클레오파트라와 카이사르 사이에 태어난 카이사리온을 죽였다.(註. 카이사리온은 '작은 카이사르'란 의미였고, 본명은 '프톨레마이오스 15세 필로파토르 필로메토르 카이사르'였다.) 왜냐하면 카이사르의 후계자는 자신이 유일해야 한다는 것이 옥타비아누스의 판단이었기 때문이다.

○ 제1차 포에니 전쟁이 끝난 지 몇 년 뒤인 BC 235년 1년간 잠시 닫힌 적이 있었을 뿐이던 야누스 신전의 문이 옥타비아누스의 최종 승리로 2백 년도 훨씬 지난 지금에서야 다시금 굳게 닫혔다.(註. 누마 왕의 치세가 끝나고 한번 열린 문은 BC 235년 1년간을 제외하고는 악티움 해전이 끝날 때까지 계속 열려 있었다. 즉 야누스 신전의 문은 BC 29년 옥타비아누스에 의해 로마 건국 이래로 3번째 닫혔던 것이다. 이후로 그는 2번을 더 닫을 수 있었다.) 악티움 해전이 끝나고 BC 29년 로마에 돌아온 옥타비아누스에게는 국가를 운영하기 위한 여러 가지 문제들이 산적해 있었다. 전쟁의 상흔으로 제국의 상황은 참담했다. 가난해지고 불행해진 시민들을 절망적인 상황에서 벗어나게 할 수 있느냐는 것은 새로운 체제가 유지되고 존속될 수 있느냐 하는 중요한 문제였다. 그에게는 총 60개의 군단이 있었으나 내전이 끝난 지금에는 그렇게 많은 병사들이 필요 없었다. 따라서 군단수를 줄이고 퇴역병들에게 정착할 토지를 마련해야 했다.(註. 병력 감축을 시행한 옥타비아누스는 최종적으로 28개 군단만 상비군으로 남겨 두었다. 이 정도만 하더라도 연간 세입의 50% 정도를 군대 유지비로 사용해야 했다.)

○ 또한 내전으로 흐트러진 국가 체제를 처음부터 다시 짜 맞추어야 했다. 그나마 옥타비아누스에게 다행인 것은 전쟁의 승리로 엄청난 재산을 보유하게 되었다는 점이다. 이집트 프톨레마이오스 왕조로부터

몰수한 재산만 가지고서도 퇴역병들에게 토지와 퇴직금을 주고, 로마 시민들에게 식량과 오락을 제공하고, 세금까지도 감면하면서 이탈리아의 경제를 부흥시킬 수 있을 정도였다. 그것 외에도 안토니우스에게서 몰수한 재산, 14억 세스테르티우스(註. 1세스테르티우스를 약 3,000원으로 보면 4조 2천억 원에 해당)로 추정되는 카이사르의 유산 등을 합쳐 옥타비아누스의 재산은 엄청났고, 이러한 재산은 그가 황제로서의 권위와 위엄을 지켜 주며 제국을 다스리는 기반이 되었다.(註. 라틴어 임페라토르imperator가 '승리한 사령관'이란 의미에서 제정 때 '황제'를 의미하는 것으로 변화되었고, BC 1세기 말에 임페리움imperium이 국가 통치권의 범위를 벗어나 로마의 통치권 아래에 여러 민족과 지역을 둔다는 의미로 확장된 결과 임페리움은 '제국帝國'을 뜻하게 되었다. 따라서 황제가 통치하지 않더라도 제국을 의미하므로 사전적 풀이는 보완이 필요하겠다.)

○ 옥타비아누스는 만약 원로원 의원이 이집트를 통치할 경우 그가 막대한 부와 자원을 이용하여 도전적인 마음을 가진다면 너무 위험하다고 생각했다. 게다가 이집트는 로마의 주요 식량 수출국이었다. 이런 이유로 그는 이집트를 기사 계급이 통치하는 황제 직속령으로 두었다. 여기에는 개인적인 탐욕도 뒤따랐으리라. 최초의 이집트 프라이펙투스(註. 황제가 임명하는 속주 총독을 '프라이펙투스prefectus'라고 했다.)는 갈루스였다. 그러나 그는 무분별하게도 취기가 돌면 옥타비아누스의 험담을 했고, 도시의 곳곳에 자신의 조각상을 세웠으며, 피라미드에 자신의 업적을 새기도록 했다. 적의를 가진 한 동료가 이 사실을 옥타비아누스에게 고하자 그는 BC 27년에 파면되었다. 동시에 원로원에서는 옥타비아누스의 뜻을 미리 헤아려 갈루스를 추

방형에 처하고 재산을 몰수했다. 그때 옥타비아누스는 자신을 지지해 준 원로원에게 눈물을 흘리고 감사의 뜻을 전하며 이렇게 말했다. "나는 친구들과 불쾌한 일도 각오해야 하는 로마에서 유일한 사람입니다." 갈루스는 자신의 현실을 한탄하고 괴로워하다가 스스로 목숨을 끊었다. 그의 죽음은 다른 지도층 인사들에게 옥타비아누스의 비위에 거슬리면 어떻게 되는지 보여 주는 끔찍한 경고로 작용했다.

○ 파비우스도 스키피오도 그리고 술라와 폼페이우스조차도 전공을 세운 후, 그 힘이 공화정을 와해시키고 제정을 도모하는 데 쓰이지는 않았다. 그러나 카이사르와 옥타비아누스는 달랐다. 그들은 승리를 독재와 연결했다. 그것은 외적과의 승리가 아니라 내전에서의 승리였기 때문일 것이다. 술라도 내전에서 승리하기는 마찬가지였지만 그는 철두철미한 공화주의자였고 그것이 가장 훌륭한 체제임을 의심하지 않았다. 이제 뛰어난 자가 언제든지 최고 권력자가 되고 그의 힘이 소진되었을 때 또 다른 자가 새로운 방법과 체제로 국가를 이끄는 시대는 지나가 버렸다. 선택된 제왕은 생을 마감할 때까지 그 지위를 유지했고, 그의 아들조차 단지 아버지가 황제였다는 이유로 비록 통치자로서의 역량이 없다고 할지라도 막중한 지위에 올라 지고한 존재로 군림했다. 다만 우습게도 로마 황제는 혈연으로 계승되는 것이 아니라, 원로원과 시민의 승인에 의한 것이라는 허울만은 계속 남아 있었다.

☼ 마리우스의 욕망과 술라의 권리(BC 88년)

≪마리우스의 노욕이 술라의 집정관 권리를 짓밟았다. 남의 권리를 술책으로 빼앗았다면 마땅히 보복당할 준비를 해야 하거늘, 마리우스는 욕망만 앞섰고 술라의 감정을 이해하지 못했다. 그는 쫓기고 있는 술라를 자신의 집에 숨겨 주었을 뿐 아니라 놀라에 있는 술라 측 병사들과 술라를 만나게 허락하는 실수를 저질렀다. 예전부터 바닥에 깔린 두 사람 간의 불화가 미트라다테스 6세와의 전쟁 지휘권을 놓고서 드디어 표면화되면서, 내분의 불꽃이 튀기 시작한 것이다. 이들의 내분으로 수많은 사람들이 피를 흘렸고 공포에 떨었으며, 술라는 권력을 손에 넣기 위해 자국민에게 창검을 겨눈 최초의 로마인이 되었다.≫

○ 플루타르코스에 따르면 BC 99년 마리우스의 반대에도 불구하고 원로원 결의에 의해 메텔루스가 다시 로마로 돌아올 수 있게 되자, 마리우스는 메텔루스의 떠들썩한 귀환이 보기 싫어 동방으로 떠났다고 한다. 그런데다 당시 그는 자신의 권력과 명성이 전쟁을 통해 이루어진 것이지만 평화가 지속되자 로마에서 자신의 영향력이 점점 줄어들고 찬란했던 명성도 어느덧 희미한 과거의 일이 되고 있어 크게 상심하고 있었다. 의심이 드는 기록이긴 하지만, 그렇게 되자 그는 동방으로 여행하는 동안 전쟁의 씨앗을 뿌리기로 마음먹었다고 한다. 따라서 폰투스(註. 폰투스Pontus란 '바다'를 의미하며 원래 흑해를 지칭하는 말이었으나 나중에는 흑해 남안을 일컫는 지명이 되었다. 그리스식으로는 '폰토스') 왕 미트라다테스 6세가 마리우스를 찾아와 경의를 표

했을 때 이렇게 말했다. "대왕께서는 로마보다 강력해지든가, 아니면 군말 말고 로마의 명령에 복종해야 할 것이오." 미트라다테스는 이 같은 충격적인 말에 두려움을 가지고 자신의 깊은 욕망에 은밀히 불을 지폈다. 막강한 군사력을 확보한 그는 적절한 시기를 기다렸고 마침내 이탈리아에서 동맹시 전쟁이 터지자 활시위를 당겨 주변을 공략하기 시작했다.

○ 미트라다테스는 동맹시 전쟁으로 로마가 위기에 처하자 이를 고소하게 바라보다 마침내 야심을 드러냈던 것이다. 그는 철저한 준비를 위해 소아시아 전역을 돌아다니며 그곳에 배치된 로마군의 상태를 모두 파악하고 주민들에게는 로마에 대한 적개심을 부추겼다. 그런 다음 무자비한 방법을 동원하여 로마인 15만 명을 살해했는데 특히 부자들의 피해가 컸다.(註. 15만 명이 살해당했다는 것은 플루타르코스로부터 나왔는데 이는 과장된 것으로 보인다.) 왜냐하면 채권자를 죽이는 채무자는 빚을 반으로 탕감하고 몰수한 재산의 일부를 포상으로 주겠다고 선언하여 가난한 자들의 욕망을 자극했기 때문이다.

○ 게다가 로마의 통치에 진저리가 난 주민들의 증오심은 미트라다테스에게 강력한 힘이 되었다. 저항할 수단 없이 도망가지도 못하고 살육된 로마인들이 매장되지도 못한 채 거리와 들판에 나뒹굴었다. 또한 미트라다테스는 시빌라의 예언을 들먹이며 "동방에서 위대한 왕이 나타나 오만과 약탈에 능한 무리들을 무찌르게 되리니, 그자는 신이 보낸 자이니라."고 말하며 선동했다. 그는 로마 총독 마니우스 아퀼리우스를 사로잡아 군중 사이로 끌고 다니며 욕보이다가 몸을 묶어 매달고 끓는 금을 입속으로 부어 넣으면서 이는 탐욕과 약탈을 일

삼는 로마에 대한 준엄한 판결이고 판결문을 배 속에 집어넣는 의식이라고 주장했다.(註. 탐욕스런 마니우스 아퀼리우스는 BC 101년 집정관으로 있을 때 제2차 시킬리아 노예 반란을 잔혹하게 진압했던 자였다.) 이렇게 되자 아시아 속주는 세금이 끊겼고 로마의 국고는 텅 비었으며 수많은 사람들이 파산을 맞았다.

○ 이렇듯 폰투스 왕 미트라다테스 6세가 로마의 패권에 반항하며 불온한 행태를 보이자, BC 88년 집정관 술라는 이를 정벌하고자 군사를 모으기 시작했다. 집정관은 총사령관이 되어 전쟁을 수행해야 하므로 술라의 징집 행위는 당연했다. 그러나 칠순의 마리우스가 미트라다테스의 정벌을 직접 지휘하고 싶다는 욕심에 관습과 규칙을 짓밟고, 당시 호민관이었던 술키피우스(Publius Sulpicius Rufus)와 비밀리에 모의했다. 그가 전쟁을 지휘하고픈 욕망으로 마르스 광장에서 발가벗은 채 젊은이들과 뒤섞여 훈련에 열중하며 노익장을 과시하자, 세간에는 알몸으로 태어난 마리우스가 더 많은 부와 명예를 얻기 위해 다시 알몸으로 되돌아갔다며 빈정거리는 소문이 퍼져 나갔다. 마리우스는 로마 최고의 지위에 올라 막대한 부와 명예를 얻었지만 노후를 존경 속에서 조용히 살기를 거부하고 탐욕과 야망에 운명을 걸었던 것이다.

○ 그와 공모를 한 술피키우스는 무자비하고 탐욕스러웠으며, 드러내놓고 해방 노예와 외국인들에게 로마 시민권을 팔고서는 포룸의 계산대에서 매매 대금을 받는 파렴치한 자였다. 또한 6백 명의 기사 계급 젊은이들과 과격한 지지자 3천 명이 그를 그림자처럼 따르고 있었다. 동맹 시민들은 자신들의 로마 시민권 획득을 위해 노력하다 살해된 호민관 드루수스 이래로 호민관을 무조건 편들었으며, 또한 술피

키우스는 동맹 시민들이 구(舊)로마 시민보다 선거에서 영향력이 적은 것은 부당하다고 생각하고 있었다. 마리우스와 술키피우스 간의 모의 내용은 새로이 로마 시민권을 획득한 동맹 시민들이 구로마 시민과 동일한 영향력을 행사할 수 있도록 선거구를 정하는 데 마리우스가 도움을 주고, 술피키우스는 동맹시의 시민들을 민회에 동원하여 미트라다테스 전쟁의 총사령관을 마리우스가 맡을 수 있도록 밀어주겠다는 밀약이었다.(註. 동맹시 전쟁 때 율리우스 시민권법에 따라 이탈리아인들이 로마 시민권을 갖게 되었지만 이들 신시민들은 10분의 1만이 2중 트리부스에 편성되어 투표권이 과반이 되지 않았고, 다음 해 플라우티우스 파피리우스 법에 따라 35개 트리부스 중 8개 트리부스에 신시민이 편성되었지만 이 또한 과반이 되지 않아 사실상 신시민의 힘을 무력화시켰다. 하지만 술피키우스가 마리우스와 밀약하여 신시민을 35개 트리부스에 균등 분배하자 신시민의 수가 구시민보다 압도적으로 많아 투표 결과를 좌지우지할 수 있었던 것이다. 하지만 BC 88년 술라가 로마로 진군하면서 술피키우스 법을 폐기처분했다. 그런 후 다음 해 집정관 킨나가 다시 술피키우스처럼 35개 트리부스에 신시민을 분배했고, BC 84년 원로원에서도 35개 트리부스에 신시민을 골고루 분배할 것을 결의했다. 이후 술라가 내전에서 승리하기 위해 이를 인정했지만 그는 내전에서 승리한 후 말도 안 되는 조건을 붙여 자신에게 반기를 든 자들의 힘을 거세시켰다.)

코르넬리우스 술라

○ 이렇게 되자 폼페이우스 루푸스

(Quintus Pompeius Rufus)와 술라 두 집정관은 마리우스에게 미트라다테스 전쟁의 지휘권을 주는 법안이 투표에 부쳐지는 것을 막기 위해 모든 공무 집행을 정지하라고 명령했다.(註. 폼페이우스 루푸스의 아들과 술라의 딸은 부부였으므로 두 집정관은 서로 사돈지간이었다.) 그러자 술피키우스는 폭도나 다름없는 자신의 과격한 지지자들을 이끌고 신전 근처에서 회의를 열고 있는 두 집정관을 덮쳐 난투극을 일으켰다. 로마 광장에서 폼페이우스 루푸스의 아들을 비롯한 여러 사람이 살해되었고, 폼페이우스 루푸스는 폭도들의 눈을 피하여 겨우 도주했다. 그리고 술라는 우연히 마리우스 집으로 피신했는데, 추격자들이 그 집을 지나친 후 마리우스의 안내로 다른 문을 통해 가까스로 위기를 모면할 수 있었다. 이는 술라가 마리우스의 경쟁자임에도 마리우스가 술라에게 베푼 너그러운 호의였다. 이런 난투극을 거친 끝에 마침내 술키피우스는 투표를 실시하여 미트라다테스와의 전쟁 지휘권을 마리우스에게 넘겼다. 다만 플루타르코스에 따르면 술라는 자신의 저서에서 이와 달리 기록했다고 전한다. 그는 술피키우스 일행의 강요에 의해 어쩔 수 없이 마리우스 집에 들러 술피키우스가 제안한 법에 대해 마리우스와 의논한 다음, 로마 광장으로 가서 모든 공무 집행을 중단시킨 명령을 취소했다고 한다. 하지만 이 사건은 폭력이 난무하는 혼란 속에서 이루어진 일이며, 훗날 술라가 독재관이 되어 절대 권력을 누렸으므로 어찌 진실이 밝혀질 수 있겠는가?

○ 술라는 폭도들이 판치고 있는 로마를 벗어나서 미트라다테스를 정벌할 병사들을 모으고 있던 놀라의 군단에 도착했다. 당시 놀라에서는 동맹시 전쟁의 마지막 전투가 벌어지고 있었다. 그는 자신을 지지

하는 병사들 앞에서 집정관인 자신이 당연히 총사령관이 되어야 했으나, 음모와 모의로 총사령관직이 도난당하는 꼴을 당하고 명예가 더럽혀지고 말았으니 병력을 동원하여 이를 바로잡을 것이라고 외쳤다. 하지만 지휘관들은 이제껏 로마를 정벌하기 위해 진군한 적이 없다며 항변했다. 다만 술라의 친척이었던 루쿨루스(Lucius Licinius Lucullus)만이 술라의 곁을 지키겠다는 결연한 충성심을 보였다.(註. 이 일로 루쿨루스는 술라에게 절대적인 신임을 얻었다.)

○ 지휘관들의 항변에도 불구하고 동맹시 전쟁을 치르면서 술라의 사병(私兵)이 된 병사들은 위기에 동참해 달라는 파트로누스의 호소에 한목소리로 호응했다. 병사들이 술라의 뜻에 따른 것은 파트로누스에 대한 충정심의 발로이기도 했지만, 술라가 아닌 마리우스가 미트라다테스 전쟁의 총사령관이 된다면 풍족한 전리품이 기대되는 동방 속주에서의 약탈 기회를 다른 부대의 병사들에게 빼앗길 수 있다는 생각에 분노했기 때문이었다. 2명의 법무관이 술라 진영에 파견되어 그들을 다독이고자 했지만 분노한 병사들에게 옷이 찢겨지고 호위병들이 들고 있던 파스케스는 빼앗겨 박살났다. 평화로운 해결을 위해 찾아온 원로원 대표단조차 아무런 성과 없이 되돌아갈 수밖에 없었다. 마침내 3만 5천 명에 달하는 병사들이 쿠데타를 일으켜 마리우스가 파견한 대대장들을 살해한 후 로마로 진군하여 도시를 난폭하게 점령했다.

○ 이처럼 로마군이 로마를 점령하는 일은 로마 역사에서 처음 있는 일이었다. 마리우스가 군사력으로 방어하지 못한 것은 집정관이 군사를 이끌고 로마로 쳐들어올 것이라고는 전혀 예측하지 못했기 때문이다.

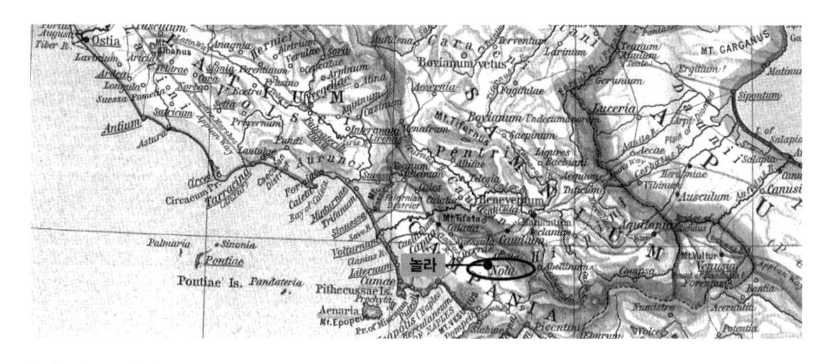

▌놀라 ___ 출처 : 텍사스 대학 도서관. 이하 같다

○ 휘하의 병사들을 이끌고 조국의 통치권과 원로원을 장악한다는 것은 공화정 로마의 양심과 상식으로서는 상상조차 할 수 없는 일이었다. 하지만 술라가 그 가능성을 열었고 시범을 보여 주었다. 사회 지도층 간의 이견과 정치적 분쟁은 생기기 마련이다. 다만 그것을 해결하고자 내전에 호소했다는 것과 시민들이 그 방법을 용납했다는 것이 자유의 날개를 스스로 꺾어 버리는 불행한 결과를 초래하고 말았다.

○ 술라는 술피키우스를 비롯하여 12명을 처형되어야 할 자로 규정하고 이들을 죽이는 자에게 보상을 약속했다. 폭동의 원인이 되었던 호민관 술피키우스는 배신한 노예의 손에 죽었다. 그러나 노예가 자유민을 살해할 수는 없는 일이었다. 그래서 술라는 먼저 그 노예를 해방시키고 약속대로 많은 보상을 준 다음 술피키우스를 살해하게 했다. 그런 후 그 해방 노예가 옛 주인을 살해하는 불충을 저질렀다는 이유를 들어 그를 타르페이아 절벽에서 떨어뜨려 죽였다. 술피키우스는 살해된 다음 머리가 잘려 로마 광장에 내걸렸다.

○ 마리우스의 목에도 현상금이 걸렸지만 시민들은 불과 며칠 전 술라가 마리우스 집에 피신했다가 마리우스의 도움으로 무사히 살아났다는 것을 알고 있었으므로, 술라의 이런 행동을 두고 은혜를 모르는 배은망덕한 행동이라고 비난했다. 마리우스는 정적들의 눈을 피해 늙은 몸을 이끌고 에트루리아로 피신했으나, 그곳에서도 쫓겨나 아들이 먼저 피신해 있던 아프리카로 건너가서 비참하고 굴욕적인 망명 생활을 해야 했다.

☼ 플라쿠스(Flaccus)의 실패(BC 86년)와 핌브리아(Fimbria)의 죽음(BC 84년)

≪로마는 BC 3세기 에트루리아 등의 침입으로 위기를 맞이했을 때 파비우스를 집정관으로 선택하면서, 파비우스의 요구에 따라 나이 든 그와 경험을 같이한 바가 있어 의견 충돌이 없는 데키우스를 동료 집정관으로 선출한 적이 있었다. 파비우스의 요구를 들어준 결과 파비우스와 데키우스는 힘을 합쳐 로마에게 승리를 안겼다.

이에 반해 미트라데스 6세를 정벌하기 위해 플라쿠스를 군사령관으로 지명했을 때 로마의 실책을 지적하자면 부장을 플라쿠스와 대립하는 사람으로 골랐다는 것이다. 군대와 같은 격동적인 조직은 일사불란한 지휘 체계를 생명으로 하기 때문에 막료들은 사령관이 신임할 뿐 아니라 마음대로 지휘할 수 있는 자로 조직해야 한다. 부대 안에서 제2인자인 부장은 더더욱 그러한 자여야 하며 사령관에게 대항하는 부장과 함께 출전한다면 위험하기 짝이 없는 노릇이다. 부장을 자신의 심복으로 둘 수 없었던 플라쿠스는 로마를 떠날 때부터 실패의 씨앗을 가지고 출항한 결과 자신의 죽음을 재촉했다. 그 원인은 킨나가 지휘하는 로마 정부가 무능했거나, 사령관의 죽음에 대해 책임조차 물을 수 없을 만큼 무기력했기 때문이다.≫

○ 로마가 내전으로 어수선한 틈을 타 폰투스의 미트라다테스 6세가 소아시아에서 발호했고 그리스의 도시 국가들이 이에 동조하자 술라는 이를 그냥 두고 볼 수 없다고 판단했다. 그는 병사들을 모집하여 미트라다테스를 정벌하러 떠나기 전, 집정관으로 내정된 킨나(Lucius Cornelius Cinna)에게 자신을 배반하지 않겠다고 맹세하게 했다. 하지만 술라가 이탈리아를 떠나자마자 킨나는 맹약을 패대기치고 술라의 정책을 짓밟았다. 이 때문에 그는 BC 87년 술라의 정책을 따르는 동료 집정관 옥타비우스에게 추방당했지만, 망명한 마리우스와 손잡고 옥타비우스를 살해한 후 BC 86년 마침내 정권을 장악했다. 두 사람에게 로마의 권력이 집중되자 마리우스는 비참했던 망명 생활에서 쌓인 분노를 한꺼번에 폭발시키듯 무시무시한 복수를 감행했고, 킨나는 술라의 지휘권을 넘겨받아 폰투스 왕 미트라다테스 6세의 발호를 진압한다는 명목으로 동료 집정관 플라쿠스(Lucius Valerius Flaccus)를 사령관으로 하여 로마군을 그리스로 보냈다.

○ 그러나 사실 이는 술라와의 대결을 위해 병사들을 파견한 것이다. 병사들을 이끌고 그리스에 도착한 플라쿠스는 아무런 성과 없이 미트라다테스 함대와 싸우던 중 일부의 병력을 잃은 데다 술라에게 지휘권을 넘겨받기는커녕 오히려 일부 병력이 술라 측에 넘어가고 말았

다. 그렇게 되자 플라쿠스는 그리스를 떠나 비티니아에 갔지만 그곳에 도착하자마자 부장인 핌브리아(Gaius Flavius Fimbria)와 의견 차이로 불화했고, 결국 핌브리아를 중심으로 작당한 반대파들로부터 함상에서 반란이 일어나 죽임을 당했다. 이는 핌브리아가 플라쿠스를 밀어내고 마리우스와 킨나 파의 후계자가 되려고 저지른 일이었는지, 아니면 플라쿠스가 술라 편에 설지도 모른다는 우려에서 살해했는지 모를 일이었다.

○ 플라쿠스를 제거한 핌브리아는 로마 파견군의 지휘권을 장악했다. 그때 마침 루쿨루스가 술라의 명령으로 해군을 편성하여 술라를 만나러 가는 도중에 에페수스에서 핌브리아를 만났다. 핌브리아는 루쿨루스에게 자신이 육지에서 공격하고 루쿨루스가 함대로 바다를 봉쇄하여 미트라다테스를 무찌르자고 제안했다. 그렇게 한다면 수많은 사람들이 전쟁의 고통에서 일찌감치 해방될 수 있고, 자신과 루쿨루스의 무훈은 술라의 공적을 능가할 것이라며 꼬드겼다. 술라는 킨나가 통치하고 있던 로마에 의해 반역자로 규정되어 있었기에 루쿨루스가 술라를 배반할지라도 명분은 있었다. 그러나 루쿨루스는 불과 얼마 전에 상관인 플라쿠스를 살해하고 지휘권을 탈취한 핌프리아를 신뢰할 수 없었다. 게다가 술라의 공훈을 능가하자는 제안은 위험한 시기심이며 야망이라고밖에 볼 수 없었기에 술라의 명예를 지키기 위해서도 핌브리아의 제안을 받아들일 수 없었다. 만약 루쿨루스가 핌브리아의 제안을 받아들였다면 술라는 미트라다테스와의 전쟁이 훨씬 더 어려워졌을 것이지만, 루쿨루스는 핌브리아의 달콤한 유혹에도 끝까지 술라를 배신하지 않았다.(註. 술라는 자신의 회고록을 루쿨루스에게 헌정했고, 유언장에 루쿨루스를 아들 파우

스투스의 후견인으로 지목할 만큼 루쿨루스를 신뢰했다. 술라 편에 있던 폼페이우스는 자신이 가져야 할 당연한 역할을 루쿨루스에게 빼앗긴 기분이었을 것이다. 이러한 것들이 훗날 폼페이우스와 루쿨루스를 멀어지게 만든 원인이 되었다. 하지만 술라가 루쿨루스를 신뢰하는 이유는 BC 88년 술라가 놀라에서 로마로 진격할 때 지휘관 중에서는 오직 루쿨루스만이 술라의 뜻을 따라 로마로 군대를 이끌었기 때문이기도 했다.) 마침내 미트라다테스는 술라에게 쫓기어 바다를 통하여 도망쳤다. 그러다가 그는 사위인 아르메니아 왕 티그라네스 2세와 연합하여 로마에 대항했다.

○ 루쿨루스를 자기편으로 끌어들이는 데 실패한 핌브리아는 헬레스폰투스 해협을 건너 소아시아의 티아테이라(註. 현재 터키의 '아키사르')에서 술라와 대치했다. 이때 두 진영의 병사들은 같은 로마군이었던 까닭에 적으로서는 하지 말아야 할 행동을 하게 되었다. 술라의 계략이었는지 서로들 간에 서신과 왕래가 있었고, 점차 빈도를 더해 가며 한쪽의 병사들이 다른 한쪽의 병사들에게 설득당하고 말았다. 즉 핌브리아의 부하들이 하나둘씩 술라의 진영으로 탈주하기 시작한 것이다. 핌브리아는 병사들에게 진영을 지키고 자신의 지휘에 복종하라고 명령했으나 이 말을 따르는 자가 하나도 없었다. 그는 돈으로 병사들의 충성을 사려고 했으나 사람의 마음은 돈으로 살 수 있는 것이 아니었다. 그러자 노예를 시켜 술라를 암살하려고도 했지만 이것마저도 무위로 끝났다. 그는 마지막으로 술라 진영에 사람을 보내어 협상을 시도했으나, 술라로부터는 배 한 척을 줄 터이니 소아시아에서 당장 꺼지라는 모욕적인 대답만 되돌아왔을 뿐이었다.

○ 자존심이 여지없이 짓밟힌 핌브리아는 자신의 명예가 무너져 버렸고 병사 없는 사령관이 되어 로마로 되돌아가는 것도 자존심이 허락하지 않았다. BC 84년 결국 그는 로마로 가는 것을 포기하고 방황하다가 자결을 결심하고 페르가몬의 아스클레피오스 신전에서 칼로 자신의 목을 찔렀다. 하지만 급소를 빗나간 칼은 노예의 도움을 받아 겨우 끝마칠 수 있었다. 그 노예는 주인을 죽이고 스스로 목숨을 끊었다.(註. 카이사르와 폼페이우스 간에 내전이 터졌을 때, 현재 지명이 '레리다'로 불리는 히스파니아의 일레르다에서 벌어진 전투에서 폼페이우스 파의 아프라니우스와 페트레이우스가 카이사르와 대결하고 있었다. 그러나 폼페이우스 파 병사들은 카이사르에게 쫓기어 포위당하고 곤궁에 처하게 되었다. 그들은 아프라니우스와 페트레이우스가 방책 공사

▌페르가몬의 아스클레피오스 신전

를 감독하러 진영을 떠났을 때 카이사르 군과 뒤섞여 아는 사람들의 이름을 부르며 서로의 심정을 토로했다. 심지어 아프라니우스의 아들까지도 카이사르의 부장 술피키우스를 통해 부친과 자신의 안전을 보장해 달라고 간청했다.

그러나 폼페이우스 파의 두 지휘관 아프라니우스와 페트레이우스는 이 소식을 듣고 급히 되돌아왔다. 아프라니우스는 거의 체념하였으나 페트레이우스는 자신의 호위병과 노예들에게 명령을 내려 진영 내에 카이사르 파 병사들을 색출하여 모조리 살해했다. 그리고 병사들에게 다시는 그런 비겁한 짓을 하지 않겠다고 맹세하게 했다. 그럼에도 일부의 카이사르 파 병사들은 자신을 초대한 폼페이우스 파 병사들의 도움을 받아 탈출했고, 카이사르 측은 진영 내에 있던 모든 폼페이우스 파 병사들을 그대로 그들의 진영으로 돌려보냈다. 이 전투에서 폼페이우스 파 병사들은 전세를 뒤집지 못하고 결국 히스파니아의 일레르다 전투는 아프라니우스와 페트레이우스가 항복함으로써 카이사르의 완승으로 끝났다.

지휘관으로서의 역량을 살핀다면 핌브리아는 '적과 동침'하고자 하는 자신의 병사들을 막는 데 실패했고 페트레이우스는 성공했다. 병사들의 군율을 바로잡는 데 실패한 핌브리아는 수치심에 못 이겨 자결했고, 군율을 잡는 데 성공한 페트레이우스는 폼페이이우스가 있는 그리스로 갈 수 있었다. 물론 페트레이우스가 폼페이우스에게로 갈 수 있었던 것은 '카이사르의 관용' 덕분이었다.)

| 마음에 새기는 말 |

평범한 두뇌로는 넘치는 풍요 속에서 이성을 잃지 않기가 힘든 법이다.

\- 로마 장군 루쿨루스와 결전을 벌이게 된 아르메니아 왕 티그라네스가 주변에 온통 아부하는 자와 풍요로움 속에서 제대로 대처하지 못한 것에 대하여. 로마군이 쳐들어오고 있다는 보고를 받은 티그라네스가 전령이 거짓말을 하는 것이라며 죽이자, 그 이후로는 아무도 위험에 처해졌다는 진실을 말하지 못했다. 또한 그는 겨우 용기를 내어 진실을 고한 미트로바르자네스에게 얼마의 병사를 주며, 로마군과 싸워 승리하기도 힘들거늘 사령관 루쿨루스를 생포하라고 명했다. 결국 미트로바르자네스는 전사했고 대부분의 병사들은 로마군에게 살육당하고 말았다.

아테네 최후의 날(BC 86년)

≪아테네의 최고 권력자 아리스티온은 스스로 절제할 줄 모르고, 아테네 시민들의 운명을 불행과 죽음과 파괴 속으로 몰아넣었을 뿐 아니라 무모하게도 성벽 앞에 진을 친 막강한 적을 조롱하기까지 했다. 분노한 술라는 자신의 잔혹한 성품을 거침없이 발휘하여 아테네의 명성과 업적을 짓밟고 도시를 시민들의 피로 물들였다.≫

○ BC 87년 술라가 로마에 반기를 들고 폰투스의 미트라다테스 6세 편에 붙은 그리스의 각 도시들을 토벌하러 떠났을 때, 사실 그는 아테

네를 정복하려는 맹렬한 야심에 휩싸여 있었다. 그것은 과거 아테네가 누렸던 영광의 그림자와 싸워 보고 싶다는 욕망일 수도 있고, 아테네 참주 아리스티온의 불손한 행동 때문일 수도 있었다. 아리스티온은 미트라다테스의 궁정에서 아첨과 독립 사이를 곡예하면서 왕의 환심을 산 다음 마침내 아테네의 권력을 틀어쥔 자였다.

○ 술라는 네 번째 아내였던 메텔라를 무척이나 사랑하여 그녀가 원하는 것은 거의 모두 들어주었다.(註. 술라는 일리아, 아일리아, 클로일리아, 메텔라, 발레리아와 모두 다섯 번의 결혼을 했으며, 메텔라는 BC 115년 집정관 마르쿠스 아이밀리우스 스카우루스의 아내였으나 남편이 죽고 미망인으로 있다가 술라와 결혼했다. 그의 첫 번째 아내 일리아는 '율리아'로 불리기도 한다.) 로마 시민들은 추방된 마리우스 지지자들을 복귀시켜 달라는 탄원이 거절당하자 메텔라에 도움을 요청할 정도였다. 술라로부터 이만큼이나 애정을 듬뿍 받고 있는 메텔라를 향해 아리스티온은 아테네의 성벽 위에서 야비한 욕설을 퍼붓고는 조롱하는 춤까지 추었다.(註. 훗날 술라는 재산의 10%를 헤르쿨레스 신전에 바치고 축제를 열었는데, 그때 메텔라가 병들어 죽을 위기에 처하자 그는 메텔라에게 이혼장을 보내면서 병든 그녀를 다른 곳으로 쫓아냈다. 술라는 신성한 축제가 벌어지고 있는 집에 환자가 거처할 수 없다는 사제들의 충고를 따랐을 뿐이라고 주장했지만, 그가 이혼까지 한 것을 보면 사제들의 충고를 받아들였다는 것은 핑계일 뿐 병의 전염을 걱정하거나 다른 이유가 있었으리라. 마침내 메텔라가 병으로 죽자 그는 법을 어기면서까지 장례식을 호화롭게 치러 주었다. 그 정도가 최고의 애정을 느낀 여인에게 보여 준 술라의 태도였다. 그리고 메텔라가 죽은 지 얼마 지나지 않아 미모와 젊음을 갖춘 이혼녀 발레리아와 결혼했다.) 더군다나

아테네

미트라다테스는 델로스를 약탈하여 얻은 막대한 보물을 아리스티온에게 주기도 했으니 그가 술라에게는 눈엣가시였다.

○ 아테네 참주 아리스티온은 방탕함과 잔혹한 정신이 뒤섞여 있는 자였다. 그는 아테네가 멸망하는 그날까지 치명적인 정신병에 걸린 것처럼 행동했다. 아테네 시민들이 밀 1메딤노스를 1천 드라크마(註. 1메딤노스=52.53ℓ, 1드라크마는 1데나리우스에 해당되므로 거의 구할 수 없다는 의미다.)에 구입할 수밖에 없고, 아크로폴리스에 자라는 화란국화로 배를 채우는가 하면 신발과 가죽 주머니를 끓여 먹는 지경인데도, 아리스티온은 대낮에도 쉼 없이 흥청망청 술잔치를 벌이고 갑옷 차림으로 춤을 추었다. 그는 신성하게 보호해야 할 신전의 등불마저 기름이 부족하여 꺼져 버리게 방치하고 있었다. 또한 최고 여사제가 밀을 조금만 달라고 간청하자 후추를 보냈고, 원로원 의원들과 시민들이 줄지어 탄원하며 술라와 협상하여 국가를 위기에서 구하라고 눈물로 호소했을 때는 화살을 쏘아 그들을 내쫓았다. 그의 행동은 아테네가 과거 수많은 전쟁에서 위기를 넘기고 문명과 업적을 쌓아 온 것이 무색할 정도였다.

○ 그렇게 시간을 보내고 난 뒤 아리스티온은 마지못해 함께 어울리던 술친구 두어 명에게 평화 협상을 하라고 로마 진영에 내보냈다. 협상에 나선 아테네 사절단은 약자의 입장에서 로마에 간청한 것이 아니라, 과거의 업적을 내세우며 거만하게 말했다. 그러자 술라는 그들의 말을 자르고 단호하게 말했다. "그만 돌아가시오. 우리는 당신들 역사를 듣기 위해 아테네의 성벽 앞에 진을 친 것이 아니라, 로마에 항거하는 세력을 없애려고 성벽 앞에 버티고 있는 것이란 말이오."

○ 협상을 포기하고 아테네를 짓밟기로 결정한 술라는 자정에 페이라이케 성문과 신성문 사이의 성벽을 무너뜨린 후 군대를 이끌고 쳐들어갔다. 약탈과 학살을 허락받은 병사들은 검을 뽑아들고 함성을 지르며 도시를 접수하기 시작했다. 아테네는 혼란과 죽음의 공포 속에 뒤덮였고 쏟아진 피가 성문을 통해 흘러나와 성 밖에 홍수를 이루었다. 살해당한 자들만 아니라 스스로 죽음을 선택한 사람들도 수없이 많았다. 아테네 시민들은 아테네가 로마군의 발치에 엎드리면 잔혹한 술라가 동정을 베풀거나 관대해질 것이라고는 기대조차 하지 않았다. 지도층 시민들은 좌절감에 빠져 모든 것을 포기했으며, 살아남기조차 두려워할 정도였다.

○ 그러나 아테네를 향한 복수심이 어느 정도 채워진 술라는 다수를 위해 소수를, 그리고 죽은 자들을 위해 산 자들을 용서하겠노라고 선언했다. 그것은 아테네의 주요 인사들이 술라의 발치 아래 엎드려 애원하고, 술라의 참모들이 아테네를 살려 두어야 한다며 중재한 덕분이기도 했다. 술라가 아테네를 점령한 것은 3월 1일이었다. 그것은 우연히도 아네테 사람들이 대홍수의 피해를 상기시키는 의식을 거행하는 안테스테리온 달(註. 2월과 3월을 말한다.)의 첫날과 일치했다.

| 마음에 새기는 말 |

사내가 여인의 겉모습과 태도에 이끌려 매혹에 빠지게 되면, 그 격정은 불명예와 수치를 알지 못한다.

- 술라가 다섯 번째 부인인 발레리아(註. 웅변가 호르텐시우스의 누이였고, 술라를 전차 경기장에서 유혹했을 당시에 이혼녀였다.)에 반하여 결혼한 것은 순수하고 고결한 목적이 아니라, 늙은 술라가 젊은이처럼 여인의 모습에 이끌려 부끄러움도 모르고 철없이 결정했다는 것에 대하여.

술라의 담판(BC 85년)

≪술라는 적과의 싸움에서 검의 힘만을 의지해서는 안 된다는 것을 이해하고 실행한 자였다. 로마와 미트라다테스에게 협공을 당하자 그는 미트라다테스와의 협상을 성사시켰고 그때 기지를 발휘하여 원하던 결과를 얻어 냈다. 비록 그 협상 결과가 로마 병사들의 불만과 탄식을 자아내긴 했지만, 일의 순서에 근거하여 이제 술라의 창검은 조국 로마를 겨누었다.≫

○ 폰투스 왕 미트라다테스 6세의 부하 장군인 아르켈라오스와 전투를 벌이고 있던 술라에게 걱정거리가 생겼다. 이탈리아를 떠나올 때 자신을 배반해서는 안 된다고 그렇게도 다짐했건만 집정관 킨나는 정

변을 일으켜 술라를 버리고 마리우스 편에 선 것이다. 킨나와 마리우스는 술라의 지지자들을 탄압했다. 탄압의 대상이 된 자들은 폭정을 피해 그리스를 정벌하고 있던 술라의 진영 곁으로 모여들어 원로원을 방불케 했다. 술라의 네 번째 아내인 메텔라도 천신만고 끝에 아이들을 데리고 로마를 탈출하여 술라 곁에 왔다. 메텔라는 술라에게 집과 교외의 저택 모두가 킨나의 지지자들에게 불타 버렸다고 울먹이며 말했다.

○ 로마의 상황을 전해 들은 술라는 갈등에 싸였다. 로마가 반대파들의 폭정으로 유린되고 있는 것을 외면할 수도 없는 노릇이고, 그렇다고 미트라다테스와의 전쟁을 마무리 짓지도 못하고 군대를 로마로 돌릴 수도 없는 처지가 되었다. 이러던 중에 적장 아르켈라우스와 이름이 우연히도 같은 상인이 찾아와 아르켈라우스 장군이 술라와 면담을 원한다고 알려 왔다. 술라는 이 소식을 반기면서 아르켈라우스와의 회담을 추진했다. 그들은 신전이 있는 해변에서 만나 회담을 가졌다.

○ 아르켈라우스는 술라에게 소아시아와 폰투스를 포기하고 로마로 떠난다면 미트라다테스로부터 돈과 함선, 그리고 원하는 만큼의 병력을 지원받을 수 있도록 하겠다고 제의했다. 그러자 술라는 이제 그만 미트라다테스는 잊어버리고, 차라리 스스로 왕이 되어 로마와 동맹을 맺고 전함을 로마에 넘기라고 권유했다. 이는 곧 반역을 종용하는 말이어서 아르켈라우스는 몹시도 거북한 속내를 내비쳤다. 술라는 말을 이었다. "아르켈라우스! 그대는 카파도키아 사람이니 결국은 타국 왕의 노예 노릇하는 것이 아니겠소. 그대가 반역이라는 불명예를 지극히 싫어한다는 것은 알겠소만, 그렇다고 감히 로마군의 총사령관인 나 술라의 뜻을 거역할 것이오? 병사 12만 명을 거의 다 잃어

▎그리스의 보이오티아 ___ 출처 : 텍사스 대학 도서관. 이하 같다

버리고, 보이오티아를 비참한 주검의 땅으로 만든 장본인이 바로 당신 아니오!"

○ 술라가 이렇게 몰아세우자 아르켈라우스는 겸손한 탄원자의 자세로 돌아가서 전쟁을 멈추고 미트라다테스 왕과 화해해 달라고 간청했다. 그리고 평화 협정을 맺기를, 미트라다테스가 아시아(註. 서측 소아시아)와 파플라고니아를 포기하고 비티니아를 니코메데스 4세에게, 카파도키아를 아리오바르자네스에게 반환하기로 했다. 니코메데스와 아리오바르자네스는 BC 88년 미트라다테스에게 왕국을 빼앗긴 후 3년 만에 되찾은 것이다. 또한 로마에 2천 탈란톤을 지급하고, 청동 철갑선 70척과 그에 따른 장비를 넘기기로 했다. 그리고 술라는 미트라다테스가 차지한 다른 모든 영토에 대해서 주권을 인정해 주기로 했다. 물론 아르켈라우스와 술라 간의 이러한 약속에는 폰투스 왕 미트라다테스가 비준해야 하는 절차가 남았다.

○ 평화 협정이 체결되자 술라는 아르켈라우스를 정중히 대우하면서 헬레스폰투스로 향했다. 이즈음 미트라다테스의 사절단이 평화 협정에 대한 답신을 가지고 왔다. 미트라다테스는 다른 모든 조항은 받아들일 수 있으나, 파플라고니아를 양보할 수 없고 함선에 대하여는 그 어떤 협의도 있을 수 없다고 전했다. 술라는 격분했다. "내가 미트라다테스의 오른팔을 살려 둔 것만으로도 그는 내 앞에 와서 무릎을 꿇고 황송하게 절을 해도 부족하거늘 파플라고니아를 계속 지배하고 함선도 줄 수 없다고! 내가 아시아로 병사들을 이끌면 그때는 자신의 오만한 태도를 뉘우치게 되겠지."

○ 사절단은 술라의 격분에 아무 말도 못하고 있었다. 다만 아르켈라우스는 눈물을 흘리며 자신이 직접 미트라다테스에게 가서 달래어 보겠다며 애원했다. 그러면서 만약 그를 설득하지 못한다면 스스로 목숨을 끊겠다고 비장하게 말했다. 술라의 허락을 받아 미트라다테스

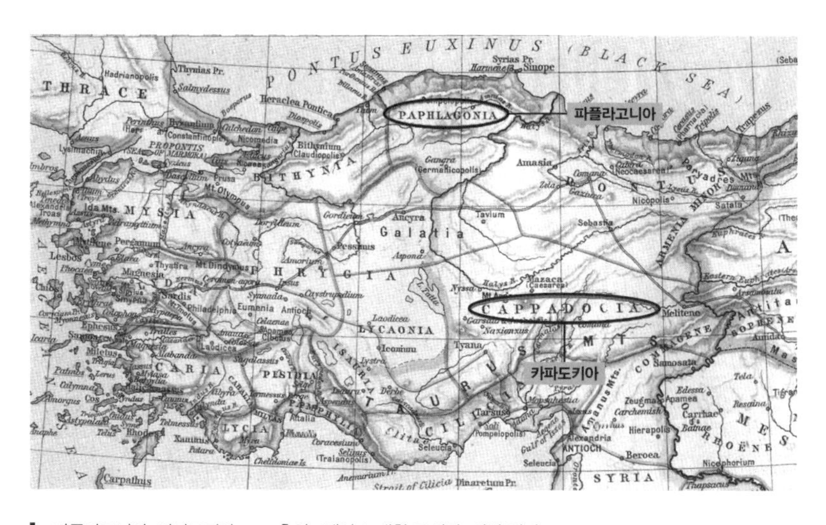

▍ 파플라고니아, 카파도키아 ___ 출처 : 텍사스 대학 도서관. 이하 같다

를 찾아갔던 아르켈라우스는 필리피에서 다시 술라를 만났다. 그는 모든 것이 잘되었으나 미트라다테스가 직접 술라와 회담하기를 고집한다고 전했다. 미트라다테스는 집정관 플라쿠스를 살해한 뒤 로마군을 지휘하고 있는 핌브리아를 상대하느니 차라리 술라와 손을 잡는 편이 훨씬 낫다고 생각한 것이다.(註. 로마의 킨나가 미트라다테스를 제압한다는 명분 아래 동료 집정관 플라쿠스를 사령관으로 임명하여 병력을 그리스로 파견했지만, 실제로 이는 술라와 대항하기 위한 파병이었다. 그러나 부장 핌브리아가 선상에서 반란을 일으켜 플라쿠스를 죽이고 지휘권을 빼앗았다. 이 내용은 앞서 서술했다.)

○ 그리하여 술라와 미트라다테스는 헬레스폰투스 해협 동측에 위치한 항구도시에서 만났다. 미트라다테스는 수만 명의 보병과 수천 명의 기병 그리고 전차까지 대동하여 당당한 위세를 자랑했다. 반면 술라는 겨우 몇 천 명의 보병과 몇 백 명의 기병만을 데리고 회담장으로 갔다. 하지만 술라는 적진임에도 빠르게 진영을 구축해 놓고서는 미트라다테스를 진영 내로 맞이하는 형태를 갖추었다.

○ 건장한 체구를 지닌 48세의 미트라다테스는 보통 체구의 약간 마른 편인 54세의 술라를 만나자, 손을 내밀며 악수를 청했다. 술라는 악수에 화답도 하지 않고 다짜고짜 아르켈라우스가 내건 조건을 인정하고 전쟁을 끝낼 생각이 있느냐고 물었다. 술라의 무례함에 허를 찔린 미트라다테스는 침묵을 지켰다. 그러

술라가 미트라다테스와의 전쟁에서 승리를 기념한 은화

나 술라는 거침없이 말을 이어 갔다. "원래 강화를 요청하는 자가 먼저 대답을 주어야 하오. 승자는 침묵할 수도 있지만." 그러자 미트라다테스는 전쟁의 책임을 부분적으로 신들에게 돌리고, 일부는 로마에게 있다며 장광설을 늘어놓기 시작했다. "로마의 장군들은 멋대로 아리오바르자네스를 카파도키아 왕으로 앉히고 니코메데스가 나를 우롱하게 했으며, 그것도 모자라 나의 돈까지 갈취했소. 그러나 나는 로마 장군들을 고소할 필요는 없다고 생각되오. 왜냐하면 로마 장군들이란 탐욕스러운 것이 그들의 본성이 아니오? 이 전쟁 또한 그들이 일으킨 것이며, 나는 방어를 위해 전쟁을 치렀을 뿐이오."

○ 술라는 그의 말을 중간에 자르며 말했다. "내가 킬리키아 총독으로서 아리오바르자네스를 카파도키아 왕으로 복위시켰을 때 그때는 왜 아무 말이 없었소? 또한 비티니아와의 불화는 그대가 자초한 일이며, 로마 장군들이 그대의 돈을 받은 것은 그대가 뇌물을 준 것이 아니오? 그리고 그대가 헛된 야망에 사로잡혀 먼저 전쟁을 일으킨 것은 세상 누구나가 다 아는 사실이오."라며 반박했다. 그러면서 이렇게 덧붙였다. "폰투스 왕의 언변이 뛰어나다는 것은 익히 들어서 아는 바요. 그러나 왕께서 저지른 추악하고 불합리한 행위를 변명하고 옹호하시다니 그게 헛소문인 것 같구려. 나는 이 자리에서 왕의 변명을 들을 생각은 없소. 아르켈라우스를 통해 맺은 협정을 지킬 것인지 그 대답을 듣고자 하는 것이오." 미트라다테스는 직선적이고 뚜렷한 질문을 듣고 엉겁결에 그러겠다고 대답하고 말았다. 그제야 술라는 미트라다테스를 한 손으로 악수하는 정도가 아니라, 포옹까지 하고서는 왕의 결정에 대해 감사를 표했다. 미트라다테스로서는 협상을 시작해 보지도 못한 채 끝나 버린 것이다. 얼마 후에 술라는 아리오

바르자네스 왕과 니코메데스 왕을 불러 미트라다테스와 화해시켰고, 미트라다테스는 술라에게 전함 70척과 궁수 500명을 넘기고 폰투스로 떠났다.

○ 병사들은 아시아에 거주하는 로마인 15만 명을 학살한 미트라다테스와 단 하루 만에 협약을 맺은 것에 분노했다. 로마군은 그가 엄청난 재물과 전리품을 싣고 떠나가는 광경을 보자 울분이 치밀었다. 그러나 술라는 병사들에게 미트라다테스와 핌브리아가 동맹을 맺어 함께 공격해 온다면 이길 수 없을 것이라고 말하면서 자신을 변호하고 병사들의 분노를 다독였다.

킨나의 죽음(BC 84년)

≪내전이 터질 위험 속에서 병사들은 군율에 따라 움직이는 군인이 아니라 폭도였다. 집정관 킨나는 폭도와 다름없는 병사들을 통제하는 데 실패한 결과 어처구니없는 죽음을 당했다. 이는 그에게 군대를 지휘한 경험이 부족하여 발생한 참극이었다.≫

○ 술라가 그리스에 진을 치고 있자 당시의 집정관 킨나는 이를 기다리지 못하고, 플라쿠스 파견에 이은 2진을 편성하여 그리스로 쳐들어갈 것을 결정했다. BC 87년 집정관에 선출된 이래로 연속하여 4년 동안 집정관에 올랐던 그는 집정관 권한으로 이탈리아 중부의 항구도시 안코나에서 지원병을 모았다.

○ 이때 폼페이우스는 킨나 편에 서려고 안코나에 있는 킨나 진영으로 갔다. 킨나는 그곳에서 미트라다테스를 진압한다는 명목으로 군단을 편성 중에 있었지만 사실은 술라를 제압하기 위한 것이었다. 하지만 안코나의 킨나 진영에는 폼페이우스를 의심하며 비방하고 헐뜯는 자들이 있었고, 그들의 눈초리를 견디지 못한 폼페이우스는 겁을 집어먹고 살며시 로마군 진영을 빠져나왔다. 폼페이우스가 이렇듯 의심을 받은 것은 몇 년 전에 죽은 그의 아버지 폼페이우스 스트라보가 마리우스 파와 술라 파 사이를 오가며 태도를 분명하게 하지 않았던 것이 이유이기도 했다.

▌ 안코나 ____ 출처 : 텍사스 대학 도서관. 이하 같다

○ 폼페이우스가 진영 내에서 보이지 않게 되자 킨나가 폼페이우스를 살해했다는 소문이 퍼졌다. 그러자 비록 그곳이 킨나의 진영이지만 킨나를 오랫동안 증오해 왔고 그의 지배에 불만을 품은 일부 병사들이 있어 이들이 주동이 되어 항명과 반란을 일으키며 킨나를 공격했다. 사실 폼페이우스는 술라에 호의적이었고, 병사들 중에는 내분의 물결 속에 어쩔 수 없이 킨나의 지휘 아래 있긴 해도 술라에게 충성의 마음을 품고 있는 자들이 많았기 때문이다.

○ 반란군을 피해 도망치던 킨나는 검을 뽑아 들고 추격하던 어느 백인대장에게 붙잡혔다. 그러자 그는 백인대장의 자비를 호소하며 값비

싼 인장 반지를 내밀었다. 하지만 그 백인대장은 거드름을 피우며 말했다. "난 인장이 필요한 게 아니오. 법을 모르는 사악한 폭군을 처벌하기 위해 온 것이오." 로마 집정관 킨나는 어이없게도 죽음을 당하고 말았다.

○ 킨나의 죽음은 집결된 병사를 병력화하자면 지휘관들의 통솔력과 효율적인 기능이 필요한데, 군 경험이 없던 그가 이를 능숙하게 처리하지 못한 결과였다. 플라쿠스에 이어 2진으로 아드리아해를 건널 예정이던 병사들이 군율도 없는 폭도로 변해 집정관을 살해하는 참극이 빚어지고 만 것이다.

☼ 술라의 식언(BC 81년)

≪법은 글귀를 해석하기 나름이란 말이 있다. 술라는 법을 준수하면서도 다만 해석을 달리함으로써 마리우스 통치 때 혜택을 입은 자들의 권리를 박탈했다.≫

○ 술라는 폰투스 왕 미트라다테스와 강화를 체결한 후 킨나 파들과 대결하기 위해 증강된 병력을 이끌고 이탈리아의 브룬디시움에 상륙했다.(註. 술라는 BC 83년 브룬디시움으로 돌아왔으며, 이미 킨나는 BC 84년 살해되고 없었다. 브룬디시움의 현재 지명은 '브린디시') 킨나의 편에서 싸우는 병사들은 로마 정규군이었고, 이들은 킨나의 조치에 의해 선거에서 종전의 로마 시민권자와 동등한 대우를 받게 된 이탈리

▎브린디시(브룬디시움)항 ___ 출처 : 구글 지도

아인이었다.

○ 잔인한 내전이 시작되기 전, 술라는 원로원에 서신을 보내 유구르타 전쟁과 미트라다테스 전쟁 그리고 집정관으로서의 자신의 업적을 상기시키며, 로마를 위해 일해 왔건만 극악한 무리들에게 공공의 적으로 내몰리고 자신의 집은 파괴되었으며 친구들은 잔혹한 죽음을 당하고 처자식은 위험과 두려움 속에 전전긍긍하고 있다며 규탄했다. 그는 이렇게 외쳤다. "로마로 가서 복수하리라! 한 맺힌 죽음을 당한 친구들을 대신해 죄인들에게 응징의 검을 뽑아 그 값을 치르게 할 것이다. 다만 죄 없는 로마 시민들과 새로이 로마 시민이 된 사람들에게는 아무런 유감이 없으므로 그들의 안전과 권리는 보장한다.(註. 새로이 로마 시민이 된 사람이란 동맹시 전쟁의 결과로 로마 시민에 새로 편입된 신시민을 일컫는다.)" 이상 추구보다는 현실 감각이 뛰어났던

술라는 브룬디시움에서 포고령을 발표하여 신시민인 이탈리아인들의 기득권을 존중하겠다는 뜻을 밝혔던 것이다. 그러나 당시의 정보 전달력으로서는 술라의 포고령이 이탈리아 전역에 신속히 전달될 수 없었으며, 보수파로 간주되고 있는 술라의 말을 믿으려 하지 않았기에 기대한 만큼의 효과가 없었다.

○ 그럼에도 술라는 자신을 따르는 마리우스 통치 당시 희생자들의 도움으로 최종적인 승리를 거두었다. 승리자가 된 술라는 술키피우스가 성립시키고 킨나가 확립한 '신시민'을 35개 트리부스에 골고루 분배하여 어느 트리부스에서나 신시민이 투표할 수 있도록 규정한 법을 확인했다.(註. 애초에 신시민을 도시 트리부스 8개에만 분배하여 35개 트리부스의 과반에 미치지 못하게 함으로써 신시민의 힘을 무력화시켰다. 이를 술피키우스가 35개 트리부스에 배정하도록 개정했지만 BC 88년 술라가 다시 폐기했고 그 이후 킨나가 또다시 35개 트리부스에 신시민을 분배했다.)

○ 그러나 술라는 법을 준수하겠다고 약속하면서도 해석을 달리함으로써 새로이 로마 시민권을 가진 이탈리아의 신시민들을 조롱했다. '율리우스 시민권법(Lex Julia de civitate)'에 명시된 조건, 즉 '로마에 적대하지 않는 자'라는 조건은 이탈리아 반도의 모든 주민에게 로마 시민권 취득을 인정하되, 로마에 적대 행위를 하지 않는 자에 한한다는 조항임을 내세워 로마 정규군에 가담하여 자신에게 맞서 싸운 여러 부족들의 로마 시민권을 박탈해 버렸기 때문이다. 술라는 자신에게 대항하는 것은 곧 로마에 적대하는 행위라고 해석했던 것이다.

마리우스의 부관참시

≪술라의 추종자들은 이미 죽어 버린 적에 대해 무참한 보복 행위를 자행했다. 그들은 마리우스의 무덤을 파헤치고 시신을 꺼내 난도질한 다음 티베리스강에 내던졌다. 그러면서 자신들이 저지른 참혹한 복수에 진저리를 치며, 술라가 죽은 후에 코르넬리우스 집안의 매장 풍습을 따르지 못하고 대부분 로마인들의 관습에 따라 화장하기로 결정했다. 왜냐하면 술라의 추종자들은 정치권력이란 오래가지 못하고, 보복은 또 다른 복수가 반복되리라고 예견했기 때문이다.≫

○ 술라가 미트라다테스 6세를 정벌하기 위해 이탈리아를 떠났을 때, 집정관 킨나는 술라의 정책을 그대로 시행하겠다고 카피톨리움에서 맹세까지 했지만 술라의 정책에 등을 돌리고 평민을 지지하는 정책을 계속적으로 성립시켰다. 북아프리카에서 망명 생활을 하고 있던 마리우스는 로마의 정세가 변화된 것을 알고 귀국 후 군사력을 동원하여 킨나를 지지하며 로마의 권력을 잡았다. 하지만 그는 집권한 다음 바르디아이(bardiae)라고 불리는 해방 노예를 이용한 숙청을 단행했는데, 그때 수천 명이 광란의 칼부림에 희생되어 커다란 원한을 샀다.

○ 그 일이 있고 나서 얼마 후, 마리우스는 저녁 식사가 끝난 다음 친구들과 산책을 하는 중에 인생의 빈번한 부침을 겪은 자신의 생애에 대해 이야기하면서, 분별 있는 사람이라면 더 이상 운명의 파도에 자신을 맡기지는 않을 것이라고 말했다. 이는 앞으로 있을 술라와의 결전을 염두에 두고 한 말이리라. 그리고 친구들과 작별 인사를 한 뒤 7

일간 침상에서 앓다가 생을 마감했다. 임종의 순간, 그는 정신을 잃은 상태에서 미트라다테스 전쟁의 사령관이 된 것처럼 그를 간호하는 사람들에게 병사들을 향해 명령하듯이 말했다고 전한다. 그의 죽음은 스스로가 예언한 대로 7번째 집정관직에 오른 후였으며, 그때가 BC 86년 1월 13일이었다.(註. 마리우스는 BC 107년, BC 104~100년, 그리고 BC 86년에 집정관을 지냈다.)

○ 이후, 술라가 무력을 동원하여 로마에 재집권했을 때 마리우스가 사용한 방법과 같이 해방 노예를 동원하여 반대파들을 제거했는데, 술라는 이때 동원된 노예들에게 자신의 씨족 이름인 코르넬리우스를 하사하여 이들을 '코르넬리이(cornelii)'라 불렀다. 코르넬리이들은 술라의 살생부에 적힌 수천 명을 재판도 없이 처형했으며, 이미 죽은 마리우스의 무덤을 파헤치고 유해를 훼손시켜 티베리스강에 던져 버렸다.

○ 술라는 죽은 후에, 화장이 일반적이었던 로마의 풍습과 달리 유해를 그대로 매장하는 코르넬리우스 씨족들의 풍습을 따르기를 원했다.(註. 로마인들의 관습은 공화정 초기까지 매장이 일반적이었으나, 후기에는 화장으로 바뀌었다. 그러나 코르넬리우스 씨족들은 계속 매장을 고집하다가 BC 78년 술라가 죽자 비로소 화장했다.) 그러나 마리우스의 유해를 훼손시키고 티베리스강에 던지는 참혹한 짓을 저지른 술라 파들은 술라의 유해도 똑같이 모독당하는 것이 두려워 매장을 포기하고 화장을 했다. 이는 정치권력이란 생명이 그리 길지 못하고 앙갚음은 또 다른 앙갚음으로 반복된다는 진실을 깨달은 결정이었다.

안티스티아(Antistia)의 불행

≪훌륭한 사위를 얻고자 하는 욕심은 안티스티우스에게 어두운 그림자로 다가와 자신의 죽음, 딸의 이혼 그리고 아내의 자살을 불러왔다. 장래가 촉망되는 좀처럼 보기 드문 이 사윗감이 정적 술라를 따를 수 있다는 것을 헤아렸다면 안티스티우스는 좀 더 신중해야 마땅했다. 매혹적인 꽃과 빛깔 고운 버섯은 지독한 독을 품고 있기 때문이다.≫

○ 폼페이우스는 아버지 그나이우스 폼페이우스 스트라보가 죽자마자 공공 재산을 횡령했다는 혐의를 받아 재판에 회부되었다.(註. BC 89년 집정관이었던 폼페이우스의 아버지는 태도를 분명하게 하지 못하고 마리우스 파와 술라 파를 오갔다. 루틸리우스 루푸스는 스트라보의 이런 행동을 비난하며 '세상에서 가장 비열한 인간'이라고 했다. 또한 스트라보는 친척인 퀸투스 폼페이우스 루푸스와 군대의 지휘권을 놓고 반목하다가 그를 살해했다. 로마 시민들도 재물에 욕심이 많은 그를 증오했으며, 그가 죽었을 때 들것에 실린 그의 주검을 훼손하며 장례식을 방해하기까지 했다. 스트라보는 벼락에 맞아 죽었다고도 하고, 전염병으로 죽었다고도 하며, 자연사했다고도 한다.) 그는 횡령의 대부분이 아버지가 데리고 있던 해방 노예 알렉산드로스에게 있다는 것을 알고 배심원들에게 이를 증명했다. 그러나 아우스쿨룸에서 획득한 사냥 그물과 서책은 증명할 길이 없었다. 로마인들은 그것을 폼페이우스의 집 어딘가에 숨겨 놓고 내놓지 않는다고 의심했지만, 실은 킨나의 추종자들이 폼페이우스 집에 들이닥쳐 물건들을 약탈해 갔을 때 사라지고 만 것이었다.

○ 재판이 진행되는 과정에서 폼페이우스는 이십대 초반의 젊은 나이에도 침착하고 예리한 모습을 보여 준 까닭에 큰 명성을 얻었다. 그러자 사건의 재판을 맡고 있던 법무관 안티스티우스는 폼페이우스가 매우 마음에 들어 사위로 삼고 싶어 하기에 이르렀다. 안티스티우스의 뜻을 안 폼페이우스는 그에 따르기로 했고, 다른 사람들도 그 둘의 은밀한 약속을 눈치챘다. 마침내 안티스티우스가 배심원들의 의견을 수합하여 무죄 판결을 선언했다. 그러자 방청석에 있던 사람들이 "탈라시오(Talassio)!(註. 'Talassio'는 결혼을 축하한다는 인사말로, 로물루스가 사비니족 여인들을 납치할 때 탈라시우스의 노예들이 그중 제일가는 미인을 탈라시우스에게 데려가면서 외쳤다고 전한다. Talassio는 'Talassius'의 여격)"를 외쳤고 폼페이우스와 안티스티우스의 딸 안티스티아는 결혼하여 부부의 인연을 맺었다.

○ 그러나 이 결혼이 행복으로 이어지지는 않았다. 술라가 마리우스와 킨나의 지지자들을 물리치고 독재 권력을 손안에 쥐자, 그는 폼페이우스 집안과 혼인으로 결연을 맺고 싶어 했다. 술라는 자신의 권력 기반을 다지는 데 폼페이우스와 같은 뛰어난 장군이 많은 도움이 되리라고 생각했기 때문이다. 술라의 아내 메텔라도 같은 생각이었다. 그는 폼페이우스에게 안티스티아와 이혼할 것을 명령했다. 그리고 자신의 딸 아이밀리아와 결혼시켰다. 아이밀리아는 술라의 친딸이 아니었고, 메텔라와 전남편 스카우루스 사이에 태어난 딸이었으며 폼페이우스와 결혼할 당시에는 이미 남편이 있었고 배 속에 아이까지 가진 여인이었다.

○ 따라서 이 결혼은 폼페이우스가 원한 결혼이 아니라, 강압에 의한 방법으로 이루어진 결혼이었다. 다시 말해 그것은 술라의 정치적 필요

에 따른 혼사였다. 하지만 폼페이우스에게 이혼당한 안티스티아는 그 당시 참으로 불행한 처지에 놓여 있었다. 술라가 이탈리아에 상륙하여 마리우스 파와 내전을 벌일 때 폼페이우스는 술라 측에 섰는데, 사람들은 친정아버지 안티스티우스가 사위 폼페이우스를 위해 배신자가 되어 술라 편을 든다고 의심을 받아 원로원 회의장에서 살해당한 지 얼마 되지 않았기 때문이다. 안티스티아의 어머니 또한 남편이 살해당하고 딸까지 이혼당하자 불행하고 모욕적인 현실을 견디지 못하고 스스로 목숨을 끊었다.

○ 안티스티아의 가혹한 운명에 신들도 노여워했는지, 폼페이우스의 두 번째 결혼은 불행한 종말을 고했다. 술라의 딸 아이밀리아가 폼페이우스와 결혼하자마자 출산을 했는데, 출산 중에 죽음을 맞이하고 말았던 것이다.(註. 폼페이우스는 아이밀리아 이후 3번째 아내가 무키아 테르티아였고 그다음이 율리아였으며 마지막에는 코르넬리아와 결혼했다. 3번째 아내 무키아는 남편 마리우스 2세가 죽고 미망인이 되었을 때 폼페이우스와 결혼을 했지만 카이사르와 바람을 피웠다는 이유로 이혼을 당했다. 그녀는 유명한 그나이우스와 섹스투스를 폼페이우스에게 낳아 주었다.)

술라의 잔혹성

≪정적들을 발아래 꿇린 술라는 자신의 분노를 조국의 시민들에게 겨누었다. 무수한 시민들이 죄인으로 지목되어 아내와 형제 그리고

아들 앞에서 죽음을 맞이했고, 술라의 잔혹한 공포 정치 앞에서 시민들은 또다시 두려움에 떨어야 했다. 술라는 내전의 상처를 아물게 하기 위해 관용과 화합이라는 상생의 치유책이 아니라 자신과 뜻을 달리하는 부분을 썩은 곳으로 간주하고 그곳을 단호하게 도려냈던 것이다.≫

○ 미트라다테스와의 전투를 평화협정 체결로 종결짓고 이탈리아 동부의 항구 도시 브룬디시움에 상륙한 술라는 파죽지세로 로마까지 진격했다. 하지만 로마 성문 코앞에서 벌어진 폰티우스 텔레시누스와의 결전에서 고전을 면치 못했다. 그러자 술라가 패배했고 로마가 마리우스 편에 선 자들의 수중에 들어갔다는 소문이 병사들 사이에 퍼졌다. 승자와 패자를 알 수 없는 치열한 전투 속에 밤이 깊어 갈 무렵, 술라는 크라수스가 보낸 전령으로부터 크라수스가 텔레시누스를 물리치고 안템나이(註. 티베리스강과 아니오강의 합수머리에 있는 로마 북쪽의 도시) 성벽 앞에 진을 치고 있다는 보고를 받았다. 또한 그는 마리우스 편에 선 병사들이 대부분 괴멸되었다는 소식을 접하고는 동이 틀 무렵 안템나이에 모습을 나타냈다. 패배한 줄 알았던 술라가 크라수스의 승리에 힘입어 승장이 될 수 있었던 것이다.

○ 크라수스는 이 전투의 공훈으로 술라의 행정부에 막강한 실력자로 부상했다. 텔레시누스는 적들의 공격으로 밀려나 마리우스 2세(註. 7선 집정관 가이우스 마리우스의 아들이며, 그가 죽던 BC 82년에 파피리우스 카르보와 함께 집정관이었다.)와 로마 동쪽 프라이네스테에서 포위되자 사로잡히기 직전에 서로에게 검을 휘둘러 죽음을 택했다. 이때 텔레시누스는 즉사했으나 마리우스는 부상만 입어 호위하던 노예

의 도움으로 겨우 죽을 수 있었다.

○ 크라수스와 술라가 병사들을 이끌고 안템나이에 간 것은 안템나이 시민들이 마리우스 편에 섰기 때문이었다. 하지만 마리우스 파의 패배가 확실해지자 안템나이 시민들은 마리우스 파의 병사들에게 성문을 열어 준 것을 후회하고 시민 대표단을 구성해 자비를 베풀어 달라며 술라에게 찾아왔다. 술라는 적병들에게 어떤 방식으로든 피해를 입힌 후 다시 찾아온다면 안전을 보장하기로 약속했다. 약속을 곧이곧대로 믿은 안템나이 시민들은 성안에서 농성 중인 마리우스 파의 병사들을 공격했고 병사들도 살아남기 위해 치열하게 싸웠다. 최종으로 살아남은 자는 시민과 포로의 신세가 된 자들까지 합쳐 모두 6천 명 정도였다. 술라는 시민과 적병을 가리지 않고 이들을 모두 마르스 광장(캄푸스 마르티우스campus martius)에 있는 플라미니우스 경

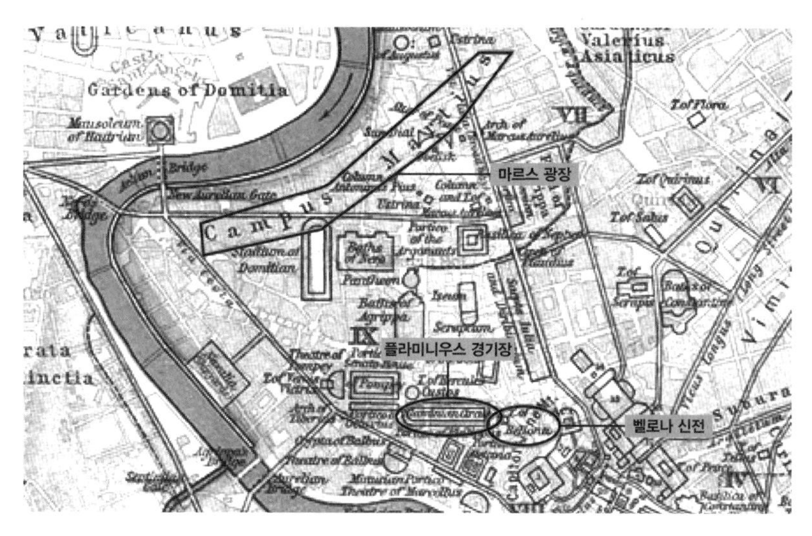

▍마르스 광장, 플라미니우스 경기장, 벨로나 신전 ___ 출처 : 텍사스 대학 도서관. 이하 같다

기장으로 몰아넣은 다음, 경기장 옆에 있는 벨로나 신전으로 원로원 의원들을 소집했다. 술라가 의원들에게 연설을 시작하려는 순간, 미리 지시받은 술라의 병사들이 경기장에 모인 6천 명을 무참하게 살해하기 시작했다. 좁은 공간에서의 대학살로 비명 소리가 경기장과 신전의 담을 넘어 공간을 가득 채웠고 원로원 의원들은 공포에 떨었다. 술라는 차분하고 냉혹하며 무표정한 채, "밖에서는 죄인들이 명령에 따라 합당한 벌을 받고 있는 중이니 염려 말고 나의 연설에 귀를 기울이시오."라며 조용히 말했다.

○ 이제 로마 시민들은 동포의 피로 얼룩진 결과가 폭정에서 헤어난 것이 아니라, 마리우스에서 술라로 폭군이 바뀐 것뿐이라는 사실을 깨달았다. 마리우스의 경우에는 자신이 타고난 잔혹성이 권력을 잡게 되자 더 격화된 것이었지만, 술라는 자신의 성품을 정치가답게 속였다. 그는 권력이 없었을 때에는 자신이 밝은 성격의 소유자인 것처럼 가장했고 연민의 눈물까지 흘렸기 때문이다. 시민들은 술라의 표변함을 보고는 권력이 기존의 성격을 바꿀 뿐만 아니라 변덕스러우며 잔인하게 만들 수도 있다는 것을 믿게 되었다. 즉 술라가 권력을 얻자 마음 깊은 곳에 있던 잔혹함과 추악한 성품이 거침없이 드러나기 시작했다고 시민들이 수군거렸던 것이다.

○ 로마 유일의 최고 권력자가 된 술라에게는 이제 마음껏 복수심을 채우는 일만 남았다. 내전이 끝나고 평화가 도래했지만 잔인성을 논한다면 평화시의 폭력이 더 지독했다. 왜냐하면 전쟁 시에는 군인들만 죽였지만 평화시에는 비무장한 시민들마저 무참히 죽였으며, 전쟁 시에는 공격당한 사람들이 반격할 기회를 주었지만 평화시에는 살해당하는 사람들이 저항할 기회조차 얻을 수 없었기 때문이다. 술라는

정해진 숫자도 없고 끝도 없는 살육을 계속했다. 지지자들이 사적인 증오심을 채우기 위해 죄 없는 자들을 고발했을 경우에도 술라는 자신과 아무런 관계가 없지만 단지 지지자들을 기쁘게 하기 위해 처형을 승인하곤 했다. 마침내 계속되는 살육에 의문을 제기하며 메텔루스 누미디쿠스의 아들인 젊은 원로원 의원 메텔루스 피우스가 술라에게 과감하게 질문을 던졌다. "도대체 무슨 목적으로 살인을 일삼는 것이며 언제 끝날 것입니까? 당신이 죽이려고 하는 자들을 살려 달라고 말하는 것이 아닙니다. 다만 살리려고 생각하는 사람들을 불안에서 해방시켜 주기를 바라는 마음입니다." 술라가 말했다. "아직은 누구를 살릴 것인지 알 수 없소." "그렇다면 누굴 벌할 것인지 알려 주십시오."

○ 그러자 술라는 그렇게 하겠다고 말했고, 약속을 이행하는 뜻에서 다음 날 살생부를 공포했다.(註. 이를 '법익 박탈자 명단 공개proscriptio'라고 한다.) 살생부가 나붙자 이름이 올라간 자들의 공포와 불행을 불쌍히 여기기보다는 나머지 사람들의 안전에 더 기뻐했다. 그러나 살생부에 적힌 이름들은 며칠 동안 계속 늘어 갔다. 술라는 그 이유에 대해 기억나는 대로 이름을 적고 있으며, 당장 생각나지 않는 사람들은 추후에 덧붙여서 그렇게 되었다고 해명했다. 그러나 일부는 심사숙고하여 명단에 오른 자도 있었으나, 더러는 정치적 이유에서 더러는 오직 재산이 많다는 이유에서 또 어떤 경우에는 사적인 원한에서 살생부의 명단에 오른 자도 있었다. 그뿐만 아니라 살생부에 오른 사람을 보호하거나 구해 주는 자도 그 사실이 밝혀지면 살생부에 포함되었다. 그런 이유로 살생부에 오른 무틸리우스는 몸을 숨기기 위해 몰래 아내의 거처 뒷문으로 들어가려 했으나, 무참하게도 아내로부

터 안에 들일 수 없다며 거부되었다. 그러자 그는 칼로 자결하여 아내의 거처 앞에 피를 뿌렸다. 또한 살생부에 적힌 사람을 형 집행관 대신 처형하는 사람에게는 대가로 1만 2천 데나리우스를 지급했다.

○ 인정과 우정의 토대 위에 쌓였던 신뢰의 굳건함은 운명의 타격 앞에서 연약하게 변질되어 쉽사리 붕괴되었다. 노예가 주인을 죽이거나 아들이 살생부에 올라간 아버지를 죽여도 상관없었다. 그리고 살생부에 이름이 올라간 사람들의 아들과 손자들은 시민권이 박탈되었고 재산까지 송두리째 빼앗겼다. 원래 로마에서는 연좌제가 없었으므로 시민들은 이 조치를 가장 부당하다고 여겼다.(註. 로마에서는 법적으로 연좌제가 없었지만 아버지가 정치적으로 제거되면 아들도 피해를 입는 경우가 많았다. 티베리우스 황제 때 세야누스가 처형되자 그의 어린 아들과 딸도 살해당했다. 호노리우스 때 스틸리코가 처형되자 그의 아들도 그 뒤를 따랐으며, 가이우스 그라쿠스의 지지자였던 풀비우스 플라쿠스도 그의 두 아들과 함께 살해되었다. 더군다나 4~5세기 후기 로마 제국에서는 모반에 실패하면 화가 가족까지 미치는 것이 보통이었다.) 나아가 살생부는 모든 도시에 붙여졌으며, 신성한 신전도 따뜻했던 화롯가에도 화목한 집에서도 모두 핏빛으로 얼룩졌다. 남편은 아내에게 안긴 채, 아들은 어머니의 품에서 피를 흘리며 죽어 갔다. 정치적인 증오와 사적인 원한에 의하여 고발되기도 했고, 단지 재산이 많고 훌륭한 시설을 가졌다는 이유만으로 시기심을 불러일으켜 살해되기도 했다. 원로원 의원이던 마르쿠스 마리우스의 생질 마리우스 그라티디아누스는 잔혹한 사형집행인들에게 붙잡혀 팔과 다리가 잘리고 눈과 귀는 도려내어져 죽었다.(註. 마리우스 그라티디아누스는 가이우스 마리우스의 동생 마르쿠스 마리우스의 양자이기도 했다.) 이렇듯 사형집

행인들은 살생부에 오른 자를 잡아 두 눈을 후벼 파고 사지를 하나씩 절단하여 무시무시한 고통을 받으면서 죽어 가도록 강요하는 등 맹수보다도 더 잔인하게 다루었다.

○ 프라이네스테(註. 로마 동쪽 37㎞에 위치한 도시로 현재 지명 '팔레스트리나')에서는 이런 일도 있었다. 술라는 죄인으로 지목된 사람들에 대해 처음에는 한 사람씩 재판과 변론의 기회를 주다가, 시간이 너무 많이 걸린다는 이유로 시민들을 한곳에 몰아넣었다. 그리고 순식간에 모두 처형시켜 버렸다. 모두 1만 2천 명이었다. 이렇듯 참혹한 유혈극은 BC 81년이 되어서야 끝이 났다.

○ 또한 마리우스 파와 내전이 벌어졌을 때 프라이네스테 함락에 공을 세우는 등 술라의 편에 서서 마리우스 지지자들을 제압한 오펠라(Lucius Lucretius Ofella)가 집정관 선거에 나섰을 때였다. 그러니까 그는 술라가 내전에서 승리할 수 있도록 노력한 공신인 셈이었다. 그러나 술라는 그가 집정관이 되는 것을 반대하는 입장이었다. 아마도 전쟁 영웅이 시민들의 열망 속에 정계에서 권력을 가질 때 얼마나 위험한 결과를 초래하는지 잘 알고 있었기 때문이리라. 그럼에도 그가 술라의 뜻을 어기고 수많은 지지자들과 함께 선거 운동을 하면서 광장으로 내려오자, 술라는 백인대장 한 명을 보내 그를 살해했다. 술라는 카스토르 신전의 높은 단상에 앉아 이를 지켜보고서는 광장의 시민들이 살인을 저지른 그 백인대장을 끌고 오자, 소란을 중지시킨 뒤 뻔뻔스럽게도 자신이 시킨 일이라고 말하고서는 백인대장을 풀어 주라고 지시했다.

○ 훗날 마르스 광장에 세워진 술라의 묘비에는 다음과 같이 쓰였다. "그와 같이 따뜻한 친구가 없었고, 그와 같이 지독한 적이 또한 없었

다." 이것은 술라가 직접 쓴 것이라고 알려졌다.(註. 망자를 위해 묘비명을 새기는 것은 로마의 관습이 아니라 그리스의 관습이었다. BC 298년의 집정관 루키우스 스키피오의 비문이 가장 오래된 사례다.)

마음에 새기는 말

대부분의 사람들은 적대적인 행위보다 쓰라린 말 몇 마디에 더욱 분노한다.

- 그리스의 코린토스 병사들이 시킬리아의 시라쿠사를 돕기 위해 출전했을 때 에우티모스는 그들에게 "집 나온 저 코린토스의 여인네들을 두려워 말라."고 말하며 조롱했다. 그 말이 코린토스 병사들의 가슴에 박혔고, 에우티모스가 포로가 되었을 때 조롱의 대가를 치른 것에 대하여.

스테니스의 정직함

≪시민들이 받아야 할 비참한 운명을 모두 짊어지고 책임지려 했던 스테니스는 오히려 용서받았다. 왜냐하면 그의 따뜻한 책임감이 적장에게 감동을 주었기 때문이다.≫

○ 폼페이우스가 마리우스 파의 잔당을 척결하고 있을 때, 히메라의 민중 지도자 스테니스가 면담을 요구했다. 그 당시 폼페이우스는 마리우스 파의 편에 섰던 히메라를 토벌하려고 하던 중이었다. 스테니스는 폼페이우스에게 왜 진정한 죄인은 놓아주고 아무 잘못도 없는 사

람들을 파멸시키려고 하는지 물었다. 폼페이우스는 그렇다면 진정한 죄인은 누구인지 되물었다.

○ 그러자 스테니스는 그 진정한 죄인은 바로 자신이라고 말했다. 그는 폼페이우스에게 솔직하게 말하기를 자신은 마리우스 파를 지지하는 사람들은 부추겼고, 반대했던 사람들은 강제로 마리우스 편에 서도록 강요했다는 것이었다. 스스로 잘못을 고백하는 스테니스의 용기와 고귀한 정신을 높이 산 폼페이우스는 스테니스뿐 아니라, 히메라의 모든 시민들을 용서하기로 결정했다.(註. 하지만 폼페이우스는 사비로 군대를 조직하여 그 군대로 술라를 도울 때, 항복한 자를 죽이고 횡령죄로 고발당한 자신을 도와주었던 파피리우스 카르보를 죽음으로 몰아넣는 등 잔인한 행동을 일삼은 적이 있어 '도살자'란 별명을 얻기까지 했다. BC 82년 집정관 카르보는 폼페이우스에게 사로잡혀 무자비한 심문을 받았고, 처형당하기 위해 끌려갈 때 배탈이 나 잠시 시간을 달라는 요청조차 거절당했으며, 처형되기 전에는 살려 달라며 눈물을 뚝뚝 흘렸다고 전한다.)

| 마음에 새기는 말 |

뭇사람들의 악의 서린 입방아를 지나치게 두려워하는 사람은 섬세하고 다정하다고는 할지언정 위대하다고는 할 수 없다.

술라의 역행

≪북풍이라고 해서 바람이 계속 북쪽에서만 부는 것이 아니다. 가끔은 남쪽에서도 바람이 불지만 그것을 통틀어 북풍이라고 하듯이, 술라의 복고주의란 로마에 불고 있던 민중의 바람에 잠시 일었던 역풍일 뿐이었다.≫

○ 공화정 체제의 로마는 능력 있는 자가 1년 만에 교체되는 불합리함이 있었다. 그러한 반면에 부적정한 자가 오랫동안 권좌에 앉아 있는 위험을 피할 수 있는 체제이기도 했다. 이는 단 한 명의 무능한 자가 수많은 뛰어난 자들이 세운 탑을 일거에 무너뜨릴 수 있는 법이기에 이 같은 위험을 피한 로마가 최종 승리할 수 있었던 중요한 이유였다. 그러면서도 로마인들은 상황에 따라 꼭 필요한 인재라면 재선과 임기 연장을 적용하여 국가를 위기에서 구해 내는 유연성을 보였다.

○ 그러나 민중의 힘이 갈수록 강해지면서 자신들의 권리와 이익을 대표하는 자를 고집스럽게 지원하고 힘을 보태어 주었다. 이제까지는 호민관의 권위와 권력으로도 민중의 의사가 전달되고 국가 시책에 반영되었지만, 그라쿠스 형제의 죽음과 드루수스의 죽음 등을 겪은 후 무력이 없는 호민관의 힘만으로는 민중의 뜻을 관철시킬 수 없다는 것을 그들은 깨달았다. 그리하여 "필요하면 스스로 갖추게 된다."는 진리에 따라 민중들은 자신들의 요구에 무력을 포함하기 시작했다.

○ 이제는 민중의 지지를 얻어 정치를 행하고, 민중의 양심과 판단에 따라 정책이 결정되는 시대가 도래했는데도 술라는 고집스럽게 귀족들의 과두정 형태인 공화정을 추구했다. 그는 민중파인 킨나와 마리우

스를 반대했으며, 공화주의자로서 과두 정치인 귀족주의를 두둔하고 편들었다. 그러나 술라가 죽을 때까지 유지했던 귀족주의는 그가 죽자 한 귀퉁이부터 허물어지기 시작했다. 호민관 입법권, 곡물 저가 배급, 기사 계급의 배심원 등용, 감찰관직 등 사라졌던 과거의 제도가 다시 부활한 것이다.

○ 이미 그라쿠스 형제로부터 공화정의 곪은 상처는 백일하에 드러났지만 로마 귀족들과 원로원은 이를 치유할 힘도 의지도 없었다. 결국 민중의 힘을 등에 업은 보다 강력한 독재자가 등장하는 것은 불가피한 수순이었다.

술라의 악행과 기행

≪잔인하고 단호한 성격을 타고난 술라는 목적 달성을 위해 자신의 기질을 숨기기도 했고 아부하기도 했다. 그러면서 권력을 이용한 쾌락과 축재를 병행하여 비난의 표적이 되기도 했지만 행동은 거침없었다.≫

○ 루키우스 코르넬리우스 술라는 귀족 출신이었으며, 조상들 가운데는 집정관 푸블리우스 코르넬리우스 루피누스도 있었다. 하지만 루피누스는 은쟁반을 10리브라(註. 1리브라는 327.45g) 이상을 소유한 죄로 감찰관 파브리키우스에 의해 원로원에서 축출당했다. 그 이후 그의 자손들은 사회적 지위가 낮아지고 가난해졌으며, 술라도 선대의

가난을 그대로 이어받았다. 로마에서 경제적으로 부유한 자에 속하려면 무엇보다도 주거 문제가 해결되어야 했지만, 젊은 날의 술라는 셋방을 전전했다. 그러다가 술라의 계모가 죽으면서 유산을 남겼고, 니코폴리스라는 부유한 여성이 죽으면서 술라에게 유산을 남기자 그는 정계에 입문할 재산을 모을 수 있었다. 니코폴리스가 술라에게 유산을 남긴 것은 술라가 그녀의 애인이었기 때문이다. 세간에는 술라의 계모와 니코폴리스의 죽음과 상속 뒤에는 술라의 계략이 있다는 소문이 나돌았으나 진위는 밝혀지지 않았다. 만약 그 소문이 사실이라면 술라의 잔혹한 기질이 젊은 시절부터 나타난 것이었고, 거짓이라면 그의 별명처럼 그는 행운아(펠릭스felix)였다.

○ 술라는 나중에 군사적인 성공으로 엄청난 부를 끌어모았으나, 그가 지나치게 부유해졌다고 생각한 많은 사람들은 그것을 비난했다. 술라가 권력을 쥐고 살생부를 작성하여 수많은 사람들의 목숨을 빼앗으며 공포 정치를 이어 갈 때, 살생부에 등재된 사람을 숨겨 주었다는 혐의로 죽음에 처하게 된 어느 해방 노예가 있었다. 그는 술라가 한때 자신과 같은 인술라에서 셋방살이를 살았다고 폭로했다. 술라는 3천 세스테르티우스로 아랫방에서 살고, 자신은 2천 세스테르티우스로 윗방에서 살았다는 것이다. 하지만 가난하다는 것 자체가 흉이 되거나 비난의 대상이 되는 것이 아니라, 재산을 모으는 과정이 과연 정당했는지가 비난되는 법이다.(註. 인술라insula는 '공동 주택'을 지칭하며 '섬'이란 의미를 지녔다. 초기 로마의 가옥은 대개 밭고랑 사이에 드문드문 있는 섬과 같았다. 훗날 인구가 늘고 촘촘히 여러 층의 건물이 들어섰지만 용어는 그대로 사용되어 여러 세대가 함께 거주한 로마의 공동주택을 '인술라'라고 불렀다. 당시 노동자 연소득이 720세스테르티우

스밖에 되지 않았던 것을 감안하면 집세가 2천~3천 세스테르티우스나 되는 인술라에 거주하는 사람들은 그나마 사정이 괜찮았다고 보인다. 결국 로마인들의 거주 형태는 저택과 인술라뿐만 아니라 열악한 단독주택, 즉 오두막집에 거주하는 시민들이 많았다는 추측이 가능하다. 복수형은 '인술라이insulae'.)

○ 술라의 외모는 금발에 파란 눈이었고, 얼굴에는 곳곳에 마마 자국이 있었다. 그 붉은 반점 때문에 조롱도 많이 받았다. 그는 어릴 때부터 말이 거칠었으며, 남녀를 구분하지 않고 애정 행각을 벌였다. 특히 무언극 남자 배우인 메트로비우스와는 평생토록 애정을 나누는 관계였다. 그뿐만 아니라 방탕한 여자, 그리고 계모와도 사랑을 나누었다. 그럼에도 술라는 귀족답게 그리스어와 라틴어 모두 능통했으며, 연설에 천부적인 재능을 보였고 부하 병사들의 마음을 휘어잡는 지휘력과 의리가 있었다.(註. 로마 시민들이 그리스어를 익히는 것은 단번에 교양인 행세를 할 수 있었고, 대부분의 경우 출세 수단이었기 때문이다. 이것은 요즘의 영어와 같은 역할을 했다고 볼 수 있다. 심지어 원로원 의원들은 자신의 우월함을 나타내기 위해 그리스 문화와 언어를 남보다 더 많이 알고 있다고 경쟁하기도 했다.) 그가 유구르타 전쟁을 치르고 있던 로마군에 입대하겠다고 했을 때 예전부터 그를 알고 있었던 모든 사람들은 과연 제대로 적응할 수 있을까 하고 의심했다. 하지만 용맹스런 공격과 신중한 방어 그리고 슬기롭게 위기를 헤쳐 나감으로써 입대한 지 얼마 안 되어 그는 마리우스와 병사들 모두에게 능력을 인정받았고 진영에서 꼭 필요한 존재가 되어 있었다. 또한 그는 은혜를 베푸는 일은 좋아했지만 은혜받는 일은 좋아하지 않아 혹여 그런 일이 생기면 빚을 돌려주는 것처럼 보답했으며(註. 세네카는 말

하기를 은혜받은 자가 은혜를 떨쳐 버리기라도 하듯 앞뒤도 재지 않고 즉시 되갚는 자는 은혜에 감사할 줄 모르는 자라고 했다.), 병사들과도 스스럼없이 대화를 나누었고, 수단과 방법을 모두 동원해서라도 병사들이 자신에게 빚을 지게 만들었다. 그러면서도 집정관 마리우스의 명령을 성실하게 수행했다.

○ 성격 면에서 술라는 일관되지 못했고 변덕을 부렸다. 남의 재산을 많이 빼앗기도 했지만 더 많이 베풀기도 했으며, 뜻밖에 칭찬을 하기도 하고 뜻밖에 모욕을 가하기도 했다. 자신이 필요로 하는 사람에게는 알랑거리는 아첨도 마다하지 않았으며, 반면에 자신을 필요로 하는 사람에게는 거만하게 대했다. 결국 그의 성격이 남을 경멸하는 성격인지, 아니면 남에게 아부하는 성격인지 알 수 없었다.

○ 마리우스의 부장으로 있으면서 입지를 강화하여 총사령관의 권위에 도전한 경험이 있어서인지 술라는 부장들의 인기 상승에 지극히 경계심을 보였다. 한번은 폼페이우스가 정복 전쟁에 승리한 후 귀국하여 검투사 경기를 열려고 하자, 술라는 그가 검투사 경기를 통해 인기를 얻고 자신의 경쟁자가 될까 우려하여 이를 막으려 했다. 로마에서 검투사 경기를 개최하려면 원로원 계급이거나 속주 총독이어야 된다는 이미 낡고 사장된 법 조항을 들고 나온 것이다. 당시 폼페이우스는 기사 계급이었고 총독도 아니었다. 하지만 로마 시민들은 검투사 경기에 열광하고 있었으므로 폼페이우스 편을 들어 경기를 열 수 있게 했다.

○ 죄를 저지른 자에 대한 처벌도 들쭉날쭉했다. 조그만 잘못에도 몽둥이로 때려 죽였다가도 몹시 심각한 범죄 행위에도 가볍게 처리했다. 또한 치유할 수 없는 상처를 입고도 기꺼이 화해를 받아들이는가 하

면, 작고 사소한 잘못에도 사형이나 벌금형에 처하기도 했다. 동맹시 전쟁에서 병사들이 법무관이었던 부장 알미누스를 몽둥이와 돌로 때려죽인 일이 발생했다. 술라는 이 잔인한 범죄를 처벌하지 않았다. 그는 병사들에게 이 죄가 사면되려면 더 큰 각오와 의욕 그리고 정열을 가지고 전쟁에 임하여야 할 것이라고 말했을 뿐이다. 즉 범죄의 사면을 미끼로 병사들의 용맹을 발휘하게 함으로써 죗값을 치르라고 한 것이다. 이렇듯 술라의 본성은 단호하고 복수심이 많았으나, 자신의 이익을 고려할 때는 신중하게 생각하며 타고난 성품과 기질을 숨겼다.

○ 술라가 군사 정변을 일으켜 권력을 잡은 후, 그가 추천한 세르비우스와 조카 노니우스가 선거에서 낙선한 일이 있었다. 그 대신에 시민들은 술라가 가장 불편하게 생각하는 사람들을 선거에서 당선시켰다. 이때 그는 시민들이 바라는 대로 관리들을 선출할 수 있는 것은 자신이 시민들에게 자유를 찾아 주었기 때문이라고 말하며 기뻐하는 척했다. 또한 미트라다테스 편에 붙은 그리스를 평정하기 위한 전쟁을 벌였을 때였다. 술라는 전쟁 자금이 적잖게 필요했기에 그리스 신전에 봉헌된 값진 물건에 손을 대기로 결정했다. 그는 신전의 주인들에게 자신이 보물을 더욱 안전하게 보관해 줄 것이며, 혹시 봉헌된 보물을 사용하게 된다고 해도 사용한 만큼 반드시 보상해 줄 터이니 자신에게 신전의 보물을 보내라고 편지를 보냈다. 이 편지는 술라의 친구였던 카피스에게 들려 보냈는데, 그는 신에 대한 외경심이 깊은 사람이어서 신전의 물건에 손을 대는 것을 질색했다. 그리하여 카피스는 신전의 주인들인 암픽티온 동맹국 대표자들을 만났을 때 눈물을 흘리고 자신의 처지를 한탄하며 자신에게 맡겨진 임무를 시행

할 수밖에 없는 이유를 설명했다. 그런데 신전 내실에서 신의 키타라(註. 고대 그리스의 발현 악기) 소리가 들려왔다는 몇몇 사람들의 주장이 있었다. 그는 이 주장을 인용하면서 이것은 신의 노여움이라고 두려운 마음을 담아 술라에게 편지를 보냈다. 그러나 술라는 노래와 음악이란 원래 성난 마음이 아니라 기쁜 마음에 부르는 것이니 그것을 이해하지 못한 카피스가 오히려 놀랍다며, 웃어넘기는 답장을 보내왔다. 그러니 신께서 기꺼이 보물을 넘기려고 하는 것이니 염려 말고 즉시 가져오라고 지시했다. 이렇듯 술라는 모든 현실을 자신에게 유리한 대로 갖다 붙이는 데 천부적인 자질을 보였다.

마음에 새기는 말

야망을 가진 사람은 웬만해서는 지휘 능력이 충분하다. 그러나 동일한 명성을 누리는 자들의 시기는 업적을 성취하는 데 작지 않은 걸림돌이 된다. 왜냐하면 도움이 될 만한 사람조차도 쉽게 경쟁자가 되기 때문이다.

- 스파르타 장군 리산드로스는 페르시아의 영토였던 소아시아를 정복할 야망을 갖고 아게실라오스를 왕으로 앉혔다. 선왕의 아우였던 아게실라오스가 경쟁자인 레오티키데스를 물리치고 왕이 되기까지는 리산드로스의 도움과 영향력이 더할 나위 없이 컸다. 그러나 정복을 위해 소아시아에 당도하자 그 지역의 영향력 있는 사람들이 모두들 리산드로스에게 어려운 사정을 청원하고 존경심을 표했고, 이에 아게실라오스는 은인자인 리산드로스를 시기하기 시작했다. 결국 아게실라오스와 리산드로스 간에 불화로 틈이 벌어지고 리산드로스의 야망은 거품이 된 것에 대하여.

여인을 통한 소망의 실현(BC 74년)

≪세도가 주변 사람들의 적극적인 지원은 소망을 이루는 첩경이다. 더욱이 세도가의 아내이거나 연인으로부터 도움의 손길이 닿는다면 더욱 그렇다. 4세기 때 율리아누스 황제는 사촌 형수 에우세비아 황후의 애정이 넘치는 도움으로 목숨을 구하고, 마침내 부황제에 임명되어 갈리아로 갈 수 있었고, 술라는 계모와 니코폴리스의 도움으로 정치적 성장의 바탕을 마련할 수 있었다. 여인의 힘이란 이처럼 강한 것이다.≫

○ 소아시아 동남쪽에 있던 속주 킬리키아의 총독으로 있던 옥타비우스가 죽자, 총독 후보자들은 너도나도 그 자리에 앉고 싶어 안달이었다. 당시 집정관이었던 루키우스 리키니우스 루쿨루스는 킬리키아 총독 그 자체로는 별로 매력을 느끼지 않았지만, 폰투스 왕 미트라다테스 6세와 전투를 벌여 그를 누르고 싶은 열망에 가득 차 있었다. 그는 미트라다테스 전쟁을 지휘하려면 아르메니아와 지리적으로 가까운 킬리키아의 총독으로 부임해야 한다는 것을 알았다. 아르메니아 왕 티그라네스 2세는 미트라다테스의 사위였으며, 계속된 로마군의 공격으로 위기에 몰린 미트라다테스가 티그라네스에게 도움을 요청하여 참전하고 있었기 때문이다.(註. 티그라네스를 따르는 군주는 한두 명이 아니었다. 그들은 호위대원이라도 되는 듯 티그라네스 주변을 감싸고돌았으며, 그가 국사를 돌볼 때면 따르는 무리들이 팔짱을 끼고 서 있었다. 페르시아 문화권에서 팔짱을 낀다는 것은 상대에게 철저히 복종하겠다는 의미였다. 알라딘의 요술램프에서 나오는 거인도 팔짱을 끼고

▎킬리키아

나타나서는 주인의 명령을 기다렸다. 우리의 관점에 따르면 팔짱을 낀다는 것은 오만한 방관적 자세를 의미하므로 페르시아 문화의 의미와는 사뭇 다르다는 것을 알 수 있다. 미트라다테스는 이렇듯 막강한 티그라네스와 동맹을 맺고 자신의 딸 클레오파트라를 주었다.)

○ 당시 로마의 인사권을 좌지우지하던 사람은 케테구스(Publius Cornelius Cethegus)였다. 프라이네스테가 포위당했을 때 동료였던 자들을 모두 술라에게 넘겨 처형당하게 했을 만큼 악명 높은 변절자였던 그는 프라이키아라는 창부의 연인이었다. 프라이키아는 아름다움과 재치로 그 명성이 자자했으며, 그녀는 보통의 고급 창부와는 달리 인맥을 이용하여 친분이 있는 남자들의 정치적 야망을 달성시켜 주는 데도 힘을 보태고 있었다. 이런 프라이키아가 케테구스를 자신의 연인으로

삼아 버린 것이다. 그리하여 당시 로마의 정계에서는 그 어떤 법적 조치도 케테구스가 지지하지 않으면 통과되기 힘들었고, 케테구스는 자신의 연인 프라이키아의 의견에 신중히 귀를 기울이고 있는 형국이었다. 그래서 로마에서 정치적 해결은 프라이키아로부터 나온다는 소문이 있을 만큼 그녀는 명성을 누렸고 영향력이 컸다.

○ 루쿨루스는 바로 이 여인에게 선물과 달콤한 말로 접근하여 그녀의 마음을 사로잡았다. 프라이키아는 자신의 진취적인 성향이 루쿨루스의 야망과 잘 어울린다고 여겼던 것이다. 그녀는 케테구스에게 루쿨루스의 야망에 대해 칭찬을 늘어놓았다. 여태껏 루쿨루스는 케테구스가 비난받아 마땅한 애정 행각을 벌이고 방탕한 짓거리를 일삼고 있다며 서슴지 않고 공격해 왔었다. 당연히 루쿨루스에 대한 케테구스의 감정이 좋을 리가 없었다. 그렇지만 자신의 연인이 적극적으로 추천하고 칭송하며 온갖 애를 쓰는 데는 두 손 들고 말았다.

○ 집정관 임기가 끝나기도 전에 원하는 대로 킬리키아 속주 총독으로 부임한 루쿨루스는 더 이상 프라이키아나 케테구스의 도움이 필요 없게 되었다. 왜냐하면 로마 원로원에서는 미트라다테스와의 전쟁을 수행하는 데 루쿨루스만큼 적임자가 없다는 데 모두가 신속하게 만장일치로 동의했기 때문이다.(註. 폰투스 왕 미트라다테스 6세와 비티니아 왕 니코메데스 3세는 함께 정복 전쟁을 일으켜 영토를 나누어 가지기도 했지만 카파도키아를 놓고는 서로 분쟁을 일으켰다. 로마가 동맹국이라는 구실을 내세워 비티니아 편을 들자 아버지로부터 권력을 이어받은 니코메데스 4세는 폰투스를 공격했다. 그러자 미트라다테스는 아나톨리아의 수많은 로마인들을 학살하면서 제1차 미트라다테스 전쟁을 일으켰고, 이 전쟁은 BC 85년 술라와 평화 조약을 맺고서 종전되었다. 하지만

BC 83년 리키니우스 무레나는 미트라다테스가 재무장한다는 이유로 폰투스를 공격하자 로마와 폰투스 간에 제2차 미트라다테스 전쟁이 촉발되었으며 그 이후에도 분쟁이 끊임없이 발생했다. 그러다가 BC 78년 술라가 죽자 미트라다테스는 BC 74년 카이사르의 외삼촌인 마르쿠스 아우렐리우스 코타가 총독으로 있던 비티니아로 쳐들어와서 그곳을 빼앗았다. 이에 로마는 루쿨루스를 총사령관으로 임명하여 전쟁을 지휘하게 함으로써 제3차 미트라다테스 전쟁이 시작되었다.)

크라수스(Crassus)가 받은 의심(BC 73년)

≪세상에 드러난 숨길 수 없는 악덕이라면 때로는 그것을 이용할 수 있는 법이다. 크라수스는 자신이 지닌 탐욕이라는 악덕으로 남의 의심을 풀었기 때문이다.≫

○ 제1차 삼두 정치의 한 사람이었던 크라수스(Marcus Licinius Crassus)는 젊은 시절에 베스타 여사제 리키니아와 부정한 관계를 맺었다는 의심을 받고 있었다. 크

「고전적인 처녀들」, 장 라우 作 (베스타 여사제들을 그렸다.)

라수스가 리키니아를 따라다니며 만나 주기를 간청한다는 것이 소문났고, 결국 플로티우스라는 사람이 정식으로 리키니아를 기소하기에 이르렀다.

○ 그러나 실상은 이러했다. 리키니아는 교외에 아름다운 저택을 한 채 소유하고 있었는데, 크라수스가 이 저택을 헐값에 사들이고 싶어 했다. 크라수스는 흥정이 쉽게 되질 않자 거의 매일같이 리키니아에게 만나 달라고 요청하며 따라다닌 것이다. 그러다가 이를 알게 된 사람들로부터 크라수스가 베스타 여사제인 리키니아와 부정한 관계에 있다는 끔찍한 의심을 받게 되었다. 베스타 여사제와의 불륜은 죽음 외에는 면죄할 길이 없었다. 죄를 범한 여사제는 지하에 생매장당하는 가혹한 벌을 받았고, 상대 남자는 유죄가 확정되는 즉시 처형당했다.

○ 법정에 소환된 크라수스는 자신이 리키니아를 따라다닌 이유를 상세히 변론하여 여사제를 타락시키려 한다는 혐의를 겨우 벗고 무죄 판결을 받았는데, 그것은 어떻게 보면 그의 탐욕이 로마에서는 누구나 알 만큼 소문이 난 덕택이었다. 그런 위험한 고생에도 불구하고 그는 아름다운 저택을 손에 넣기 전까지는 리키니아를 결코 놓아주지 않았다.

크라수스의 축재

≪민중의 눈물로 이루어진 축재에 누가 박수를 보낼 것인가? 크라수스는 그칠 줄 모르는 탐욕으로 훗날 부유한 동방에 눈독을 들였

고, 이는 결국 자신을 파멸로 인도하여 메소포타미아의 모래 언덕을 자신의 무덤으로 삼게 했다.≫

○ 크라수스의 할아버지는 감찰관을 역임했으며 키케로가 인정한 탁월한 연설가이기도 했다. 그는 로마의 라틴어 수사학교 개설에 극력 반대하기도 했는데, 수사학 교육이 사람의 심중을 파고드는 가르침과 지식을 제대로 키우지 못한 채 뻔뻔스런 혀 놀림 연습으로 변질되어 부실한 교육이 될 것이란 우려 때문이었다. 하지만 역설적이게도 실로 라틴어 수사학 교육은 크라수스의 할아버지로부터 시작되었다고 수사학자 퀸틸리아누스(註. 베스파시아누스 황제 때 인물로 로마시 최초의 수사학 교사였다.)는 말했다.

○ 평민 귀족(註. 집정관을 역임함으로써 신분이 상승한 평민 출신의 귀족을 '노빌레스 귀족'이라고 하며, 혈통적으로 귀족에 속하는 자들을 '파트리키이 귀족'이라고 하여 서로 구분한다.)에 속하는 크라수스는 마리우스 집권 때에 형이 기병대에게 살해당하고 아버지는 비참하고 불명예스런 죽음을 피하고자 자살했지만, 당시 27세였던 그는 겨우 목숨을 건졌다. 그러나 당장의 위험은 피했으나 변심한 권력자가 언제 자신의 목숨을 노릴지 몰랐던 그는 아버지가 한때 로마 관리로 근무하여 많은 친분을 쌓아 두었던 히스파니아로 도망쳤다.

○ 그러다가 술라가 이탈리아에 상륙했을 때 술라 휘하에 들어갔다. 그가 로마의 성문 앞에서 벌어진 마리우스 파의 폰티우스 텔레시누스와의 전투에서 큰 활약을 펼쳐 술라가 승리하는 데 결정적인 역할을 하여 정치적으로 부상했다는 것은 앞서 서술한 그대로다. 하지만 술라가 반대파의 숙청을 위해 살생부를 만들었을 때 크라수스가 재산

을 노리고 무고한 자를 살생부에 올려놓은 사실이 들통나자 술라는 더 이상 그를 신뢰하지 않게 되었다. 크라수스의 탐욕은 생애의 모든 구비마다 입을 벌리고 있어 그의 여러 훌륭한 장점이 유일한 단점인 탐욕에 의해 가려졌다. 어쩌면 그가 많은 단점을 가졌지만 가장 큰 강력한 단점인 탐욕이 다른 모든 단점을 별것 아닌 것처럼 보이게 했을 수도 있다. 그가 지닌 비난받을 만한 탐욕의 증거는 재산을 불린 방법에서 찾아볼 수 있다.

○ 아버지 때부터 부유했던 크라수스는 막대한 재산을 상속받은 데다 술라의 살생부에 적힌 자들의 재산을 경매받아 더욱더 부유해졌다.(註. 플루타르코스에 의하면 크라수스의 아버지가 부유하다고 해도 크라수스는 어릴 적에 비좁은 집에서 이미 결혼한 두 형제의 식구들과 함께 살았고, 그들 가족 모두가 한 상에서 식사를 했다고 했다. 하지만 그가 죽기 직전 그의 재산은 거의 4,200만 데나리우스에 달했다고 한다.) 살생부에 적힌 자들의 재산은 모두 몰수되어 헐값에 매각되었음에도 매각 대금이 3억 5천만 세스테르티우스에 달했다. 술라는 시민들로부터 빼앗은 재산을 경매에 부칠 때 그곳에 창을 땅에 꽂아 놓은 채 진행했다. 하지만 창을 땅에 꽂아 두는 것은 전쟁에서 승리하여 얻은 전리품을 판매한다는 의미였으므로 이는 뻔뻔하기 짝이 없는 행위였다. 술라가 정변을 일으켜 권력을 차지한 뒤 처벌받은 자들의 재산을 이렇듯 전리품인 양 마구 처분했을 때, 크라수스는 끊임없이 그 재산을 싼값에 낙찰받아 비싼 가격에 되팔아 차익을 남겼다.

○ 게다가 그는 로마에서 수시로 발생되고 있던 화재를 축재의 수단으로 이용했다. 로마의 건물들은 무질서한 건립으로 지나칠 만큼 빽빽하게 밀집된 도시였고, 무리하게 높이 올라간 건물들은 구조적으

로 약했으며, 내부에서는 이동이 가능한 난로나 등불 등을 가지고 돌아다녔으니 건물 붕괴와 화재가 그칠 날이 없었다. 로마에서는 매일 100여 건의 화재 사건이 발생했고 그중 20건은 상당한 피해를 끼쳤으며 2건은 심각한 지경이었다. 화재가 발생하면 다닥다닥 붙은 건물 때문에 걷잡을 수 없이 이웃집으로 번져 시민들의 터전과 목숨을 위협했기에 로마의 화재는 악명을 떨친 무서운 재난이었다.

○ 크라수스는 여기에 착안하여 건축과 관련된 노예를 사들여 600명의 소방대를 구성한 다음 그들을 이용하여 화재로 피해를 입은 집을 헐값으로 매입했다. 국가에서는 화재를 무관심 속에 방치하고 있었으니 크라수스가 조직한 사설 소방대가 최초의 화재 진압 조직이었다.(註. 당시에는 국가에서 운영하는 소방대가 없었으며, 아우구스투스 시대에 와서야 각 부대마다 1천 명의 소방대원으로 이루어진 총 7천 명의 소방대가 있었다.) 당시 로마에서 불이 나면 크라수스의 부하들이 가장 먼저 달려왔다. 불이 난 현장에 도착한 크라수스의 부하들이 즉시 소방 활동을 하지 않고 늑장을 부리는 동안 다른 부하들은 불타고 있는 집 앞에서 집주인과 매매 교섭을 벌였다. 만약 타협이 이루어져 매매가 성립되면 소방대는 즉시 진화 작업을 했지만, 매매가 성립되지 않으면 소방대는 건물이 잿더미가 될 때까지 마냥 기다렸다. 그리고 집이 다 탄 후 크라수스의 부하들은 집주인에게 더 싼 가격을 제시했다. 그러니 집주인은 자신의 재산이 사그라지고 있으나, 소방 활동이 이루어지지 않고 있는 화재 현장에서 울며 겨자 먹기로 재산을 크라수스에게 헐값에 넘길 수밖에 없었다.

○ 이렇게 하여 크라수스는 로마에서 가장 많은 집과 토지를 소유하게 되었다. 이런 식으로 재산을 모은 크라수스는 술라가 살생부를 작성

할 당시에는 재산이 200만 데나리우스였지만 히스파니아로 떠나는 카이사르의 빚보증을 설 때쯤에는 무려 1,200만 데나리우스가 되어 있었다.(註. 크라수스가 보증한 빚은 500만 데나리우스였다.)

○ 크라수스는 이렇게 자신의 소유가 된 다 쓰러져 가는 불탄 집에 건축을 전문으로 하는 노예를 데려와 이리저리 둘러보며 견적을 냈다. 그런 후 얼마의 시간과 비용을 들여 수리하거나 새 건물을 짓게 되면 단박에 소요 비용을 웃도는 수익이 생겨났다. 물론 때에 따라서 약간 수리하여 사용할 수 있는 경우는 아름답고 튼튼하게 개축한 것이 아니었다. 크게 개축할 경우 임대료도 비싸지고, 그런 임대료를 낼 수 있는 사람은 얼마 되지 않았기 때문이다. 그래서 로마에서 크라수스가 소유하고 있는 집들은 대개가 금방이라도 허물어질 것 같은 낡은 집들이었다.

○ 로마의 집값은 이탈리아의 다른 지역보다 엄청나게 비싸, 임대 계약이 만료되는 시점이 되면 새로운 집을 구하지 못하고 거리로 쫓겨난 사람들과 가족들로 넘쳐났다. 쫓겨난 가족들은 들고 나올 수 있는 짐이란 짐은 모조리 들고 나와 노숙 생활을 해야만 했다. 임대 계약서는 매년 상반기와 후반기 말에 갱신하게 되었는데, 이때 가난한 사람들은 집 없는 설움을 혹독하게 겪어야 할 만큼 대도시 로마의 주택난은 심각했다. 로마의 주택 임대료는 다른 지역에 비해 거의 4배에 달해, 로마에서 누추한 집의 1년 임대료면 시골 도시에서 정원이 딸린 괜찮은 집을 구입할 정도였다.

○ 크라수스는 이러한 주택난을 이용했으며, 돈은 부자로부터 버는 것이 아니라 가난한 자로부터 넓게 끌어모으는 것임을 이해한 사람이었다. 당연한 귀결이지만 이런 종류의 사람이란 돈은 끌어모을지라

도 민심을 끌어모으지는 못하는 법이다. 그럼에도 크라수스는 민중에게 친절과 호의를 베풀고 누구나 마다하는 시비 거리도 변호하기를 마다하지 않았기에 인기를 잃지 않았다.

☼ 루쿨루스(Lucullus)의 위기(BC 71년)

≪루쿨루스의 호위병은 하달된 원칙을 어김없이 수행했다. 그의 원칙이 대담한 적의 암살을 막았고, 역사는 우리가 알고 있는 바와 같이 그대로 진행되었다. 이처럼 목숨이 부지되느냐 아니면 그렇지 못하느냐와 같은 인간사의 중대한 문제가 지극히 사소한 행동으로 결정되기도 하는 법이다.≫

○ 폰투스 왕 미트라다테스 6세는 심각한 패전에도 불구하고 또다시 소아시아의 도시 카비라에서 보병 4만 명과 기병 4천 명을 모집하여 루쿨루스(Lucius Licinius Lucullus)와 대치했다. 그는 리코스강 건너 들판을 전쟁터로 삼았다. 미트라다테스 진영에는 단다리오족 왕자 올타코스가 있었으며, 그는 힘과 용기 그리고 판단력을 두루 갖추었을 뿐 아니라 부드러운 언변으로 남의 환심을 사는 데도 능한 자였다. 경쟁심이 강한 올타코스는 이번 전투에서 커다란 공적을 세워야겠다고 결심했다. 그래서 그는 대치 중에 있던 로마 장군 루쿨루스를 암살하기로 마음먹었다.

○ 올타코스는 자신의 생각을 미트라다테스에게 말하고 허락을 받아 냈

카비라

다. 두 사람 간 사전에 모의한 계책에 따라 미트라다테스는 올타코스의 사소한 잘못을 심하게 질책했다. 올타코스는 이러한 비난에 격분한 척 가장하고서는 루쿨루스의 로마군 진영으로 쪼르르 말을 타고 달려가 투항하겠다고 말했다. 그러고서 그는 더 이상 미트라다테스의 명령을 받기 싫으니 이제는 자신을 지휘할 사령관을 바꿔 루쿨루스를 위해 싸우겠다며 전향할 뜻을 밝혔다. 올타코스의 명성을 익히 들어 왔던 루쿨루스는 그를 기꺼이 맞이했고, 얼마 후에는 그의 명석함과 열정에 반하여 그를 자신의 식탁에 앉히더니 급기야 이 거짓된 자를 군사 회의에까지 참석시켰다.(註. 분쟁이 일어난 것을 가장하여 적에게 책략을 쓰는 것은 흔히 써먹는 수법이다. 로마의 제6대 왕 타르퀴니우스 수페르부스는 가비이를 손에 넣기 위해 아들 섹스투스를 자신과 다툰 것처럼 가장하고서 병사를 이끌고 가비이에 넘어가게 했다. 그곳에서 섹스투스는 적의 신뢰를 받아 로마군과의 전투에서 지휘권을 부여받게 되었다. 그리고 그는 사전에 짠 계략대로 로마군에게 대승을 거두었다.

그 무공으로 섹스투스는 가비이의 사령관에 임명되었고, 그는 권력을 이용하여 가비이의 지배 계층을 모두 처단했다. 그 결과 가비이는 전투다운 전투 한번 제대로 치르지 못하고 로마의 수중에 떨어지고 말았다.)

○ 얼마의 시일이 흘러 올타코스는 기회가 왔다는 생각이 들자, 부하를 시켜 도망갈 말을 준비해 놓고 루쿨루스를 만나러 갔다. 마침 병사들이 널브러져 휴식을 취하고 있는 정오였고, 자신과 루쿨루스의 친분을 모두가 알고 있으므로 자신이 루쿨루스의 막사에 들어가는 것을 막을 사람은 아무도 없으리라고 생각했다.

○ 올타코스는 호위병에게 급한 용무가 있어 전하러 왔다고 말하면서 루쿨루스의 막사에 들어가려 했다. 루쿨루스는 그때 마침 낮잠을 청하고 있었다. 막사 앞을 지키고 있던 호위병 메네데모스는 올타코스를 멈추어 세우며, 사령관은 어렵고 힘든 업무를 마친 끝에 지금 막 잠들어 면담할 수 없으니 다음에 오라고 말했다. 그러나 무례한 이자는 메네데모스의 저지에도 아랑곳하지 않고 긴급한 상황에 대해 사령관과 이야기해야겠다며 기어코 들어가려고 했다. 그러자 메네데모스는 화를 내며 사령관을 보호하는 것보다 중요한 일은 없다며 올타코스를 완력으로 밀어내고 검으로 위협했다.

○ 올타코스는 메네데모스가 눈치챈 것이 아닌가 하는 두려움을 느끼고 목적을 달성하지 못한 채 로마 진영을 도망쳐 미트라다테스 진영으로 돌아갔다. 이는 삶에 있어서 저울이 목숨을 구하는 쪽으로 기우느냐, 아니면 위협하는 쪽으로 기우느냐 하는 것은 실로 단 하나의 결정적인 계기에 의해 좌우된다는 것을 보여 주는 본보기였다.

마음에 새기는 말

넉넉한 사람처럼 다루기 어려운 사람이 없는 반면, 불행을 겪고 겸손해진 사람처럼 권위에 복종하는 사람은 없다.

– 한때 그리스의 키레네 시민들이 플라톤에게 국가를 이끌어 갈 법 체계를 만들어 줄 것을 간청했다. 그러나 플라톤은 그들처럼 복이 많은 사람들에게 안정적인 국가 체계를 형성하기 위한 법을 만들어 주기란 어렵다고 거절했다. 그 이후 연이은 전쟁과 폭정으로 혼란에 빠져 있던 키레네는 로마 장군 루쿨루스를 장군이 아니라, 입법자로서 따르며 질서를 바로잡고 구조를 개혁한 것에 대하여.

폰투스 왕 미트라다테스(Mithradates) 6세 가족의 최후(BC 71년)

≪승패를 가름 짓고 난 후 생살여탈권을 쥔 자의 논리에 따라 삶과 죽음이 엇갈렸다. 정복자 루쿨루스의 호의는 삶이었고, 패배자 미트라다테스의 호의는 가련한 여인들에게 내리는 죽음이었다. 가당찮게도 미트라다테스는 가족과 아내를 남에게 빼앗길 수 없는 소유물로 다루었다. 도대체 왕이란 자가 가족들을 대하는 태도가 이 정도였으니, 그의 신민들이 받은 억압과 고통이 비참했다고 말한다면 오히려 부드러운 표현에 지나지 않았으리라. 정복자의 노리개가 되지 않도록 자결할 것인가 하는 것은 스스로 결정할 문제이지 남편이나 오라비가 강요할 일이 아니다. 정절을 지키기 위해 죽음을 택했던 수많은 여인들의 이야기가 감동을 주는 것은 그것이 스스로

결정한 미담이기 때문이다.≫

○ 카비라 전투에서 승리한 루쿨루스는 여러 성채들에서 엄청난 양의 보물과 감옥을 발견했다. 감옥에는 미트라데스의 미움을 받은 그리스인들과 미트라다테스 왕의 친척들이 많이 갇혀 있었는데, 이들은 투옥되는 순간부터 죽은 목숨이라고 여겼기에 정복자인 루쿨루스의 로마군이 오히려 호의를 보이자 새로운 삶을 영위하게 될 것이라고 생각하게 되었다. 물론 루쿨루스가 이렇듯 호의를 보인 것은 미트라다테스에게 학대받던 자들을 풀어 준다면 정복지를 더욱 수월하게 통치할 수 있을 것이라는 속셈이 깔려 있기도 했으리라. 여하튼 미트라다테스의 누이 니사도 루쿨루스의 호의 덕분에 살 수 있었다.

○ 하지만 전쟁터로부터 멀리 떨어져 있어 안전하다고 생각했던 파르나키아에서는 폰투스 왕 미트라다테스의 누이와 아내들이 처참한 삶의 종말을 맞았다. 루쿨루스에 쫓기던 미트라다테스는 도망치다가 내관 바키데스에게 파르나키아에 있을 누이와 아내들을 모두 처리하라는 욕심에 찬 무시무시한 명령을 내렸다.

○ 그곳에는 미트라다테스의 누이 록사네와 스타테이라가 있었으며, 이들은 모두 40세 전후였다. 아내들 가운데는 이오니아의 집안에서 시집온 밀레토스의 모니메와 키오스의 베레니케가 있었다. 그중에서 모니메는 미트라다테스가 황금 1

▌미트라다테스 6세의 초상이 새겨진 은화

만 5천 덩어리를 보내면서 구혼했으나 거절한 것으로 소문이 자자했다. 미트라다테스의 끈질긴 구애 끝에 마침내 그녀는 혼약을 맺었으나 결혼 생활은 불행의 연속이었다. 모니메는 미트라다테스가 남편이 아닌 주인으로 행동한다는 것을 알게 되었다. 그녀는 자신의 아름다움을 오히려 원망했으며, 고향인 이오니아에서 멀고 먼 땅에 외로이 홀로 남겨져 상상했던 행복마저도 빼앗긴 채 살아가고 있었다.

○ 그런데 이제는 비정한 남편이 내관을 시켜 죽음을 명한 것이다. 미트라다테스의 여인들은 각자 가장 쉽고 고통 없이 죽을 수 있다고 생각하는 방법을 택했다. 모니메는 왕관을 목에 묶고 매달려고 했으나 고리가 부러지고 말았다. 모니메는 소리쳤다. "저주받은 싸구려 노리개 같으니라고! 이 임무조차도 제대로 수행하지 못하는구나!" 결국 모니메는 바키데스에게 자신의 죽음을 의뢰하기 위해 목을 내밀 수밖에 없었다. 베레니케의 경우에는 독약이 든 잔을 들었고, 그 옆에서 침통하게 지켜보던 어머니가 나누어 마시자고 간청하여 함께 들이켰다. 몸속에 퍼진 독약은 몸이 약한 어머니에게는 즉시 죽음을 선사했지만, 베레니케는 고통 속에서 죽음이 빨리 찾아오질 않았다. 결국 시간에 쫓기던 죽음의 사자 바키데스는 손수 베레니케의 목을 졸라 죽음을 맞이하게 했다.

○ 그리고 왕의 누이 록사네는 미트라다테스에게 온갖 욕설과 비난과 저주를 퍼부으며 독약을 마셨다. 반면 스타테이라는 패배자의 여인이 감내해야 할 수모를 받지 않도록 잊지 않고 사람을 보내 준 왕에게 고마워하며, 원망하거나 야박한 말 한마디 없이 스스로 목숨을 끊었다. 이러한 소식은 마음이 여리고 인정 많았던 로마 장군 루쿨루스로 하여금 깊은 슬픔을 느끼게 했다.

○ 미트라다테스는 어릴 적 아버지로부터 왕위를 계승받을 위치에 있었지만 어머니가 왕위를 탐하여 아버지를 죽인 다음 어린 그를 왕위에 올려놓고 섭정을 했다. 하지만 그는 어머니가 아버지를 살해하고 의붓아버지와 함께 그 권력을 차지하게 된 것에 분개하고 있었다. 성장한 그는 마침내 의붓아버지를 죽이고 어머니는 차마 죽일 수 없었는지 감옥에 투옥시켰다. 그리고 왕권을 지키기 위해 자신에게 도전할 만한 형제들을 남김없이 살해한 후 누이와 결혼했다. 이것으로 보면 그가 가족들을 잔인하게 죽인 것은 이번이 처음이 아니었다.

키케로(Cicero)의 등장(BC 70년)

≪신참자 키케로는 변론의 힘으로 로마 정계에 발을 디뎠다. 폭정과 가렴주구에 시달렸던 시칠리아 주민들을 위한 키케로의 베레스 탄핵은 수사학 이론을 충분히 활용한 예였으며, 키케로가 명성을 떨칠 수 있는 기회였다.

그럼에도 공화주의를 옹호했던 키케로는 호민관 티베리우스 그라쿠스가 나라를 혼란에 빠뜨리고 말았다며 비난한 적이 있었다. 이러한 그의 태도는 핍박받는 민중을 외면하고 귀족들의 이익만을 대변하는 편협한 정치가로 보이게 했다. 그래서인지 베레스를 고발한 시칠리아 속주민들은 시칠리아의 지도층에 속한 사람들이었으며, 베레스의 폭정에 가장 많이 시달린 자들도 바로 그들이었다.≫

○ 키케로(Marcus Tullius Cicero)에 대해 어떤 자는 그가 직물 가공하는 집안을 조상으로 두었다고 하며, 또 어떤 자는 그가 볼스키족 왕의 자손이라고도 했다. 여하튼 그는 아르피눔의 기사 계급 집안에서 장남으로 태어났다. 키케로는 키케르(cicer)가 라틴어로 병아리콩을 지칭하기 때문에 놀림을 받았고, 이 이름으로 처음 불린 키케로의 조상은 코끝이 병아리콩의 주름처럼 오목했다고 전해진다. 그가 처음으로 선출직 관리에 출마했을 때 친구들이 키케로라는 이름을 빼거나 바꾸라고 하자, 그는 이 이름을 스카우루스나 카툴루스보다 더욱 명예롭게 만들겠다고 고집했다. 하지만 로마인들의 코그노멘은 렌툴루스(Lentulus)는 제비콩(lens), 파비우스(Fabius)는 잠두콩(faba), 카이피오(Caepio)는 양파(caepa)와 같이 그 가문에서 경작하던 곡식에서 유래한 경우가 많았다.

○ 아르피눔 근처의 케레아타이는 마리우스가 태어난 도시였으며, 마리우스와 키케로는 키케로의 할머니 그라티디아로 연결된 먼 친척이기도 했다. 키케로의 아버지는 학식이 높고 많은 인사들을 알고 지냈는데 삼두 정치의 한 명인 크라수스도 그 중 한 명이었다. 키케로가 정치에 입문한 것은 크라수스가 키케로의 아버지에게 권고한 데서 비롯되었다.

병아리콩

○ 술라가 내전에서 승리했을 때 정적들을 살해하고 해방 노예를 시켜 그들의 재산을 헐값으로 경매에 부쳤다. 그러자 애초에 경매 물건의 상속인이었던 사람 중 로스키우스란 자가 턱없이 낮은 가격으로 경

매에 내놓았다고 비난했다. 술라는 자신의 정책이 이렇게 공격받자 앙심을 품고 해방 노예를 시켜 증거를 조작한 다음 로스키우스를 존속 살인죄로 기소했다. 잔혹한 독재자 술라가 이렇게 옭아매자 아무도 변론을 나서려 하지 않았지만 로스키우스는 절박한 마음으로 키케로를 찾았고, 키케로는 친구들이 명예를 쌓을 좋은 기회라며 부추기자 이에 고무되어 그 사건의 변론을 맡게 되었다. 마침내 키케로는 재판에서 승리하고 명예를 얻었으나 술라의 노여움을 피해 그리스로 달아날 수밖에 없었다.

○ 술라의 분노를 피해 그리스에 있던 키케로는 BC 78년 술라가 죽자 다시금 로마 정계의 문을 두드리기 위해 자신의 무기인 연설을 다듬기 시작했다. 그리하여 로도스(註. Rodhos는 그리스식이며 라틴식으로는 로데스Rhodes)섬의 아폴로니우스(Apollonius Molon)로부터 연설에 대한 가르침을 받고자 했다. 라틴어를 몰랐던 아폴로니우스는 키케로에게 그리스어로 연설을 요청했고, 키케로가 기꺼이 응하여 연설을 마치자 청중들은 그의 능력에 감탄하여 모두 칭찬했다. 다만 아폴로니우스만은 가만히 있었는데 키케로가 자신의 연설에 오류가 있었는지를 걱정하며 그 이유를 물었다. 그러자 그는 이렇게 답했다고 한다. "그대의 연설 능력은 실로 대단하고 격찬받을 만하나 그리스로서는 참으로 슬픈 운명이오. 왜냐하면 그리스에 유일하게 남아 있던 마지막 자랑거리인 교양과 연설마저 그대로 인해 로마의 것이 되어 버렸기 때문이오." 이렇듯 키케로의 연설은 탁월했다. 하지만 그는 도가 넘을 정도의 농담과 우스갯소리로 주변의 많은 사람들을 불편하게 하는 바람에 악의를 가진 사람이라는 평을 받았다. 이는 우유부단함, 나약함 등과 함께 그가 지니고 있던 단점 중의 하나였다.

○ 키케로는 자신의 특기인 변론으로 술라의 부패한 심복들에 맞서기도 했다. 그러다가 BC 70년 자신의 정치 경력에 하나의 획을 긋는 변론을 맡았다. 시킬리아 주민들의 요청으로 베레스를 탄핵하게 된 것이다. 이렇게 할 수 있었던 이유 중에는 배심원 구성과도 연관이 있었다. 전년도 집정관 아우렐리우스 코타가 제안하고, 당시 집정관이었던 폼페이우스와 크라수스가 지지함으로써 배심원의 구성비가 법률로 변경되었기 때문이다. 변경된 법률에 따르면 배심원은 원로원 의원 · 기사 계급 · 평민이 각각 3분의 1씩 배분하도록 되었다. 속주의 주민에게는 로마에서 파견된 총독의 임기가 끝나면 잘못을 저질렀을 경우 고발할 수 있는 권리가 있었으나, 종전의 법률로서는 배심원이 모두 원로원 의원이었으므로 같은 원로원 동료인 총독에게 유죄를 인정하지 않는 경우가 많았다.(註. 예전에 그라쿠스 형제의 형 티베리우스는 원로원 의원과 기사 계급 반반씩 배심원을 구성하자고 했으며, 가이우스는 더 나아가 배심원 전원을 기사 계급으로 구성했으며, 그 이후 호민관 드루수스가 일부 배심원을 원로원 의원에게 되돌려주었고, 또다시 술라가 배심원 전원을 원로원 의원으로 재구성했다. 이는 제2권 중 "가이우스 그라쿠스와 풀비우스 플라쿠스의 죽음" 편에서 상세하게 서술했다.)

▌키케로

○ 그러나 배심원 구성비가 변경되자 사정이 달라졌다. BC 70년 봄 시킬리아에서 총독 임기를 마치고 돌아온 가이

우스 베레스는 악정이 로마에까지 소문이 날 정도였다. 그는 속주민들을 속이고 갈취하고 약탈했으며 심지어는 살해하기도 했다. 게다가 유복한 자들의 재산을 탐내어 그들을 거짓으로 고발하고 유죄 판결을 끌어내어 재산을 몰수한 후 자신의 호주머니에 넣었다. 또한 관직을 돈을 받고 팔았으며, 세금 징수업자와 결탁하여 세금을 무리하게 짜냈고, 공금을 가지고 이자 놀이를 했으며, 시킬리아 농부로부터 헐값에 농작물을 사들여 로마에 비싼 가격으로 되팔아 이익을 챙겼다.(註. 키케로는 세금 징수업자와 고리대금업자들이 혐오스런 직업이라고 말했다. 이것은 예나 지금이나 남의 곤궁함을 재촉하는 직업이 경멸되었다는 것을 말해 준다. 또한 그는 상인의 경우에는 물건을 사서 이윤을 붙여 되팔기 위해 터무니없는 거짓을 말해야 하므로 천한 직업이라고 주장했다. 그리고 손을 이용하는 단순 노동과 쾌락을 충족시켜 주는 직업도 천한 직업으로 보았다.) 심지어는 자신을 비판했던 노령의 로마 시민 가비우스에게 스파르타쿠스의 첩자라는 그럴싸한 구실을 붙여 채찍으로 때려 살해했다. 그는 채찍질을 당하는 동안 "나는 로마 시민이다(Civis Romanus sum)."라고 외쳤지만 아무 소용없었다. 그리고 예술품뿐 아니라, 신전의 신성한 물건에까지 손을 대었다. 그러면서 자신의 도둑질과 약탈에 저항하는 자가 있으면 용서하지 않고 감옥에 처넣거나 목을 매달았다. 이렇게 속주민들을 갈취하여 모든 돈으로 베레스는 법무관 출마 때 진 빚을 갚고, 남은 돈은 자신을 위해 모아 두었다. 물론 모아 둔 돈의 일부는 훗날 자신이 고발당하자 무죄 판결을 이끌어 내기 위해 변호사를 매수하는 데 썼다.

○ 속주민들이 그를 고발하자 베레스는 호르텐시우스 · 코르넬리우스 · 메텔루스 같은 쟁쟁한 변호사를 선임하여 응소했다.(註. 로마 시민권

자가 아닌 속주민들은 로마 시민권자인 총독에 대해 고소권이 없으므로 자신들의 파트로누스를 통해서 고소할 수 있었다. 속주민들이 소송의 당사자가 될 수 있었던 것은 아우구스투스 때부터였다.)(註. 당대 최고의 웅변가였던 호르텐시우스는 미사여구를 많이 사용하는 아시아식 웅변을 했고, 키케로는 아시아식 웅변인 면도 있지만 세련되고 웅장한 운율을 가진 웅변을 했다. 아시아식 웅변과 대응하는 아티카식 웅변은 감성보다는 이성을 그리고 화려함과 웅장함보다는 간결함과 명확성을 선호했다. 키케로는 인간은 현실이나 권위, 법률적 기준과 절차 등을 토대로 문제를 결정하기보다는 미움, 애정, 욕망, 분노, 슬픔, 기쁨, 희망, 두려움, 환상과 같은 내면적인 감정에 따라 문제를 결정하는 경향이 있다고 주장했다. 따라서 훌륭한 웅변가란 논리학자의 논리, 철학자의 깊은 사고, 시인과 같은 시적 표현, 법률가의 기억력, 비극 작가의 목소리, 배우의 행동거지 등을 능수능란하게 구사할 수 있어야 한다고 말했다. 실제로 키케로를 후세에 큰 명성을 떨치게 한 것은 사고의 독창성이 아니라 표현의 독창성이었다.) 베레스는 술라 파였고 술라 파의 동지들이 자신을 무죄 판결로 이끌어 주리라고 기대했다. 속주민을 위한 원고측 변호사 즉 검사는 당시 37세인 키케로가 맡았다. 그는 소장 변호사답게 예리하고 정확하며 힘에 넘치는 사건 진술과 전개로 변호인 측의 주장을 격파했고, 움직일 수 없는 베레스의 범죄 행위를 폭로했다.

○ 재판정에서 그는 베레스를 이렇게 비판했다. “베레스는 신과 인간 모두에게 반하는 불손하고 사악한 짓을 저지른 자입니다. 우리는 이 법정에 도둑이 아니라 강도를 기소했습니다. 비유하자면 그는 간통자가 아니라 강간범이요, 단순한 신성모독죄를 저지른 자가 아니라 모든 성스러운 종교의 적이며, 살인자인 것만 아니라 시민과 동맹자들

의 영혼까지 말살시킨 야만적인 살인범입니다. 나는 그가 역사상 가장 극악무도한 범죄자라고 생각합니다. 따라서 그에게 죗값을 치르게 하는 것은 그 자신을 위해서도 좋을 것입니다…." 그 변론은 당시 최고의 쟁쟁한 변호사인 호르텐시우스조차도 변호를 포기할 정도로 키케로를 유명한 변호사의 반열에 올려놓은 사건이었다. 그는 2차 변론까지 준비했으나 그럴 필요가 없었다. 왜냐하면 1차 변론이 끝나자, 베레스는 승산이 없음을 깨닫고는 총독 기간에 모았던 재산 전부를 반환한 다음, 마실리아(註. 현재 지명 '마르세유')로 자진 망명했기 때문이다.(註. 키케로는 베레스가 총독 기간에 모았던 재산을 모두 75만 데나리우스로 책정했다. 그러자 시민들은 키케로가 뇌물을 받고 갈취한 재산을 낮추었다는 비난이 일기도 했다.) 이로써 속주민은 승리했고 베레스는 겨우 감옥살이를 면할 수 있었다. 그러나 수백만 시킬리아 주민들의 고혈을 짜내고, 그것도 모자라 무고한 로마 시민 한 명을 채찍질로 죽인 자가 받은 형벌치고는 너무나 가벼웠지만 그 정도의 처분조차도 당시 핍박받은 속주민으로서는 대단한 성과였다.

○ 베레스 재판에 대한 사건은 모든 속주민에게 신속하게 퍼져 나갔으며, 귀족 출신도 아니며 집정관의 조상도 배출하지 못한 신참자(註. 이러한 자들을 '호모 노부스homo novus'라고 했다. 좁은 의미로는 가문에서 최초로 집정관이 된 자를 의미하며, 넓은 의미로는 귀족 가문에 속하지 않지만 상아 의자에 앉을 수 있는 집정관, 법무관, 조영관 등의 관직에 오른 자를 말한다. 키케로는 BC 69년에 조영관을 지냈으니, 여기서는 이름 없는 가문 출신이라는 의미로 사용했다.) 키케로를 일약 유명 변호사의 반열에 올려놓았다. 이론적으로는 속주민들이 로마 총독의 학정과 수탈에 대해 임기가 끝난 다음에 고발할 수 있는 권리가 있으나,

키케로 이전에도 그리고 그 이후에도 대단히 드문 경우였으며 더욱이 재판으로 유죄 판결을 받기는 극히 어려웠다. 총독의 이러한 절대 권력은 훗날 카이사르와 같은 독재자를 낳을 수 있는 기초가 되었고, 공화정의 뿌리를 흔들게 되는 어두운 그림자를 드리웠다.

○ 훗날(BC 51년) 키케로가 킬리키아 속주의 총독으로 부임했을 때 그곳의 주민들은 파르티아 전쟁과 시리아의 봉기로 동요하고 있었다.(註. BC 52년 로마 정국이 혼탁하여 클로디우스가 살해당하고 집정관조차 선출하지 못한 채 폼페이우스가 단독 집정관에 임명되었다. 그때 그는 선거 부정을 막기 위해 집정관이 임기를 마치고 나서 5년이 지난 후 속주 총독으로 갈 수 있게 했다. 그 결과, 총독으로 갈 사람이 부족해지자 임기를 마치고도 속주 총독에 나가지 않았던 키케로 등이 총독에 임명되었다. 물론 키케로는 속주 총독으로 가는 것을 내키지 않아 했다.) 그는 주변국의 선물도 마다하고 주민들의 추렴금도 줄이며, 재주나 성과가 있는 사람들에게는 호화롭지는 않았으나 풍성한 만찬으로 대접하는 등 너그러운 통치로 주민들을 진정시켰다. 게다가 총독 관저의 문지기를 없애고, 침대에 누워 손님을 맞는 일 없이 일찍 일어나 사람들을 맞았다. 또한 잘못을 저질렀다고 매로 때리거나 옷을 찢는 벌을 금했으며, 스스로도 분노하여 남을 공격하거나 오만한 태도로 형벌을 가하지 않았다고 한다. 이는 키케로의 절제되고 품격 있는 태도와 신념에서 나온 고결하고 본받을 만한 행동이었다.(註. 하지만 키케로는 BC 50년 킬리키아를 떠날 때 200만 세스테르티우스 이상을 챙겼다고 전한다. 이는 가렴주구로 속주민들을 짜내어 거둔 것이 아니라, 사소한 승전과 판공비 등을 모은 것이라고 추측된다. 이 돈은 내전이 발발하자 폼페이우스에게 빌려주었지만 돌려받지 못했다.)

| 마음에 새기는 말 |

눈물은 빨리 마르는 법이다. 특히 타인의 불행에 대해서는 더욱 그렇다.

_ 키케로

폼페이우스(Pompeius)의 군 복무 해제 신고(BC 70년)

≪폼페이우스는 자신의 명성과 권위를 내세워 특별 대우를 요구할 수 있었지만, 모든 생활에 원칙과 소박함을 유지했던 그는 일개 기사로서 군 복무 해제를 신고했다. 최고 권력자가 평범한 절차에 따라 시민의 의무를 이행하자 이를 지켜보던 시민들은 그의 소박하고 정의로운 행동에 격찬을 보냈다. 이는 대통령이 동주민센터에서 평범한 국민의 자격으로 투표에 임하는 모습을 보여 주는 것과 다름이 없다.≫

○ BC 70년 크라수스와 함께 집정관이었던 폼페이우스(Gnaeus Pompeius Magnus)는 전쟁에서 승리한 후 개선식을 거행하고 술라가 폐지한 호민관직도 다시 만들었으며 법정에서의 배심원을 기사 계급에게 돌려주면서, 그의 인기는 평민들 사이에서 크게 떨쳤다. 그러나 그가 행한 가장 감동적인 광경은 군 복무의 해제를 요청하는 자리에서 벌어졌다.

○ BC 312년 아피우스 클라우디우스가 감찰관으로 있을 때부터 로마 관습에 따르면 기사 계급에 있는 시민은 법에 정한 기간 동안 군 복무를 한 다음 말을 이끌고 포룸으로 가서 두 명의 감찰관 앞에서 군 복무 해제 신청을 하게 되어 있었다. 그곳에서 어느 장군 휘하에서 근무했는지 그리고 전장에서 무공은 어떠했는지를 설명하고, 군 복무 해제를 승인받은 다음 성과에 따른 상벌도 주어졌다. 폼페이우스는 개선식까지 치른 총사령관이었으며 얼마든지 원로원 의원이 될 수 있었으나 신분상 기사 계급을 유지하고 있었던 참이었다.

○ 폼페이우스가 기사 계급으로서 군 복무 해제 신고를 할 당시 감찰관은 겔리우스와 렌툴루스였다. 감찰관 두 명이 복장을 갖추고 앉아 있는 동안 기사 계급의 시민들이 말을 끌고 와 한 명씩 군 복무 해제 신고를 하고 평가를 받고 있었다. 그때 폼페이우스가 스스로 말을 끌고 감찰관들이 있는 포룸으로 내려오고 있는 것이 보였다. 어느새 감찰관 앞까지 온 그는 자신을 호위하던 병사들을 물러나게 하고 단상 앞으로 나아갔다. 시민들은 그의 겸손한 행동에 놀라워했고, 감찰관들의 얼굴도 경외심과 기쁨으로 빛났다. 감찰관이 관습과 규정에 따라 질문을 했다. "폼페이우스 마그누스! 그대는 법에 따른 군 복무의 의무를 모두 다했는가, 그리고 어느 장군 휘하에서 근무했는가?" 어쩌면 어

▍폼페이우스

리석은 질문 같기도 한 이 물음에 폼페이우스는 크고 똑똑하게 답했다. "예! 주어진 의무를 모두 완수했으며, 군 복무 기간 제가 섬긴 사령관은 바로 저 자신이었습니다."

○ 옆에서 이를 지켜보던 시민들은 감동하여 모두 환성을 질렀다. 감찰관들은 자리에서 일어나 폼페이우스에게 경의를 표하고 집까지 호위했으며, 시민들은 그 모습에 박수를 치며 함께 뒤따랐다. 그리고 BC 81년 폼페이우스가 아프리카에서 승리하고 귀환했을 때 술라로부터 얻은 '마그누스(magnus)'란 거창한 별명은 이때부터 아예 폼페이우스의 공식 칭호가 되었다.(註. 그리스에서 유래한 마그누스란 칭호는 그리스조차도 정복왕 알렉산드로스만이 이 칭호를 사용했다.)

카이사르(Caesar)의 한탄(BC 69년)

≪흔히 말하기를 카이사르는 대기만성형이라고 한다. 그러나 좀 더 살펴보면 그 말은 어린 나이에 한순간 갑자기 영웅이 되었던 당시의 세태를 반영한 말이거나, 아니면 카이사르의 천재성을 높이 평가하여 그가 조숙한 영웅이 되지 못했음을 아쉬워 한 말이거나, 그것도 아니면 카이사르를 읽는 독자로 하여금 늦은 것을 한탄하지 말고 부단히 정진하라며 달래는 것이라고 볼 수밖에 없다.≫

○ BC 69년 카이사르(Gaius Julius Caesar)가 32세의 나이로 히스파니아 울테리오르 속주에서 1년 임기의 재무관(註. '콰이스토르quaestor'라고

하며 이 관직에 있는 자는 국고를 관리하거나, 속주에서 병참 장교 또는 징세 업무를 담당했다. 선출직 행정관 중에 가장 낮은 단계다.)으로 근무할 때 해괴한 꿈이 그를 괴롭혔다. 그것은 자신이 어머니 아우렐리아를 강제로 범하는 꿈이었다. 이 꿈 때문에 괴로움을 참지 못한 그가 점술가를 찾아가 문의하자, 점술가는 이렇게 말했다. "그 꿈은 당신이 세상을 지배하게 되리란 것을 계시한 것이오. 당신이 취한 어머니는 만물의 어머니인 대지이기 때문이오." 이 일로 정치를 향한 카이사르의 열망은 더욱 불타올랐다.

○ 하지만 그는 다른 사람들과 비교하며 자신의 처지가 한심스럽다고 한탄하고 있었다. 물론 카이사르의 출세는 당시 20대에 개선식을 치르고 30대에 총사령관이 된 폼페이우스와 30대에 로마 최고의 변호사가 된 키케로에 비해 늦었던 것은 사실이다. 그러나 32세에 재무관이 되고 38세에는 대제사장(註. 카이사르는 대제사장pontifex maximus 자리를 메텔루스 피우스로부터 물려받았다. 메텔루스 피우스는 유구르타 전쟁의 사령관이었던 메텔루스의 아들이며, 그는 술라 편에 선 공로로 이 지위에 오를 수 있었다. 아버지가 마리우스와 관계가 나빴던 것을 생각하면 그가 술라 편을 들었다는 것은 당연했다.)에 그리고 39세에는 법무관에 당선되었고, 42세의 나이에 국가 최고 지위인 집정관이 되었으므로 지금의 기준으로 보아서도 당시 로마의 기준으로 보아서도 결코 늦은 것은 아니었다.

○ 왜냐하면 로마에서 집정관이 되려면 만 40세의 나이가 되어야 했기에 이 규정으로 살펴보면 카이사르의 출세는 결코 늦은 것이 아니었기 때문이다.(註. 술라 이후로 집정관의 최소 연령을 만 43세로 높였지만 이 원칙은 수시로 무너졌다. 훗날 아우구스투스는 이를 다시 만 37세로 낮

추었다.) 오히려 폼페이우스가 당시 혼란했던 정국 속에서 비정상적으로 일찌감치 영웅이 된 것일 뿐이다. 하지만 카이사르는 로마 세계의 유일한 최고 권력자가 되었을 때 이렇게 말했다. "나는 햇수로 보나 명예로 보나 충분히 오랫동안 영광스럽게 살았노라." 당대 최고의 지식인이었던 키케로도 카이사르의 이 말을 수긍하며 인용했다.

폼페이우스의 위선(BC 66년)

≪폼페이우스는 온화하고 검소하며, 믿음직한 성품과 사교적인 기질, 예의바르고 친절한 태도를 보였지만 막강한 권력을 앞에 두고서는 자신의 깊은 야심을 숨겼다. 그는 기질상 권력과 명성을 내놓을 사람이 결코 아니었다.≫

○ 로마가 내전과 미트라다테스 전쟁으로 여력이 없는 틈을 타 킬리키아의 해적단들이 기승을 부리자, 로마의 곡물가가 치솟고 시민들은 기아에 허덕였다. 그러나 BC 67년 폼페이우스 지휘하에 해적 소탕 작전을 개시한 지 불과 90일 만에 해적들은 지중해에서 완전히 모습을 감추었다. 폼페이우스는 2만 명의 해적들을 생포하고 90척의 해적선과 막대한 보물을 노획한 것이다. 들끓던 해적의 자취가 사라지고 곡물 가격이 안정을 되찾자 시민들로부터 폼페이우스의 명성은 끝을 모르게 치솟았다. 이런 인기를 타고 호민관 마닐리우스가 폼페이우스에게 강력한 힘을 실어 주는 법안을 제출했다. 이 법안은 비티

니아뿐 아니라 미트라다테스와 티그라네스를 상대로 싸우는 지휘관의 자리까지도 루쿨루스에게서 빼앗아 폼페이우스에게 주도록 규정했다. 그러면서 해적소탕 작전 시에 주어졌던 막강한 해군 병력과 해상 지배권도 그대로 유지되었다. 엄밀한 의미에서 이것은 로마의 패권을 폼페이우스 한 사람의 손안에 쥐어 주는 것과 다름없었다.

○ 폼페이우스가 루쿨루스의 영광을 가로채는 후임자로 나서게 된 현실에서도 원로원 의원들의 관심은 다른 데에 있었다. 그들이 폼페이우스에게 맡겨진 막강한 권한을 언짢게 여긴 것은 루쿨루스가 부당한 대우를 받았다는 데 분개해서가 아니라, 폼페이우스의 권한이 독재로 이어지지 않을까 염려해서였다. 이러한 이유로 그들은 마닐리우스의 법안에 반대했고 자유를 지킬 수 있어야 한다며 은밀하게 서로 뭉쳐 격려하고 부추겼다.

○ 그러나 마닐리우스의 법안이 투표에 부쳐지는 순간 원로원 의원들은 시민들의 시선이 두려워 자신감을 잃고서는 침묵을 지켰다. 다만 카툴루스(註. Quintus Lutatius Catulus는 마리우스와 함께 킴브리족 그리고 테우토니족을 물리친 카툴루스의 아들)만이 법안을 비난하는 연설을 하고, 법안을 제출한 호민관 마닐리우스를 규탄했다. 그는 연단에서 소리 높여 의원들을 다그쳤다. 로마의 평민들이 한때 원하는 바를 얻기 위해 로마를 떠나 언덕에서 농성을 벌였듯이 산이나 높은 바위를 찾아가서 농성을 해서라도 자유를 지켜야 되지 않겠느냐며 목청 높여 외쳤다.

○ 카툴루스의 연설에도 불구하고 투표 결과는 법안 통과였다. 술라가 동포들에게 창검을 들이대어 얻어 낸 권한을 폼페이우스는 평민들의 자발적 동의로 거의 모두 얻어 낸 것이다. 편지를 통해 이 소식을 전

해들은 폼페이우스는 축하한다는 친구들에게 둘러싸였다. 그러고서 그는 얼굴을 찌푸리며 말했다. "해도 해도 끝이 없구나. 이미 주어진 책임만 가지고서도 힘겹고 부담스럽거늘. 정말이지 이름 없는 일개 시민이고 싶다. 전쟁도 그만 두고 부담스러운 시기심도 벗어던지고 조용하게 시골에서 아내와 세월을 보내고 싶구나!" 폼페이우스의 이 말을 듣고서 절친한 친구들마저도 그가 위선을 보이는 것이라며 넌더리를 냈다.

루쿨루스의 추락(BC 66년)

≪루쿨루스에게 미트라다테스 전쟁은 순탄하지 않았다. 운명이 자신 편에 있을 때는 지휘관으로서의 중대한 결점도 극복될 수 있었지만, 운명이 다한 루쿨루스는 자신이 지닌 지휘관으로서의 결점으로 결국 무너지고 말았다. 그리고 세상은 전쟁의 종지부를 찍기 위해 다른 영웅이 나타나기를 기다렸다.≫

○ BC 69년 아르메니아의 새로운 도읍지인 티그라노케르타에 이어 BC 68년 아르탁사타에서 크게 승리한 루쿨루스에게는 행운이 더 이상 나아가지 못했다.(註. 58년 코르불로가 아르메니아를 공략할 때는 또다시 아르탁사타로 도읍지가 옮겨져 있었다.) 루쿨루스는 로마 장군으로서 여전히 용기와 인내심을 보여 주었지만 새로이 벌인 일들이 자신의 명성과 평판을 더 높이 치켜세워 주지는 못했다. 오히려 이제껏

▍티그라노케르타, 아르탁사타 ___ 출처 : 텍사스 대학 도서관, 이하 같다

쌓아 온 명성이 한꺼번에 무너질 뻔한 위기를 맞게 되었다.

○ 루쿨루스는 인물이 수려하고 유창한 연설가였으며 뛰어난 군인이었다. 그리고 정복자로서의 그는 온당했고 자비로웠다. 그는 소아시아의 정복지에 술라가 부과한 막대한 배상금을 완화했고, 곡물과 가옥과 노예들에게 특별세를 부과하여 도시 재정을 지원했으며, 부채를 탕감하고 이율 상한선을 12%로 제한하여 부채 상환 조건을 완화했다. 그가 이런 정책을 펼칠 수밖에 없었던 이유 중에 하나는 그곳의 가혹한 현실에 절망한 속주민들이 미트라다테스를 로마의 압제로부터 해방시켜 줄 인물로 여길 수 있었기 때문이다. 이렇듯 루쿨루스가 속주민들에게 호의와 자비를 베푸는 방식으로 통치했으므로 그곳에서 사업을 하는 기사 계급들에게 심한 반감을 불러일으켰다. 그런 부류의 기사 계급들은 주로 징세업에 종사하면서 자신들의 이익을 위해 속주민들을 속박하여 노예 상태로 만들고 소작농들을 파멸시켜

농노로 전락시키는 데 거리낌이 없었다.(註. 징세업자를 '푸블리카누스publicanus'라고 한다.)

○ 그럼에도 불구하고 루쿨루스의 성품은 군지휘관으로서 정작 중요한 병사들의 호감을 사는 데 관심이 없었고, 만약 호감을 사려는 노력을 한다면 오히려 명예와 권위를 실추시킨다고 생각했다. 그뿐만 아니라, 그는 권한 있는 사람들이나 자신과 비슷한 지위에 있는 사람들과도 쉽게 화합하지 못했다. 전해지는 말에 의하면, 루쿨루스는 통상 전쟁을 하지 않는 겨울철에도 적의 영토에서 동맹군 병사들과 함께 노상에서 지냈다고 한다. 로마군은 동절기에 추운 겨울을 나기 위해 후방의 우호적인 도시로 후퇴하여 다음 전쟁을 위해 몸과 마음의 휴식을 취하는 것이 상례였다. 그러나 그는 겨울철 휴식을 위해 병력을 이끌고 온화하고 포근한 우호적인 그리스 도시로 들어간 적이 단 한 번도 없었고, 비가 오고 추운 겨울에도 벌판에서 노숙하도록 명령하며 혹독하게 병사들을 훈련시키는 지휘관이었다. 물론 이는 군대로 인한 그 지역 주민들의 피해를 최소화하기 위한 그의 결정이었지만, 이는 부하들로 하여금 전쟁의 시초부터 그에게 좋지 않은 감정을 갖게 했다.

○ 불만을 가진 병사들을 부추긴 것은 로마에 있는 루쿨루스의 정적들이었다. 그들은 루쿨루스의 공훈을 시기했기에 불만을 가진 병사들과 쉽게 동조했으며, 그가 권력과 재물에 대한 욕심 때문에 빨리 끝낼 수 있는 전쟁을 질질 끌고 있다고 성토했다. 또한 그들은 루쿨루스가 소아시아의 왕들을 굴복시키러 간 것이 아니라, 재물에 탐이 나서 그것을 빼앗으러 갔다고도 비난했다.

○ 이렇듯 위기에 처한 루쿨루스에게 또 한 명의 적이 자신의 진영 안에

있었다. 그는 아내의 오라비인 클로디우스(Publius Clodius Pulcher)였는데, 성품이 무자비하고 난폭했으며 오만하고 뻔뻔하기가 이를 데 없었다.(註. 클로디우스는 훗날 카이사르의 두 번째 부인이었던 폼페이아를 연모하여 몰래 카이사르의 집에 침입했다가 폼페이아가 카이사르에게 이혼당하게 했다. 클로디우스의 할아버지는 티베리우스 그라쿠스의 장인인 아피우스 클라우디우스였다. 이렇듯 클로디우스는 명문 귀족이었다. 하지만 호민관이 되기 위해 BC 59년 자신보다 나이 어린 평민 폰테이우스에게 입양되면서 클라우디우스에서 좀 더 서민적인 어감을 주는 클로디우스로 개명했다. 클로디우스가 쿠리아회의 승인을 받아 폰테이우스의 양자로 갈 수 있었던 것은 당시 집정관이던 카이사르가 키케로를 정치적으로 누르기 위해 그의 양자 입적을 도왔기 때문이며, BC 58년 호민관이 된 그는 카이사르 편에 서서 밀로와 싸웠다. 다만 학자에 따라서는 역사서의 기록에도 불구하고 클로디우스가 부유한 명문가의 집안에서 태어났지만 가이우스 그라쿠스의 정신을 이어받아 곡물가의 폭등으로 곤경에 처한 평민들을 위해 곡물법을 제정하고, 그의 곡물 정책은 카이사르와 아우구스투스에게 그대로 이어졌다고 평가하기도 한다. 클라우디우스 가문의 강직하고 엄격한 가풍뿐만 아니라 시민운동이란 기성세력과의 갈등을 피할 수 없다는 점에서 클로디우스의 행동이 과격했을 것이라고 쉽게 추측할 수 있다. 하지만 클로디우스에 대한 악랄하고 확인되지 않은 비난은 역사를 기록한 기성세력들의 편견일 수도 있다는 점을 의심해야 마땅하다.) 루쿨루스의 아내를 방탕하게 만든 사람도 바로 이 처남이었다. 그는 이번 전쟁에서 루쿨루스와 함께하고 있음에도 자신이 노력하고 업적을 이룬 만큼의 대가를 받지 못하고 있다며 불만을 품고 있었다. 게다가 클로디우스는 포악한 성품 때문에 영전하지 못하고 다른 자가 그 자리를 차지하게 되었다. 그러자 그는 핌브리아 지휘 아래 있다가 루쿨루스 편으로 들어온 병사들과 모의하여 자신의 사령관인 루쿨루스를 모함하며 군대의 통솔과 작전에 걸림돌이 되기 시작했다. 원래 핌브리아 지휘에 있다가 편입된 그들은 로마에서 떠나올 때 자신들의 사령관이었던 플라쿠스를 핌브리아와 모의하여 살해한 자들이므로 군인의 기강과 복종의 덕성보다는 힘으로써 상관을 위협하고 규율을 깨뜨리는 것에 익숙해진 악덕한 무리였다.

○ 클로디우스는 이렇듯 불충한 병사들에게 선동하기를 전쟁의 위험과 고통에 따른 정당한 보상도 받지 못한 채, 보석과 황금으로 된 전리품을 가득 채운 루쿨루스의 수레와 낙타를 호위하면서 온 세상을 방황하고 온갖 나라와 싸우다가 죽을 것이라고 규탄했다. 그러면서 "끝없이 계속되고만 있는 이 전쟁에서 우리는 루쿨루스를 위해 이 몸과 인생을 송두리째 바칠 수밖에 없구나!" 하며 부르짖었다. 또한 폼페이우스 부하들은 군 복무의 의무를 다하고 시민으로 돌아가 비옥한 땅과 부유한 도시에서 처자식들과 안락한 삶을 누리고 있다고 비교했다. 클로디우스가 말하기를 미트라다테스와 티그라네스는 여전히 살아서 로마군을 위태롭게 하고 있으며, 이제껏 손쉽게 이긴 적들은 정예군이 아니라 유배자들, 도망친 노예들로 이루어진 병사라고도 할 수 없는 자들이었다고 소리쳤다. 이리하여 루쿨루스 휘하의 병사들은 사기도 꺾여 버렸고, 지휘관의 명령도 듣지 않게 되고 말았다.

○ 그러던 중 미트라다테스가 파비우스가 이끄는 로마군을 격파하고 소르나티우스와 트리아리우스를 향해 군대를 돌리고 있다는 소식이 들려왔다. 이 소식이 날아들자 루쿨루스의 로마군은 파비우스의 패배가 참전을 거부한 자신들의 잘못에 따른 것이라 생각하여 수치심

을 느끼고 전투에 나설 것에 동의했다. 그러나 트리아리우스는 적군을 가볍게 여겼으며, 공훈을 루쿨루스에게 빼앗기게 될지도 모른다는 마음에 루쿨루스의 지원군이 도착하기도 전에 적에게 싸움을 걸었다. 결국 트리아리우스는 백인대장 150명과 대대장 24명이 포함된 7천 명의 병사가 죽는 참패를 당했다. 며칠 후에 도착한 루쿨루스의 병사들이 이 사실을 알고서 격분하여 트리아리우스를 죽이려고 했으나, 루쿨루스의 도움으로 겨우 그는 목숨을 건질 수 있었다.

○ 트리아리우스에게 승리한 미트라다테스는 루쿨루스와 싸우려 하지 않고 큰 병력을 움직이고 있는 티그라네스가 오기를 기다렸다. 루쿨루스는 적의 두 병력의 힘이 합쳐지면 전세가 불리해질 것이라는 생각에 군사를 돌려 먼저 티그라네스를 공격하기로 했다. 그러나 이때 핌브리아 밑에 있었던 병사들이 또다시 지휘관의 명령에 불복종하고 대열을 이탈하는 일이 발생했다. 그들은 이미 자신들의 사령관인 플라쿠스를 죽였고, 부장이었던 핌브리아의 명령을 거부한 적이 있던 난폭하고 불복종이 습관화된 병사들이었다. 그들의 주장은 법에 따라 자신들은 군인으로서의 의무가 해제되었으며, 이동하려는 그 지역은 다른 병사들에게 맡겨졌으므로 루쿨루스에게는 이제 지휘권이 없다는 것이었다.

○ 루쿨루스는 사령관의 권위가 아니라, 애원자의 자세로 온갖 방법을 동원해 병사들을 붙들려고 했다. 눈물을 보이며 이 막사에서 저 막사로 옮겨 다니고, 적 앞에서 분열은 파멸뿐이라고 달래며 병사들의 손을 잡고 진영에 남아 달라고 애원했다. 그러나 병사들은 루쿨루스의 애원과 눈물을 냉혹하게 거절했고, 자신들의 빈 주머니를 내팽개치며 싸워서 재물이 생기는 자는 한 사람이니 그 사람 혼자서 적과 싸

우면 되지 않겠느냐고 내뱉었다. 그러나 지휘에 복종하던 충직한 병사들의 설득이 이어지자, 마침내 그들은 여름 한철 동안에만 병영에 남아 있겠다는 데 동의했고, 다만 그동안 적들이 싸움을 걸지 않는다면 해산하겠다는 조건을 내걸었다.

○ 루쿨루스는 병사들이 내건 조건을 어쩔 수 없이 받아들였지만 기강이 무너져 복종하지 않는 병사들을 이끌고 전쟁터로 나갈 수는 없었다. 기대할 수 있는 것은 하릴없이 그 자리를 지키고 있는 것뿐이었다. 그러고는 티그라네스가 카파도키아를 짓밟고 다니는 것도, 미트라다테스가 예전의 오만하고 건방진 태도와 모습을 되찾고 있는 것도 마냥 지켜볼 수밖에 없었다. 전에 루쿨루스는 로마 원로원에 서신을 보내 미트라다테스를 완전히 굴복시켜 폰투스를 확보했다고 보고한 바가 있었다. 따라서 그즈음 로마에서는 루쿨루스의 보고를 믿고 전쟁 후의 행정적인 업무를 수행하기 위해 행정관을 10명이나 보냈다. 그러나 행정관들이 본 것은 폰투스의 속주화는커녕 자기 부하들조차 다스리지 못하고 비난과 조롱거리가 되고 있는 루쿨루스였다.

○ 루쿨루스가 병사들에 대한 지휘와 통제가 약화되고 있을 때, 앞서 서술한 대로 BC 66년 폼페이우스는 민중의 인기를 등에 업고 로마 지도자들의 환심을 사고 비위를 맞춘 덕에 마닐리우스 법(Lex Manilia)으로 미트라다테스와 티그라네스를 제압하기 위한 총사령관의 자격을 얻었다. 호르텐시우스와 카툴루스 등 일부 의원들이 마닐리우스 법을 맹렬히 반대했지만 키케로의 다음과 같은 연설이 비판의 목소리를 잠재웠다. "이 중요한 전쟁을 폼페이우스에게 맡기는 것에 누가 회의를 품을 수 있겠습니까? 그는 이 전쟁을 확실히 끝낼 수 있도록 신이 특별히 만들어 태어나게 한 사람입니다." 그 당시 폼페이우스는

해적 소탕전을 완수하고 킬리키아에서 겨울을 나고 있던 중이었다. 호민관 마닐리우스의 법안에 따라 미트라다테스를 진압하기 위한 정벌군의 새로운 총사령관이 된 폼페이우스는 루쿨루스가 병사들의 무훈에 대해 상을 내릴 수 없도록 하고 불필요하게 영향력 있는 사람들을 만나는 것조차 금지했다. 또한 루쿨루스가 로마에서 파견된 10명의 행정관들과 함께 만든 법조차도 무효화했고, 자신이 지휘하고 있는 군사력의 위세를 이용하여 그곳에서 일어나는 모든 것이 마음먹은 대로 이루어지도록 위협을 가했다.

○ 그러나 주변 동료들의 노력으로 마침내 두 사람은 갈라티아의 어느 마을에서 회담을 나누게 되었다. 루쿨루스와 폼페이우스는 서로를 따뜻하게 맞이하며, 서로의 승리를 축하해 주었다. 루쿨루스가 연장자였지만 군사력과 위세는 폼페이우스가 더 컸다. 회담의 초반에는 두 사람이 예의를 지켜 가며 부드럽고 화기애애하게 진행되었다. 루쿨루스의 호위병들이 폼페이우스가 치장한 월계수 잎이 시든 것을 보고서 싱싱한 잎을 나누어 주는 친절까지 보였다. 그러나 몇 번의 만남에도 공정하고 적절한 합의점에 이르지 못하고 회담은 결렬되고 말았다. 심지어 서로 헐뜯기까지 했다. 폼페이우스는 루쿨루스에게 재물에 욕심을 부리고 있다며 비난했고, 루쿨루스는 폼페이우스에게 권력에 욕심이 있다며 맞받아쳤다.

○ 더 나아가 폼페이우스는 루쿨루스가 왕의 흉내나 내는 자와 싸웠으며, 자신은 패배를 겪으면서 강인해져 있는 상대를 적으로 맞이했다고 주장했다. 그러자 루쿨루스는 폼페이우스야말로 썩은 고기를 먹는 게으른 새처럼 남이 죽인 시체에 내려앉아 전쟁의 흩어진 잔해를 찢어발기는 습성이 있다고 말했다. 그러면서 폼페이우스가 세르토리

우스와 레피두스, 스파르타쿠스와 싸워 이긴 것이 실은 메텔루스 피우스, 카툴루스, 크라수스가 다 이겨 놓은 전쟁에 뒤늦게 출전하여 전공을 가로챈 것에 지나지 않는다고 싸잡아 비난했다.(註. 메텔루스 피우스는 히스파니아에서 세르토리우스와 힘겨운 전투를 벌이다가 폼페이우스의 지원을 받았으며, 세르토리우스가 배반자에게 암살당하는 통에 겨우 승기를 잡을 수 있었고, 카툴루스는 로마에서 레피두스와 싸워 이겼으며 패배한 레피두스는 패잔병들을 이끌고 사르디니아로 피신하여 재기를 꾀했지만 얼마 후 그곳에서 병사했고, 레피두스의 부장은 폼페이우스에 의해 처형되었다. 또한 크라수스는 노예군을 지휘한 스파르타쿠스와 싸워 섬멸시켰으며 뿔뿔이 흩어진 패잔병을 폼페이우스가 진압한 바가 있다. 루쿨루스가 이런 사실을 빗대어 폼페이우스를 조롱한 것이다.) 그리고 이제 와서 자신이 다 이겨 놓은 미트라다테스 전쟁을 빼앗아 그 공로를 훔치려 하는 것도 종전에 폼페이우스가 흔히 해왔던 비열한 행위가 또다시 발현된 것이 아니냐고 따졌다. 그러면서 폼페이우스가 겨우 집 나간 노예들을 무찌르고서도 개선 행진을 가졌으니 무슨 말을 더 하겠느냐고 비꼬았다.(註. 로마가 히스파니아에서는 세르토리우스와 싸우고, 소아시아에서는 미트라다테스 6세와 전투를 벌이고 있을 때, BC 73년 이탈리아에서는 미래가 절망적인 노예 검투사 74명이 목숨을 걸었다. 카푸아에 있는 렌툴루스 검투사 양성소를 탈출한 그들은 트라키아 출신의 노예 검투사 스파르타쿠스를 중심으로 세력을 모은 것이다. 이탈리아 내에서 카푸아는 도덕적 타락의 선두를 달리는 도시라고 평가되었는데 이는 용병 사업과 검투사 경기가 번창한 것을 두고 한 말이었다. 이들 반란 세력은 짐승 같은 취급 속에 하루하루를 살아가던 농장의 노예와 하층민들이 점점 더 규합되어 7만 명까지 늘어났다. 이들의 반란을 우

▌ 카푸아

습게 여기던 로마는 패배가 잇따르자 스파르타쿠스가 탁월한 지휘력을 가진 자임을 깨달았다. 결국 원로원은 리키니우스 크라수스에게 10개 군단을 주어 노예 반란군을 토벌하게 했다. 그때 크라수스에게 결정적으로 패배하여 뿔뿔이 흩어진 패잔병들을 폼페이우스가 진압했다.)

○ 이렇게 서로 말싸움을 하고 있던 두 사람을 옆에 있던 다른 장군들이 만류하여 겨우 떼어 놓았으며, 결국 두 사람은 감정만 쌓인 채 더 멀어지고 말았다. 그렇게 헤어진 뒤 폼페이우스는 루쿨루스가 만든 법령을 모두 무효화시켰으며 병사들도 1천 6백 명만 남겨 두고 모두 빼앗았다. 남겨 준 1천 6백 명의 병사는 명령에 불복종하며 반란의 기미가 있는 군인이라고도 할 수 없는 폭도에 가까운 자들이었다. 그들은 폼페이우스에게 소용이 없었으며 루쿨루스에게도 적개심을 보였다. 이렇듯 루쿨루스는 재능, 용기, 성실함 그리고 현명함과 의로움

을 모두 갖추었지만 정작 지휘관으로서 중요한 자질인 병사들의 마음을 살 능력이 부족했던 것이다.

○ 그 이후 폼페이우스에 쫓긴 미트라다테스 6세는 크림반도까지 도망쳤다. 그는 그곳에서 아들인 파르나케스 2세가 반란을 일으켰다는 소식을 듣자 절망하여 자결했고, 티그라네스는 스스로 왕관을 벗고 폼페이우스에게 무릎을 꿇었다. 미트라다테스는 죽기 위해 독약을 삼켰으나 독살을 피하기 위해 평소 독약을 치사량 이하로 조금씩 먹어 면역력을 키워서인지 전혀 듣질 않았다. 독의 흡수를 위해 몸을 빨리 움직이며 걷기도 했지만 그것도 소용없자, 그는 옆에 있던 갈라티아 출신 호위병에게 말했다. "너의 오른손은 나를 위해 무수히 많은 적을 무찔렀지만 마지막으로 네가 그 손으로 나를 죽여 로마의 개선식에 끌려 나가는 수치를 면하게 해 준다면 그만큼 고마운 일도 없겠구나." 그 호위병은 왕의 간청을 받아들였고, 그는 마침내 죽을 수 있었다.

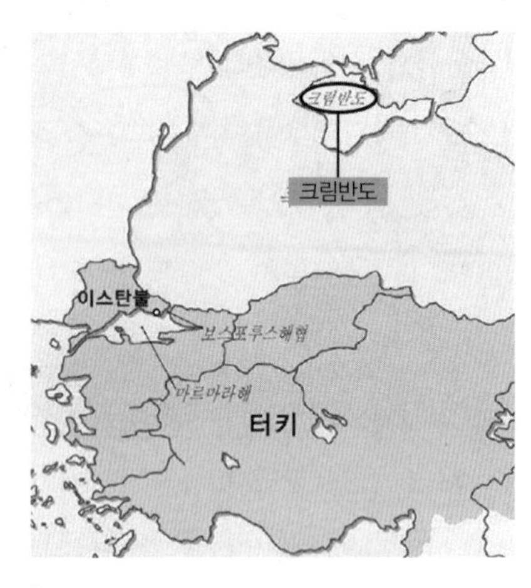

크림반도

○ 이처럼 루쿨루스가 미트라다테스를 쫓아다니느라고 병사들이 고되고 지치기만 했다며 비난했던 폼페이우스는 외교력을 동원하여 미트라다테스가 은신할 곳을 제거하고 그의 목에 현상금을 걸어 숨통을 끊었던 것이다. 하지만 로마에 도전한 수많은 왕들 중에 막강한 로마

군과 마주하여 자유의 정신을 잃지 않고 용감하게 저항하며 한때 로마를 궁지까지 몰아넣은 왕은 폰투스 왕 미트라다테스밖에 없었다.

| 마음에 새기는 말 |

가르침의 효과는 가르치는 자보다는 배우는 자의 자질에 따라 결정된다.

티그라네스(Tigranes) 2세의 항복(BC 66년)

≪운명이 기울고 힘이 다한 것을 깨닫게 되자 티그라네스는 스스로 로마의 발아래 엎드렸다. 하지만 그의 아들은 무지를 드러내며 위험하기 짝이 없는 승자에게 건방지게도 협박하고 대든 결과 파멸을 자초했다.≫

○ 아르메니아 왕 티그라네스에게는 같은 이름의 아들이 있었다. 그 아들은 아버지에게 반역하여 폼페이우스에게 도움을 요청했고, 폼페이우스의 로마군은 아들의 요청으로 아르메니아를 침공할 명분을 얻었다. 폼페이우스와 아들 티그라네스는 아르메니아와 메디아를 가르는 아락세스강(註. 현재는 '아라스강'으로 불린다.)에서 만나 함께 행군하며 지나가는 주변의 모든 도시로부터 항복을 받아 냈다.

○ 얼마 전 티그라네스는 장인 미트라다테스 6세의 편에 서서 루쿨루스가 이끄는 로마군과 싸우다가 패전한 경험이 있었다. 그리고 소문으

▌아락세스강

로 듣기에 폼페이우스가 온화하고 부드러운 성격의 소유자임을 알고 스스로 로마에 항복하기로 결정했다. 그가 말을 타고 로마군 진영으로 다가서자 사령관 호위병 두 사람이 말에서 내려 걸어갈 것을 요구했다. 티그라네스는 말에서 내렸을 뿐 아니라 아예 칼집까지 풀어 내밀었다. 마침내 폼페이우스를 만나자 그는 쓰고 있던 왕관을 벗고 폼페이우스 발끝에 엎드리려고 했다. 그렇게 하는 것이 항복을 표시하는 아시아적 방법이겠지만, 넙죽 엎드려 자신의 무릎을 부여잡고 탄원하는 수치심을 보이게 하는 것을 폼페이우스는 원치 않았다. 비록 티그라네스가 적이긴 하지만 한 나라의 국왕이며 스스로 항복했기 때문이다. 폼페이우스는 땅바닥에 엎드리려고 하는 티그라네스의 손을 얼른 잡고서 가까운 자리에 앉히고 반대편에는 아들을 앉혔다.(註. 얼굴을 바닥에 대고 엎드려 경배하는 예법을 프로스키네시스 proskynesis라고 부르며 페르시아에서 비롯되었다. 비티니아 왕 프루시아스는 마케도니아 왕 페르세오스와 결혼 동맹까지 맺었지만 로마와 페르세오스가 겨룰 때 페르세오스가 패배할 것이란 예감이 들었는지 중립을 지켰다. 이는 제2권에서 이미 서술한 그대로다. 하지만 페르세오스가 무릎을 꿇고 로마의 패권 아래에 놓이자, 아부의 달인이었던 프루시아스는 황급히 로마 원로원을 예방하면서 얼굴을 의사당 바닥에 묻고 원로원 의원들에게 신의 경지에 도달한 사람들이라며 추앙했다. 그가 이처럼 의사당 입구에서 '신들에게' 머리를 조아리며 경의를 표한 것은 동방에서는 살아있는 영웅이나 권력자를 신으로 떠받드는 풍습이 있었기 때문이며, 훗날 제정 시대의 로마 황제도 신으로 모셔졌다.)

○ 그러고서는 그에게 시리아, 포이니케, 킬리키아, 갈라티아, 그리고 소페네를 포기하라고 요구했다. 또한 전쟁을 일으킨 죄를 인정하고 벌금 6천 탈란톤을 낸다면 그 밖에 다스리던 지역을 계속 통치할 수 있도록 하겠다고 말했다. 나아가서 아들에게는 아르메니아 서측과 유프라테스강 사이에 낀 소페네의 왕으로 봉하겠다는 조건도 걸었다. 티그라네스로서는 포기하라고 요구받은 지역은 이미 루쿨루스와의 전투에서 패배하여 잃어버린 지역이었고 항복한 자로서 배상금을 무는 것은 당시의 관례로서는 당연한 것이었기에 기꺼이 받아들였다. 게다가 로마 병사들이 자신에게 왕의 호칭으로 부르면서 그에 합당한 대우를 하자 기쁜 마음에 병사들에게 금전을 나누어 주기까지 했다.

○ 그러나 티그라네스 왕의 아들은 이 결정에 불만을 품고서 만약 자신에게 더 나은 조건을 제시하지 않는다면 다른 로마 장군을 찾아갈 수도 있다며 폼페이우스를 협박했다. 이 말과 함께 아들은 즉시 쇠사슬에 묶여 포로 신세가 되었다. 얼마 안 있어 아들의 장인인 파르티아 사람 프라아테스가 폼페이우스를 찾아왔다. 그는 사위를 풀어 줄 것

을 요구하면서 자신의 요구를 들어준다면 그 대가로 파르티아와 로마의 경계를 유프라테스강으로 양보하겠다고 말했다. 그러나 폼페이우스는 아들의 거취 문제는 장인보다는 아버지에게 우선 결정권이 있으며, 국경에 대해서는 추후 공정하게 결정지을 것이라며 거절했다.(註. 파르티아는 시리아의 셀레우코스 왕조로부터 독립했다. 그들은 요즘 이란과 이라크의 대부분을 망라하는 광대한 영토를 가졌으며 인종 구성도 다양했다. 크테시폰과 같은 헬레니즘 문명을 받아들인 도시에 거주하는 사람들도 있고 야만적인 유목 생활에 의존하는 사람들까지 뒤섞여 있었다. 또한 파르티아의 권력은 형식적으로는 왕에게 있었지만 실제로는 7대 귀족 가문의 수장들이 국가 권력을 좌지우지했다.)

○ 티그라네스 왕은 로마의 적이었고 그의 아들은 조국을 배반하고 로마의 동맹자로 전향했지만, 운명을 받아들인 아버지는 생존의 길을 찾았고 분별력을 잃어버린 아들은 파멸의 길로 들어섰다. 그것은 누구나 반역을 좋아하지만 반역자를 싫어하고 넌더리를 낸다는 진실을 아들이 깨닫지 못했기 때문이다.

노예 신분의 변화

≪세월의 무게는 변화를 강요한다는 섭리에 따라 가축이나 기계처럼 취급되던 노예의 처우가 점차 인간적으로 개선되었다. 고대 국가로서는 유동성과 개방성이 탁월했던 로마의 신분 체제는 마침내 클라우디우스 황제 때 황가의 해방 노예에게 막강한 권력을 부여하기

도 했다. 더욱 대단한 것은 귀족조차도 조상을 거슬러 올라가면 노예인 경우가 허다했으며, 이는 고대의 체제로서는 놀라운 유연성을 지닌 것이었다.≫

○ 현대인들로서는 이상하게 들릴지 모르겠으나 고대인들에게 노예제는 매우 당연하고 필요하며 정당성에 기초한 사회 제도였다. 플라톤은 "사람이란 자신의 능력을 따를 때만 선과 정의에 도달할 수 있으므로 선천적으로 능력이 불평등한 사람들 사이에 평등이 존재한다면 정의가 실현될 수 없다. 따라서 교육을 받지 못해 이성적 능력이 부족한 자는 지적 · 도덕적으로 뛰어난 자의 노예가 될 필요가 있다."고 주장했으며, 아리스토텔레스도 "태어나는 순간부터 타인에게 종속되는 자와 타인을 지배하는 자로 구분된다."고 말하며 노예제를 자연적 질서로 인식했다. 물론 소피스트 안티폰은 "인간은 자연법적 정의와 선천적 평등에 기초한 존재이므로 사회적 차별이란 있을 수 없으며, 모든 사람이 국가의 공동 구성원이므로 선천적 차별에 기초한 노예제는 폐지되어야 한다."고 생각했고, 고르기아스(註. BC 5세기경 소피스트)의 제자 알키다마스는 "신은 모든 사람을 자유민으로 세상에 보냈으며, 자연은 그 누구도 노예로 만들지 않았다."고 주장하기도 했다. 하지만 이들의 목소리는 플라톤과 아리스토텔레스에 비하면 아주 작은 외침에 지나지 않았으며, 플라톤은 이들 소피스트가 지적, 윤리적으로 무책임하다며 맹비난을 가하기도 했다.

○ 반란을 일으킨 노예조차도 노예제 자체를 반대했기 때문이 아니라 그 자신이 노예 신분에서 벗어나고픈 상황이었으므로 반란에 가담할 뿐이었다. 하느님 앞에서 만인은 평등하다고 주창한 그리스도교가

로마에 번지기 시작했을 때도 마찬가지여서 그리스도교 교단과 성직자들은 노예를 계속 소유했고, 노예가 된 것은 원죄의 대가로 내려진 형벌이라며 노예에게 더욱 가혹한 법을 적용하는 데 주저함이 없었다. 따라서 고대 로마에서는 인권 존중을 토대로 한 그 어떤 노예제 반대 운동도 없었다고 짐작할 수 있다.

○ 노예들은 로마의 초창기부터 사회 구성원이었지만 처음에는 그 수가 적어 주인들과 함께 살고 함께 일했던 탓에 비교적 온건한 대우를 받았다. 그러다가 로마의 세력이 확대되고 전쟁 포로들로 인해 노예의 수가 증가함에 따라 BC 2세기 무렵부터는 노예들의 대우가 크게 바뀌었다. 농장과 산림 그리고 광산에서 일하는 노예들을 거의 짐승과 같이 취급하기 시작한 것이다.(註. 농장은 귀족들이 소유한 거대한 '라티푼디움latifundium'을 말한다. 훗날 『박물지』를 저술한 大 플리니우스는 노예들을 사슬에 묶어 농장을 경영하는 것은 도덕적으로 혐오스럽고 경제적으로 피해를 끼칠 것이며 결국 파멸을 초래할 것이라고 주장했다. 경제적으로 피해를 끼친다는 것은 노예를 이용한 비인간적인 경농 방식이 취약하고 불안정하다는 의미일 수도 있으나, 소규모 농지를 소유한 자작농이 라티푼디움과의 경쟁에서 밀려 결국 중산층과 서민층이 몰락한다는 의미였으리라. 大 플리니우스의 이러한 예측은 제정 후기에 현실화되었다.) 이들의 음식과 의복은 초라했고 가족을 구성할 수도 없이 군대의 병영처럼 집단생활을 하며, 도주의 우려가 있거나 규율을 위반했다는 이유로 쇠사슬에 묶인 채 지하 감옥에서 지내야 되는 경우가 많았고, 조그만 잘못을 저질러도 매질이 다반사였다. 그중에서도 광산에서 일하는 노예가 가장 비참한 상태에 처해져 쓰고 버려지는 물건처럼 취급받았으며 그들에게서 삶이란 가혹하고 의미 없는 생존이었다.

○ 그럼에도 기술 있고 교육받은 노예들은 여전히 부드러운 대우를 받았다. 왜냐하면 로마 세계에서 귀족들의 교육은 정치적 출세와 성공을 위해 문학과 수사학에 치중되었고 측량과 수학은 노예가 배웠으므로 조세 납부 · 예산 지출 · 토지 조사 등 실생활에 필요한 성가신 실무를 노예들이 담당했기 때문이다. 따라서 최고 책임자인 귀족들은 노예들의 업무를 검토할 능력이 부족했다고 보는 것이 타당했다.(註. 유약하고 게으르다는 소문이 날 정도로 대우가 더 좋았던 도시 노예와 족쇄에 묶여 과중한 노동에 시달리며 열악한 환경 속에 살았던 농촌 노예의 비율은 1대 2 정도로 추정된다. 더군다나 도시 노예의 주인들이 과시를 위해 필요한 노예보다 더 많은 노예를 거느리고 있어 도시 노예들은 자유로운 시간을 충분히 누릴 수 있었다. 이렇듯 농촌 노예의 환경이 도시 노예보다 열악했던 까닭에 도시 노예에게 농촌으로 보내겠다는 주인의 말은 협박이었다.) 게다가 1세기 중엽 클라우디우스 황제의 비서진을 통해서도 알 수 있듯이 황실 노예들은 자신들의 실무 능력을 바탕으로 정치적 영향력을 행사하여 사회적 존경까지 누릴 수 있었다.

○ 로마인들은 노예를 '자신의 운명을 스스로 결정할 권리가 없는 자'로 정의했으며, 동화 정책에도 불구하고 인간적인 대우를 받지 못하는 부류였다. 노예와 가축과의 차이는 너무나 미미해서 가축은 소리 내는 도구이고, 노예는 말하는 도구라고 생각했다. 수면조차도 복도나 부엌 또는 한방에서 무리를 지어 잤다. 특히 충직하고 주인으로부터 신뢰받는 노예 한 명은 개가 주인을 지키듯 집주인의 침실 앞바닥에서 잤다. 좋게 보면 오늘날의 비서실에서 근무하는 셈이다. 그들은 전쟁에 의한 포로들이거나, 아니면 로마 주변의 야만족들에게 잡혀

서 헐값으로 노예 시장에 나온 자들이었다. 이들은 인간으로보다는 가축으로 취급되었으며, 삶이 가치 없어 보이고 고대인들의 눈으로는 생물학적 고통조차도 무관심하게 느껴지며 연민의 정을 받지 못했다. 그러나 후기로 가면서 그들에 대한 인간적 대우가 점차 개선되기는 했다.

○ 원래 자유민이었던 이들은 자신들의 족쇄를 풀고, 자신들을 이렇게 만든 로마인들에게 진정으로 복수하기를 갈망했다. 그래서인지 "적의 수는 그 사람이 소유한 노예의 수와 같다."는 말이 흔하게 나돌았다. 노예들의 필사적인 반란은 제국을 혼돈에 빠뜨린 적도 있었기에, 이들에 대한 가혹한 규제와 잔인한 처우가 자기방어란 명목하에 용인되고 있었다. 노예 반란은 제3차 포에니 전쟁이 끝나고 몇 년 후부터 이탈리아, 델로스, 아테네 근처의 광산, 페르가몬, 시킬리아 등 로마 세계 전역에서 걷잡을 수 없이 발발했지만 이 반란들은 잔혹한 방법으로 모두 진압되었고, 공화정 말에는 잦은 노예 반란 때문에 무려 15만 명이나 되는 노예가 줄어들었다.

○ 또한 노예는 사사로운 범죄를 저질렀을 경우에도 무자비한 보복을 받았다. 61년 원로원 의원이자 로마 시장이었던 루키우스 페다니우스 세쿤두스가 개인적인 원한을 가진 노예에게 침실에서 살해당했는데 당시 법에 따라 주인이 살해당하는 것을 방치한 죄목으로 그가 거느리고 있던 400명이나 되는 가내 노예를 어른, 부녀자, 어린아이 할 것 없이 모두 처형했다. 이때 법의 혹독함에 이의를 제기하며 시민들이 반대 시위를 벌였지만 당시 네로 황제는 군대까지 동원하여 시위를 막고 사형을 집행했다.

○ 법률에 의해서도 노예들은 살아 있는 존재로 인정되지 못하고 물건

처럼 분류되었다. 그리스에서는 법률을 완화시켜 노예들 사이에 맺어진 혼인의 경우에도 법적 지위를 인정받았지만, 로마에서는 노예의 법적 권리는 완전하고도 철저히 무시되어 가혹할 정도였다. 그들의 목숨은 주인의 뜻에 달려 있었으며, 주인에게 위해를 가하거나 위해를 가할지 모른다는 밀고만으로도 즉시 처형을 당했다. 네로 황제의 스승인 세네카나 스토아학파의 학자들은 노예를 물건이 아닌 인간으로 평가해야 한다는 반대의 목소리를 내기도 했지만, 유럽에서 노예는 로마 시대 이전부터 존재하여 인간성 해방을 부르짖은 르네상스 시대까지 존재했었다.(註. 네로 황제의 스승을 '小 세네카'라고 하며, 그의 아버지를 '大 세네카'라고 통상적으로 구분한다. '小 세네카'는 '大 세네카'의 둘째 아들이었다.) 그 이후에도 미국 등지에서는 피부색을 기준으로 흑색 인간의 노동력을 착취하는 노예 제도를 유지시켰다.

○ 농장의 생산과 공장 노동력 그리고 행정 관청의 업무를 모두 도맡아 처리하게 된 로마의 노예들은 경제 주축이 될 수밖에 없었다. 노예들의 강요된 근면성과 노동량은 "인간으로서 노예처럼 일할 수는 없다."란 말이 생겨날 정도였다. 이러한 상황이 노예들의 가치를 상승시켰고, 시간이 흐를수록 더 많은 권리와 자유를 누리게 할 기회를 주었다.

○ 노예의 운명은 주인이 누가 되느냐에 따라 결정되었다. 그중에서도 해방 노예가 주인이 되는 경우는 불행한 미래가 예상되는 경우가 매우 많았다. 한때는 노예 신분이었다가 이제는 자유로운 신분이 되었다면 동병상련의 정을 느끼어 노예를 부리는 데 좀 더 온화할 것이라고 생각되지만, 현실은 그렇지 않았다. 해방 노예는 자신의 노예 신분이 해방되기까지 발휘된 무조건적인 충성심, 비굴함, 인내력

이 그들의 잔인함을 키웠으리라고 여겨진다. 얼마 전까지 비천한 노예였던 해방 노예는 신분 상승에 대한 욕망이 그 어떤 계층보다 강렬할 수밖에 없었다. 해방 노예가 된 첫 세대에서는 정치적 신분 상승에 한계가 있었으며, 어느 정도 옛 주인에게 구속되어 있었다는 점에서도 그들은 먼저 경제적인 성공을 이루려고 온 힘을 다했다. 따라서 해방 노예들은 로마의 경제가 노예의 노동력을 이용한 경제 활동이란 점에서 모든 생산력의 도구인 노예를 무리하게 가동시킬 수밖에 없었다.

○ 그러나 로마 제국이 확립되어 감에 따라 노예 보급도 감소되자, 로마인들은 노예의 온건한 증식 방법을 생각했다. 노예 간의 결혼을 장려한 것이다. 제한적인 재산 소유의 인정과 교육 등으로 노예 생활의 고난은 완화되었으며, 노예의 가치는 더욱더 높아져 갔다. 주인들도 노예를 가혹하게 대하는 것 대신에 노예의 존재가 자신에게 도움이 된다는 생각을 가지게 되었으며, 이 생각은 노예에게 어느 정도 인간적인 대우를 하게 되는 데 도움을 주었다. 또한 노예가 주인에게 받은 보수를 저축하면 그것을 자기 재산으로 인정받았으며, 해방되는 데 필요한 돈이 5만 세스테르티우스 정도였기에 열심히 재산을 모았다. 노예들은 이 재산을 해방 비용으로 사용하기도 했지만 비카리우스(註. vicarius는 '노예의 노예'를 의미하며, vicarius를 거느린 노예를 '오르디나리우스ordinarius'라고 한다. 여성형은 '비카리아vicaria')라고 불리는 자신의 노예를 사거나 죽은 후 자식들에게 물려주곤 했다.(註. 로마의 노예들이 주인으로부터 허락된 특유 재산을 '페쿨리움peculium'이라고 했다. 물론 이 재산은 법적으로 노예 주인의 소유였으나, 대개의 경우 노예들은 이를 모아 해방 비용으로 사용하거나 죽은 후 자식들에게 물려

주곤 했다. 페쿨리움은 가축 또는 양 떼란 의미의 라틴어 '페쿠스pecus'가 어원인 것으로 보면, 노예에게 가축을 자유롭게 사육하도록 위임한 데서 유래한 것으로 판단된다. 또한 페쿨리움은 하드리아누스 황제 때까지만 해도 주인에게 허락을 받아야 인정되었지만, 이후 3세기 때 근위대장이자 법률가였던 울피아누스는 증여 · 비카리우스의 해방 등 주인의 재산을 축소시키는 행위가 아니라면 반드시 주인의 허락이 필요하지 않다고 했다. 이로 보면 구태여 주인이 반대하지 않는다면 노예가 가진 재산을 페쿨리움으로 인정받은 것으로 점차 개선되었음을 알 수 있다.)

○ 제정 초기까지만 해도 잘못을 저지른 노예를 짐승의 우리로 내몬 주인을 옹호하는 분위기였으나, 클라우디우스 황제 때에는 병들고 허약해져 주인들이 내버린 노예라면 황제의 직권으로 해방시킬 것을 명했고, 네로 황제는 집권 초기에 세네카의 간청을 받아들여 노예도 사람이므로 그들의 탄원을 접수하고 해결해 줄 것을 지시하기도 했다. 그 이후 이러한 경향은 하드리아누스와 안토니누스 피우스의 칙령으로 노예들까지 법적 보호를 받을 수 있는 데까지 나아갔다. 하드리아누스는 주인이 노예를 죽이거나 고문하거나 거세하거나 검투사로 팔아넘기거나 불륜의 목적으로 파는 것을 법으로 금했으며 노예 감옥도 폐지했다.(註. 노예 감옥은 라틴어로 '에르가스툴룸ergastulum'이라고 하며, 주로 농촌 노예에게 강제 노동을 시킨 후 밤에 가두던 곳이다.) 그리고 마침내 안토니누스 피우스(註. 재위 기간 138~161년)에 이르러서는 노예 해방을 적극 장려했고, 노예를 학대한 주인에게 부과되는 벌금을 높였으며, 주인이 임의로 노예를 죽일 경우 살인죄로 간주하여 무거운 형량을 선고했으며, 인신매매를 단호히 응징하게 되었다. 이로써 노예의 생살여탈권이 주인으로부터 관리의 권한

으로 넘어갔으며, 지하 감옥이 폐지되었고, 학대받은 노예의 호소가 정당성이 입증되면 그 노예는 해방되거나 다른 주인에게 갈 수 있었다.(註. 하지만 노예를 잔혹한 처벌에서 구제하는 법이 제대로 지켜지지 않았을 것이라고 주장하는 학자들도 있다. 예를 들어 페트로니우스 법에 의해 노예를 투기장의 맹수에게 내던지는 처벌을 금지했지만, 주인이 그 노예를 맹수에게 던져야 하는 타당한 이유를 든다면 그러한 처벌이 가능했기 때문이다.) 더 나아가 334년 콘스탄티누스는 노예 가족이 서로 다른 곳으로 팔려 가서 뿔뿔이 흩어지는 일이 없도록 칙령을 선포하기에 이르렀다.

○ 어려운 상황에 처한 인간에게 최상의 위안이 되어 주는 희망이란 것이 로마의 노예에게도 예외가 없었다. 주인을 향한 충성과 근면한 봉사는 주인의 서면이나 유언에 의해서 해방이라는 보상으로 돌아왔다. 해방의 허락을 받은 노예는 '자유의 집'이라는 뜻의 아트리움 리베르타티스(atrium libertatis)가 있는 트라야누스 포룸이나 바실리카 울피아로 가서 검열관의 기록부에 로마 시민으로 등록함으로써 공적으로 그의 옛 주인과 동등한 시민권을 얻었다. 해방된 노예는 옛 주인에게 매년 며칠간의 무급 노동을 제공하고, 옛 주인은 해방 노예의 후원자(파트로누스patronus)가 되었다. 따라서 해방된 노예가 옛 주인을 파트로누스로 하는 클리엔스가 되었으므로 주인들은 정치적 욕망에서도 노예 해방에 열을 올렸다.

○ 하지만 로마의 정치가 난잡한 해방 노예의 손으로 넘어가는 것을 방지하기 위해서, 로마는 관리들의 허가를 받은 노예들만이 법적으로 해방되어 로마 시민이 될 수 있게 했다. 따라서 해방 노예는 공적 및 사적 방식 모두를 거쳐야 완전했다. 공적 방식은 등록, 유서, 파스케

스(註. 신분 해방의 표시로 고급 관리 앞에서 노예의 머리를 릭토르가 파스케스로 두드렸다.)에 의해 해방을 주었으며, 사적 방식은 5명의 친구를 증인으로 삼고 그 앞에서 해방을 선언하거나, 5명이 연서한 문서에 의하거나, 노예를 주인의 식탁에 대접하는 3가지 방식으로 시행했다. 만약 사적 방식만 밟으면 자유는 주어지지만 유산 상속권, 유언 작성권, 혼인권 등을 누리지 못했으며, 그 해방 노예가 죽게 되면 그의 재산은 특유 재산(페쿨리움peculium)으로 간주되어 옛 주인의 소유가 되었다. 공화정 말기에 와서는 사적 방식으로 해방된 노예일지라도 옛 주인이 그에게 노예의 일을 다시 시키면 법무관의 개입을 요청할 수 있었다. 또한 사적 방식으로 해방된 노예는 옛 주인의 변덕에 따라 다시금 노예가 될 수 있는 여지가 많았지만, 제정 초기에 제정된 유니우스 법에 따라 이들에게 라틴 시민권(註. 로마 시민권과는 달리 선거권, 피선거권이 없다.)이 부여됨으로써 불안정했던 사적 해방 노예의 지위를 법적으로 안정화시켰다.(註. 학자에 따라서는 제정 초기에 제정된 유니우스 법이 노예를 해방시킬 때 라틴 시민권을 먼저 부여하고 일정 기간이 흐른 후 로마 시민권을 부여하게 함으로써 해방과 동시에 로마 시민권을 획득할 수 없게 한 것이므로, 이는 로마 시민권자에 대한 이탈리아 종족의 순수성을 더럽힌다고 생각한 인종주의의 발현이라고 간주하기도 한다.) 또한 원래 자유민이었으나 억울하게 노예가 된 자는 재판관 앞에서 해방 의식을 치렀으며 이를 증명하는 문서를 받았다.(註. 로버트 냅은 제정기 어느 시점의 해방 노예가 약 50만 명이라는 수치를 내놓았다. 이 학자는 제국 전체 노예의 수를 300만 명이 아니라, 900만 명으로 추정했으므로 노예의 약 5%가 자유를 찾았다고 본 것이다.)

○ 해방된 노예의 경우 당대에서는 공적 영역이나 군사적 영역에서 엄격히 배제되었으며, 3~4세대에 이르기까지 재능과 부유함에 관계없이 원로원의 의석을 차지할 수 없었다. 그리고 의식이나 행사 때는 해방 노예임을 나타내는 원뿔형 모자(註. '필레우스pileus'라고 한다.)를 쓰곤 했다. 하지만 해방 노예들이 방자하게 굴며 지배층의 심기를 건드리자 네로 황제 때 하나의 법안이 제안되었다. 해방 노예들이 오만무례하므로 이러한 자들을 다시금 노예로 되돌릴 수 있도록 하자는 법안이었다. 해방 노예들 일부가 옛 주인에게 폭력이나 대등한 법적 권리를 내세웠고, 나쁜 소문을 퍼뜨리며 옛 주인을 고발하도록 다른 사람들을 선동했으며, 심지어는 때릴 듯이 주먹을 치켜들거나 아주 빈정대는 말투로 처벌하려면 처벌하라고 대들었기 때문이다. 그들은 처벌당하더라도 150km 이상 떨어진 캄파니아의 해안 지방으로 추방되는 정도였고, 소송으로 발전한다면 옛 주인이나 해방 노예나 법적으로 대등한 대우를 받았을 뿐이었다.

「노예 경매」, 장 레옹 제롬 作

○ 그러나 무례한 해방 노예의 신분을 되돌릴 수 있도록 하자는 법안은 일부의 죄로 전체의 권리를 침해해서는 안 된다는 이유로 폐기되었다. 그것은 아직도 로마 지식층이 깨인 정신을 가졌다는 증거였다.(註. 플루타르코스는 살아 있는 모든 생명을 신발이나 솥, 냄비처럼

다루어서는 안 된다고 했다. 그러면서 젊었을 때 열심히 일하고 나이가 들어 힘이 빠지고 늙은 노예를 가치가 없다며, 푼돈이나 받자고 팔아 버린 카토의 행위는 그 노예의 고향이나 다름없는 집과 익숙한 삶의 방식을 빼앗는 비정하고 잔인한 짓이라고 했다. 사람에게 인정을 베푸는 연습을 하기 위해서라도 인간이 아닌 짐승에게도 친절하고 너그럽게 대해야 하거늘 하물며 같은 인간인 노예에게 냉혹해서는 안 된다는 의미였다. 그러나 유모 없이 직접 아이를 키운 카토의 아내는 형제애가 우러나게 하기 위해 노예의 갓난아이에게도 젖을 물렸다고 했다.)

| 알아두기 |

• 노예의 가격

로마의 노예는 1등급은 교사(정중한 대우를 받음), 2등급은 숙련 기술자(건축, 조각, 회화, 모자이크 등), 3등급은 상급 기술자(교역, 농장 경영, 비서 등), 4등급은 일반 기술자(가게 지배인, 일반 장인, 예능인, 검투사), 5등급은 춤이나 음악연주 기능을 가진 여자 노예, 6등급은 가사 노동에 종사하는 노예, 7등급은 일반 노동자(농장이나 광산에서 노동), 8등급은 아동 노예였다.

학자들은 노예 가격이 공화정 말기를 기준으로 7등급에 해당하는 성인 남자의 경우 약 500데나리우스(註. 600만 원) 정도라고 추정한다. 하지만 오늘날의 가치로 환산해 보면, 1등급의 경우는 단독주택이나 별장의 가격과 같았고 1등급과 7등급의 가격차는 100대 1이었다. 따라서 2010년 기준으로 1등급은 대략 5억 원 정도 그리고 7등급은 500만 원 정도로 추정할 수 있으며, 글을 읽을 줄 아는 노예의 경우 1억 원 정도였다. 다만 문헌상에 나타난 최고가의 노예는 무려 약 21억 원(70만 세스테르티우스)에 달했다. 1세기의 로마 제국 전체 주민은 대략 6천만 명으로 추정되며 그중 시민권자 90만 명(여자 제외),

노인 및 여자 등 자유민 600만 명(속주민은 제외), 노예 300만 명 정도였고, 로마시에 노예가 많을 때는 도시 인구의 3분의 1가량이 노예일 때도 있었으나 대개는 100만 명 중 10만 명에서 20만 명 정도였다.(註. 하층민과 비시민권자에 대한 인구 통계는 매우 부정확하여 프랭크 매클린의 경우에는 로마 제국 전체의 인구를 7천~8천만 명으로 추정했고, 로마시에는 인구의 절반 다시 말해 무려 50만 명 정도가 노예였다고 주장했다. 그리고 제국 전체 인구의 20%가 노예였다고 주장하는 학자도 있다.)

아테네의 노예는 1등급은 숙련 기술자(의사, 엔지니어, 고급 장인 등), 2등급은 일반 기술자(가게 지배인, 일반 장인, 예능인), 3등급은 춤이나 음악 연주 기능을 가진 여자 노예, 4등급은 가사 노동에 종사하는 노예, 5등급은 일반 노동자(농장이나 광산에서 노동), 6등급은 아동 노예였다.

기강을 세운 재무관 카토(BC 64년)

≪불박이 관리들이 새로 부임하여 경험 없는 상관들을 무시하고 제멋대로 하려는 풍토는 예나 지금이나 다르지 않으리라. 카토는 이런 세태를 통찰하고서 먼저 스스로 업무를 익힌 다음 말은 조직을 쇄신했다.≫

○ 카토(註. Marcius Porcius Cato는 스키피오를 탄핵했던 카토의 증손자로서 서로 이름이 같아 흔히 '小 카토'라 칭하여 구분한다.)는 일찍이 부모를 모두 여의고 외삼촌인 호민관 드루수스의 집에서 자랐다. 그는 둔

한 편에 속해 빠르게 이해하지는 못했지만 한번 이해한 것을 좀처럼 잊는 일이 없었다. 왜냐하면 그의 기억은 두뇌에서 나오는 것이 아니라, 땀과 노력을 통해 얻은 것이어서 기억의 저장고에 더욱 오래 간직되었기 때문이다.

○ 그가 명예로운 경력의 가장 낮은 단계인 재무관(콰이스토르quaestor) 선거에 도전할 때였다.(註. 로마인들은 선출직 행정관이 되는 것을 명예롭세 여겨 '명예로운 경력'이란 의미의 '쿠르수스 호노룸cursus honorum'이라고 했다. 재무관, 법무관, 집정관 그리고 감찰관의 순서로 경력을 거쳤다. 이 경력을 거치는 데는 애초에 순서가 없었지만 BC 2세기 초 집정관이 되기 위해서는 법무관을 거쳐야 한다는 것이 법제화되었고, 훗날 술라가 '명예로운 경력'의 순서를 건너뛰지 못하도록 규정했다.) 그는 입후보로 나서기 전에 재무관의 역할과 이와 관련된 법을 숙독하고 재무관 경력이 있는 자들을 찾아가 상세히 묻기도 했다. 그런 다음 32세에 재무관 선거에 당선되어 관직에 나아갔을 때 그는 관청을 크게 변화시켰다.

○ 카토가 재무관이 되어 관청에 가서 보니 그곳의 하급 관리들은 여태껏 그 일을 해온 터라 내용을 속속 알고서 새로 부임하여 아무것도 알지 못하는 젊은 재무관들을 농락하기 일쑤였다. 따라서 그들은 상관에게 복종하고 도우기보다는 오히려 스스로 상관 행세를 하는 판국이었다. 하지만 카토는 직무에 매진하고 지성과 이성을 동원하여 업무 수행에서 재무관의 몫을 철저히 챙겼고, 기존에 행해 오던 부당한 관례들을 바로잡기 시작했다. 그럼에도 하급 관리들은 건방진 태도를 버리지 않았고, 오히려 카토를 몰아세우려고 다른 재무관들에게 아부하며 환심을 사려 했다.

○ 그렇게 되자 카토는 그들과 일전을 벌일 각오로 그들 가운데 최고 선임자를 배임죄로 파면하고 또 다른 자를 사기죄로 재판에 넘겼다. 그 때 그들과 친분이 있던 감찰관 카툴루스(Quintus Lutatius Catulus)가 변호에 나섰는데, 그는 감찰관이라는 근엄한 직책에 걸맞는 인품과 덕망을 갖춘 자였다. 그 역시도 평소 카토의 생활 방식을 칭송했고, 두 사람은 상당한 나이 차에도 불구하고 가깝게 지내는 사이였다. 카툴루스는 카토에게 그들의 처분을 철회하여 달라고 끈질기게 호소했다. 하지만 카토는 완고했다. 몇 번을 그냥 듣다가 마침내 카토는 그에게 핀잔을 주며 말했다. "카툴루스! 감찰관의 직분이라면 관리들의 잘잘못을 살피고 조사해야 하거늘 이렇게 하다가 오히려 그대가 죄의 굴레를 뒤집어쓰고 재판정에 끌려간다면 얼마나 수치스런 일이 되겠습니까?" 카토의 독설에 카툴루스는 그를 노려보았지만 분노 때문인지 아니면 수치심 때문인지 아무 말 없이 그 자리를 떠났다.

○ 하지만 카툴루스는 포기하지 않고 다른 재무관을 동원하여 결국 무죄를 받아 냈다. 그럼에도 카토는 무죄 판정을 받은 관리들에게 업무를 주지도 않았고 임금을 지급하지도 않았다.(註. 요즘의 기준으로 치면 형사 처벌은 면했으나, 직위 해제와 감봉 등 공무원 징계 처분은 계속 유효했다는 의미다.) 심지어 그는 재무관 임기 마지막 날에 지지자들의 호위 속에 퇴청한 후, 동료 재무관이 영향력 있는 자들의 강요에 못 이겨 납부해야 할 돈을 부당하게 감면 처리한 사실을 알았다. 즉시 그는 근무하던 관청으로 되돌아가 감면 처리된 서판을 지워 버렸다. 이렇듯 카토는 규칙과 기준을 준수하고 엄격하면서도 검소한 생활로 명성과 칭송이 드높았다.

☼ 카틸리나(Catilina) 음모(BC 63년)

≪과격한 정책을 제안하는 자는 항상 위험에 노출되고 기성세력의 반대에 부딪치게 된다. 게다가 기성세력들은 그 제안이 체제를 와해시키려는 것은 아닌지 그리고 정의로운 것인지를 심사숙고하겠지만 결과는 크게 다르지 않다.

카틸리나는 채무에 짓눌린 현실을 벗어나기 위해 당시로서는 파격적인 공약을 내걸었으나 실패하자, 거기에서 그치지 않고 무기의 힘으로 뜻을 이루려다 목숨을 잃었다. 하지만 그의 봉기는 빚에 허덕이는 가난한 자들을 구제하려는 것이 아니라, 자신의 부도덕한 사치 때문에 쌓인 빚을 없애려는 것이라고 평가되었다. 다만 씀씀이로 볼 것 같으면 카이사르는 성공한 난봉꾼이고 카틸리나는 실패한 난봉꾼이었다.≫

○ 카틸리나(Lucius Sergius Catilina)는 지체 높은 집안에서 태어났지만 본성이 악하고 학살, 강탈, 낭비, 방종을 일삼았다. 그의 체력은 놀라울 만큼 강인하여 배고픔과 추위를 잘 견뎌 내고 밤을 새워 일을 해도 지치지 않았으며, 술라의 피비린내 나는 복수가 벌어질 때 악역을 맡은 덕에 BC 67년 아프리카 총독을 지냈다. 그때 그는 속주민의 재산을 갈취한 혐의로 총독의 임기가 만료된 후 재판을 받기도 했다. 게다가 그는 신성한 처녀인 베스타 여사제를 범하고 형제를 살해했다는 혐의도 받았으며 술라를 설득해 살생부에 이미 죽은 형제의 이름을 올려 재산을 빼앗기도 했던 파렴치한이었다. 그럼에도 불구하고 그는 자신의 씀씀이 때문인지 빚에 쪼들리고 있었다.(註. 고대 역

사가들의 기록에 따르면 카틸리나가 살인과 방탕을 일삼는 타락한 자라고 서술되어 있지만, 키케로를 비롯한 로마의 많은 교양인들과 지식인들이 한동안 그에게 의심을 품지 않았던 것으로 미루어 보면 그가 복잡하고 내막을 쉽게 알 수 없는 자이긴 해도 어떤 면에서는 좋은 품성을 지니고 있었음에 틀림없다.)

○ 그래서인지 BC 65년에 있은 집정관 선거 때 그는 부채를 전액 탕감하겠다는 급진적인 공약을 들고 나왔다. 그러나 기성세력인 원로원 의원들이 과격한 공약을 내세운 그를 탐탁하게 생각하지 않았고 경계하며 반대했다. 그래서 그들은 그때 마침 카틸리나가 아프리카 속주 총독 시절에 저지른 부정 혐의로 고발된 것을 이유로 삼아 집정관 선거의 입후보를 승인하지 않았다. 기소되어 재판 중인 자를 어떻게 집정관 후보로 승인할 수 있느냐는 것이 이유였다. 이 재판에서 카틸리나는 뇌물을 써서 무죄 판결을 받아 냈지만 이미 입후보 등록 기한이 끝난 후였다. 그다음 해 카틸리나는 또다시 집정관에 선출되기 위해서 입후보했다. 그때는 원로원에서 반대할 이유가 없었으나, 키케로가 포함된 카틸리나의 경쟁자들이 너무 막강했다. 결국 카틸리나는 낙선하고 말았다.

○ 그다음 해인 BC 63년에도 그는 입후보했다. 당시 선거를 주재한 집정관 키케로가 폭력의 위험을 느끼고 토가 속에 갑옷을 입었을 정도로 험악한 분위기였지만 카틸리나는 또다시 낙선했다. 그러나 당선자 2명 중 무레나(Lucius Licinius Murena)가 부정 선거 혐의로 술피키우스(Servius Sulpicius Rufus)에 의해 고발되어 탈락 위기를 맞았다. 그는 당선을 위해 유권자들에게 경기장 입장권을 무료로 나누어 주었다는 혐의를 받았던 것이다.(註. 카토가 법무관이었을 때 금품 선거를 막으려고

당선자의 경우에 선거 비용을 신고하게 하자 입후보자들은 각자 50만 세스테르티우스씩 공탁금을 걸고 정정당당히 겨루기로 합의하기도 했다. 훗날 아우구스투스 황제는 금품으로 얼룩지는 부정 선거를 막기 위해 선거 당일에 황실 금고를 열어 유권자들에게 1인당 1천 세스테르티우스씩 나눠 주었다고 한다. 이를 보면 로마의 선거에서 유권자들이 얼마나 금품으로 유혹받는지를 알 수 있다. 하지만 정작 BC 24년 아우구스투스는 금품 수수행위를 금지한 법에 대하여 면제권을 부여받았다.) 그가 부정 선거를 했다고 확정되면, 집정관은 3번째로 많은 표를 얻은 카틸리나가 당선되게 되었다. 원로원 의원들은 급진적인 공약을 내놓은 카틸리나를 떨어뜨리기 위해 모두들 똘똘 뭉쳤다. 무레나의 변호는 당시 최고의 변호사이자 집정관인 키케로가 맡았다. 키케로는 무레나가 친구들과 클리엔스들에게 경기장 입장권을 준 것은 로마의 전통 관습에 따른 것일 뿐 위법한 것이 아니라고 변호했다. 이러한 노력으로 무레나는 부정 선거의 혐의가 짙었으나 무죄 판결을 받아 낼 수 있었고, 카틸리나의 희망은 사라졌다. 집정관 선거에서 연거푸 3번이나 실패한 카틸리나는 절망했고 초조해했다. 전하는 바에 따르면 막대한 빚을 지고 있던 그의 변제 기한일은 그해 11월 13일이었다.

○ 결국 카틸리나는 자신이 추종했던 술라가 그러했듯이 창검으로 정적들과 동포들에게 굴종의 굴레를 씌우려고 마음먹었다. 그는 이미 그 방법을 술라로부터 충분히 배웠고 수단도 준비되어 있었다. 카틸리나에게로 모여든 세력들은 좋은 가문에 태어났지만, 로마의 급성장에 편승하지 못해 경제적으로 어려움을 겪고 있는 자들과 술라의 편에서 싸웠던 퇴역병들이었다. 역사가 살루스티우스(Gaius Sallustius Crispus)의 독소 섞인 말에 따르면 그들은 사치와 방종으로 재산을 탕

진하고 내전의 승리를 다시 한 번 재현하고 싶어 국가를 전복하고자 하는 무법한 자들이었다. 술라 파였던 카틸리나는 결행일을 술라의 승전 기념일인 10월 28일로 결정한 다음 지지자들을 모아 놓고 비장하게 연설했다.

○ "수많은 시련과 풍파 속에서도 여러분은 내게 변치 않는 충성과 신뢰를 보내 주었고, 이제 내 마음이 담대해져 세상에서 가장 크고 아름다운 행동을 시작하게 되었습니다. 내 마음에 불을 지폈던 자유에 대한 동경은 우리의 미래가 닥칠 어두운 그림자를 생각하자니 날이 가면 갈수록 더욱더 열망으로 달아올랐습니다. 조국이 영향력과 힘 있는 몇 안 되는 자들에게 지배당한 이후 평범한 시민들은 세금을 내면서도 그들에게 예속되어 굴종하고 두려워할 뿐입니다. 그들은 권력과 명예 그리고 부를 가져갔고 우리에게는 패배, 굴욕, 빈곤을 남겨 주었습니다. 그들이 산과 바다를 바꾸며 부유함을 자랑하고 있을 때 우리에게는 그날그날 가족들에게 먹일 식량과 살아가는 데 꼭 필요한 물건조차 구할 수 없게 되었습니다. 그들은 사치스런 그림과 조각상을 사고 호화스런 건물을 지으면서도 그들의 재산은 실로 엄청나서 바닥나는 일이 없지만, 우리는 가난과 빚더미에 눌려 비참한 영혼밖에 남은 것이 없습니다. 도대체 우리는 언제까지 이를 참아 내야 합니까? 그들의 거만함에 우리는 비참하게도 조롱거리가 되었고, 이렇듯 수치스런 삶을 사느니 차라리 용감하게 싸우다 죽는 편이 나을 것입니다. 하지만 여러분이 바라던 부와 영예가 이제 눈앞에 있습니다. 여러분이 노예가 되고자 하지 않는다면 나는 여러분과 함께할 것입니다. 맹세컨대 승리는 우리의 손안에 있습니다."

○ 카틸리나의 연설은 지지자들의 마음속에 잔잔히 퍼져 나갔다. 그의

연설은 그라쿠스 형제가 연단에 올라 현실에 분노하며 시민들에게 외쳤던 내용과 다르지 않았다.

○ 그러나 음모자들 모임의 말석에 앉아 있던 퀸투스 쿠리우스란 자가 거사가 성공할 것이란 확신에 우쭐한 나머지 애인한테 모두 털어놓고 말았다. 그 여자는 애인의 무모함 때문이었는지 아니면 어떤 보답을 바랐기 때문인지 알 수 없지만 집정관 키케로에게 그 사실을 고발했고 모든 것이 들통났다. 하지만 고발한 여자는 이 음모의 속내를 제대로 밝히지 못했고, 음모자들은 자신들의 계획이 노출되었다는 것을 알았다. 결국 결행일로 계획했던 10월 28일은 아무 일 없이 지나갔고 카틸리나는 그때까지 어떠한 행동도 옮기지 않고 있었다.

○ 이렇게 되자 11월 8일 키케로는 이 문제를 해결하기 위해 원로원 의원들을 유피테르 신전으로 불러 모았다. 이 신전은 비아 사크라가 시작되는 곳에 위치했다. 카틸리나도 회의에 참석했으나 아무도 그와 앉지 않으려고 하는 바람에 긴 의자에서 외떨어져 앉았다. 키케로는 카틸리나 면전에서 그의 의심스런 행적을 모두 알고 있다는 비난의 연설을 했다. 그것은 "카틸리나여, 그대는 얼마나 더 우리의 인내심을 시험하려 하는가(Quo usque tandem abutere, Ctilina, patientia nostra)?"로 시작되는 유명한 연설이었다. 이 연설을 듣자 카틸리나는 그에게 '귀화한 외국인(註. 이는 키케로가 로마 출신이 아니라 로마 동남쪽에 있는 아르피눔 출신인 것을 빗대어 한 말로, 키케로를 멸시하는 심한 욕설이다.)'에 지나지 않는 자가 사실을 제대로 파악하지도 못한 채 떠든다고 소리치며 발언하려 할 때 여기저기서 터지는 고함 소리가 그의 발언을 막고 소란스러워지자, 마침내 집정관 키케로가 일어서서 카틸리나에게 로마를 당장 떠나라고 명령했다. 카틸리나는 무

장한 부하 3백 명을 데리고 마치 관리라도 되는 양 파스케스와 깃발을 앞세운 채 로마를 떠났다. 이제 그는 여러 도시를 돌며 반란에 참여하도록 공공연하게 선동했다. 이로써 내전의 발발은 기정사실화되었다.

○ 그러다가 갈리아 트란살피나의 알로브로게스족 대표가 키케로를 찾아와서 중요한 비밀을 고백했다.(註. 갈리아 트란살피나는 훗날 아우구스투스가 나르보넨시스, 아퀴타니아, 루그두넨시스, 벨기카로 나누었다. 그중 아퀴타니아, 루그두넨시스, 벨기카를 갈리아 코마타라고 불렀다.) 카틸리나 편에 있던 법무관 렌툴루스가 말하기를 만약 카틸리나와 손잡고 협력한다면 그들이 로마의 정권을 잡은 후에 자신들에게 로마 시민권을 주겠다는 제안을 받았다고 실토한 것이다.(註. 렌툴루스Publius Cornelius Lentulus Sura는 안토니우스의 의붓아버지이며, 카틸

▌「카틸리나를 탄핵하는 키케로」, 체사레 마카리 作
(이탈리아 상원의원들에게 교훈을 줄 목적으로 로마의 마다마 궁에 걸린 이 그림은 원로원 의원의 토가에 덧대는 자주색 테두리가 빠져 있다.)

리나 음모 사건 때 키케로에 의해 처형되었다. 또한 알로브로게스족은 이처럼 카틸리나를 거부하고 키케로를 도왔으나 부족의 어려움에 대해 전혀 도움을 받지 못하자 분노와 절망 속에서 반란을 일으켰지만 BC 60년 로마군에게 진압되었다.)

○ 집정관 키케로는 책략을 쓰기로 했다. 그는 갈리아 부족장에게 그 제안을 한 사람들이 서명한 서약서를 받아 오게 한 것이다. 결국 12월 3일 카틸리나 편에 선 5명의 주모자들이 체포되었고 서약서를 근거로 삼아 12월 5일 원로원에서는 회의가 열렸다. 집정관 키케로를 비롯하여 차기 집정관 실라누스 등 많은 원로원 의원들은 '원로원 최종 결의(Senatus Consultum ultimum)'를 발동해 카틸리나를 편들고 있는 일당을 극형에 처해야 한다고 성토했다.(註. 실라누스는 카이사르의 애인인 세르빌리아의 남편이었다. 세르빌리아는 카토의 이복 누이였으므로 실라누스와 카토는 처남 매부 사이였다.) 대부분의 원로원 의원들도 동감을 나타냈다. 그러나 카이사르는 의심스런 결정을 내릴 때는 감정에 놓아두고 냉철하게 판단해야 하며 로마의 역사를 보아서도 모든 형벌이란 당사자가 저지른 죄에 비해 좀 더 가벼워야 되는 것이므로 재산 몰수와 감금형에 처해야 한다고 주장했다. 그러면서 정식 재판도 없이 로마 시민을 처형하는 근거로 제시되는 원로원 최종 결의는 법적 논거가 없는 부당한 조치이므로 정치적으로 위험한 결정은 유보되어야 한다고 말했다. 카이사르가 연설을 마치자 키케로의 동생 퀸투스 키케로가 동의했고, 클라우디우스 네로는 적들이 북쪽에서 군사를 거느리고 있으니 음모자들을 어떻게 처리할 것인지는 나중에 다시 토의하자고 제안했다. 많은 의원들이 당초의 의견을 접고 동요하기 시작했으며 키케로조차도 카이사르의 연설에 마

음이 흔들렸다.

○ 사실 카이사르는 훗날 키케로가 자신의 저서에서 여러 연설가들을 열거한 다음 카이사르보다 더 뛰어난 연설가를 알지 못한다고 인정할 만큼 탁월한 연설가였다. 맨 처음 발언하여 혐의자들을 극형으로 처벌해야 한다고 주장했던 실라누스도 갑자기 일어서더니만 '극형'이란 '사형'을 의미하는 것이 아니라 '감옥행'을 말하는 것이라며 책임에서 벗어나기 위해 발뺌하는 인간의 비열한 면을 드러내 보였다.(註. 훗날 네로 황제의 스승 小 세네카는 "최악의 범죄를 최악의 형벌로 다스리되 사형은 당사자에게조차 사형당하는 것이 차라리 더 나은 경우를 제외하고는 어느 누구도 사형당해서는 안 된다는 원칙을 고수해야 한다."고 주장했다. 세네카의 이 말은 범죄자가 살아남아 모욕과 멸시를 견디거나 계속 죄를 저지르고 자신의 명예를 먹칠하느니보다 차라리 처형당하는 것이 나을 경우를 의미하는 것이 아닌가 한다.)

○ 그때 타협할 줄 모르는 강인함과 수많은 친인척으로 원로원 내에서 막강한 세력을 누리고 있던 33세의 카토가 자리에서 벌떡 일어나 카이사르의 의견에 격렬히 반대했다. 그는 말하기를 "카이사르는 음모에 참여했다는 의심을 받고 있어 그것만이라도 벗어나면 다행인 마당에 공공의 적들을 살리기 위해 무모하고도 노골적인 애를 쓰고 있다."며 공격했다.(註. 카이사르는 음모자들 중에 포함되었다고 베티우스와 쿠리우스에 의해 고발당했지만, 집정관 키케로가 결백함을 증언하여 벗어날 수 있었다.) 또한 주장을 번복한 실라누스를 꾸짖고, 음모와 책략으로 국가와 시민들을 방화와 학살로 몰아넣으려고 하는 자들에 대해 확실한 물적 근거와 자백이 있는 이상 처형해야 한다며 분노에 찬 말들을 쏟아 냈다. 그러면서 그는 사람의 심중을 찌르는 말

한마디를 덧붙였다. "음모자들의 즉각적인 사형에 반대하는 자는 모두 카틸리나의 친구다!"

○ 결국 표결에 붙인 결과 압도적인 표 차이로 카틸리나의 동지들에 대한 처형이 결정되었다. 이 같은 결정은 셈프로니우스 법을 위반한 것이었고 그 책임은 고스란히 집정관 키케로에게 지워지게 되었다. 이때 카이사르가 분연히 일어나 자신이 주장한 재산 몰수와 감금형 중에서 신체형이 사형으로 결정 났으니 재산형인 재산 몰수를 해서는 안 된다고 주장하며 호민관들의 지지를 요청했다. 하지만 호민관들은 카이사르의 탄원을 냉혹하게 거절했고 대다수 원로원 의원들은 죄인들에게 재산 몰수형을 동시에 처할 것을 원했다. 그럼에도 집정관 키케로는 카이사르의 주장이 정당하다고 생각하고 재산 몰수를 무효화했다.

○ 당시 카이사르는 이때의 연설로 위험에 처해졌다. 키케로를 호위하고 있던 부유한 젊은 청년들이 카이사르가 원로원 회의장에서 나오자 격분하여 칼을 빼 들고 달려들었기 때문이다. 그러나 키케로는 칼을 들고 자신을 바라보는 젊은이들에게 고개를 내저으며 만류했다. 그 틈에 쿠리오가 토가로 카이사르를 가려 주고 피신을 도와 겨우 목숨을 구할 수 있었다. 키케로가 젊은이들의 폭거를 만류한 것은 카이사르의 지지자들이 두려워서인지 아니면 법의 정신에 어긋나기 때문인지는 밝혀지지 않았다. 하지만 플루타르코스는 키케로가 카이사르의 지지자들을 몹시 두려워했다고 단언했다.

○ 공모자들이 카피톨리누스 언덕 아래에 있는 툴리아눔 지하 감옥에서 처형되자 지지자들의 2/3가 이탈했지만, BC 62년 카틸리나는 지지자 1만 2천 명 중에 전투력이 되지 못하는 자들을 돌려보내고 자신

을 끝까지 따르는 3천 명의 무리와 함께 안토니우스 히브리다가 이끄는 3만 명의 진압군에 맞서 북이탈리아의 플로렌티아(註. 현재 지명 '피렌체') 북서쪽 20㎞ 남짓 떨어진 피스토리아(註. 현재 지명 '피스토이아')에서 싸웠다. 이 전투에서 반란군들은 카틸리나를 포함하여 한 명도 살아남지 않고 모두가 전사했다. 그들은 전투에서 용감히 싸우다 죽었지, 도망치다 죽은 자는 없었다. 왜냐하면 카틸리나 편에서서 싸운 전사자들이 창과 검에 찔리고 베인 자국을 보면 모두 가슴 쪽에 있었지 등 쪽에 있는 자가 없었기 때문이다. 카틸리나도 창검이 난무하는 전장 한곳에서 수많은 적들에게 둘러싸여 맹렬히 싸우다 자신이 어디서 왔고 어디에 있었는지를 기억하며 죽음을 맞았다.

○ 당시 집정관인 키케로는 이 사건의 해결로 '국부(國父. 파테르 파트리아이pater patriae)'란 대단한 칭호를 부여받았다. 하지만 키케로가 카틸리나의 동지들을 처형한 것은 로마 시민을 재판도 하지 않고 상소권도 인정하지 않은 채 처벌할 수 없다는 '셈프로니우스 법'을 위반했다는 비판이 일자, 그는 로마의 법률과 체제를 반대한 자에게 로마법을 적용할 수 없다는 논리로 자기를 합리화했다. 이렇듯 키케로가 자의적으로 법률을 해석하고 권력을 행사하자 로마 시민들은 그가 로마시 출신이 아닌 라티움 지역의 아르피눔 출신인 것을 빗대어 타르퀴니우스 왕 이래로 최초의 외국인 왕이라며 그를 조롱했다. 더 나아가 정치적 비판은 쉽게 사라지지 않는 법이어서 훗날 키케로는 정적들로부터 셈프로니우스 법을 위반했다는 공격을 받아 그리스로 망명해야만 했다.

| 알아두기 |

• 셈프로니우스 법(BC 123년)

셈프로니우스 법(Lex Sempronia)은 '로마 시민은 어떠한 죄를 지은 사람도 재판을 받지 않고 상소할 기회도 주지 않은 채 처벌할 수 없다'는 내용으로 당시 호민관 가이우스 셈프로니우스 그라쿠스의 제안으로 제정되었다. 이 법은 이제까지 불문율로 지켜 오던 것을 가이우스가 제안한 것으로, 그의 형 티베리우스가 원로인 의원들에 의해 재판도 없이 살해당한 적이 있었기에 명문화시킨 것이다. 그러나 이 법은 티베리우스 그라쿠스가 살해되었을 당시의 집정관 포필리우스 라이나스를 유죄 판결함으로써 불소급의 원칙을 위반했다. 라이나스는 죄의 대가로 추방되었으나 가이우스 그라쿠스가 죽고 난 후, 원로원 최종 결의(Senatus Consultum Ultimum)를 적용받아 귀국을 허락받았다.

크라수스의 성품

≪크라수스는 모든 사람에게 온화한 성품과 열정을 가지고 대했지만, 탐욕의 덫을 거두지는 못했다. 게다가 사람들은 그가 지조가 없고 이해득실에 따라 수시로 변절하는 성품을 가진 이유가 야심이 없고 나약하기 때문이라고 여겼다.≫

○ 크라수스는 돈을 제외한 다른 부분에서는 대체로 너그러웠다. 잔치를 벌였을 때 음식은 소박했지만 정갈했고, 초대된 사람에게 큰 즐거움을 주었다. 학문적 관심도 커서 수사학을 주로 갈고닦았으며, 타

고난 연설의 재능으로 많은 사람들에게 도움을 주기도 했다. 아무리 사소하고 비웃을 만한 사건이라도 가벼이 여기지 않고 철저한 준비 후에 재판에 임했으며, 폼페이우스나 카이사르, 키케로가 맡으려고 하지 않는 사건까지 도맡아 변호사로서 임무를 다했다.(註. 키케로는 크라수스의 연설이 선별된 어휘와 간결한 문체를 사용했지만 그저 그런 평범함을 벗어나지 못한 수준이라고 낮추어 보았다.) 실로 크라수스는 전쟁터를 제외한 모든 곳에서 누구보다도 열정적인 용감한 투사였다.

○ 또한 크라수스의 집안은 조상 대대로 평민층의 권리 보호에 적극적이었다. 사실 평민들이 부유하고 신분이 높은 귀족들을 상대로 소송을 제기하여 승리하기란 거의 불가능에 가까웠다. 이렇듯 법의 정의는 가난한 로마 시민들에게 미치지 못했으며 여러 판결문에는 가난한 자의 권리가 군데군데 언급되기도 했지만 실상 가난한 사람을 대상으로 하는 법적 소송은 찾아보기 힘들며 임금 노동을 다룬 사건조차 찾을 수 없다. 로마법이 시대를 막론하고 모든 학자들에게 현실적 필요성의 토대를 구축한다는 점에서 높이 평가되고는 있지만, 지배층이 법을 만들고 그들이 유리한 쪽으로 운영되었기 때문에 평범한 시민들은 법에 대해 적대적 감정이 쌓여 있었다. 그런 점에서 크라수스는 가난한 평민들의 소외감을 보살폈던 것이다. 티베리우스 그라쿠스 농지 개혁법의 지지자 중에서도 크라수스의 선조가 있었으며 공화정 초기에 리키니우스 씨족이 호민관을 지내기도 했던 것을 보면, 그가 평민의 이익을 도모하는 집안 출신임을 단박에 알 수 있다.

○ 그의 이런 노력과 성품 그리고 가풍은 신중하고, 언제든지 도움을 줄 준비가 된 사람으로 여기게 했고, 실제로도 그는 당시의 중요한 일들

에 적극적으로 참여했다. 또한 남에 대한 의무를 철저히 이행했고 갚아야 할 빚은 반드시 보답했으며, 베푸는 데 인색하지 않았고 오히려 그 반대였다. 가난한 자가 변호를 요청하면 수임료를 받지 않고서도 변론을 성심껏 해 주었고, 때로는 이자를 받지 않고서도 어려움에 처한 자들에게 돈을 빌려주었다. 다만 크라수스는 돈이 있어야만 출세를 할 수 있다는 것을 깨달았고, 카이사르는 출세를 해야만 돈을 모을 수 있다는 것을 깨달았다는 차이가 있을 뿐이었다. 그리하여 이 모든 것이 그가 로마 시민들에게 칭송을 듣게 만들었다. 또한 그는 아무리 이름이 없고 미천한 시민을 만나더라도 인사를 받아 주고 이름을 불러 주었다.

○ BC 70년 크라수스와 폼페이우스가 집정관으로 있을 때 서로 다투기만 하던 두 사람을 화해시키려고 오나티우스 아우렐리우스가 연단에 올라 신의 이름을 빌려 두 사람 간의 화합을 촉구한 적이 있었다.(註. 루카 회담에 따라 크라수스와 폼페이우스는 BC 55년에도 함께 집정관직을 지냈다.) 그때 폼페이우스가 전혀 미동도 하지 않은 채 묵묵히 있는 중에 크라수스가 먼저 일어나 나이 어린 폼페이우스에게 다가와 악수를 청했다. 그러면서 그는 친선을 위해 손을 내미는 것이니 모욕이나 부당한 일이라고 생각지 않는다고 말했다.(註. 크라수스는 폼페이우스보다 9살이나 나이가 많은 연장자였다.) 그만큼 그는 소탈한 성품을 지닌 자였다.

○ 그는 마리우스 파에게 죽은 형의 아내와 결혼했는데 신앙심이 깊었던 크라수스는 당대의 많은 로마인들과는 달리 추문을 일으킨 적이 한 번도 없었다. 그가 베푸는 연회는 그의 부유함에 비해 화려하지 않았으며, 그럼에도 그의 고상한 취향과 붙임성 있는 성품 때문에 소

란스럽고 호화로운 연회보다 훨씬 유쾌한 자리가 되었다. 크라수스는 역사에도 조예가 깊었으며, 철학에도 일가견이 있었고 스승 알렉산드로스를 통해 아리스토텔레스에 대해 배우고 그를 흠모했다.

○ 그러나 이렇듯 많은 그의 장점에도 불구하고 폭넓은 경험이 부족했으며 태어날 때부터 그를 천박하게 만들었던 탐욕과 비열함 때문에 그가 세운 업적도 빛을 잃었다. 또한 정치에서도 일관되지 못하고 견해를 바꾼 것이 여러 번이었고, 진실된 친구도 앙숙의 적도 될 수 없는 그런 존재였다. 그는 이해관계가 따르는 대로 친구가 되었다가 언제 그랬냐는 식으로 적이 되기도 했다.

○ 하지만 그에게도 잔혹한 면이 있어 스파르타쿠스 반란 진압 시에 적에게 참패하자, 맨 먼저 도망친 병사 500명에게 10분의 1처형(註. '데키마티오decimatio'라고 한다.)을 내려 그중 50명의 병사들을 몽둥이로 때려죽이기도 했다. 크라수스가 지휘하는 8개 군단 중 2개 군단을 부장인 뭄미우스에게 주어 반란군의 퇴로를 막게 했지만, 뭄미우스는 반란군과 싸우지 말라는 지침을 어기고 스파르타쿠스의 반란군과 싸우다가 절반 이상이 전사하는 패배를 당했던 것이다. 하지만 참혹한 처벌 후에 군기가 회복되자 전세는 역전되었다.

○ 고소와 고발은 로마 정치판에서 흔히 있는 일이었다. 인사들을 맹렬히 공격하는 것으로 정평이 난 어느 호민관이 수많은 저명인사들을 고발했지만 오직 크라수스만은 고발한 적이 없자, 왜 크라수스만은 고발하지 않느냐는 질문을 받았다. 그 호민관은 "그의 뿔은 짚이 붙어 있기 때문이오."라고 답했다. 로마에서는 소의 뿔에 짚을 붙이면 이 소는 위험하니 조심하라는 표시였다.

○ 하지만 어떤 자가 그 호민관의 지혜를 무시한 적이 있었다. 그 이야

기는 이러하다. 카틸리나 음모 사건이 터졌을 때 원로원 회의에서 그 자는 크라수스가 음모에 연루되었다고 주장했다. 그는 크라수스가 자신을 카틸리나에게 보내 동료들이 체포되었더라도 걱정하지 말고 계획대로 밀고 나가라는 전갈을 보냈다고 증언한 것이다. 그러자 그곳에 모인 많은 의원들이 반박을 했다. 부자인 그가 부채를 탕감하겠다는 카틸리나의 공약을 두둔할 것이 아니기도 분명했거니와 아마 원로원 의원 중 많은 자들이 그와 금전적인 채무 관계에 있었기 때문이다.(註. 다만 훗날 키케로는 크라수스가 죽은 후 그가 카틸리나 음모에 깊이 관여했다고 기록했지만 그 사실 여부는 알 수 없다.) 그뿐만 아니라 크라수스를 지목한 자는 며칠 후에 살해되고 말았다. 무릇 정치가란 칭송과 비난에 단련되어야 함에도 크라수스는 그렇지 못했다. 정치가가 어찌 모든 사람들로부터 칭찬만을 받을 수 있겠는가? 진실은 알 수 없으나, 그 호민관의 죽음은 부유한 자가 흔히 그러하듯 아첨에는 강하나 비난에는 쉽게 상처받는 소심한 마음으로 저지른 비극이 아닌가 하는 의심에서 벗어날 수 없었다.

마음에 새기는 말

조직을 돌보는 일에서 생명이 없는 물건을 다루는 것이라면 재무 관리에 속하지만, 사람을 다루는 데 이르면 정치에 속하게 된다.

_ 마르쿠스 리키니우스 크라수스

- 크라수스는 자신이 거느리고 있는 많은 노예들이 집안을 관리해 주었지만, 노예를 다스리는 일만은 주인인 자신이 해야 할 몫이라고 말하면서.

☼ 체면 깎인 폼페이우스(BC 61년)

≪정치적으로 기민하게 대응하지 못한 폼페이우스는 막강한 군사력 위에서만 위엄을 갖출 수 있었다. 그는 현 체제를 뒤엎고 개선하고자 하는 정치적 야망과 의지가 없었기에 그리고 어쩌면 선량했으므로 온건하게 로마법을 그대로 따랐다. 그러나 완고하고 비판적인 지식인들이란 창검의 공포 앞에서는 상황을 납득하고 쉽사리 굴복하지만 힘없고 나약해 보인다면 한없이 거만하게 구는 습성이 있다. 만약 폼페이우스가 군대를 해산하기 전에 무력에서 나오는 자신의 힘을 원로원에게 보여 주고 의지를 관철시켰다면 정치적이지는 못했더라도 웃음거리는 면했으리라. 정치인들만큼 원칙을 경시하고 조롱하는 집단이 또 어디 있는가?≫

○ 동방을 제패하고 개선한 폼페이우스가 부대를 이끌고 BC 62년 말 마침내 브룬디시움항에 상륙했다. 폼페이우스가 동방을 정복하고 있을 때 루쿨루스 등 정적들은 그를 신랄하게 비판했고 그의 편에 섰던 호민관들은 정적들의 표적이 되어 탄압당하고 있었다. 따라서 그가 로마 최고의 막강한 군대를 이끌고 이탈리아에 상륙하자 로마 시민들은 다시금 술라의 망령이 떠올랐다. 시민들은 미트라다테스를 평정하고 이탈리아로 귀국한 폼페이우스가 즉각 군대를 지휘하여 로마를 점령한 후 공화국이 아니라 아예 군주제를 확립할지도 모른다고 생각했다. 이러한 소문이 얼마나 신빙성 있게 로마에 퍼졌는지, 정치적 경쟁자였던 크라수스는 혹시라도 보복을 당할까 두려워서인지 아니면 폼페이우스를 대한 시민들의 의심과 증오를 키우기 위함이었는

지 가족들과 재산을 멀리 도피시키기까지 했다.

○ 하지만 폼페이우스는 BC 62년 브룬디시움에 도착하자마자 병사들을 집합시켜 그간의 노고를 치하하고 각자 고향으로 돌아갈 것을 명령했다. 즉 로마법에서 정한 대로 군대를 해산하고 다만 개선 행진 때 다시 모일 것을 당부했던 것이다. 폼페이우스가 군대 해산을 실행한 것은 설령 그렇게 하더라도 자신이 위험에 처해지지 않으며 정계에서 영향력이 줄어들지 않을 것이라고 판단했기 때문이리라. 술라에게는 마리우스가 있었고 카이사르 또한 마르켈루스와 카토를 비롯한 위험한 정적들이 있었다. 물론 폼페이우스도 루쿨루스와 카토 등이 매우 성가신 정적들이었지만 그들이 폼페이우스를 완전히 파멸시키거나 목숨까지 앗아가지는 않을 자들이었다. 하지만 그 모든 것을 감안하더라도 폼페이우스의 행동은 매우 고귀했고 자신만만한 결정이었다.

브룬디시움의 아피아 가도 종점 원기둥(기둥 하나는 기단만 잔존)

○ 훗날 일부 역사가들은 그가 군대를 해산한 것을 두고 정치적이지 못하고 어리석었다고 주장하고 있지만 그렇다면 군대를 지휘하는 모든 지휘관이 폭력의 힘으로 정적들을 제거하고 권좌에 앉는 것이 타당한가 말이다. 정치를 하자면 항상 정적들과 대립할 수밖에 없기 때문에 하는 말이다. 군대가 이처럼 모두의 예상을 깨고 일찌감치 해산되

자 로마의 수많은 시민들은 환영과 환대를 보이며 폼페이우스를 보고자 거리로 쏟아져 나왔다. 시민들은 로마의 사령관 아니 세계의 사령관 폼페이우스가 평범한 여행을 마치고 돌아오듯, 무장도 하지 않고 가까운 친구들만 대동한 채 로마로 향하는 모습이 너무나 감격스러웠다. 얼마나 많은 시민들이 폼페이우스를 보기 위해 뒤따랐는지, 해산시킨 군대를 다시 모으지 않더라도 따르던 시민들로 힘을 모은다면 정권 쟁취까지 시도할 수 있을 정도였다. 진정 그는 로마의 수호자요, 땅과 바다에 평화를 가져온 선인이었다.

○ 폼페이우스는 개선 행진을 하기 전에는 로마 입성을 금지하는 법률을 지키기 위해 성 밖에 머물면서 원로원에 요구안을 제시했다. 그러나 원로원에서는 개선식 거행을 제외하고는 집정관 출마, 퇴역병들에 대한 경작지 분배(註. 전쟁이 끝나면 제대 병사들에게 토지를 분배하여 정착할 수 있도록 했다. BC 3세기 말 제2차 포에니 전쟁 직후는 2유게룸, BC 2세기 초에는 20유게룸에서 50유게룸의 토지를 받았다. 이는 BC 2세기 1~2유게룸의 농지로 온 가족이 먹고사는 대다수의 농민과 비교하면 큰 재산이었다. 이것은 BC 1세기의 내전 때에도 별로 달라지지 않았다.), 동방 속주와 동맹국 편성안의 승인 등을 이런저런 핑계를 대며 처리해 주지 않았다.

○ 또한 폼페이우스는 집정관 후보로 출마한 피소(Marcus Pupius Piso)를 돕고 싶어 자신이 입성할 수 있을 때까지 집정관 선거를 미루어 달라는 요구를 이탈리아에 귀환하기 전 편지로 원로원에 보냈으나, 小 카토는 그러한 개인적인 편의를 봐주어 국사를 흔들리게 할 수는 없는 일이라며 거부했던 적이 있었다. 그럼에도 폼페이우스는 법과 정의를 수호하기 위해 대담한 언행을 서슴지 않는 카토를 비난하지 않고

오히려 카토의 마음을 사고 싶어 했다.

○ 이렇게 된 원인 중에 하나는 폼페이우스가 소아시아에서 폰투스 왕 미트라다테스와 전쟁을 벌일 때 군사 지휘권 문제로 갈등을 겪었던 루쿨루스의 영향에 있었다. 그는 로마에 귀환하여 카토와 정치적 동맹을 이루고서는 폼페이우스와 대항한 것이다. 루쿨루스는 정치와는 결별하고 한 발짝 물러서 있었지만, 폼페이우스에 관한 일이라면 원로원에 나아가 사사건건 반대했다. 게다가 폼페이우스는 아내 무키아가 카이사르와 바람을 피웠다는 이유로 전쟁터에서 이혼장을 보냈는데, 이에 무키아의 오라비 메텔루스 켈레르와 메텔루스 네포스가 앙심을 품고 그와 적대시하고 있었다. 또한 브룬디시움에 폼페이우스가 도착했을 때만 해도 원로원은 막강한 군사력을 보유하고 있는 폼페이우스가 두려웠으나, 군대를 해산한 지금에는 폼페이우스가 더 이상 두려운 대상이 아니었다. 그뿐만 아니라 원로원은 폼페이우스가 이탈리아에 도착하여 군대를 해산한 것이 그의 성품이나 기질을 반영한 것이 아니라, 원로원의 권위와 힘에 굴복하여 어쩔 수 없이 군대를 해산하게 되었다고 편리하게 생각하고 있었다.

○ 폼페이우스는 실리보다는 명예와 명성을 존중하는 사람이었다. 어쩌면 그것은 허영을 좇는 일인지 모른다. 그는 집정관도 지낸 적이 있고, 개선식도 치른 적이 있긴 했지만 이번처럼 집정관에 출마할 것인가 아니면, 개선식을 거행할 것인가 하는 강요된 선택에서는 개선식을 택했다. 그에게 이번 개선식은 3번째 개선식이었다.(註. 히스파니아에서 돌아온 카이사르가 똑같은 선택을 강요받았을 때, 그는 실리적인 집정관 입후보를 택했다.)

○ 승장이었음에도 원로원과 정적들로부터 정치적으로 궁지에 몰린 폼

페이우스는 호민관들에게 기대고 모험심이 강한 젊은이들과 논의할 수밖에 없었다. 이들 중 가장 대담하면서도 지독한 자가 클로디우스였다.(註. 클로디우스는 카이사르의 두 번째 부인이었던 폼페이아를 연모하여 몰래 카이사르의 집에 침입했다가 폼페이아가 바람이 났다는 소문을 낳게 할 만큼 자유분방한 자였다. 그 소문 때문에 폼페이아는 카이사르에게 이혼당했다. 이 일로 클로디우스는 기소되어 재판을 받게 되자 그 당시 자신은 로마에 없었다고 주장했다. 게다가 피해자인 카이사르가 클로디우스의 가택 침입을 슬쩍 넘어가려고 했던 반면에 키케로는 클로디우스의 주장이 거짓임을 입증하기 위해 불리한 증언을 했다. 이때 클로디우스가 배심원들에게 엄청난 뇌물을 써서 무죄 판결을 받아 가까스로 풀려나자, 재판을 맡았던 루타티우스 카툴루스는 뇌물을 받아 챙긴 배심원들에게 귀갓길에 돈을 보호할 호위병이 필요하지 않겠느냐고 빈정거리기도 했다.) 앞에서 서술했듯이 원래 그는 귀족이었으나 호민관이 되기 위해 평민의 양자로 입양된 자였다. 평민의 권리를 수호하는 호민관은 귀족이 아닌 평민 계급만이 될 수 있었기 때문이다. 그는 폼페이우스를 민중의 혼란 속에 내던졌고 포룸에서 벌어지는 선거와 정쟁 속에 나뒹굴도록 만들었다. 즉 폼페이우스를 이리저리 끌고 다니며, 평민들의 만족과 기쁨을 위해 제안된 법을 승인하도록 이용한 것이다. 그뿐만 아니라 그는 폼페이우스를 돕고 있다는 이유로 보상까지 요구했으나, 실상은 폼페이우스의 권위에 먹칠하고 망신을 주고 있을 뿐이었다.

○ 부하들의 농지 분배와 동방 재편성안에 대한 원로원의 탐탁지 않은 태도로 휘하 병사들과 동방 속국에게 체면을 구기게 된 폼페이우스는 정략결혼으로써 정치적 위기를 벗어나려 했다. 그래서 카토에게

두 명의 질녀 중 한 명을 아내로 삼고 다른 한 명은 며느리로 삼고 싶다고 제의했다. 그러나 그는 9살이나 어린 카토로부터 쌀쌀맞게 거절당하고 말았다.(註. 폼페이우스가 제의한 것은 카토의 질녀가 아니라 두 딸이라는 말도 있다.)(註. 카토는 카이사르의 애인인 세르빌리아 마이오르와 이부 남매 사이였다. 세르빌리아는 마르쿠스 브루투스를 낳았고, 브루투스의 여동생 유니아는 카시우스 론기누스와 결혼했다. 즉 훗날 카이사르 암살의 주역이 되는 브루투스와 카시우스는 처남 매부 사이였다. 카토는 폼페이우스의 결혼 제의를 거절했지만, 클로디우스의 동생 클로디아와 이혼한 후에 혼자였던 정치적 동지 루쿨루스에게는 기꺼이 누이 세르빌리아 미노르를 주었다. 하지만 세르빌리아가 언행이 경박하고 방탕하여 오래도록 함께 살지 못하고 루쿨루스에게 이혼당했다.) 카토는 폼페이우스처럼 대단한 위세에 있는 사람과 혼인을 수락한다면 뇌물을 받는 것과 같다는 핑계로 거절한 것이다. 하지만 그의 아내와 누이는 폼페이우스와 사돈이 되지 못한 것을 못내 서운해하며 카토에게 불만을 표시했다.(註. 로마 사회의 상류층에서는 정략결혼이 비일비재했다. 호르텐시우스는 카토의 집안과 결혼으로 맺어지기를 원했으나, 카토가 이미 결혼했고 또한 카토의 집안에 자신과 결혼할 여자도 없자, 기상천외하게도 카토의 아내 마르키아를 달라고 졸라 자신의 아내로 맞았다. 더군다나 그때 마르키아는 카토의 아이를 잉태하고 있었다. BC 50년 카토는 호르텐시우스가 죽고 난 후 아내를 다시 찾아왔는데, 그렇게 한 이유가 정략상 어쩔 수 없이 호르텐시우스에게 준 아내를 다시 찾아온 것이겠지만, 정적들은 그녀가 호르텐시우스의 상속자를 맡은 까닭으로 엄청난 재산을 물려받았기 때문에 카토가 다시 아내로 맞은 것이라고 비난했다. 카토의 아내 마르키아는 아우구스투스의 의붓아버지인 필립푸스의 전처가 낳은 딸이었다. 카토의 첫 아내는 아틸리아였는데 그는 아내가 부정을 저지르자 이혼한 후 마르키아와 재혼했다.) 여하튼 이 일로 인해 폼페이우스는 자신의 존엄성에 큰 상처를 남기며 로마 시민들에게 웃음거리가 되었고, 알바의 별장에 틀어박혀 로마에는 얼굴도 내비치지 않았다. 이렇듯 이제까지 야전군 지휘관으로서 살았던 폼페이우스는 험난한 로마 정치판에서 살아남으려면 권모술수가 판치는 정치의 정식 교육기관(註. '로마 원로원')에서 닦은 공부가 턱없이 부족했던 것을 철저히 깨달았다.

○ 결과론이지만 카토가 폼페이우스의 청혼을 거절한 것은 심각한 잘못이었다. 폼페이우스는 카토 집안과의 결혼에 실패하자 카이사르의 딸과 결혼했고, 이는 엄청난 권력을 가진 두 사람과 크라수스가 작당하여 국가의 권력을 통째로 주무르는 결과를 낳았기 때문이다. 만일 카토가 폼페이우스의 작은 흠을 관대하게 바라보고 두 집안이 결혼으로 맺었다면 삼두 정치라는 괴물은 세상에 태어나지 않았을 테고 제정의 성립은 훨씬 뒤로 미루어졌으리라.

로마에서 루쿨루스의 삶

≪루쿨루스의 사치는 미트라다테스 전쟁에서 승리로 얻은 전리품 때문에 가능했다. 그는 한창 일할 나이에 국가를 위해 무엇인가 보탬이 되기를 거부하고 안락함에 안주하여 호사만을 누렸기에 비난받아 마땅했다. 그러나 루쿨루스는 자신이 누리고 있는 사치와 화려함을 다

른 사람들에게 넉넉히 베풀고 자신의 호화스러움을 아낌없이 나누어 주는 데 인색하지 않았기에 비난의 대상은 될지언정 처벌의 대상은 피할 수 있었다.≫

○ 폼페이우스에게 소아시아의 군사 지휘권을 넘기고 로마로 귀환한 루쿨루스는 클로디아(註. 호민관 클로디우스에게는 3명의 누이가 있었다. 그 누이들은 모두 클로디우스의 여성형인 클로디아로 불렸다.)와 이혼하고 카토의 누이 세르빌리아와 재혼했다. 카토는 폼페이우스가 아내로 삼고 싶다며 조카딸을 달라고 청했을 땐 쌀쌀맞게 거절하여 웃음거리로 만들더니만 루쿨루스에게는 선뜻 혼인을 허락한 것이다. 그것은 루쿨루스와 카토가 힘을 합쳐 폼페이우스, 카이사르, 크라수스의 동맹에 저항하는 동지였기 때문이기도 했다. 그러나 세르빌리아는 클로디아만큼 악하고 방탕했으며, 루쿨루스와 세르빌리아의 결혼생활도 불행했다. 카토를 생각해서라도 참으려 했지만, 결국 루쿨루스는 세르빌리아와 이혼하고 말았다.(註. 루쿨루스와 결혼한 세르빌리아는 작은 세르빌리아란 의미에서 '세르빌리아 미노르'라고 불리며 카이사르의 평생 연인이자 마르쿠스 브루투스의 어머니는 큰 세르빌리아란 의미로 '세르빌리아 마이오르'라고 했다. 즉 그 둘은 자매 사이였다. 세르빌리아의 어머니 리비아는 퀸투스 세르빌리우스 카이피오와 결혼했지만 남편과 오빠인 호민관 드루수스 간에 관계가 악화되자 이혼하고 카토 집안과 재혼했다. 따라서 세르빌리아는 카토에게 어머니가 같고 아버지가 다른 이부 누나였다.)

○ 로마 원로원은 군사적 명성과 정치적 영향력을 지닌 루쿨루스가 폼페이우스에 대항하여 과두정을 지지해 줄 것을 기대했었다. 그러나

루쿨루스는 모든 나랏일에서 손을 떼고 사치스럽고 호화로운 삶을 살아가는 데 만족했다. 이는 자신으로서는 고치기 힘들 만큼 로마 사회의 병폐가 깊었다고 생각한 것일 수도 있고, 이제까지 전쟁터에서 수많은 위험과 고생을 겪었으니 더 이상의 업적이 필요치 않다고 생각한 것일 수도 있다.

○ 루쿨루스의 생활은 술잔치와 만찬, 환락 그리고 호화스런 건물, 정원과 산책 시설, 목욕탕, 그림과 조각상에 관한 것들이었다. 그의 호화로운 정원과 별장은 다른 로마의 지도자들의 정원과 비교해 보아도 화려했으며 대단했다. 그 화려함에 놀란 스토아 철학자 투베로는 루쿨루스를 토가 입은 페르시아 왕 크세르크세스라고 비꼬았다.

○ 그렇다고 해서 루쿨루스가 자신이 가꾼 화려함과 호화스러움을 혼자서만 즐기지는 않았다. 수시로 로마의 지도자들을 초대하고 그리스의 지식인들에게 베풀었다. 한번은 로마의 한 관리가 공연을 계획하면서 합창단에게 입힐 자줏빛 옷을 루쿨루스에게 부탁했다. 루쿨루스는 그런 옷이 자기한테 있는지 알아보고 연락하겠다고 말했다. 다음 날 그는 그 관리에게 몇 벌이 필요한지 물었고, 백 벌이면 충분하다는 관리에게 그 두 배를 가져가도 좋다며 호기롭게 말했다. 또한 루쿨루스가 날마다 먹는 식사는 염색한 의자 덮개와 보석으로 장식한 술잔, 다양한 종류의 고기와 요리로도 모자라 합창대와 시를 낭독하는 배우를 두기까지 했다.

○ 그러나 로마의 정계에서는 루쿨루스의 사치스런 생활을 탐탁지 않게 생각하는 사람들이 많았다. 폼페이우스가 병상에서 투병할 때 치료를 하던 의사가 지빠귀 고기를 먹어야 나을 수 있다는 처방을 내렸다. 폼페이우스를 보필하는 사람들이 말하기를 지금의 계절로서는 루쿨루

▎루쿨루스 정원 상상도

스의 사육장에서 키워 놓은 지빠귀를 얻어 올 수밖에 없다고 했다. 폼페이우스는 자신의 정적 루쿨루스에게 지빠귀를 얻어 오는 것을 허락하지 않았다. 대신에 구하기가 좀 더 쉬운 것으로 처방을 내려 달라고 의사에게 부탁하면서 이렇게 쏘아붙였다. "이 폼페이우스가 루쿨루스의 사치 덕택에 살았다는 소리를 들어서야 되겠습니까?"

○ 정치적 동지였고 처남이었던 카토는 루쿨루스의 화려한 삶과 일상에 대해 그다지 싫은 기색을 하지 않았다. 한번은 어떤 원로원 의원이 갑자기 검약과 절제에 관해 지루하게 연설을 늘어놓자 카토는 일어나더니만 이렇게 말을 잘라 버렸다. "그만하시죠. 당신은 크라수스의 방식으로 돈을 벌어 루쿨루스처럼 살고 있으면서, 말은 카토처럼 하는군요!"(註. 크라수스가 축재했던 방법은 정의롭지 못하여 비난의 대상이 되었으며 카토는 검약한 것으로 정평이 나 있었다.)

○ 루쿨루스는 많은 사람들이 어떻게 생각하든지 스스로의 생활 방식을 즐겼고 자랑스럽게 여겼다. 그러나 그가 행한 일 중 보람되고 후세에 좋은 일도 있었다. 그것은 도서관 건립에 대한 것이었는데, 미트라다테스를 정벌할 때 가져온 책을 비롯하여 귀중한 도서들을 구입한 다음 모두에게 개방하고 도서관 주변의 회랑과 연구실을 누구든 아무런 제지 없이 이용할 수 있게 했다. 또한 루쿨루스는 도서관을 찾아온 학자와 정치가들에게 필요한 도움을 주곤 했고, 모든 철학 이론을 귀중하게 여겼으며, 모든 학파에 대해 우호적이었다.

○ 그러나 폼페이우스와는 간혹 식사에도 초대하고 정담을 나누기도 했지만 정치적으로 적대 관계는 계속되었다. 폼페이우스는 동고동락한 부하 병사들에 대한 토지 분배를 비롯한 만족할 만한 수혜적 조치와 동방 재편성과 같은 야심찬 계획들이 무산되자 분노했다. 폼페이우스 측은 베티우스라는 자를 내세워 그가 루쿨루스의 사주를 받아 폼페이우스를 암살하려 했다고 누명을 씌웠다. 하지만 루쿨루스의 성품과 기질을 알고 있는 시민들은 그들이 베티우스를 내세워 악의가 담긴 거짓을 꾸며 내고 있음이 틀림없다고 굳게 믿었다. 이것은 루쿨루스가 로마에 거주하면서 얻은 평판의 결과였다.

○ 루쿨루스가 유별나긴 했지만 사실 로마인들의 사치와 향락은 대단했다고 볼 수밖에 없다. 로마가 지중해 세계를 제패하자, 모든 값비싼 물건과 사치와 향락이 로마로 몰려들어 시민들을 유혹하고 탐욕과 쾌락의 늪에 빠지게 했다. 1세기의 스토아 철학자 세네카조차도 자신이 저택에서 사치와 풍요 그리고 쾌락을 누리며 산다는 비난을 받을 만했다고 자인해야 했다. 그가 사치를 자인한 것은 늘 잔칫상 같은 식탁, 으리으리한 가구들, 대규모 실내 조류 사육장, 과실보다는

그늘을 위해 심은 나무들, 자신의 나이보다 더 오래된 와인, 평민 가정의 1년치 수입과 맞먹을 정도의 값비싼 여인의 귀걸이, 저녁 만찬에서 노예의 시중을 받으며 고기 써는 일 하나로 이력이 난 조리사가 직접 잘라 주는 고기로 배를 채우는 것 등을 일컬었다. 이렇듯 로마인들은 사치와 향락에 사로잡혀 선조들이 이제껏 지켜 왔던 검소와 절제의 덕성을 언제라도 패대기칠 태세가 되어 있었다.

제1차 삼두 정치(트리움비라투스triumviratus)(BC 60년)

≪정치적 야망을 위해 수단과 방법을 가리지 않던 카이사르는 폼페이우스 세력을 등에 업고 집정관 선거에 나섰다. 그리고 그는 권력의 균형이 흔들리지 않도록 재계의 수장인 크라수스를 합류시키는 세밀함까지 놓치지 않았다. 이로써 공화정이 무너지는 소리가 모든 로마 세계에 울려 퍼졌고, 당시 로마인들은 삼두 정치를 3개의 머리가 달린 괴물이라고 표현하며 분노했다. 그도 그럴 것이 여기서 한 발짝만 더 나아가면 바로 그곳이 전제정의 낭떠러지였기 때문이다.≫

○ 카이사르는 히스파니아 총독 재임 시절의 승전을 기념하기 위한 개선식마저 포기하고 BC 59년도 집정관이 되기 위해 출마를 결심했다. 개선식은 평생에 걸쳐 한 번 있을까 말까 한 기회이고 집정관 선거는 매년 치르는 일이었지만 그는 명예보다는 실리를 선택한 것이다. 개선식과 집정관 입후보를 동시에 할 수 없었던 이유는 개선장군은 개

선식 날까지 성 밖에 머물러야 한다는 규칙이 있어 집정관 입후보 등록을 할 수 없었기 때문이다. 물론 집정관 입후보 등록 장소는 로마 성안에 있었으며, 타불라리움(tabularium)이라고 불리던 공문서 보관소였다. 타불라리움은 타불라(tabula)가 투표의 득표 기록판을 일컫는 데서 유래했고, 술라 때부터 선출직 행정관들이 입후보할 때 반드시 입후보 등록을 하도록 규정되었으며, BC 62년 이후에는 본인이 직접 입후보 등록을 해야 했다. 처음으로 집정관에 출마한 카이사르는 검투사 경기 등을 열어 인기는 있었지만 지지도에서는 도저히 승산이 없었다. 게다가 카이사르가 집정관 선거에 나서자 반대파들은 똘똘 뭉쳐 2명의 경쟁자를 출마시키고 있었다.

○ 따라서 카이사르는 혼자의 힘만으로는 집정관 당선이 어렵다는 것을 깨닫고 정치적 동맹이 맺고자 했다. 우선 그는 유능한 장군이기는 했지만 정치적이지 못했던 폼페이우스에게 접근했다. 그러면서 폼페이우스가 옛 부하들을 동원하여 자신을 집정관에 당선시켜 준다면 폼페이우스 옛 부하들에게 농지를 분배하고, 폼페이우스가 조직한 동방 재편성안을 승인하겠다는 밀약을 맺었다. 하지만 한편으로 걱정거리가 있었다. 만약 폼페이우스가 처박혀 있던 알바의 별장에서 나와 정치 활동을 한다면 막강한 클리엔스들을 거느리고 있던 그와 자신과는 힘의 균형을 이룰 수 없다고 판단했다. 그뿐만 아니라 크라수스와 폼페이우스가 서로 아옹다옹 다투는 것을 보고 두 사람 중 한 명을 선택하면 다른 한 명과는 적이 되어야 한다는 것을 깨달았다. 결국 그는 두 사람을 화해시켜 힘을 모아야겠다고 생각하기에 이르렀다. 따라서 카이사르의 행위 자체는 칭찬받을 만했지만 동기가 불순했다고 볼 수 있었다.

○ 이러한 판단에서 카이사르는 폼페이우스와 경쟁 관계에 있던 크라수스를 집정관 선거의 비밀 협약에 참여시키기로 마음먹었다. 그 당시 크라수스는 기사 계급으로 짜인 아시아 속주 징세업자들이 세수 부진으로 손실을 입게 되자, 원로원을 통하여 입찰금 감액을 요청했지만 쉽게 수용되지 못하고 있어 이를 해결하기 위해 노력하던 중이었다. 기사 계급의 대표격인 크라수스의 요청에 키케로는 입찰금 감액은 부낭하지만 기사 계급들을 원로원의 적으로 만들지 않기 위해서는 그의 요구를 들어주어야 한다고 생각했다. 하지만 원로원에서 막강한 영향력을 행사하고 있던 카토가 요지부동이었다. 그러자 키케로는 탄식하며 말했다. "카토는 이곳 로물루스의 오물 구덩이가 아닌 플라톤의 이상 국가에서나 어울릴 사람이구나!" 이 상황을 알고 있던 카이사르는 동방 재편성안이 승인되면 기사 계급의 이익에 도움이 되도록 징세업자들의 입찰금을 감액할 수 있으리라고 크라수스를 설득하여 그를 집정관 선거의 비밀 협약에 참여시키는 데 성공했다. 이로써 3명이 정치적 힘의 균형을 이루며 삼두 정치의 밀약이 성립되었다.

○ 삼두들은 서로 간에 손해를 끼치지 않는 목표만을 추구하기로 했다. 폼페이우스는 자신의 휘하에 있던 퇴역병들에게 나누어 줄 토지와 동방 재편성안의 승인을, 크라수스는 자신이 기사 계급의 대표격인 만큼 징세업자(푸블리카누스publicanus)의 계약금을 낮추어 주기를 (註. 로마의 징세권은 원로원 명령에 의해 감찰관에게 있었다. 감찰관은 공개경쟁입찰을 실시하여 가장 많은 액수를 제시한 징세업자에게 낙찰시켰으며, 낙찰자는 자신이 제시한 입찰 가액을 선불로 국가에 납부한 다음 속주민들에게 징수 절차를 밟았다. 징세업자와의 계약 기간은 5년이었고 징세업자는 5년치의 액수를 일시불로 국가에 선납하거나 일정한 액수

로 나누어 매년 납부했다. 만약 속주민들이 납세하지 못하면 징세업자는 압류권을 행사했는데, 2세기 말 이후에는 직접적인 압류 행위가 금지되고 재판에 의해 결정되어야 압류가 가능했다. 키케로는 크라수스가 계약금을 낮추어 달라고 원로원에 요구하자, 이는 창피하기 짝이 없는 짓이고 소견머리 없음을 고백하는 것과 같다고 비난했다. 그러면서도 그는 계약금을 낮추는 것에 대해 찬성했는데, 이는 원로원의 힘을 무너뜨리려 하는 자들과 싸우기 위해서는 기사 계급인 징세업자들의 지지가 필요하다고 생각했기 때문이다. 여하튼 이 일로 그는 징세업자들의 계약금을 결코 낮추어서는 안 된다는 카토와 힘겨운 논쟁을 겪어야만 했다.), 그리고 카이사르는 속주와 군대의 지휘권을 원했다. 이들 3명이 성립시킨 제1차 삼두 정치는 훗날 옥타비아누스, 안토니우스 그리고 레피두스가 공조했던 제2차 삼두 정치와는 달리 공식적인 정치 체제로서 탄생한 것이 아니라, 권력을 가진 3명이 서로 밀약한 형태였다. 카이사르는 키케로에게도 접근했으나, 키케로는 정중히 이를 거절했다. 공화정 옹호자인 키케로는 삼두들의 밀약이 공화정 체제에 위해를 주는 것임을 단박에 알아차렸기 때문이다.

굴욕을 당한 집정관 비불루스(Bibulus)(BC 59년)

≪카토와 비불루스 그리고 루쿨루스 등 공화파들의 맹공에도 불구하고 카이사르는 모든 어려움을 뛰어넘었다. 그리고 마침내 자신이 갈망했던 군대의 지휘권을 얻게 되자, 이제는 그 누구도 무시할 수

없는 위세를 얻었다. 거침없이 막가는 카이사르의 행보에 수모를 받은 동료 집정관 비불루스는 카이사르를 향한 원한이 뼈에 사무쳤고, 그 대단한 카이사르의 포용력과 천재성도 비불루스의 앙심을 끝까지 되돌리지 못했다.≫

○ 앞서 서술한 대로 카이사르는 BC 59년도 집정관에 선출되기 위해 BC 60년 집정관 선거에 출마하기로 결심했다. 그의 결심은 로마 남성으로서는 최고의 영예였던 개선식마저 포기하고 선택한 결정이었다.(註. 개선식은 로마의 장군으로서는 최대의 영예였다. 전쟁에서 승리한 장군은 병사들에게 임페라토르라는 칭호를 받고 원로원에게는 카리톨리누스 언덕까지 전리품을 이끌고 행진할 수 있는 권리를 부여받았다. 개선장군은 얼굴을 유피테르처럼 붉게 칠하고 네 필의 말이 끄는 전차를 타고 시내로 들어와서 행진했다.) 당시 선거는 투표 장소인 마르스 광장을 뇌물의 홍수로 떠내려가게 하겠다고 장담한 삼두들은 말할 것도 없고, 강직하고 절개 굳은 깐깐한 원칙주의자 카토조차도 비불루스를 당선시키기 위해 엄청난 돈을 뿌릴 만큼 뇌물이 판쳤다. 함께 출마한 루케이우스는 카이사르를 적극 지지했다. 그러나 결과는 삼두의 밀약을 등에 업은 카이사르는 당선되었지만 루케이우스는 낙선했고, 카토의 사위로 삼두의 정적들이 내세운 비불루스(Marcus Calpurnius Bibulus)가 동료 집정관에 당선되었다. 이렇게 되자 카이사르의 법안에 비불루스가 사사건건 발을 걸 것이 불을 보듯 뻔해졌다.

○ 그래도 카이사르는 임기 초반에는 정적들을 자극하지 않도록 온건하게 대하면서 자신의 목표를 달성하기 위해 많은 노력을 기울였다.(註. 2명의 집정관은 매달마다 번갈아 가며 집정관 업무를 주관했다.

가장 많은 표로 당선된 카이사르가 관례에 따라 2명의 집정관 중 먼저 집정관 업무의 주도권을 가졌다.) 물론 그는 동료 집정관 비불루스에게도 그리고 원로원에서도 정중하게 처신했다. 또한 모든 일마다 정적들의 의견을 묻고는 이를 조정하고 협의하며 필요할 경우 수정했다. 하지만 카이사르는 곧 자신의 온건한 법안조차도 끊임없이 논쟁거리가 되고 방해를 받자 강경해졌고, 바로 풀어 주기는 했으나 정적들의 대표격인 카토를 체포하여 구속하기도 했다.

○ 그러다가 삼두 간에 밀약한 폼페이우스 휘하의 퇴역병에게 분배할 농지 법안을 민회에 상정하려고 했을 때 완고한 원칙주의자였던 비불루스는 집정관 권한을 이용하여 법을 제정할 수 있는 길을 막으려고 했다. 그러자 카이사르는 오랫동안 기다려 왔던 핑계거리가 이제야 마련되었다는 듯이 큰 목소리로 하소연하면서 비불루스의 반대를 무시하고 법안을 민회에 제출했다. 민회가 열리는 날 로마 광장은 굉장한 인파로 가득 찼다. 법안이 상정되자 세 명의 호민관이 거부권을 행사했다. 그러자 민중의 웅성거림은 곧 분노의 소리로 폭발했다. 모여든 민중의 대부분이 폼페이우스 휘하의 퇴역병들이었기 때문이다. 카이사르는 투표를 잠시 중단시키고, 짐짓 모른 척하면서 폼페이

로마 광장의 연단

우스를 바라보며 "호민관들이 거부권을 행사했는데 혹시 다른 조치가 준비되어 있소?"라고 물었다. 그러자 폼페이우스는 손을 허리춤의 검에 갖다 대면서 말했다. "민중의 뜻을 거스른다면 그 누구라도 검을 뽑아 드는 데 주저하지 않겠소." 이 말에 호민관들은 놀라서 얼굴빛이 하얗게 질리며 더 이상 말을 잇지 못하자, 비불루스가 연설을 하려고 연단에 뛰쳐 올라갔다. 그러나 그가 입을 떼기도 전에 카이사르 지지자들에게 떠밀려 연단에서 떨어지고 성난 민중의 주먹이 그의 얼굴을 강타하자, 그는 목을 드러낸 채 카이사르를 막지 못한다면 차라리 죽음으로써 이 폭거를 얼룩지게 하겠다고 소리쳤다. 하지만 어떤 자가 그의 머리에 오물을 뒤집어씌웠고, 이어서 난폭한 자들이 비불루스의 호위병들을 덮쳐 집정관을 상징하는 파스케스를 박살냈다. 이윽고 화살까지 날아다녀 수많은 부상자가 발생했다.

○ 아수라장 속에서도 그날 민회는 그 법안을 통과시켰고 카이사르는 통과된 법을 선포했다. 이러한 카이사르의 행동은 집정관보다는 오히려 호민관과 같았으며, 그것도 과격한 호민관에게나 어울리는 행동이었다. 2명의 집정관이 매달마다 바꿔 가며 주도권을 행사하는 관례에 따라 비불루스가 다음 달 집정관 업무를 주관하게 되었을 때, 그는 원로원 회의를 소집하고 카이사르의 행위를 문제 삼아 그를 집정관직에서 해임하려고 했다. 하지만 시민들의 열광적인 호응을 보았고 폼페이우스와 크라수스의 호의를 입은 많은 의원들은 비불루스의 시도에 동의하지 않았다. 치욕스런 수모까지 당하고 마음이 상할 대로 상한 비불루스는 이때부터 로마의 정계에 나가지 않은 채 자신의 저택에 칩거했다. 그러자 세간에는 그해의 집정관이 카이사르와 율리우스였다고 비아냥거렸다.(註. 비불루스는 훗날 폼페이우스와 카

이사르가 대결할 때, 폼페이우스 편에 서서 해군을 지휘했으며 지독한 반카이사르 파가 되었다.)

○ 카이사르가 폭거 속에 통과시킨 그 법에는 원로원 의원이라면 그 법을 지키겠다는 엄숙한 맹세를 해야 한다는 조항이 덧붙었다. 만약 맹세하지 않는다면 지난날 메텔루스가 쫓겨났듯이 추방형을 당할 터였다. 민회가 있던 날 그곳에서 반대 의견을 개진했던 비불루스의 장인 카토는 맹세란 당치 않다며 분노했다. 카토의 고집을 잘 알고 있는 집안의 여인들이 눈물을 흘리며 카토에게 맹세할 것을 애원했지만 그는 요지부동이었다. 하지만 키케로가 그를 만나 하나가 전체를 거스를 수 없는 일이며, 맹세를 거부하더라도 이미 벌어진 일에 아무런 변화를 줄 수 없다면 무분별하고 어리석은 짓이라고 설득했다. 게다가 이제껏 조국을 위해 그토록 노력했지만 적에게 모든 것을 넘겨주고 조국을 떠나게 된다면 그것은 악행이라고 강조했다. 마침내 다른 사람들도 키케로와 비슷한 논리로 설득하자 카토는 맹세의 서약을 하게 되었다.

○ 농지법의 통과에 따라 강력한 지지 세력을 얻은 카이사르는 아시아의 세금 징수업자들에게 입찰금의 1/3을 경감해 주고, 호민관 바티니우스를 통해 자신을 5년간 갈리아 키살피나와 갈리아 나르보넨시스 그리고 일리리쿰의 총독으로 임명하는 법안을 통과시켰다. 그리하여 이탈리아 반도의 머리인 바로 북쪽에서 3개의 군단을 지휘하게 된 카이사르는 이제 어떤 정적도 함부로 위협을 가할 수 없는 강력한 존재로 변해 있었다.

클로디우스의 복수(BC 58년)와 키케로의 부동산

≪키케로는 법의 원칙을 준수해야 하는 로마의 관리이면서 법률가였다. 그는 타인에 대해서 엄격한 재판관의 자세를 보였지만, 법의 잣대를 남용했다. 그 결과 자신의 정치적 지위는 모두 부서지고 법의 족쇄를 차게 되었다. 그리고 어렵사리 마련한 부촌의 저택뿐 아니라 소유하고 있던 모든 부동산을 날리고 말았다.

인간 세계의 부조리는 제안 내용보다는 제안자의 힘에 따라 결정되는 데 있다. 셈프로니우스 법을 주장한 클로디우스는 매우 정당했지만, 만약 그가 집정관 카이사르의 지지를 받는 호민관이 아니었다면 정의의 목소리는 허공 속에 사라졌으리라.≫

○ 카이사르는 갈리아의 총독으로 떠나기 전에 자신이 제출하여 성립된 법안들을 정적들이 무효화하지 않도록 해 두고 싶었다. 그는 무엇보다도 키케로가 마음에 걸렸다. 그래서 키케로가 유창한 웅변술로 정국을 주도하지 못하도록 조치하기 위해 농지 위원회의 보수가 많은 자리를 제의했다. 하지만 키케로는 이 제의를 거절했다. 그러면서도 이런저런 정치적 위험에 직면한 키케로는 카이사르에게 자신을 군단장으로 임명하여 갈리아에 데려가 달라고 졸랐다. 이에 카이사르가 선뜻 승낙하자 이를 알게 된 호민관 클로디우스는 키케로가 자신의 세력권 밖으로 벗어나는 것을 못마땅하게 여겼다. 그래서 그는 이제까지의 대립을 버리고 상냥한 말로 다독거리며 정치를 하다 보면 그 정도의 불만은 아무것도 아니므로 서로가 유쾌하게 받아들일 수 있는 것이 아니냐며 키케로에게 친근하게 굴자, 키케로는 군단장직을

포기하고 로마에 눌러앉기로 결정했다. 카이사르가 키케로에게 당초 약속한 대로 함께 갈리아에 가자고 했지만 그는 막무가내였다. 결국 카이사르는 그에게 복수의 집념을 태우고 있던 클로디우스(Publius Clodius Pulcher)의 분노에 맡기기로 했다. 카이사르가 클로디우스를 다룰 수 있었던 것은 귀족이었던 그가 평민 가문의 양자가 되어 호민관이 될 수 있도록 도왔기 때문이다.

○ 이렇게 하여 키케로가 그대로 로마에 눌러앉자 BC 58년 마침내 호민관 클로디우스는 키케로에게 셈프로니우스 법 위반으로 공격의 포문을 열었다. BC 63년 카틸리나 역모 사건 때 집정관은 키케로였다. 그때 키케로는 역모 사건의 연루자를 상소는커녕 재판도 하지 않고 사형에 처함으로써 셈프로니우스 법을 위반한 것을 클로디우스가 문제 삼은 것이다. 카틸리나 역모 사건의 연루자 재판 때 카이사르가 셈프로니우스 법을 위반해서는 안 되며 '원로원 최종 결의(세나투스 콘술툼 울티뭄senatus consultum ultimum)'의 부당성을 주장했지만 받아들여지지 않았다. 그러나 BC 58년 카이사르가 전직 집정관의 지위에서 클로디우스를 부추겨 셈프로니우스 법의 위반을 지적하자 상황이 달라졌던 것이다.

○ 기소 위기에 놓인 키케로는 상복 차림으로 머리카락을 기른 채 시민들에게 탄원하러 다녔다. 키케로는 공화국을 전복시키려고 한 자들에게 공화국 로마의 법률을 적용시킬 수 없다는 논리를 내세웠으나 시민들은 설득되지 않았다. 게다가 클로디우스는 폭력배들을 거느리고 키케로가 가는 곳마다 따라다니며 상복 입은 그를 조롱하고 자갈과 진흙을 던져 탄원을 방해했다. 이렇듯 클로디우스의 공격을 받아 곤경에 처하자 키케로는 로마 근처의 알바누스 언덕의 별장에 머무르

고 있던 폼페이우스의 도움을 받고자 했다. 그는 먼저 사위 피소를 폼페이우스에게 보내 도와 달라고 호소한 후 곧이어 자신이 직접 찾아갔다. 하지만 폼페이우스는 키케로가 자신에게 도움을 청하러 온다는 것을 알고서는 미리 저택에서 빠져나갔다. 이렇듯 폼페이우스가 키케로의 어려움을 못 본 체한 것은 자신이 루쿨루스와 카토의 공격을 받자 클로디우스를 자기편으로 끌어들여 대항하려 했기 때문이다.

○ 이토록 클로디우스가 키케로를 공격한 것은 BC 62년 그가 보나 데아 축제가 열리고 있는 법무관 카이사르 집에 무단으로 침입한 사건과 관련이 있었다. 보나 데아 축제는 집정관 또는 법무관의 집에서 개최하던 것이 관례였고, 당시 카이사르는 법무관이면서 대제사장이었으므로 대제사장 관저가 그의 집이었다. 플루타르코스의 기록에 의하면 클로디우스는 카이사르의 아내인 폼페이아에 흠뻑 빠져 있었고 폼페이아도 싫어하지는 않았다고 한다. 따라서 보나 데아 축제가 카이사르 집에서 치러지고 있을 때 여장한 클로디우스가 폼페이아 하녀의 도움을 받아 집 안에 들어올 수 있었다.(註. bona dea는 '선한 여신'이란 의미이며, 보나 데아 축제는 여성의 다산을 기리기 위해 매년 12월 4일에 열렸으며 여성들만 참석이 가능했다.) 하지만 폼페이아의 하녀가 클로디우스를 안내하여 집 안의 구석에 세워 놓고 폼페이아를 부르러 간 사이에 클로디우스가 집 안의 이곳저곳을 기웃거리다가 다른 하녀에게 들키고 말았다. 이로써 두 남녀의 관계가 세상에 알려지자 지도층 인사들은 클로디우스의 불경죄를 처벌해야 한다며 들고 일어났다. 하지만 정작 피해 당사자인 카이사르는 슬쩍 덮어 두려 했으나 카토가 클로디우스를 신성모독죄로 고발하여 법정에 세웠다. 키케로는 그런 일이 발생된 것을 개인적으로는 장난으로 여겼지

만 재판의 증인석에서는 클로디우스에게 불리한 증언을 했고, 범죄 사실을 꼬치꼬치 따져 곤란을 겪게 만들었던 적이 있었다. 그때 클로디우스는 크라수스의 도움을 받아 배심원들에게 뇌물을 주어 겨우 무죄 판결을 받아 낼 수 있었지만, 키케로에 대한 앙금은 그대로 남아 있었다.(註. 그뿐만 아니라 사람들이 몹시 붐비는 어떤 모임에서 클로디우스가 "서 있을 자리도 없군." 하자, 옆에 있던 키케로가 "그럼 집에 가서 당신 누이 옆에 눕지 그러시오."라며 비꼬았다. 이는 루쿨루스가 클로디우스의 막내 여동생이자 아내인 클로디아가 클로디우스와 동침했다고 여자 노예들을 내세워 고발했으므로 키케로는 클로디우스가 근친상간을 범했다고 의심했던 것이다. 이런 일들로 인해 클로디우스는 키케로에게 앙심을 품고 있었다.)

○ 애초에 키케로는 클로디우스와 친구 사이였다. 키케로가 카틸리나와 분쟁 중에 있을 때 클로디우스는 키케로를 도왔고 보호하기까지 했다. 그런데도 키케로가 이렇게 한 것은 그의 아내 테렌티아와 클로디우스의 누이 클로디아가 서로 다투고 있었기 때문이다. 테렌티아는 클로디아가 키케로를 유혹하고 있다고 생각했다. 게다가 성격이 드센 테렌티아가 키케로를 마음대로 주무르고 있었으므로 키케로는 아내가 시키는 대로 클로디우스에게 불리한 증언을 한 것이다. 그래서 클로디우스는 남의 잘못을 용서하지 못하는 성격에다가 키케로에게 묵은 감정까지 쌓여 있었던 것이다. 더군다나 그는 당시 로마에서 가장 부도덕하고 교활하며 대담한 부류에 속한 사람이었으며, 예전에 루쿨루스의 미트라다테스 정벌을 방해하기 위해 병사들을 선동했던 자이기도 했다.

○ 공화정 시대의 팔라티누스 언덕은 유력하고 부유한 로마 시민들의 저택이 늘어선 고급 주택가였다. 그곳에 거주하는 사람은 로마의 지

도층으로 인식되는 만큼, 지방 출신으로 로마에 상경하여 변호사로 출세한 키케로는 빚까지 얻어 350만 세스테르티우스에 달하는 팔라티누스 언덕의 저택을 소유했었다. BC 62년 그는 그 저택을 제1차 삼두 정치의 한 명인 크라수스(Marcus Licinius Crassus)에게서 사들였는데 한때는 BC 91년 당시 호민관이던 드루수스(Marcus Livius Drusus)의 소유였었다. 그럼에도 로마의 양심이자 철학자였던 키케로는 자신의 팔라티누스 언덕의 저택은 사치와 호화스러움에서 부끄러울 정도가 아니라고 하면서, 상대적으로 훨씬 값비싼 저택을 구입한 사람들에게 사치와 타락에 물들어 돈을 흥청망청 쓴다고 비난했다. 그는 아르피눔에 조그만 별장과 네아폴리스에 소규모의 농장을 가졌고, 아내 테렌티아가 지참금으로 가져온 10만 데나리우스와 유산으로 받은 9만 데나리우스가 전 재산이었다. 이는 로마에서 그리 큰 부자는 아니었고 검소하게 상류층 생활을 누릴 수 있는 정도였다.(註. 하지만 다른 기록에 따르면 키케로는 변호사 수임료로 연간 약 50만 세스테르티우스를 벌었고, 그가 유증받아 소유한 푸테올리에 있는 상점이 딸린 집은 연 8만 세스테르티우스의 수익을 가져다주었다고 한다. 이는 도시 근로자의 연수입이 720세스테르티우스 정도인 것을 감안하면 엄청난 수입이었다. 그러니까 요즘으로 치면 보통의 도시 근로자가 연 수입 3천만 원의 봉급생활자라면 키케로는 연 수입 240억 원에 달하는 사업가였다.) 실제로 루쿨루스는 1,000만 세스테르티우스를 주고 저택을 구입했고, 호민관 클로디우스의 저택은 무려 1,480만 세스테르티우스나 되었다. 어느 시대나 부촌은 존재했으며, 부촌에 진입하는 것은 계급 상승을 의미했다. 이는 서울의 평창동 · 한남동 · 압구정동 등이 상류층 거주지로 인식되는 것과 별반 다르지 않았다.

○ 결국 호민관 클로디우스의 공세로 재판 결과가 두려웠던 키케로는 로마를 탈출하여 그리스로 망명했으며, 그가 빚까지 져 가며 어렵사리 마련했던 팔라티누스 언덕 위의 호화 저택은 호민관의 명령으로 불태워져 잿더미가 된 후 자유의 여신에게 바치는 신전이 지어졌다. 그리고 키케로가 소유한 별장들은 모두 몰수되어 경매에 부쳐졌다. 다음 해 폼페이우스의 도움으로 키케로가 로마로 귀환했을 때 그의 저택을 돌려주고 국고로 개축했으나, 폭도들이 난입하여 공사 중인 키케로의 저택뿐 아니라, 옆에 있던 그의 동생 저택까지 불 질러 버렸다.

○ 또한 키케로가 망명하던 같은 해(BC 58년) 클로디우스는 카이사르 저택에 무단 침입한 죄로 자신을 법정에 세웠던 카토를 머나먼 키프로스섬의 총독으로 보냈다.(註. 이때 생질인 브루투스가 외삼촌 카토를 따라갔다.) 따라서 이는 사실상 추방이나 다름없었다. 당시 키프로스는 이집트 왕 프톨레마이오스 12세의 동생이 다스리고 있었는데, 카토가 그를 설득하거나 여의치 않으면 무기를 사용해서라도 섬의 통치를 넘겨받아야 했다. 하지만 다행히도 그곳의 통치자는 카토가 도착하기 전에 독을 마시고 자살했다. 아마도 나라를 빼앗기는 수모를 겪기 힘들었으리라.

○ 클로디우스는 카토를 키프로스섬으로 보내면서, 많은 사람들이 서로 그곳에 가고 싶어 하나 그 신설 속주의 재산을 정직하게 관리할 로마의 유일한 사람은 카토뿐이라며 품고 있던 분노를 칭찬으로 감추었다. 하지만 듣고 있던 카토가 이는 칭찬과 호의가 아니라 함정이자 모욕이라고 소리치자 그는 이렇게 답했다. "그렇게 생각한다면 처벌받는다고 생각하시고 다녀오십시오."(註. 플루타르코스는 클로디우스가 카이사르의 앞잡이 노릇을 했다고 주장했지만 학자에 따라서는 받아들

이지 않는다. 오히려 카토와 함께 그는 카이사르를 불신하여 카이사르가 집정관 시절 자행한 불법 행위의 책임을 묻겠다고 위협까지 했다는 것이다. 보나 데아 축제 때 저지른 클로디우스의 죄에 대해 카토가 비난하며 그를 법정에 세운 적은 있지만, 클로디우스와 카토는 비슷한 나이였고 서로 협조했으며, 따라서 키프로스 총독으로 가 달라는 클로디우스의 제안에 기꺼이 승낙하여 귀국 후에도 클로디우스와 카토가 적대감을 보인 적이 없다는 주장이다. 카토는 키프로스에서 프톨레마이오스 왕가의 재산을 꼼꼼하게 챙겨 로마의 국고를 크게 늘리고 BC 56년 귀환했다.)

○ 카이사르가 갈리아로 떠나자, 폼페이우스는 원로원의 지지를 받기 위해서는 키케로가 필요하다고 주장했고, 이에 따라 크라수스와의 싸움이 다시 불거졌다. 그러자 크라수스의 도움을 받은 적이 있던 클로디우스는 크라수스의 편에 서서 폼페이우스를 공격했다. 이에 폼페이우스는 연설가 키케로를 배신한 자신을 질책하며 그의 도움을

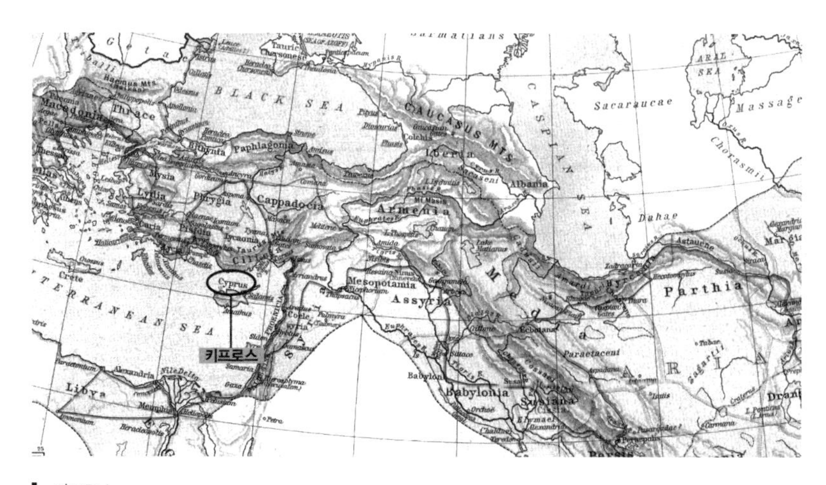

▎키프로스

받고자 귀국시키려고 온 힘을 다했다.

○ 마침내 BC 57년 폼페이우스는 키케로의 동생 퀸투스 키케로에게 형이 귀환하면 율리우스 법을 훼손하지 않겠다는 것을 보장받고 귀환을 허락하는 법안을 통과시켰다. 이때 클로디우스는 호민관의 자격으로 그 법안이 상정될 때마다 거부권을 행사했으며, 그것도 모자라 법무관인 형 아피우스가 거느리고 있던 검투사들을 동원하여 법안을 심의 중인 민회로 쳐들어가 마구 몽둥이를 휘두르며 난동을 부렸다. 이러한 혼란 중에 키케로의 동생 퀸투스 키케로는 죽은 자들 가운데 신원 미상의 시신으로 섞여 있다가 발견되어 목숨을 건지기도 했다. 결국 폼페이우스는 클로디우스의 거센 반발에 대항하기 위해 호민관 밀로의 도움을 받았으며, 법안의 통과는 밀로의 추종자가 클로디우스의 추종자들과 육박전을 벌여 겨우 이긴 결과였다.(註. 클로디우스는 호민관이 되자 기능별 조합인 콜레기움collegium 설립 금지를 해제했는데 다시 결성된 콜레기움 조합원들이 자신의 주된 추종자가 되었다.) 그런 우여곡절 끝에 키케로는 로마를 떠난 지 16개월 만에 되돌아올 수 있었다. 로마로 돌아온 그는 클로디우스가 호민관 시절에 남겨 두었던 기록을, 그가 없는 틈을 타 카피톨리움에서 강제로 꺼내어 갈가리 찢어발겼다.

헬베티족 대이동에 대한 카이사르의 판단(BC 58년)

≪주민의 재산과 생명이 담보되어 있는 정치적 결정을 해야 할 때는

선의나 악의 같은 감정을 보류해야 한다. 카이사르는 야박하게 보일지라도 통치 지역의 안전을 고려하는 것이 통치자가 생각해야 할 기본적인 사항임을 이해하고 헬베티족의 요청을 거절했다. 그럼에도 그는 갈리아족의 내분에 간섭했으며, 마침내 비참한 전쟁에 발을 내디뎠다. 로마가 참전한 것은 하이두이족이 지원을 요청했기 때문이라고 카이사르는 둘러댔지만, 이는 전쟁의 명분을 얻기 위해 로마가 여태껏 사용한 상투적인 방법이었다.≫

○ 집정관을 역임한 후에 대개는 속주 총독으로 부임하곤 했지만 카이사르의 정적들은 그의 날개를 꺾기 위해 이탈리아의 도로와 숲을 관리하는 한직을 부여하고자 했다.(註. 가이우스 그라쿠스가 제정한 법에 따르면 집정관직을 마친 자에게 배정할 속주는 그가 집정관 선거에서 당선되기 전에 결정된다. 따라서 카이사르 정적들은 카이사르가 집정관에 당선될 것을 고려하여 미리 한직으로 정했던 것이다.) 하지만 카이사르는 그냥 당하고만 있을 사람이 아니었다. 그는 호민관 바티니우스를 끌어들여 집정관 임무가 끝난 다음 속주 총독으로 가도록 민회에서 결정받고야 말았다. 카이사르가 집정관 임무를 마치면 갈리아 키살피나(이탈리아 북부)·갈리아 나르보넨시스(프랑스 남부)·일리리쿰(현재의 크로아티아) 3개 속주의 총독으로 부임하도록 결정된 것이다.

○ 이즈음 갈리아의 헬베티족이 게르만족의 침공을 피해 갈리아 서쪽인 브르타뉴 지역으로 이동하려고 했다. 그렇게 된 발단은 갈리아의 아르베니족과 세콰니족이 하이두이족을 무찌르고 속국으로 만들기 위해 게르만 용병을 고용한 데 있었다. 왜냐하면 게르만의 족장 아리오비스투스는 갈리아로 넘어온 12만 명에 달하는 게르만 용병의 세력

을 믿고 세콰니족 영토를 3분의 1이나 차지한 후 또다시 3분의 1을 달라고 요구했기 때문이다. 이렇듯 건방지고 거만한 아리오비스투스의 요구에 갈리아족들은 동맹을 맺어 저항했다. 그러나 아리오비스투스는 갈리아 동맹군을 무찔렀고, 그 후에는 더욱 잔인해져 인질을 요구하고 온갖 고문을 자행했다. 그런 이유로 게르만과 접해 있던 헬베티족은 살던 곳을 버리고 멀리 떠나 안전한 정착지를 원했던 것이다.(註. 카이사르의 주장에 따르면 헬베티족은 자신들의 용맹성에 비해 영토가 너무 작다고 생각했기 때문에 더 넓은 곳을 찾아서 정복한 후 정착하고자 부족 이동을 시도했다고 주장했다. 하지만 가당찮은 이 주장을 한 것은 아마도 헬베티족의 이동을 승인하지 않고 그들을 공격한 카이사르가 자신의 정당성을 주장할 필요가 있었기 때문이 아닌가 하고 추측된다. 인간이란 그곳의 생활이 부족함이 없다면 그냥 눌러앉아 있기 마련이다. 카이사르도 하이두이족의 디비키아쿠스의 말을 인용해 게르만의 아리오비스투스의 침공 때문에 또 다른 갈리아족들도 헬베티족의 경우처럼 이동할 수밖에 없다고 하소연하였음을 기록하고 있다. 이렇듯 갈리아의 혼란은 부족끼리의 경쟁보다는 주로 게르만족의 침입에 있었다. 그리고 결국 게르만 족장 아리오비스투스의 갈리아 침입은 카이사르의 로마군이 갈리아 전쟁을 시작하게 되는 원인이었다.) 그들은 2년의 준비 기간을 거쳐 12개의 도시와 400여 개에 이르는 부락들을 모두 불태우고 고향을 떠났다. 왜냐하면 고향의 모든 것을 없애 살던 곳에 대한 희망을 버리게 만들고, 이동 중에 어려움과 위험에 봉착하더라도 굳건하게 버틸 수 있기를 바랐기 때문이다. 헬베티족이 브르타뉴로 가려면 직선으로 서측으로 가는 방법이 있으나, 이 노정은 워낙 좁고 험한 길을 지나야 하고 강력한 세콰니족과 하이두이족의 본거지를 지나야 하기

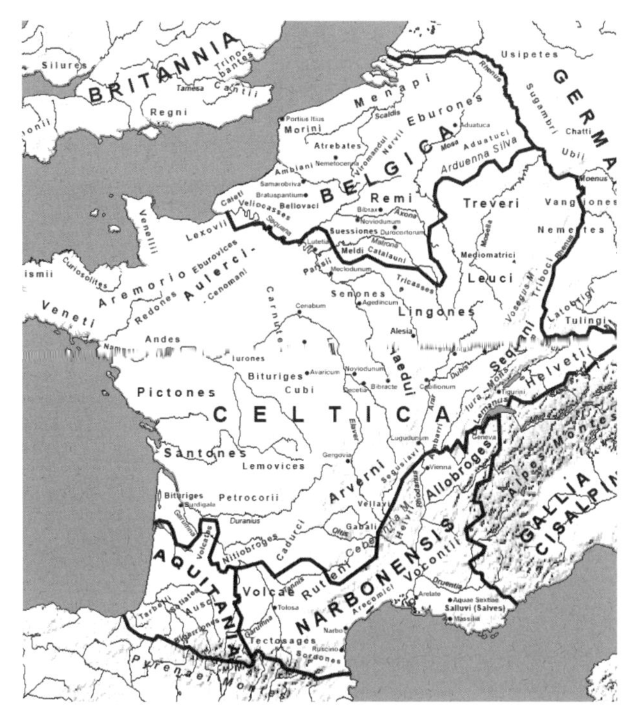

▍ 갈리아 부족 분포도

에, 갈리아 남부를 우회하기로 결정했다.

○ 다만 갈리아 남부는 로마의 속주였으므로 그곳 총독인 카이사르의 통행 허가가 필요했다. 하지만 카이사르는 헬베티족이 이동을 위한 통행 허가를 요구하자 거부했다. 그는 30만 명이나 되는 종족 집단이 이동하려면 통과하는 주변 주민들과 마찰이 필연적으로 발생하리라고 보았기 때문이다. 그렇다면 속주의 방위와 속주민의 안전 보장을 위해서 거부하는 것은 당연했다. 설령 그들이 목적지까지 무사히 간다고 하더라도 브르타뉴에 거주하고 있는 픽토네스족 및 산토니족과 정착지 쟁탈을 위한 전쟁이 일어날 수밖에 없다고 판단했다. 그러

한 전쟁이 발생한다면 전쟁을 피하여 난민들이 남쪽의 로마 속주로 밀려들 것이고, 그렇게 되면 속주의 안전도 보장할 수 없었기 때문이다. 또한 카이사르에게는 BC 107년 집정관 루키우스 카시우스가 헬베티족 중의 한 갈래인 티구리니족에게 패하여 집정관이 살해되고 병사들이 패전의 수치를 겪어야 했던 일까지 생각에 더해졌다.

○ 결국 카이사르는 로마인의 관습과 선례에 따라 어느 누구도 로마 속주인 갈리아 남부를 지나갈 수 없다고 선언했다. 그럼에도 헬베티족 병사 일부가 허락 없이 속주를 넘어오려다 로마군의 공격을 받고 물러났다. 이렇게 되자 헬베티족은 서측을 향해 직선으로 갈 것을 결정했다. 그렇게 하자면 세콰니족의 영토를 지나야 했는데, 그들은 우호적이었던 하이두이 족장인 둠노릭스에게 세콰니족의 영토를 통행할 수 있도록 설득하여 달라는 청을 넣었다.(註. 둠노릭스는 헬베티족의 부족장 오르게토릭스의 딸을 아내로 두었다. 그래서 하이두이족과 헬베티족은 결혼 동맹이 맺어져 서로 간에 우호적이었다.) 하이두이족은 헬베티족의 어려움을 도와주어야겠다는 단순한 판단으로 세콰니족을 설득하기로 결정했다. 결국 하이두이족의 노력으로 세콰니족으로부터 통과 허락을 받아 냈다.

○ 대규모의 민족 이동을 시작한 헬베티족은 세콰니족과 사소한 분쟁이 번지기 시작했으며, 하이두이족 영역까지 영향을 미쳐 약탈과 파괴가 판치는 전란의 형태를 띠기 시작했다. 영역 통과를 위해 중재를 했던 하이두이족은 그제야 후회했지만 이미 늦어 버렸다. 하이두이족은 카이사르에게 도움을 청했고, 이 사건은 카이사르가 갈리아 전쟁을 일으키는 시발점이 되었다.(註. 헬베티족은 민족 이동에 실패했고, 오늘날 스위스 국민들의 선조가 되었다. 오늘날 스위스의 공식 명칭

은 '헬베티카 동맹Confoederatio Helvetica'이다.) 하지만 생각해 보면 제1차 포에니 전쟁에서는 마메르티니가, 제2차 포에니 전쟁에서는 사군툼이 그리고 갈리아 전쟁에서는 하이두이족이 로마에게 지원을 요청했다. 로마의 전쟁 명분은 항상 그런 식이었다.

리스쿠스의 고백과 디비키아쿠스의 눈물(BC 58년)

≪동맹군의 배반자를 색출하여 처단하는 것은 위험하면서도 매우 어려운 일이다. 더군다나 둠노릭스는 부족의 자유와 영광을 위해 로마군과 싸워야 한다는 기치를 내걸고 부족민을 선동하며 부추겼다. 어쩌면 이것은 매우 정당한 논리다. 그러나 외교 정책이란 단순하게 설명되지 않는 법이며, 게다가 수많은 사람들의 목숨이 달려 있는 문제다. 로마군은 하이두이족의 요청으로 파병되었고, 동족인 헬베티족은 약탈과 폭동을 일으키고 있었다. 게다가 로마군은 당시 주변 세계에서 최강의 군대였고 카이사르는 뛰어난 장군이었다. 이 모든 사실에 근거하자면 둠노릭스는 정의로웠고, 반면에 리스쿠스와 디비키아쿠스는 현명했다.≫

○ 앞에서 서술했듯이 헬베티족이 서쪽으로 이동 중에 폭동을 일으키자 하이두이족은 카이사르에게 도움을 요청했다. 그 요청에 응하여 폭동 진압에 나선 카이사르는 하이두이족에게 식량 조달을 요청했다. 이는 카이사르가 헬베티족과 싸우게 된 것이 하이두이족의 요청에

의한 것이므로 당연한 요구였다. 그러나 하이두이족은 식량 공급을 차일피일 미루면서 밀을 모으고 있다거나, 운반하는 중이라거나, 곧 도착할 것이라는 둥 온갖 핑계를 늘어놓았다.

○ 카이사르는 병사들에게 식량을 배급해야 할 날이 다가오자 더 이상 기다리지 못하고 하이두이 족장들을 진영으로 불러 모았다. 그러고 나서 적을 눈앞에 두고서 식량도 지원되지 않고 약속한 원조도 제대로 이루어지지 않는 것을 엄중히 질책했다. 그는 애초에 이 전쟁에 발을 담그게 된 것이 하이두이족들의 탄원 때문이었음을 지적하면서, 이제 와서는 모른 척하고 등을 돌리고 있다며 맹렬히 비난했다.

○ 그러자 하이두이족의 사법권을 가진 판관 리스쿠스(註. 하이두이족은 해마다 절대 지배권을 가진 베르고브레트라는 판관을 선출했다.)가 어쩔 수 없다는 표정으로 부족의 비밀을 털어놓았다. 그는 자신이 판관이긴 하지만 부족의 내부에 자신보다 더 유력한 자들이 있어 부족민을 선동하고 사악한 말로 사람들을 부추기고 있어 로마군을 도우지 못한다고 폭로했다. 그가 말하기를 선동자들은 로마에게 복종하느니 차라리 동족인 헬베티족에게 복종해야 하며, 만약 이 전쟁에서 헬베티족이 패배라도 하는 날이면 로마는 하이

게르만인들의 제례와 관련된 유물

두이족의 자유까지도 빼앗을 것이 분명하다고 주장하고 있음을 실토했다.(註. 당시 갈리아족은 동족이라는 개념이 없이 서로 간에 다투었다. 하지만 앞의 서술에서도 알 수 있듯이 카이사르는 자신의 처분을 합리화하기 위해 동족 개념을 도입하여 진실을 왜곡한 것으로 보인다. 몇 년 후 베르킨게토릭스가 갈리아족 동맹을 형성한 것도 잔혹한 침략 세력인 로마에 항거하여 자유를 되찾자는 외침이었지, 민족 독립을 주장한 것은 아니었다. 『갈리아 전기』에서 카이사르는 서술의 객관성과 진실성을 높이기 위해 '나는'이란 말을 쓰지 않고 '카이사르는'이란 용어를 사용했지만 학자들의 매서운 눈을 피해 갈 수 없는 법이다.)

○ 카이사르는 리스쿠스가 언급한 선동자는 바로 디비키아쿠스의 동생 둠노릭스를 가리킨다고 생각했다. 둠노릭스는 부족민들에게 선물을 주며 호의를 베풀어 인심을 얻었고, 주변의 부족들에게는 뇌물을 주면서 자신과 가족들을 그들과 결혼시켜 결속을 다지고 있었다. 그러나 카이사르의 로마군이 부족의 영토에 들어오자 친로마파였던 디비키아쿠스의 부족 내 영향력이 예전과 같이 다시 커졌고, 둠노릭스의 영향력과 권위는 약화되었다. 그 때문에 둠노릭스는 카이사르를 증오할 만한 이유가 충분했다.

○ 이제 모든 것을 깨닫게 된 카이사르는 둠노릭스를 처벌할 충분한 증거를 확보했다. 그러나 둠노릭스를 처벌하자니 그의 형 디비키아쿠스

▌갈리아 전쟁 시의 로마군 진지 ___ 출처 : 위키피디아

가 마음에 걸렸다. 디비키아쿠스는 그동안 로마에 헌신했고, 카이사르에게는 호의를 베풀었으며, 인품 또한 온화하며 정의로웠다. 그런 그가 동생이 처벌되어야 한다는 것을 알게 되면 마음에 깊은 상처를 입게 될 것이 분명했기 때문이다.

○ 카이사르는 이 문제를 풀기 위해 디비키아쿠스를 불렀다. 그리고 그에게 불쾌하게 생각하지 말 것을 당부하면서 둠노릭스의 그 간 잘못된 행위에 대해서 조용히 언급했다. 그러면서 디비키아쿠스가 이 문제를 조사한 후 둠노릭스를 직접 심판하든지 아니면 부족의 심판을 받게 하라고 요구했다.

○ 디비키아쿠스는 말했다. "나는 둠노릭스와 관련된 모든 사실을 이미 알고 있었소. 동생은 아직 어리고 힘이 없을 때 나의 힘을 빌려 이만큼 성장했소. 그러나 지금에 와서는 동생이 나를 파멸의 지경까지 몰아가고 있소. 만일 내가 카이사르와의 우호 관계를 유지하고 있는 상태에서 둠노릭스가 처벌을 받는다면, 사람들은 내가 바랐기에 그렇게 된 것이라고 믿을 것이오. 그렇게 된다면 결국 모든 갈리아인이 나에게 등을 돌려 적이 되고 말 것이오." 그러면서 그는 카이사르를 끌어안고서 눈물을 흘리며 동생에게 가혹한 판결을 내리지 말 것을 애원했다.

○ 그 말을 들은 카이사르는 디비키아쿠스의 손을 잡고 위로하면서 알겠노라고 답했다. 또한 그의 설득에 감명을 받았고 이제껏 그가 보여준 호의를 고려하여 로마가 입은 피해와 자신의 분노를 모두 덮겠다고 다짐했다. 그런 후 카이사르는 둠노릭스를 불러 디비키아쿠스가 있는 자리에서 말했다. 그는 둠노릭스에 대한 비난이 나오게 된 이유를 설명하고, 자신의 견해 그리고 리스쿠스와 형을 포함한 부족민

들의 어려움과 걱정하는 바를 알려 주었다. 그러면서 그는 둠노릭스에게 앞으로는 조금이라도 의심스런 행동을 하지 말라고 경고하면서 감시병을 붙여 두었다.

○ 이후 BC 54년 카이사르가 제2차 브리타니아 원정을 단행할 때 둠노릭스를 포함한 갈리아의 부족장들을 불러 브리타니아로 같이 데려가려고 했다. 카이사르로서는 갈리아인들의 충성을 믿을 수 없었으며, 따라서 로마군이 브리타니아 원정을 가고 갈리아에 없을 때 반란이 일어난다면 매우 위험한 처지가 되고 말 것이라고 예측했기 때문이다. 하지만 둠노릭스는 카이사르의 호출에 따라 로마군 진영까지 왔으나, 브리타니아까지 따라갈 수는 없다며 하이두이족 기병대를 이끌고 도망쳤다. 카이사르는 병사들에게 명령을 내려 둠노릭스를 뒤쫓게 했고, 반항하던 둠노릭스는 결국 살해되었다. 로마의 지배를 거부하며 항거했던 그는 죽으면서 이렇게 외쳤다. "우리 부족은 자유로운 부족이고, 나는 자유로운 사람이다!"

| 마음에 새기는 말 |

위대한 역사서는 분노로부터 잉태되어 비판력을 낳는다.

루카 회담(BC 56년)과 카르하이 전투(BC 53년)

≪크라수스는 수많은 사람들 중에서 뛰어난 것에 만족하지 못하고,

단 두 사람을 능가하지 못했다고 해서 위험한 도박에 발을 디뎠다. 하지만 그 분야에 익숙하지 못한 그는 패배했다. 그가 패배한 여러 이유 중 하나는 승리를 위해서 반드시 필요한 충성스런 병사들이 없었다는 점이다. 자신이 살기 위해 상관을 사지에 몰아넣는 병사들을 이끌고 어떻게 전투에서 이길 수 있겠는가? 이렇듯 비열한 행위를 한 병사들에게 적절한 비난을 퍼붓는다면 그들은 나약하고 쓰레기 같은 자들이었다. 한니발은 피레네 산맥을 넘기 전에 9만 명의 병사들을 동원했으나, 최종적으로 충성스런 2만 명의 병사들만 남겨 로마군과 싸웠다. 카이사르도 10군단을 비롯한 충성스런 병사들이 있었으며, 이는 마리우스와 술라도 마찬가지였다.

게다가 크라수스는 무기 개량의 중요성을 깨달은 탁월한 적장을 만난 것이 불행이었다. 전력의 약세를 극복하고 압도적인 승리를 거두려면 무기 개량과 작전의 효율성에 의존하기 마련이다. 그중 병기의 개선은 항상 승리자가 부린 마술이었다. 스키피오의 글라디우스 검, 카밀루스의 무쇠 투구와 청동 띠를 두른 방패, 아그리파의 하르팍스(註. harpax. 코르부스를 개량한 것으로 노포로 발사하여 적함에 연결하는 갈고리였다.)처럼 영예로운 무공을 세운 장군들은 병기의 개선에 항상 힘을 쏟았으며, 충무공의 거북선과 함포도 이와 다르지 않다.≫

○ 카이사르는 갈리아 전쟁을 끝내기 위해 갈리아 총독의 자리를 연장할 필요가 있었다. 그러나 혼자만의 힘으로는 어렵다는 것을 알자, 폼페이우스와 크라수스의 도움을 얻기로 마음먹었다. BC 56년 카이사르는 루카에서 회담을 열고, 삼두가 서로 간에 도움을 주었을 때의 이익을 확인하며 밀담을 나누고 마침내 삼두 정치를 다시 한 번 결속

했다. 세 사람이 밀약을 했다는 소문이 나돌자 마르켈리누스는 민회에서 폼페이우스와 크라수스에게 집정관에 출마할 것인지를 대놓고 물었다. 사실 시민들도 이것이 궁금했으므로 대답할 수밖에 없었다. 폼페이우스가 먼저 대답하기를, 출마할 수도 있고 안 할 수도 있다고 했다. 크라수스는 좀 더 정치적인 답변을 했는데, 어떤 결정을 하든지 간에 국가를 위한 길을 택할 것이라고 답했다. 루카 밀약에 따라 카이사르는 휘하의 병사들을 차례로 로마에 보내어 폼페이우스와 크라수스가 집정관이 될 수 있도록 도와주었다. 당시 로마군은 로마 시민권을 가진 자들로만 구성된 유권자였기 때문이다.

○ 집정관 선거에서 폼페이우스와 크라수스의 지지자들은 심각한 분쟁과 폭력도 마다하지 않았다. 도미티우스(註. 카토의 매부였다.)는 카토의 적극적인 지지로 폼페이우스와 크라수스를 상대로 집정관직에

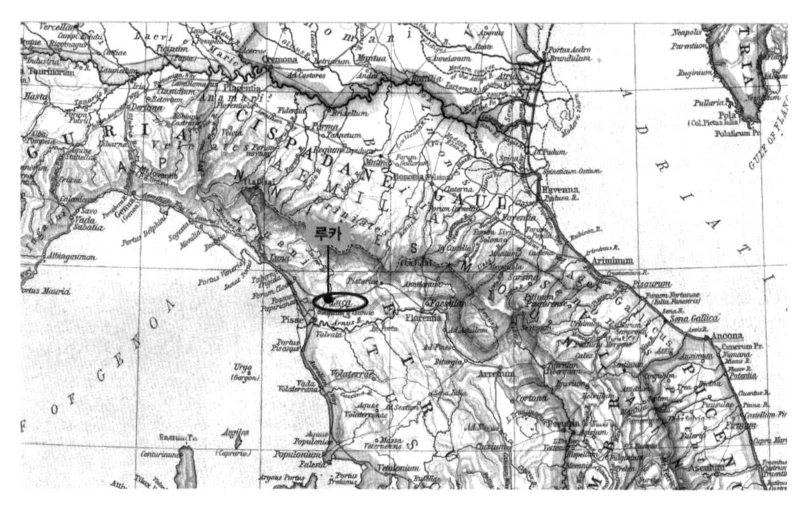

▌루카

출마했는데, 그는 폼페이우스와 크라수스 모두 집정관이 된다면 국가의 권력이 두 집정관에게 집중되어 위압적이 될 것이라고 염려하는 유권자들로부터 많은 지지를 받고 있었다. 따라서 삼두들의 편에 선 자들은 불법과 폭력에 기대기로 마음먹고 숨어 있다가 날이 밝기도 전에 지지자들과 함께 광장으로 내려오고 있는 경쟁자 도미티우스를 습격했다. 이 습격으로 도미티우스 지지자들 중 선두에서 횃불을 들고 있던 한 명이 죽고 카토를 포함한 여러 명이 부상을 입었다. 그렇게 되자 위험을 감수하면서까지 집정관 선거를 치르고 싶지 않았던 도미티우스는 카토의 만류를 뿌리치고 자택으로 피신해 버렸다. 결국 카토의 강력한 반대에도 불구하고 루카 회담에서 밀약된 삼두 정치는 이러한 육박전을 거쳐 폼페이우스와 크라수스를 BC 55년도의 집정관에 선출했다.(註. BC 70년에도 두 사람은 함께 집정관직을 맡았던 적이 있었다.)

○ 그다음 폼페이우스와 크라수스는 회의장을 무장한 호위병과 지지자들로 포위한 다음 카토를 광장에서 쫓아냈다. 그들은 저항하는 반대파들을 살해하는 폭력까지 사용했다. 이때 회의장에서는 난무하는 폭력으로 4명이 살해당했다. 크라수스는 반대파 원로원 의원 루키우스 안날리우스를 주먹으로 때렸고 얼굴이 찢어진 그는 피를 흘리며 회의장을 떠났다. 이렇듯 폭력이 판치는 공포 속에서 투표와 제비뽑기를 통해 카이사르의 총독 임기가 더 연장되었고, 크라수스에게는 시리아의 통치권이, 폼페이우스에게는 아프리카와 히스파니아의 통치권이 할당되었다. 그리고 폼페이우스에게는 4개 군단의 지휘권이 맡겨졌는데 그중 1개 군단은 갈리아 전쟁을 위해 카이사르에게 보내졌다.

○ 이렇게 하여 카이사르의 갈리아 총독 기간이 당초 BC 58년부터 BC 54년까지 5년간이었지만, BC 55년 집정관이 된 폼페이우스와 크라수스가 전직 집정관 자격으로 BC 54년부터 BC 50년까지 5년간 각자 할당된 속주 총독으로 결정되자, 카이사르도 이에 맞추어 갈리아 총독 기간을 BC 50년까지로 4년간 연장했다.

○ 이 결과는 삼두 모두에게 만족스러운 결과를 낳았다. BC 59년 48세 때 16세의 카이사르 딸 율리아를 아내로 맞이한 폼페이우스는 많은 나이차에도 불구하고 부부 사이의 금슬이 무척 좋았다. 따라서 사랑하는 아내와 함께 평온한 히스파니아에서 조용히 보낼 생각이었다. 그러나 폼페이우스는 카이사르의 권고를 받아들여 히스파니아에는 부하 장군들을 보내고 자신은 몇 개의 군단과 함께 이탈리아에 남았다. 이러한 통치 방법은 훗날 아우구스투스가 상급 통치권(마이우스 임페리움maius imperium)을 부여받아 속주에 부임하지 않고서도 속주를 통치할 수 있는 방식으로 굳어졌다. 또한 크라수스는 파르티아와의 전쟁을 염두에 두며 시리아를 차지하게 된 것을 어린애처럼 기뻐했다. 그는 제비뽑기의 결과에 대해 절친한 사람들에게도 경망스럽게 자랑했으며, 이는 자신의 나이로 보나 사회의 지위로 보나 이제까지의 기품으로 보나 어울리지 않은 행동이었다. 크라수스는 루쿨루스나 폼페이우스의 소아시아 원정을 아무것도 아닌 어린애 장난처럼 보이게 할 작정이었으며, 그의 마음은 멀리멀리 인도까지 날아가 알렉산드로스의 명예와 겨루는 꿈을 꾸었다. 갈리아에 있던 카이사르는 크라수스의 계획에 적극 지지했고, 전쟁을 부추기는 서신까지 보냈다. 그 이후 그는 파르티아로 진격하고 있던 크라수스에게 그의 아들 푸블리우스(Publius Licinius Crassus)를 선발된 기병 1천 기와 함께

아버지에게 보내기도 했다.

○ 다만 호민관 가이우스 아테이우스 카피토는 로마에 아무런 잘못도 하지 않은 데다 협정까지 맺은 국가를 상대로 전쟁을 치르겠다는 크라수스에게 명백하게 반대를 표명했다. BC 55년 그는 집정관 임기가 끝나기도 전에 성 밖으로 나가려는 크라수스를 말로써 설득하여 원정에 나서는 것을 말렸다. 그것이 소용없자, 먼저 성문으로 달려가 그곳에 화로를 놓고 크라수스가 다가오자 향과 술을 던지면서 무서운 저주의 주문을 외우기 시작했다. 아테이우스는 온갖 낯설고 무서운 신들을 부르면서 무시무시하고 끔찍한 저주의 주문을 읊었다. 전래에 따르면 아테이우스가 읊은 주문은 저주를 내린 사람에게조차도 불행이 닥친다고 믿어졌기에 이런 저주를 함부로 말하지 않는 것이 상례였다. 따라서 로마 시민들은 크라수스에게 내린 아테이우스의 저주가 비록 국가를 위한 것이었다고 할지라도 저주받은 자의 지위로 생각해 보면, 결국 로마 전체에 저주를 내린 것과 같았으므로 아테이우스를 원망했고, 이 저주로 인해 로마는 미신적인 공포에 휩싸였다.(註. 훗날 아테이우스의 저주대로 로마군이 파트티아 군에게 참패하자 그는 저주한 벌로 기소되었다.)

○ 겨울을 나기 위해 진군하던 로마군은 시리아로 들어왔다. 이는 카이사르 휘하에 있다가 파견되어 오는 크라수스의 아들 푸블리우스를 기다린다는 명목이었으나, 적에게 준비할 시간을 주고 마는 실수였다. 또한 크라수스의 속셈은 시리아에서 체류가 군사적 이유가 아닌 그를 그토록 비열하게 만든 재물에 대한 탐욕에 있었다는 점이다. 그는 병사들의 무장을 재정비하고 운동 경기를 열어 사기를 북돋운다거나 하는 일은 전혀 하지 않았다. 그의 관심사는 도시로부터 걷어야

할 세금이 얼마나 되는지, 히에라폴리스(註. 현재 시리아의 '만비즈')의 신전에는 얼마나 많은 보물이 있는지 알아보는 것이었다. 하지만 군대를 지휘하는 자가 재물에 욕심을 부려서는 실패하기 십상이다. 갈리아 전쟁 이후 카이사르가 많은 재물을 모았지만 그것은 군대와 정치를 위한 재물이었지, 재물 그 자체에 탐욕을 부린 것은 아니었다. 이렇듯 재물에 눈독을 들인 것은 군사령관으로서는 해야 할 짓이 못되는 치졸하고 파렴치한 행동이었으며, 이러느라고 중요한 여러 날을 허비하고 말았다. 그러자 히에라폴리스 여신은 크라수스에게 경고의 전조를 보여 주었다고 한다. 신전을 나오는 도중에 아들 푸블리우스가 발을 헛디뎌 문간에서 넘어졌고, 그 위에 아버지가 넘어졌던 것이다.(註. BC 47년 탑수스 전투를 치르기 전, 북아프리카 하드루메툼 해안가에 도착한 카이사르는 발이 걸려 넘어진 일이 있었다. 병사들이 이 모

▌ 히에라폴리스의 아폴로 신전

습을 보고 불길한 징조로 여기며 겁을 먹자, 카이사르는 재빨리 이를 알아차리고 두 손에 조약돌을 한 움큼 쥔 다음 마치 일부러 넘어진 것처럼 가장하면서 이렇게 말했다. "드디어 아프리카 땅을 만지게 되는구나!")

○ 크라수스가 병력을 모으고 전진하자, 아르메니아 왕 아르타바스데스 2세도 기병 6천 명을 이끌고 크라수스의 진영을 찾아와서 앞으로 기병 1만 명과 보병 3만 명을 지원하겠다고 약속했다. 그럼에도 불구하고 불운을 알리는 전조가 계속 나타났다. 로마군이 유프라테스강을 건너고 있을 때 천둥이 치며 번개가 심했고, 돌풍과 안개로 이루어진 바람이 선박에 휘몰아쳐 배의 여러 곳이 부서졌다. 벼락은 진영을 설치하려던 장소에도 떨어졌으며, 이에 놀란 어느 지휘관의 말은 강으로 뛰어들어 익사하는 일도 발생했다. 결정적으로 크라수스 자신이 연설을 하다가 실언을 하고 말았다. 그는 단 한 사람도 돌아갈 수 없도록 강에 놓은 다리를 파괴해야 한다고 말해 버린 것이다. 표현이 적절하지 못했다고 느꼈다면 즉시 자신이 말한 의미를 좀 더 명확하게 밝혀야 했지만, 크라수스의 고집과 자존심이 이를 허락하지 않았다. 마지막에는 관습에 따라 로마군의 무운을 비는 제사를 집전하던 크라수스가 사제가 건네준 희생 제물의 간을 떨어뜨리고 말았다. 이를 지켜보던 병사들이 불안감에 사로잡힌 것을 보고 크라수스는 웃으며 이렇게 말했다. "나이가 드니 이렇지만, 전투에서 무기를 떨어뜨리지는 않을 테니 염려 말게."(註. 희생 제의에 바쳐진 동물의 간을 살펴보고 예언을 했던 것은 에트루리아에서 전해진 풍습이었다. 로마가 에트루리아의 풍습을 전해 받은 것은 로마 태동기 때만 해도 에트루리아는 로마가 배워야 할 문화적 선진국이었기 때문이다. 19세기에 청동으로 만든 간이 발견되었는데 볼록한 표면이 수많은 구획으로 나누어져 에

트루리아 신들의 이름이 가득 새겨져 있었다. 이 청동 간에는 어떤 표시가 발견되는 지점이 있어 전조를 알려 주었다. 즉 에트루리아인들은 동물의 간을 소우주로 보아 간과 우주 사이에는 유사성이 있다고 확신했던 것이다.)

○ 불길한 징조가 겹치자 부장 카시우스(註. 훗날 카이사르 암살의 주역이었던 브루투스의 매부였다.)는 로마 수비군이 있는 우호적인 도시에서 병력을 재정비하고 적에 대한 확실한 정보를 얻고 난 후 공격해야 한다고 크라수스에게 조언했다. 그것도 안 된다면 강을 따라 셀레우키아로 행군하여 수송 부대가 쉽게 식량을 나를 수 있도록 해야 한다고 말했다.

○ 크라수스가 카시우스의 제안을 살펴보고 있을 때 아랍 부족장 아리암네스가 로마군을 안내하겠다며 찾아왔다. 병사들은 그가 폼페이우스의 호의를 받아 많은 혜택을 본 것을 알고 있었으며, 폼페이우스가 그를 로마 편으로 여기고 있다는 것도 알고 있었다. 그러나 사실 그는 지금에 와서는 파르티아에 매수되어 있었다. 크라수스를 접견한 아리암네스는 온갖 현란한 미사여구로 크라수스의 신임을 얻어냈다. 그러면서도 의심할 여지없는 이적 행위를 했다. 아리암네스는 크라수스를 설득하여 로마군을 강과 산기슭에서 가능한 멀리 떨어뜨리고 넓디넓은 들판과 모래사막 한가운데로 이끌어 내는 데 성공한 것이다. 로마군이 아리암네스에 이끌려 따라간 곳은 물도 없고 사방이 확 트여 보병이 주력 부대인 로마군이 기병이 주력 부대인 파르티아군을 상대하기에 최악의 조건이었다.

○ 파르티아 왕 오로데스 2세는 병력을 둘로 나누어 자신이 이끄는 주력 부대는 로마의 동맹국인 아르메니아 왕 아르타바스데스 2세를 공격

했고, 나머지 9천 명의 궁기병(註. 활로 무장한 경기병)과 1천 명의 중기병을 수레나스에게 주어 로마군과 싸우게 했다.(註. 그 외에 수레나스는 1만 명의 보병과 1천 명의 낙타병을 스스로 모병하여 참전시킨 것으로 추측된다. 여기서 '수레나스'는 개인의 이름이 아니라 '수렌'이라는 가문의 이름을 라틴식으로 표기한 것이다.) 오로데스는 수레나스가 영민하고 자신을 도와주는 협력자이긴 했지만 로마군을 격파할 것이라고는 생각지 않았고, 다만 적을 시험하고 주의를 분산시키면서 시간을 벌고자 했던 것으로 보인다. 그러니까 자신이 아르메니아를 정복할 때까지 협공을 당하지 않도록 버텨 주기만 하면 된다고 생각했을 것이다. 전력면에서도 수레나스는 병력의 수가 로마군과 2배가량 차이가 나고, 기병이래야 화살만 쏘는 궁기병이 대부분이었으므로 절대적으로 불리했다.

○ 그러나 수레나스는 평범한 능력의 소유자가 아니었다. 재산으로 보나 태생으로 보나 그는 왕과 어깨를 겨룰 수 있었고, 용기와 능력은 왕을 능가할 정도였다. 키와 외모도 훌륭했고 사적인 일로 여행을 할 때면 낙타 천 마리에 짐을 싣고 다녔으며 수레 2백 대에 애첩들을 나눠 태웠다. 또한 기병 수천 명이 그를 호위했고, 사적으로 거느린 병사와 노예들을 합치면 1만 명이 넘을 정도였다. 그뿐만 아니라 그의 집안은 파르티아 왕의 머리에 왕관을 씌워 줄 특권을 대대로 누리고 있었다. 당시 수레나스는 30살이 채 안된 나이였지만 분별력이 뛰어나고 영리하기로 소문이 자자했던 자였다. 그는 자신에게 주어진 병력의 단점을 알고 이를 개선하기로 했다. 경무장 궁기병은 가지고 있는 화살을 다 쏘고 나면 전투력을 상실하는 문제점이 있었던 것이다. 이러한 결함을 극복하기 위해 수레나스는 궁기병의 화살이 떨어지지

않도록 전투가 벌어지는 후위에 여분의 화살을 준비하여 궁기병들이 계속 전투할 수 있게 했다. 그뿐만 아니라 활을 개선하여 사정거리를 3배까지 높이기도 했다.

○ 로마군이 아리암네스에 의해 사막 한가운데로 이끌렸을 무렵, 아르메니아 왕 아르타바스데스로부터 전령이 찾아왔다. 그는 파르티아 왕 오로데스와 치열하게 싸우느라 지원군을 보낼 수 없으며, 오히려 크라수스가 방향을 돌려 아르메니아 사람들과 합류하여 오로데스와 싸워야 한다고 주장했다. 그러면서도 행군할 때는 기병이 활개 칠 수 없는 산지로 가야 한다며 조언하기도 했다. 그러나 크라수스는 아르타바스데스의 충고에 귀를 기울이기보다는 지원군을 보낼 수 없다는 말에 분노하며, 추후에 아르타바스데스를 배신죄로 처벌하고 말겠다며 소리쳤다.

○ 다만 카시우스는 자신에게 화가 나 있던 크라수스에게는 제안과 조언을 포기했지만 아리암네스에게는 적의 첩자임을 의심하여 겁박하곤 했다. “이놈! 네가 무슨 수작을 부렸기에 로마 최고 사령관 크라수스가 병사들을 사막 한가운데로 몰아넣고, 비적 떼에게나 어울리는 길에서 방황하게 만드느냐?” 그러나 아리암네스는 비굴하게 웃어넘기며 조금만 더 참으라고 격려하곤 했다. 그러다가 그는 자신의 속임수가 탄로 날 때쯤 미리 로마군 진영을 떠났다. 크라수스에게는 로마군을 위해 적을 혼란에 빠뜨리게 하기 위해 떠난다고 했으며, 어리석게도 크라수스는 이를 믿고 보내 주고 말았다.

○ 한참을 전진한 후 파르티아군을 만난 크라수스는 빈 사각형 모양이 형태로 병사들을 배치하고 접전했다. 무서운 것은 파르티아군의 화살이었다. 수레나스는 갑옷을 뚫을 수 있을 만큼 활을 개량하여 위력을 증

강시켰던 것이다. 파르티아 병사들은 멀찍이 떨어져 선 채 사방에서 한꺼번에 활을 쏘아 로마군을 무력화시켰다. 파르티아의 궁기병들은 정확하게 적을 겨누어 화살을 날리기보다는 적에게 대충 조준하여 수많은 화살을 날리는 방식이었다. 그런데 로마군이 네모 모양의 방진을 구성하고 있으니 파르티아 궁기병의 화살은 더욱 커다란 위력을 발휘했다. 로마군은 적의 화살이 떨어질 때까지 기다렸지만, 화살을 잔뜩 짊어진 낙타로부터 새로운 화살을 보급받는 것을 목격하고서는 그만 용기와 희망을 잃어버렸다.

파르티아 궁기병

○ 그렇게 되자 크라수스는 아들 푸블리우스에게 방진에서 뛰쳐나가 공격할 것을 명령했다. 카이사르 밑에서 전투 지휘관으로서의 기량을 익히고 인정받은 푸블리우스는 5천 6백여 명의 별동 부대를 편성하여 파르티아군을 공격했다. 로마군의 맹렬한 공격을 받자 파르티아군은 한참을 후퇴했다. 푸블리우스는 적이 패주하는 줄 알고 꽤 먼 길까지 쫓아간 후에야 그것이 함정인 것을 깨달았다. 패주하던 적은 갑자기 돌아섰고 그곳에는 더 많은 적들이 기다리고 있었던 것이다. 바람을 등진 파르티아군은 모래구름을 일으켜 로마군의 숨통을 조이고 시야를 가린 후 로마군에게 화살을 퍼부었다. 푸블리우스 휘하의 로마군은 적의 화살이 방패를 뚫고 손과 팔에 꽂혀 무기를 쓸 수 없었고, 발에 꽂혀 움직일 수가 없었다. 그렇다고 빨리 죽을 수 있

는 것도 아니었다. 처참하게 피를 흘리며 고통스럽게 천천히 죽어 갔다. 푸블리우스의 별동 부대는 그곳에서 섬멸되었고 5백 명의 병사만이 포로가 되어 구차한 목숨을 겨우 건질 수 있었다. 푸블리우스는 도망쳐 목숨을 부지하라는 충언에도 이를 거부했다. 그는 끝까지 적과 싸웠으며, 결국 손에 화살을 맞아 더 이상 싸울 수 없게 되자 호위병에게 옆구리를 내밀며 자신을 찌를 것을 명령했다. 승리한 파르티아군은 푸블리우스의 시신을 찾아내어 머리를 잘라 창에 꽂은 후 이제는 크라수스의 본영을 공격하기 위해 말머리를 돌렸다.

○ 아들이 별동 부대를 데리고 적과 싸우는 동안에 크라수스에게 정비할 시간이 주어졌다. 하지만 제대로 쉴 틈도 없이 곧바로 푸블리우스로부터 긴급한 전령이 도착했다. 푸블리우스가 섬멸되기 직전 지원군을 요청하기 위해 본영으로 보낸 전령이었다. 전체 로마군을 생각하면 아들의 청을 거절해야 하나, 아들에 대한 간절한 사랑은 병사들을 이끌게 했다. 이때 파르티아군이 무엇인가를 창끝에 꽂아 로마군 진영에서 보이도록 전시했다. 그것은 크라수스의 큰아들 푸블리우스 리키니우스 크라수스의 목이었다. 크라수스는 이 끔찍한 순간에 그 어느 때보다 강건함을 보여 주었다. 그는 병사들을 향해 외쳤다. "전우들이여, 이 슬픔은 오직 내 것이다. 곧 나 하나만의 슬픔일 뿐이다. 사랑스런 아들을 잃은 내가 애처롭다고 생각된다면 그 마음을 분노에 녹여 적을 응징하라. 적에게서 승리의 기쁨을 빼앗고 잔혹함을 갚아라. 이미 이루어진 일에 사기가 꺾이면 안 된다. 큰 업적을 이루려면 큰 고통을 겪어야 하는 법이며, 로마가 지금 강력한 국가가 된 것은 운이 좋아서가 아니라, 위험과 맞선 자들의 끈기와 용기 덕분임을 잊지 마라." 하지만 이미 동요하기 시작한 로마군은 군율이 흐트

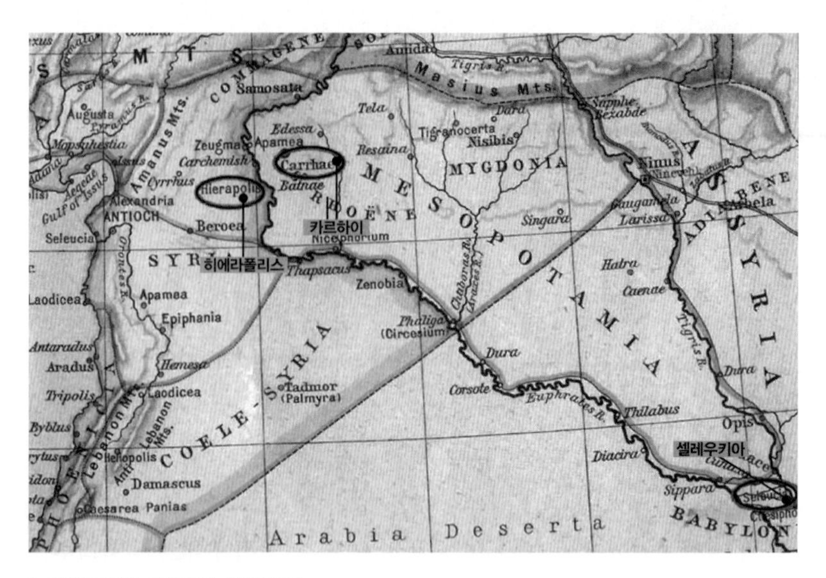

▍ 히에라폴리스, 카르하이, 셀레우키아

러지고 진영이 정비되지 않은 상태로 파르티아군의 살육에 희생되어 쓰러져 갔다.

○ 적의 공격을 견디다 못한 크라수스는 야밤을 이용하여 카르하이(註. Carrhae. 현재 터키의 '하란'. 아브라함이 갈대아 우르를 떠나 가나안으로 가기 전에 머물렀던 곳이다.) 성안으로 퇴각하기로 결정했다. 로마군은 적들의 공격이 멈춘 야밤에 들키지 않게 후퇴하자니 부상자들을 버려 둘 수밖에 없었다. 전투에서 부상을 입은 4천 명의 병사들과 퇴각 도중에 길을 잃은 4개 대대는 파르티아군의 공격 앞에 그대로 노출되어 희생되고 말았다. 로마군은 막대한 희생을 치르고 카르하이 성안으로 피신했지만 성안에 머무르자니 수레나스의 포위 공격이 충분히 예상되었고, 성을 방어하자니 주민들의 협조와 호의가 절대적

으로 필요했지만 비정한 주민들은 패배한 로마군에게 이미 비협조적인 분위기였다. 오히려 주민들은 속임수를 쓰는 수레나스를 도와주고 있었다. 결국 크라수스는 다시 50㎞ 북쪽의 시나카에서 농성전을 벌이기로 결정했고, 참모장인 옥타비우스가 남은 병력의 절반인 5천 명을 이끌고 먼저 시나카에 가서 기다리고 있었다.

○ 야간을 틈타 카르하이 성을 빠져나온 크라수스와 그 휘하의 병력은 안느로마코스의 길안내를 받아 시나카로 떠났다. 그러나 안드로마코스는 파르티아 편에 선 적이었다. 그는 로마군을 안내하는 것처럼 가장하여 온 밤을 이리저리 헤매게 했다. 어떤 병사들은 안드로마코스가 구불구불한 길을 돌자 의심하고 전열을 이탈한 자도 종종 있었다. 또한 후위 부대에 소속된 나머지 병사들도 시나카로 합류하기 위해 떠났으나, 참모 중의 한 사람인 카시우스는 명령에 불복하고 전선을 이탈하여 5백 명의 기병과 함께 안티오키아로 탈주했다. 이를 눈

▍카르하이의 흙집

치챈 다른 병사들도 이탈을 거듭하여 안드로마코스의 함정에 완전히 빠진 새벽에 시나카 근처에 도달했을 때는 3천 명의 병력밖에 남지 않았다. 수레나스가 함정에 빠진 크라수스의 로마군을 공격할 즈음에 옥타비우스가 위험에 처한 크라수스를 보고 뛰쳐나와 파르티아군의 화살로부터 크라수스를 지켜 냈다. 잠시 전투가 주춤해진 사이에 수레나스는 포로로 잡은 로마군을 통하여 크라수스와 강화 회담을 하자고 청했다. 크라수스는 망설였으나 수레나스는 포로들을 풀어 주면서 자신의 목적은 총사령관을 포로로 잡는 것이며, 만약 크라수스를 넘겨주면 나머지 병사들은 자유를 얻게 될 것이란 소문을 미리 퍼뜨리고 있었다.

○ 크라수스는 카르하이에서도 적의 비슷한 속임수에 당해 본지라 수레나스의 의도가 의심스러웠다. 그래서 병사들에게 적의 속임수에 걸려들지 말라고 간청하며, 밤이 올 때까지 버티면 밤새 산속으로 숨어들어 험준한 지역으로 피신할 수 있다고 이치를 따져 가며 설득했다. 그러나 병사들은 고함을 지르며 회담에 나가지 않는다면 명령에 불복종하고 반란을 일으키겠다고 위협했다. 그들은 크라수스가 적과 협상할 용기도 없는 주제에 병사들을 지휘하고 전쟁터로 내몰고 있다고 비난하며 욕했다. 이렇듯 충성심이 없는 나약한 병사들이 사령관을 희생시켜 목숨을 부지하려고 대들었던 것이다. 상황이 이렇게 되자 위험에 이른 지금 어쩔 수 없는 일이 아니겠느냐고 생각하며 스스로의 능력을 한탄한 크라수스는, 자신이 죽더라도 적의 속임수 때문이지 아군의 배반이 아니니 낙심하지 말라는 말을 참모들에게 남기고 혼자 로마군 진영을 떠나 수레나스의 파르티아 진영으로 걸어갔다. 하지만 참모장 옥타비우스는 최고 사령관을 혼자 적진에 보내

는 짓을 도저히 할 수 없어 몇 명의 장교를 데리고 크라수스를 뒤따라갔다. 속임수임을 알면서도 적진에 들어간 옥타비우스와 장교들은 파르티아군에 의해 전멸되었으며, 혼전의 과정에서 크라수스는 누군가에 의해 살해되었다고도 하며, 다른 말에 의하면 로마의 임페라토르가 적의 포로가 되는 치욕을 겪게 할 수는 없다고 생각한 어느 로마 장교가 글라디우스 검으로 찔렀다는 말도 있다.

○ 7개 군단과 경보병 4천 명 그리고 기병 4천 명의 로마군과 보병 1만 명과 낙타 부대 1천 명, 중기병 1천 명 그리고 궁기병 9천 명의 파르티아군이 맞붙은 이 전쟁에서 파르티아의 손실은 경미했으며, 로마군은 군단기 7개를 빼앗기고 전사 2만 2천 명, 부상 4천 명 그리고 포로 1만 명을 내며 완패했다. 1만여 명의 포로는 훗날 아우구스투스의 평화 조약에 따라 고국으로 돌아올 수 있도록 허락되었으나, 귀환한 자는 아무도 없었다. 시간 속에 내던져진 존재라는 숙명으로 세월의 무게를 견디지 못하고 모두 죽었기 때문이다. 다만 포로가 된 로마 병사 중 수백 명은 탈출하여 서흉노의 선우인 질지에게 갔다고 한다.(註. '선우'는 흉노족이 자신들의 최고 통치자를 일컫는 칭호다. 학자에 따라서는 서흉노에게 갔던 로마군이 크라수스의 아들 푸블리우스가 지휘했던 별동 부대원이라고도 한다.) BC 36년 이들은 흉

▌글라디우스 검

노족 편에 서서 중국 한나라와의 전쟁에 참전하기도 했으며, 흉노족에게 로마식 전투 대형을 전수했다고 전한다. 서흉노 선우 질지가 한나라에게 패배하자 로마군은 스스로 한나라로 와서 흉노족 절란왕의 유목지였던 기련산 기슭의 장액군 번화현(註. 현재 중국 '감숙성 영창현')에 여간성을 쌓아 정착지를 마련하고 여간현이라고 불렀다. 아마 한나라 사람들이 로마 제국을 '여간'이라고 불렀던 것으로 보인다. 여하튼 카르하이에서의 패전은 로마 전사에 몇 안 되는 치욕적인 완패였다. 그러나 크라수스의 꿈은 원대했고 어쩌면 그 당시의 기준으로서는 정당했을지 모른다. 그것은 알렉산드로스의 원정은 칭송하면서 크라수스를 탓한다면 결과를 보고 시작을 규정하는 불공평한 판단이기 때문이다.

○ 수레나스는 셀레우키아로 귀환하여 축하연을 열었으며, 오로데스 왕은 그 자리에서 죽은 크라수스의 머리를 연극의 소품으로 사용했다. 그는 크라수스의 잘린 머리를 주신(酒神) 디오니소스의 경배를 반대하다가 디오니소스(註. 로마의 '바쿠스'와 동일한 신)의 신도인 어머니와 누이들에게 잔인하게 살해당한 테베 왕 펜테우스 역할을 하게 했던 것이다.(註. 그 연극은 '바쿠스의 여신도들'로 번역되는 그리스 비극 시인 에우리피데스의 『바카이』였다.) 하지만 수레나스는 술이 깨기도 전에 그곳에서 목숨을 잃었다. 그의 명성이 자기보다 높아질 것을 우려한 오로데스 왕이 사고를 위장하여 죽였기 때문이다. 그때 수레나스의 나이 32세였다.

○ 수레나스가 살해당한 것은 전제 군주가 지배하는 국가에서 뛰어난 전공은 영예가 아니라, 자신을 죽음으로 몰아가기 쉽다는 원칙을 다시 한 번 입증한 것이다. 전제 국가에서는 어느 누구도 제왕보다 뛰

어나서는 안 되었기 때문이다. 무엄하게도 충무공이 바로 이 원칙을 위반했으므로 선조는 그를 용서하지 않고 시련을 겪게 했다고 많은 사람들은 추측하고 있다. 권력이란 인간에게 끈질긴 악연을 반복하게 하는지 그토록 사나웠던 오로데스 2세도 훗날 자신의 아들인 프라아테스 4세에게 교살당하는 비참한 말로를 맞았다.

| 마음에 새기는 말 |

사소한 것을 얻고도 기뻐한다는 사실은 나약한 정신을 가졌으며 앞으로 펼쳐질 보다 치열한 투쟁을 잘 치러 낼 수 없으리라는 것을 암시한다.

– 크라수스가 파르티아 원정에 나섰을 때, 본격적인 전쟁에 돌입하기 전 어느 조그만 도시를 정복하고서는 기뻐하며 병사들이 자신을 임페라토르라고 부르는 것을 허용한 것에 대하여. 결국 크라수스는 이 원정에서 패배했고 아들과 자신의 목숨까지 잃었다.

| 알아두기 |

• 로마의 선거

행정관 선거에 나선 사람은 속옷을 입지 않은 토가 차림으로 포룸으로 내려가 시민들에게 인사를 하고 표를 부탁했다. 이는 겸손한 복장으로 시민들의 호의를 얻기 위함이기도 했고, 전투에 참가하여 상처를 입은 흉터가 몸에 있을 경우 자신의 용맹함과 국가를 위해 헌신한 표식을 투표권자에게 보이기 위함이었다. 라틴어 '칸디다투스(candidatus)'는 입후보자를 의미하며, '칸디다(candida)'는 흰색을 의미하는 형용사다. 이는 입후보자가 백악 가루로 표백한 흰색의 토가를 입었던 것에서 유래했다.(註. 이에 반해 검은색 토가는 상복이었고,

일반 남성이 착용한 흰색 토가는 모직의 자연스런 색이 담긴 연한 담갈색이거나 크림색 정도였으리라 추측된다.) 칸디다투스는 영어 '캔디데이트(candidate)'의 어원이기도 하다.

로마에는 공화정 때만 해도 비방하는 글을 제재하는 법이나 명예 훼손죄나 무고죄와 같은 법이 없었다. 따라서 정견 발표에서도 따분하거나 위선적이지 않고 직접적으로 상대를 공격했는데 흔히 인신공격이었다. 경쟁하는 상대방의 혐오스런 외설 행위, 지위에 걸맞지 않은 비천한 돈벌이, 천한 태생 등이 주류를 이루었다. 흔히 고대 로마사에 이런 내용이 나오는 것도 이 같은 이유에서였다. 또한 후보가 공약을 내거는 일은 거의 없었고, 선조들의 명성을 자랑하거나 자신의 공적을 큰 소리로 외치며 그에 대한 보상으로 당선시켜 달라는 식이었다.

로마의 선거는 BC 139년 행정관 선출 시 호민관 가비니우스에 의해 트리부스 평민회에서 처음으로 비밀 투표제가 실시된 이후로 BC 137년 호민관 카시우스에 의해 국가 반역죄를 제외한 모든 재판 시 무기명으로 투표했고, BC 131년 호민관 카르보에 의해 법안의 채택 여부를 결정할 때 비밀 투표를 시행했으며, BC 107년 마침내 호민관 코일리우스가 국가 반역죄까지 비밀 투표로 심리하도록 정하는 등 여러 민회에서 비밀 투표가 확대되었다. 비밀 투표는 후보자의 첫머리 글자를 비공개로 기표판에 표기하여 투표함에 넣는 방식이었다. 종전에는 유권자가 해당 투표소에 들어가서 '로가토르(rogator)'라고 하는 관리 앞에서 자신이 지지하는 후보자가 누구인지 구두로 말하는 공개 투표였다. 비밀 투표가 실시됨에 따라 책임 선거 관리관은 투표장을 감시하기 위해 각 트리부스 투표소마다 감시원을 붙였는데, 이들은 공정성을 기하기 위해 자신이 소속된 트리부스에는 배치되지 않았다.

선거 운동원들은 자신이 지지하는 입후보자를 위해 각 가정을 방문하여 설득하거나, 유권자가 일하러 나갈 때 그들과 동행하면서 유세하거나, 집으로 돌아가는 유권자를 설득하거나 아니면 유권자들에게 영향력을 가진 사람을 노려서 유세하기도 했다.

카이사르의 결혼과 동성애, 여성 편력

≪인간이 신을 모방했는지, 유피테르 신이 수많은 여인들을 유혹했던 것처럼 아직 그리스도교가 포교되기 이전 로마의 성문화는 요즘의 안목으로도 매우 문란했다. 게다가 로마에 유입된 그리스 문화는 동성애를 퍼뜨려 자연의 섭리까지 거슬렀다.≫

○ 카이사르의 첫 번째 아내는 킨나의 딸 코르넬리아였다.(註. 카이사르는 코르넬리아와 결혼하기 전에 부유한 기사 계급 집안의 딸인 코수티아와 약혼했지만 파혼했다.) 그녀는 카이사르와 결혼하여 율리아를 낳았으나 오래 살지 못하고 BC 69년 결혼 생활 16년째 요절했다. 그 뒤 술라의 외손녀인 폼페이아와 결혼했지만, 푸블리우스 클로디우스와 간통했다는 혐의를 사자 그녀와 이혼하고 말았다. 그러나 곧 폼페이아의 결백이 증명되었다. 왜냐하면 카이사르가 법정에서 클로디우스의 죄에 대해 모른다고 답했기 때문이다.(註. 카이사르가 클로디우스를 몰아세우지 않은 것은 시민들이 클로디우스를 따르고 있으므로 시민들의 분노를 피하기 위함이라고 한다.) 그렇게 되자 원로원 의원들이 무죄가 입증된 폼페이아와 이혼하는 것은 부당하다고 핀잔을 주자, 카이사르는 의원들이 혀를 내두를 만한 한마디를 내뱉었다. "카이사르의 아내라면 세상의 의심조차 받아서도 안 됩니다." 예나 지금이나 아내를 빼앗긴 남편의 처지는 참으로 가련하면서도 부끄러운 것이다. 이후 그는 루키우스 칼푸르니우스 피소(Lucius Calpurnius Piso)의 딸 칼푸르니아와 결혼했으며, 이 무렵 자신의 딸 율리아를 폼페이우스와 약혼시켰다.(註. 폼페이우스는 소아시아에서 미트라다테스와 전쟁 중일 때 아

내 무키아가 카이사르와 바람을 피웠다는 이유로 이혼했다. 그 이후 그는 카이사르의 딸 율리아와 결혼했는데, 당시 율리아는 퀸투스 세르빌리우스 카이피오와 혼약되어 며칠 뒤 결혼할 예정이었으나 파혼할 수밖에 없었다. 대신 폼페이우스는 술라의 아들 파우스투스와 약혼한 딸 폼페이아를 주겠다며 카이피오의 노여움을 달래야만 했다. 하지만 카이피오는 자신의 아버지를 죽인 폼페이우스의 딸을 아내로 맞이할 수 없다며 거절했다. 이는 학자들의 주장에 따르면 율리아와 약혼했던 카이피오가 카토의 생질이자 세르빌리아의 아들인 브루투스라고 하기 때문이다. 즉 브루투스가 외삼촌 퀸투스 세르빌리우스 카이피오의 양자로 가서 외삼촌과 같은 이름을 가졌다는 주장이다. 다만 카토는 브루투스의 외삼촌이지만 브루투스의 어머니와 이부 남매였다.) 카이사르는 피소의 딸 칼푸르니아와 결혼한 후 장인 피소가 집정관에 당선되도록 힘쓰자, 카토는 격노하며 로마 최고의 지위가 혼인 관계로 결정되고 여인의 치마폭에 권력과 군대 그리고 속주 통치권이 분배되고 있다며 어처구니없는 현실을 개탄했다.

○ 술라가 정변에 성공하여 반대파들을 숙청할 때, 그의 살생부에는 가이우스 율리우스 카이사르의 이름도 올라와 있었다. 술라의 측근과 여사제들은 카이사르가 아버지가 없는 카이사르 가문의 어린 후계자이며, 정치적인 행동은 전혀 하지 않았다는 이유를 들어 구명 운동을 했다. 몇 번을 거부하던 술라는 베스타 신전의 여사제들까지 나서자 어쩔 수 없이 카이사르의 이름을 살생부에서 삭제하면서 카이사르에게 아내와 이혼하라는 명령을 내렸다. 왜냐하면 당시 카이사르의 아내는 자신과 뜻을 달리했던 킨나의 딸이었기 때문이다. 하지만 카이사르는 술라의 명령을 전달받자 단박에 거절했다. 카이사르의 항명을 알게 되자 술라는 격분했다. 당연한 결과지만 독재자에게 대들었

던 카이사르는 목숨을 거는 도망자 신세가 되었다.(註. 학자에 따라서는 카이사르가 무시무시한 독재관 술라의 이혼 명령에 굴하지 않고 의연한 태도를 보인 일, 해적에게 붙잡혔다가 나중에 그들을 모두 처형한 일 등 보통 사람들이 해낼 수 없는 사건들은 그가 권력을 잡은 후 꾸며 낸 것이라고 주장하기도 한다.)

○ 술라의 명령을 냉정하게 거부한 것은 카이사르가 임신한 젊은 아내를 버릴 수도 없었겠지만 민중파가 되기로 마음먹었다면 민중파의 수장이었던 킨나의 딸과 더더욱 이혼할 수가 없었기 때문일 것이다. 또한 정치가 개인의 사생활까지 참견해서는 안 된다고 생각했을 수도 있었다. 아니면 최고 권력자라고 해도 부당한 명령은 듣지 않겠다는 고집일 수도 있었다. 여하튼 그가 보여 준 이러한 행동은 목숨을 담보로 삼는 위험한 것이었지만 시민들에게 깊은 감명과 신뢰를 심어 줄 수 있었다. 이처럼 카이사르가 지닌 뜻밖의 고집스러움과 결단은 평범한 삶을 누릴 수 없는 운명을 알려 주었고, 죽음의 문턱에서도 그 점은 한결같았다. 어쩌면 카이사르가 술라를 싫어한 것은 독재를 추구한다는 점에서 서로가 너무나 닮았기 때문이리라.

○ BC 81년 술라의 추적을 피해 도망간 카이사르는 아시아 속주 총독 미누키우스 테르무스의 부장으로 근무했다. 그가 로마 최고 권력자의 추적을 받았지만 테르무스의 부장이 될 수 있었던 것은 총독 테르무스의 우호적인 성품에 따른 것이기도 하겠지만, 외국으로 망명한 자에게는 죄를 묻지 않는다는 로마의 오랜 관례에 따른 것이기도 했다. 그때 카이사르는 테르무스의 명령을 받고 함대를 구축하고자 협조를 받기 위해 비티니아의 니코메데스 왕에게 파견되었다. 하지만 필요 이상으로 니코메데스의 궁정에서 시간을 보냈던 카이사르는 본부에 돌아온 뒤

에도 해방 노예에게 빌려준 돈을 되받기 위해서라는 명목으로 다시 비티니아의 니코메데스를 찾아갔다. 그렇게 되자 카이사르가 비티니아에 뻔질나게 드나드는 것은 니코메데스와 동성애를 하기 때문이라는 소문이 파다하게 퍼졌으며, 그것도 여성의 역할이라고 했다.

○ 그러한 까닭으로 카이사르의 동료 집정관이면서도 서로 적대 관계에 있던 비불루스가 포고령에서 "한때 왕과 잠자리를 같이하기를 원했지만, 지금은 스스로 왕이 되고 싶어 하는 비티니아의 왕비"라며 카이사르를 비난했던 것이다. 물론 카이사르는 강력하게 부인하며 사실이 아니라고 맹세했지만 로마의 정치판은 야비할 정도여서 이 소문은 진위를 떠나 그에 대한 신랄한 공격거리가 되었다. 키케로도 몇 통의 편지에서 "시종의 안내에 따라 침실로 들어간 베누스 여신의 후손은 비티니아에서 순결을 잃었다."고 기록했다.(註. 베누스 여신과 안키세스 사이에서 아이네아스가 태어났고, 아이네아스의 아들이 아스카니우스이며 그는 율루스라고도 불리며 율리우스 씨족의 시조가 되었다. 키케로는 카이사르가 율리우스 씨족에 속했으므로 베누스의 후손이라 호칭한 것이다.)

○ 카이사르의 여성 편력 또한 대단하여 수많은 귀족 출신의 부인들뿐만 아니라, 삼두였던 크라수스의 아내 테르툴리아(註. 크라수스는 형이 BC 87년 마리우스 파에게 처형당하고 이에 충격을 받은 아버지가 자살하자 형수 테르툴리아와 결혼했다. 그는 이 결혼으로 아이를 여럿 낳았다.), 폼페이우스 아내 무키아와도 연인 관계였다. 그중에서도 세르빌리아를 가장 사랑하였는데, 그녀에게는 내전 중에도 금화와 진주 같은 값비싼 선물을 했으며, 경매에 나온 부동산을 헐값에 넘겨주기도 했다.

○ 카이사르의 이러한 동성애와 여성 편력은 대(大) 쿠리오(註. Gaius Scribonius Curio. 카이사르 편에 가담하여 폼페이우스에 대항했던 호민관

쿠리오의 아버지이며 아들과 이름이 같았다.)로 하여금 “카이사르는 모든 남자의 여자였으며, 모든 여자의 남자였다”란 말을 남기게 했다.

| 알아두기 |

• ‘카이사르’의 어원

제2차 포에니 전쟁에서 율리우스 씨족에 속하는 한 인물이 코끼리 부대를 거느린 카르타고 군대를 무찔러 그 공로로 ‘카이사르’라는 별칭을 얻었고, 그 별칭이 가문 이름으로 정착되었다. 즉 ‘카이사르’는 카르타고어의 코끼리를 뜻하는 ‘카이사이(caesai)’에서 유래되었으며, 학자에 따라서는 ‘가르마를 탈 수 있는 풍성한 머리’를 의미하는 라틴어 카이사리에스(caesaries)에서 유래되었다고도 한다. 그 이후 ‘카이사르’는 변형되어 독일에서는 ‘카이저’, 러시아에서는 ‘짜르’로 불리며 황제를 의미했다.

‘카이사르’가 여러 나라에서 황제란 의미로 쓰이게 된 데는 쇼펜하우어의 말을 인용할 수 있다. “단어는 순수한 의미뿐 아니라, 사회적인 평가가 더해졌을 때 비로소 완전한 효용을 갖추게 된다.” 즉 단어는 그 의미가 아니라고 할지라도 사회 구성원 간의 암묵적인 합의에 따라 새로운 의미가 부여되어 통용되기도 한다는 것이다.

카이사르의 계책과 원로원의 판단(BC 55년)

≪야만족들은 제대로 된 제도와 형식을 갖추지 못하고 주권이 미치는 영토가 명확하지 못했다. 그들은 살기 좋은 곳을 찾아 그리고 약

탈을 위해 불온하게 이동하는 습성이 있었다. 이러한 경향에 따라 게르만의 우시페테스족과 텐크테리족은 강력한 이웃을 피해 좀 더 문명화되긴 했어도 자신들보다 나약했던 갈리아를 침공했다. 하지만 그들의 말대로 무력으로 뺏은 땅에 권리가 있다면, 그들 역시 자신들보다 강력한 로마군에게 무참하게 짓밟혀도 부당함을 호소할 수 없다. 게다가 게르만족은 전쟁의 규칙까지 저버리고 배신했다. 이런 이유에서 원로원은 카이사르의 행동이 옳았다고 손을 들어 주었지만 카이사르가 전쟁의 명분을 얻기 위해 야만족들의 두려움을 도발시켰으리라는 가능성을 완전히 배제할 수는 없다.≫

○ 게르만족 중에 가장 세력이 큰 부족은 수에비족이었다. 수에비족의 등쌀에 못 이겨 주변의 여러 게르만족들은 수에비족에게 공물을 바치며 긍지와 지위를 손상당한 채 살아가고 있었다. 우시페테스족과 텐크테리족도 비슷한 처지였다. 그들은 참다 못해 3년 동안 게르만의 여러 지역을 돌아다니다가 마침내 라인강변에 집결하여 갈리아의 땅을 넘보았다. 라인(註. 당시 명칭은 '레누스Renus')강 건너의 맞은편에는 갈리아족의 한 갈래인 메나피족이 살고 있었다. 우시페테스족과 텐크테리족은 결국 라인강을 건너 메나피족 사람들을 죽이고 부락과 식량을 빼앗았다.

○ 갈리아 부족들은 게르만 침략자들을 힘으로 굴복시켜 잘못을 깨닫게 하지 못하고, 그들에게 사절을 보내 떠나온 땅으로 되돌아간다면 요구하는 모든 것을 들어주겠노라고 약속했다. 그러나 갈리아 부족들의 나약함을 알게 된 우시페테스족과 텐크테리족은 더욱더 얕잡아보고 주변의 모든 지역에서 약탈과 살인을 저지르며 휩쓸고 다녔다.

○ 카이사르는 이를 듣고서 갈리아 부족장들을 불러 모아 비참한 현실에 낙담하지 말라고 격려한 다음 병사들을 모아 게르만 침략자들과 전쟁을 치르기로 결정했다. 그가 병사들을 게르만 침략자들이 있는 곳으로 이동시키자, 게르만의 두 부족들은 사절을 보내 다음과 같은 내용을 카이사르에게 전달했다. "게르만의 사람들은 결코 로마군을 공격한 적이 없으나, 만일 로마군이 우리를 공격한다면 전쟁을 피하지 않을 것이다. 게르만의 사람들은 예로부터 싸움을 걸어오면 반드시 물리쳤으며 적에게 화평을 청하지 않았다. 우리가 게르만에서 쫓겨나 어쩔 수 없이 이곳에 온 것은 사실이나, 우리는 불멸의 신들조차 대적하지 못하는 수에비족에게만 굴복했을 뿐 어느 누구에게도 정복당한 적이 없었다. 따라서 로마는 우리에게 정착할 땅을 주든지 아니면 우리가 차지한 이 땅을 인정해야 할 것이다." 이에 대해 카이사르는 이같이 답했다. "자신의 영토를 지키지 못하는 자들이 다른 부족의 영토를 차지하려는 것은 공정하지 못한 일이다. 갈리아 부족은 너희들에게 내어줄 땅이 없으니, 우비족(註. 게르만족의 일파)의 땅에 정착하도록 하라. 우비족은 로마와 동맹을 맺고 있으니, 그들에게 그런 취지의 명령을 전하겠다."

○ 이러한 회담이 있고 난 후, 게르만 침략자들은 이 문제를 숙고하고자 하니 사흘을 기다려 달라고 말했다. 그러면서 그동안 로마군을 더 이상 접근시키지 말라고 요구했다. 하지만 카이사르는 이 요구를 들어줄 수 없다고 잘랐다. 왜냐하면 게르만의 기병대가 식량을 얻기 위해 갈리아족의 들판을 약탈하려고 나갔으며, 사흘의 말미를 달라는 것은 기병대가 돌아올 시간을 벌기 위한 속셈임을 알았기 때문이다.

○ 카이사르의 병사들이 계속 전진하자, 게르만의 사절들은 다시금 카

이사르를 찾아왔다. 그들은 로마군 중에서 제일 앞서가는 기병대에게 게르만 부족과 교전을 벌이지 말도록 명령을 내려 달라고 하면서, 우비족에게 사절단을 보낼 수 있도록 조치해 달라고 요청했다. 또한 그들은 우비족에게 간 사절단이 정착지를 얻어 오는 데 성공하면 카이사르의 제안을 받아들이겠노라고 말했다. 카이사르는 병사들에게 물을 공급해야 하니 6㎞까지만 접근하겠다고 말하면서, 기병대 병사들에게는 게르만족의 사절이 요구한 대로 먼저 공격을 하지 말 것과 행여 공격을 받더라도 보병이 도착할 때까지 방어만 할 것을 명령했다.

○ 그러나 게르만 부족들은 로마군이 모습이 보이자마자 공격을 퍼붓고는 기병 74명을 전사시켰다. 5천 기의 로마 기병(註. 기병들은 대부분 동맹국의 기병이었다.)이 800기에 불과한 게르만 기병에게 패하고 만 것이다. 이런 결과가 초래된 것은 카이사르의 지시에 따라 로마 기병대가 공격에 소극적이었던 것이 이유였으리라. 이 전투가 있은 후 다음 날 게르만의 사절단이 카이사르를 찾아와서는 어제의 일을 사과하겠다고 했다. 그러나 카이사르는 이들이 배반과 위선의 탈을 쓰고 휴전을 통해 정보를 알아내려고 온 것임에 틀림없다고 생각했다. 또한 그는 어제의 전투가 있고 나서 더 이상 그들을 믿지 않기로 결심하고 있던 참이었다. 그래서 그는 게르만의 사절단이 제 발로 찾아온 것을 내심 기뻐하며 그들 모두를 잡아 가두어 버렸다.

○ 그리고 나서 전 병력을 출동시켜 게르만 부족들이 원로들로 구성된 사절단이 구금된 것을 알아차릴 새도 없이 공격했다. 게르만족들은 부족의 지도층이 없는 상황에서 진지를 사수하거나 대피할 생각조차 못한 채 공포에 비명을 지르며 사방으로 도망쳐 지리멸렬되고 말았

다. 전날 기병대가 당한 배신행위에 분노하고 있던 로마군은 순식간에 적의 진지를 격파하고, 카이사르의 명령으로 수많은 여자들과 아이들까지 무참하게 학살했던 것이다.

○ 원로원은 카이사르의 승리에 감사제를 결의했다. 하지만 카토는 이 승리에 대해 원로원이 감사제를 결의한 것을 비난했다. 왜냐하면 게르만족이 평화 교섭을 위해 사절단을 보내는 등 협상 노력을 하고 있는 중에 적의 허를 찔러 승리한 것이며, 여자들과 아이들까지 포함된 무자비한 살육이 뒤따랐기 때문이다. 그러면서 그는 카이사르를 붙잡아 게르만족에게 넘겨주어 로마가 저지른 죄를 정화시켜야 한다고 말했다. 그러나 원로원의 판단은 이와 달랐다. 더욱이 그해의 집정관은 카이사르와 함께 삼두 정치를 이끌고 있는 폼페이우스와 크라수스였다. 당시 갈리아 지역에서 전쟁이 일어나면 이 정도로 참혹한 것은 보통 용납되는 것이었고, 게르만족이 약속을 어기고 로마 측 기병 74명을 살해했을 때 평화 교섭은 사실상 끝이 난 것으로 보아야 된다고 원로원은 평했던 것이다.

○ 우시페테스족과 텐크테리족이 일으킨 이 사건을 계기로 카이사르는 게르만족이 로마의 지배하에 있던 갈리아를 너무 쉽게 그리고 너무 자주 침공한다는 것을 깨달았다. 그는 로마의 군대가 라인강을 건너 게르마니아를 공략할 수 있는 능력과 용기를 가졌다는 것을 보여

▌카이사르가 라인강을 도하할 때 만든 다리

줌으로써 게르만족에게 두려움을 주어야겠다고 생각했다. 그리하여 카이사르는 라인강에 목조 다리를 단 10일 만에 건설하여 야만인들을 놀라게 하고 문명의 위대함을 보여 주었다. 라인강의 드넓은 곳에 그것도 세차게 물이 불어나는 계절에 장엄한 다리를 건립하여 게르마니아 깊숙이 쳐들어갔던 것이다. 이는 당시로서는 대단한 업적이었다.

율리아의 묘지(BC 54년)

≪권력자의 피붙이가 죽게 되면 추종 세력들이 죽은 자에게 특혜를 부여하고 아첨하기 마련이다. 그런 까닭에 율리아는 국가를 위해 업적을 남긴 위인들을 모시는 곳, 다시 말해 오늘날의 국립 현충원과 같은 곳에 묻힐 수 있었다. 율리아의 죽음으로 카이사르와 폼페이우스의 연결 고리는 약화되었고, 그 결과 둘 간의 약화된 고리의 한쪽 끝을 공화정 옹호자들이 잡아당길 수 있는 여건이 만들어졌다.≫

○ 율리우스 카이사르가 갈리아 키살피나(이탈리아 북부) · 갈리아 나르보넨시스(프랑스 남부) · 일리리쿰(현재 크로아티아 주변)의 3개 속주 총독으로서 갈리아 전쟁에 전념하고 있을 때, 폼페이우스에게 시집보낸 딸 율리아가 결혼 5년 만에 죽고 말았다. 율리아는 카이사르의 첫 부인인 킨나의 딸 코르넬리아가 낳은 여식이었다. 그 전년에는 어머니 아우렐리아가 세상을 떠나고 이번에는 아이를 낳다가 딸이 죽은 것이다. 그리고 낳은 아이도 며칠 만에 죽고 말았다. 카이사르보

다 6살이나 많았던 폼페이우스와 율리아의 사이는 정략결혼이었고 나이 차이도 많았지만 남이 부러워할 만큼 금슬이 좋은 부부였다. 그러나 이제는 카이사르와 폼페이우스를 이어 줄 끈이 모두 끊어져 버린 것이다.

○ 속주의 총독은 근무 중에 루비콘강을 건널 수 없다는 규정에 따라, 카이사르는 작년 모친상 때와 마찬가지로 이번에도 로마에 가지 못했다. 키케로는 카이사르의 측근인 발부스를 통해서 위로의 편지를 보냈고, 폼페이우스는 젊은 아내의 죽음을 몹시 슬퍼하며 아내와 둘이서 보낸 추억으로 가득 찬 알바의 별장에 아내를 묻기로 했다. 그러나 로마 시민들은 로마의 최대 실력자 2인을 묶어 주었던 젊은 여인을 애도하며 친정아버지 카이사르의 심정도 헤아려 마르스 광장에 있는 역대 위인들의 묘소에 실력자의 아내이자 딸이긴 하지만 아녀자에 불과한 율리아의 묘지를 마련했다. 이때 호민관들이 강력히 반대했지만 율리아의 시신은 민중의 손에 들려 마르스 광장에 안치되었다.

○ 카이사르는 정치적 입지를 공고히 하고자 율리아가 죽고 난 후에도 폼페이우스와의 결혼 동맹이 유지되기를 원했다. 왜냐하면 인간이란 속성상 끈끈한 혈육의 정이 가장 믿을 만했기 때문이다. 따라서 그는 폼페이우스에게 생질녀의 딸 옥타비아(註. 훗날 그녀의 이복동생이 아우구스투스가 되었다. 아우구스투스에게는 옥타비아 누나가 2명이 있었으며, 그중 큰누나는 배다른 누나였고 작은누나는 같은 어머니에게서 태어났다.)와 재혼하고 자신은 폼페이우스의 딸 폼페이아와 결혼할 것을 제안(註. 폼페이아는 술라의 아들 파우스투스와 결혼하고 있었으니 이 제안이 성립되려면 그녀는 이혼해야 했다.)했으나, 폼페이우스는 거

절하고 카르하이 전투에서 남편이 사망한 후 미망인이 된 크라수스의 며느리 코르넬리아와 재혼했다. 이렇게 됨으로써 카이사르와 폼페이우스 사이의 연결선이 끊어지고, 카이사르를 경계하는 정적들은 폼페이우스의 군사력을 마음껏 탐할 수 있었다.

티투리우스 사비누스(Titurius Sabinus)의 실책(BC 54년)

≪적지에 고립된 로마군은 적의 충고를 받아들일 만큼 나약하고 불안했다. 로마의 지휘관들이 저지른 실책은 암비오릭스의 충고가 함정이 아닌지 정탐을 통해 확인하지 않고 위태로운 결정을 했다는 것이다. 수많은 병사들의 목숨이 달려 있는 문제를 지성과 용맹에 의지하기보다는 맹신과 공포에 굴복하여 미덥지 못한 자의 말만 믿고 따랐다는 것은 명백한 실책이다. 사비누스와 코타는 속임수에 걸려들지도 모른다는 의심 속에 적절한 방어책을 마련한 다음 병사들을 이동시켰어야 마땅했다.

군대는 비슷한 권한을 가진 여러 명의 최고 지휘관을 같은 부대에 배치하면 실패하기 쉽다. 군대처럼 일사불란한 조직은 지휘관 한 명이 모든 병사들을 완전하게 장악할 수 있어야 판단과 명령이 명료해지고 결과도 희망적이기 때문이다. 따라서 참모들의 의견을 경청했다면 그 이후에는 양립할 수 없는 절대 지휘권이 어느 한 사람에게 주어져야 했지만 로마군 병영은 이마저도 분명하지 않았다.

그럼에도 결론을 말할 것 같으면 암비오릭스에게 부족의 독립 투쟁은 이길 수 없는 전쟁이었다. 그가 사비누스에게 승리한 이후 부족은 로마군의 파괴 행위에 적절한 방어책도 없이 완전히 노출되어 감당하기 힘든 고통을 겪었기 때문이다.≫

○ 갈리아 전쟁 5년째 카이사르는 제2차 브리타니아 정벌 후에 휘하의 군단들을 6개로 나누어 갈리아의 여러 지역에 동절기 숙영지로 분산 배치했다. 그렇게 할 수밖에 없었던 이유는 그해 갈리아는 가뭄으로 흉년이 들어 식량 공급에 어려움이 있었기 때문이다. 그리하여 뫼즈강과 라인강 사이에 자리 잡은 에부로네스족의 영토에는 1개 군단과 5개 대대를 사비누스(Quintus Titurius Sabinus)와 코타(Lucius Aurunculeius Cotta)의 지휘 아래 숙영하게 했다.

○ 로마군이 동절기 숙영지에 도착한 지 보름가량 지났을 때, 에부로네스족의 부족장 암비오릭스와 카투볼쿠스는 로마군에 대해 항거의 불꽃을 지폈다. 이는 인접 부족이었던 트레베리족이 선동했기 때문이다. 에부로네스족은 나무를 구하러 간 로마군을 갑자기 습격하여 대규모 병력으로 로마군 진지를 공격했다. 그러나 로마군은 즉시 방어태세를 갖추었고 동맹군인 히스파니아 기병대가 에부로네스족 기병과의 기병전에서 이기자, 에부로네스족은 승리의 희망을 버리고 한 걸음 물러났다. 그런 다음 에부로네스족은 갈리아인들의 관습에 따라 로마군에게 회담을 제의했다. 그들은 공동의 이익을 위해서 할 말이 있으며, 서로 간에 합의로 이 싸움이 해결되기 바란다고 말하면서 회담을 갖자고 한 것이다.

○ 로마군 측 회담 대표들이 나타나자, 에부로네스족의 부족장 암비오릭스는 말했다. "나는 카이사르가 베풀어 준 그간의 모든 호의에 대

해 깊이 감사하고 있다. 내가 로마군 진지를 공격한 것은 나의 자유로운 결정에 의한 것이 아니라, 부족민들의 강요에 의해서 어쩔 수 없었던 것이다. 그만큼 나는 아직 부족민들의 뜻을 따라야 할 정도로 통치권이 약하다. 이것은 내가 우리 부족의 군대로 로마군을 이길 수 있다고 믿을 만큼 무지하지는 않기에 쉽게 납득할 것이다. 그러나 전 갈리아의 합의에 따라 오늘은 갈리아에 있는 카이사르의 모든 숙영지를 공격하기로 결정된 날이었다. 나는 지금까지 동족의 뜻에 따라 의무를 다했으므로 이제는 카이사르의 호의에 보답하고자 한다. 그래서 미리 알려 주고자 하는 것은 수많은 게르만인이 갈리아에 고용되어 라인강을 건넜으며, 이틀 후면 이곳에 도착해 로마군을 공격하리라는 것이다. 따라서 사비누스와 코타는 어서 빨리 병사들을 데리고 숙영지를 떠나 퀸투스 키케로(註. 연설가 키케로의 동생으로 폼페이우스 휘하에 있었으나, BC 54년 갈리아 전쟁을 치르고 있던 카이사르 휘하로 옮겼다.)나 티투스 라비에누스(註. 훗날 카이사르와 폼페이우스 간의 내전 때 라비에누스는 폼페이우스 편에 섰다.)의 숙영지로 가서 병사들의 힘을 합쳐야 한다." 그러면서 암비오릭스는 로마군이 자신의 영토를 안전하게 지날 수 있도록 길을 내주겠으며, 그렇게 하는 것이 부족의 영토 내에 로마군이 있어 부담이 되는 것보다 나은 동시에 카이사

임비오릭스

르의 은혜를 갚는 일이라고 말했다. 사실 암비오릭스는 카이사르 덕분에 이웃 부족에게 바쳤던 조공으로부터 헤어났으며, 인질이 되었던 아들과 조카를 되찾았다. 그러나 회담장에서 암비오릭스가 한 말은 모두 거짓이고 속임수였다.

○ 회담에서 돌아온 대표들로부터 암비오릭스 말을 전해 들은 사비누스와 코타는 갑작스런 사태에 크게 당황했다. 적의 말이기는 했지만 무턱대고 무시할 수 없었다. 왜냐하면 에부로네스족과 같이 작고 약한 부족이 먼저 로마에 전쟁을 일으킨 것은 분명히 믿고 의지할 만한 무엇이 있다고 생각했기 때문이다.

○ 이 문제를 토의하기 위해 지휘관 회의를 소집하자 격렬한 논쟁이 벌어졌다. 코타 부장을 비롯한 여러 명의 대대장과 수석 백인대장들은 속임수일 수 있으니 어떤 대응도 하지 말고, 숙영지를 떠나서는 안 된다고 주장했다. 그들은 수비를 강화한다면 적들의 공격을 충분히 막을 수 있고, 행여 발생할지도 모를 식량 부족에 대해서는 근처의 로마군이나 카이사르로부터 곧 지원될 터이니 걱정할 필요가 없다고 했다. 그러면서 "그렇게 중요한 문제를 적의 말만 믿고 결정하는 것은 얼마나 어리석은가?" 하며 잘라 말했다. 반면에 사비누스는 이렇게 주장했다. "갈리아와 게르만의 군대가 합류하여 들이닥치면 이미 손을 쓸 수 없이 늦어지고 만다. 나는 적의 언동에 판단이 흔들리는 것이 아니라, 사실 그대로 말하는 것이다. 생각해 보라! 라인강이 코앞이다. 암비오릭스가 확실한 근거도 없이 그런 말을 했다고 누가 장담할 수 있겠는가? 우리는 어서 여기를 떠나야 한다. 적들이 연합하여 봉기하는 불행한 일이 발생하지 않는다면 가까운 아군 숙영지에 무사히 도착할 것이고, 그렇지 않다면 갈리아와 게르만 전체가 연합

하여 공격하는 것이므로 그런 사태가 일어나면 유일한 대책은 도망가는 것뿐이다."

○ 사비누스와 코타의 의견 대립이 격화되어 고성과 삿대질이 오고 갔다. 두 사람이 서로에게 화가 나서 자리를 박차고 일어나자, 곁에 있던 사람들이 이렇게 적 앞에서 분열하면 모두가 불행한 결과를 초래할 것이라며 두 사람을 붙잡고 애원하면서 다시 앉혔다. 논쟁은 자정까지 계속되다가 결국 코타가 주장을 굽혀 병력을 근처의 아군 숙영지로 이동시키기로 결정했다.

○ 새벽녘에 병사들은 짐을 꾸려 출발했다. 병사들은 자신들에게 충고해 준 암비오릭스가 적이 아닌 진정한 친구라고 굳게 믿고 있었다. 이러한 소란 속에 암비오릭스의 정탐자들은 모든 상황을 알게 되었다. 정탐자들의 보고를 받은 암비오릭스는 에부로네스족 병사들을 깊은 계곡 속에 매복시킨 후, 로마군이 계곡 깊숙이 들어왔을 때 공격을 감행했다. 진정한 친구라고 믿었던 자들에게 예기치 않게 공격을 당한 로마군은 용감하게 싸웠지만 함정에 걸려 불리한 위치에서 기습당한 터라 역부족이었다. 사비누스는 암비오릭스를 상대로 협상을 하자고 코타에게 제안했다. 코타는 적이 투석기로 쏜 돌에 얼굴을 맞아 피투성이가 된 채로, 적과 협상하자는 사비누스의 말에 소리를 버럭 질렀다. 그는 무장한 적과는 타협하지 않는다는 로마군의 원칙을 내세워 협상하기를 단호히 거부한 것이다. 그럼에도 사비누스는 협상을 시도하다가 살해되었다. 에부로네스족은 그것을 신호로 로마군을 향해 일제히 총공격하자, 코타는 수많은 군단병과 함께 용맹스럽게 싸우다 골짜기에서 적의 검에 쓰러져 죽었다. 적의 매복 기습 공격에 걸려든 로마군은 지리멸렬되어 섬멸당했고, 겨우 몇몇의

병사만이 숲을 헤치고 길을 더듬어 라비에누스의 숙영지에 도착하여 자신의 부대에서 일어난 비극을 알려 주었다.

○ 이 일이 있고 난 다음 해 카이사르는 에부로네스족을 쳐들어갔다. 그러나 우거진 숲과 발을 들여놓을 수 없는 습지로 도망친 에부로네스 부족을 공격할 수가 없어 카이사르는 이웃 부족에게 에부로네스 부족민을 죽이고 약탈해도 좋다고 선언했다. 그러자 수많은 갈리아인들이 사지에서 모여들어 동족의 비극에도 아랑곳하지 않고 전리품과 인간 사냥에 열중했다. 전쟁의 혼란은 동족의 눈물에도 눈을 감았는데, 그런 점이 그들이 아직도 야만인이었다는 증거였다.(註. 당시만 해도 갈리아족들 사이에는 동족이라는 동질감이 형성되지 않았다. 따라서 로마군과 동맹을 맺어 동족을 공격하기도 했는데, 이는 게르만족들도 마찬가지였다. 심지어 중세까지도 동족이나 민족이라는 개념이 없었으며, 이 개념은 18세기 프랑스 혁명 이후가 되어서야 비로소 자리 잡았다. 공동체의 발전이 나와 이웃 모두에게 이익이 된다는 확신이 설 때 '동족'이란 의미가 들어설 수 있는 여지가 있지만, 왕이나 귀족들이 국가 권력을 주름잡고 국가 발전이 나의 행복이 아니라 왕과 귀족의 행복일 뿐이라는 토대 위에서는 공동의 목표를 세우고 구성원 모두에게 협력을 요구할 수 있는 '동족 · 민족 · 겨레'란 개념이 자리 잡을 수 없었기 때문이다. 그러나 이 글에서 보듯이 『갈리아 전기』에서 카이사르는 줄곧 동족이란 용어를 사용했다.) 카이사르는 그것도 모자라서 다시 한 번 병력을 보내 에부로네스족을 휩쓸며 마을과 건물을 모두 불태우고 가축을 빼앗았다. 그리고 곡식들마저 모두 제거하여 행여 은신처에 숨어 살아남은 부족민이 있어도 굶어 죽을 수밖에 없도록 했다. 에부로네스 족장 카투볼쿠스는 그런 일을 벌이자고 자신을 꼬드긴 암브오릭스에게 저주

를 퍼붓고는 주목에 목을 매달아 자살했고, 또 다른 족장 암비오릭스는 몇 년간을 도망자 신세로 다니다가 로마군이 암비오릭스를 찾는 데 혈안이 되어 에브로네스족 영토를 처참하게 유린하고 불사르자 참다 못한 부족들이 결국 그를 잡아 직접 처형했다. 즉 에부로네스 두 족장의 죽음은 당장의 승리에만 눈이 어두워 좀 더 큰 흐름을 깨닫지 못한 비극이었다. 하지만 19세기에 벨기에는 독립을 쟁취하자 카이사르의 갈리아 전쟁기에서 암비오릭스를 찾아내어 국민 영웅으로 추앙했다.

카르누테스(Carnutes)족의 항거

≪관용을 베풀고 민중의 권리를 중시하던 카이사르도 상대가 로마인이 아니라면 자신의 관용이 작동되지 않았다. 특히 갈리아 전쟁에서 그는 자신의 특징인 관용의 모습과는 달라도 너무 다른 모습이었다. 그는 자비를 구했던 베네트족의 원로원 의원을 모두 죽음으로 몰아넣었고, 에브론족을 전멸시키려 했다. 또한 BC 52년 갈리아 전쟁 7년째를 맞이하여 카이사르가 베르킨게토릭스와 싸울 때, 카이사르의 로마군이 아바리쿰(註. 현재 프랑스의 '부르주')을 점령하는 데 성공한 적이 있었다. 성이 점령당하자 아바리쿰 주민들은 성내에 진입한 로마군에 의해 4만 명이나 되는 주민 거의 모두가 살해되고 그중 불과 800명만 살아서 도망칠 수 있었다. 그 당시 카이사르는 병사들의 정당한 복수라는 미명 아래, 성인 남자는 물론이거니와 노인도 여자

도 심지어는 어린아이까지도 모두 무자비하게 학살했다.≫

○ 에부로네스족의 부족장 암비오릭스가 BC 54년 속임수를 사용하여 로마군을 궤멸시키자, 카이사르는 암비오릭스를 정벌하기 위해 갈리아 부족장 회의를 소집했다. 갈리아 전역에서 로마의 영향권 아래에 있는 부족장들이 모두 참석했지만 갈리아 중부의 세노네스족(註. BC 390년 로마를 점령한 부족이 세노네스족의 일파였다.)과 카르누테스족 그리고 트레베리족은 참석하지 않았다. 카이사르는 이것을 로마의 패권을 인정하지 않고 반기를 드는 것으로 간주하며 앙심을 품었다. 그는 그들의 책동을 결코 묵과하지 않겠다는 결의를 보여 주기 위해 부족장 회의를 파리시족의 수도인 루테티아(註. 현재 프랑스의 '파리')로 옮겼다. 왜냐하면 루테티아는 세노네스족 영토 부근에 있었기 때문이다. 그러자 세노네스족은 친로마 부족인 하이두이족의 중재로 로마에 복종을 맹세하였고, 카르누테스족도 레미족의 중재를 통해 로마에게 볼모를 바치고 강화를 요청했다. 그런 다음 카이사르는 끝까지 항거하고 있는 트레베리족과 암비오릭스를 토벌하러 동쪽으로 떠났다.(註. 훗날 갈리아가 로마화되었을 때 아우구스투스는 트레베리족의 수도를 '아우구스타 트레베로룸Augusta Treverorum'으로 정했는데 이것은 아우구스투스가 트레베리족 영토에 세운 도시란 의미였다. 이 도시는 나중에 '트리어Trier'라고 불리었고 디오클레티아누스 황제 때는 로마 제국의 4개 수도 중 하나가 되었다.)

○ 하지만 암비오릭스가 다스리는 에부로네스족을 전멸시킨 다음 카이사르는 지난해 부족장 회의에 참석하지 않고 반기를 들었다는 이유로 주모자인 카르누테스족 부족장 아코를 처참한 방법으로 처형했

다. 이미 세노네스족과 카르누테스족이 카이사르와 강화 조약을 맺고 복종하기로 맹세까지 한 것은 모두가 다 아는 사실이었다. 그럼에도 카이사르는 과거에 사라진 로마의 무자비한 처형 방법으로 아코를 살해했다. 그 방식은 처형당하는 자를 말뚝에 묶어 놓고 그 머리에 갈퀴 모양의 기구를 찔러 넣은 뒤 죽도록 채찍질을 가한 다음 마지막으로 목을 자르는 잔혹한 처형이었다. BC 53년에 있었던 이 처형은 갈리아의 모든 부족장이 지켜보는 앞에서 시행할 것을 카이사르가 직접 명령했다. 제2권에서 스키피오의 관용에 대해 서술한 적이 있었다. 그의 관용은 히스파니아에서도 아프리카에서도 그 광휘가 시들지 않고 밝게 빛났지만 카이사르의 관용은 오직 로마인들에게만 적용되었던 것이다.

베르킨게토릭스가 새겨진 주화

○ 카르누테스족은 부족장 아코가 부당하고 처참하게 공개 처형된 일로 원한에 사무쳤다. 아코가 처형당한 다음 해에 카르누테스족은 인접 부족장에게 내일은 당신들이 아코와 같은 운명을 맞게 될 것이라고 겁을 주었다. 그러자 갈리아의 부족장들은 명예와 자유를 회복하지 못한다면 차라리 싸우다 죽는 것이 낫다는 생각을 하며, 가슴속의

불안을 구체화하여 카이사르에 대한 반란의 불꽃을 지폈다. 이 사건은 아르베르니족 베르킨게토릭스를 중심으로 전체 갈리아 부족이 로마에 항거하는 시발점이 되었다.

갈리아(Gallia)인들의 파문

≪종교적 파문은 따돌림의 형태로 나타났다. 파문은 종교적 관습과 전통을 위반하는 자에게 가하는 가장 무서운 사회적 처벌이며, 자살까지 몰고 가는 무서운 정신적 고통이었다. 이는 문명 세계에서도 그대로 명맥을 유지하여, 중세 때 가톨릭 교단은 파문을 마구 남발했으며, 현대에서도 종교인들의 가장 큰 무기로 자리 잡고 있다.≫

○ 카이사르가 갈리아 전쟁을 벌이고 있을 때, 그곳의 종교는 드루이드교가 지배하고 있었다. 드루이드교의 성직자는 모든 문제를 해결했다. 그들은 부족 내에서 커다란 존경의 대상으로 젊은이들이 찾아와 가르침을 구하며, 부족 간에 또는 개인 간에 발생하는 거의 모든 분쟁을 판결했다. 그들은 갈리아의 중심에 해당하는 카르누테스족 영토의 신성시된 장소에 모여 중요한 결정을 내렸고, 갈리아의 각 지역에서 온 분쟁자들은 모두 그들의 결정을 따랐다.

○ 누군가가 범죄를 저지르거나, 유산이나 땅에 대한 분쟁이 일어나면 드루이드교 성직자는 판결을 내려 분쟁을 해결했다. 만약 개인이나 집단이 판결에 불복하면 성직자들은 그들을 제사에 참여하지 못하게

했다. 이는 가장 가혹한 사회적 벌이었다. 이렇게 제사 참여가 금지된 자는 범죄자로 간주되어 모든 부족민들이 그를 피하고 접근하지도 않고 말을 걸지도 않았다. 부정한 것과 접촉하면 어떤 피해가 있을 것이란 두려움 때문이었다. 이렇게 파문당한 자는 법의 도움을 청해도 공정한 판결을 얻지 못하고, 명망과 권위 있는 자리에 오를 수도 없는 나락으로 떨어졌다.

○ 이처럼 갈리아 부족들에게 막강한 지배력을 행사했던 드루이드교는 갈리아가 카이사르에게 정복되자 근거지를 브리타니아로 옮겨 그곳에서 퍼져 나갔다. 왜냐하면 정복자인 로마가 드루이드교 성직자들을 철저히 탄압했기 때문이다. 로마는 드루이드교가 인간을 제물로 바치는 풍습이 있어 이를 뿌리 뽑으려고 했다지만, 사실은 그들을 중심으로 갈리아가 뭉쳐 끈질기게 로마의 지배에 항거하고 있었다는 것이 더 큰 이유였다.

콤미우스(Commius)의 분노(BC 51년)

≪속임수와 함정을 파 놓고 적의 파멸을 도모한다면 비열한 술책이라는 비난을 피하기 어렵다. 과거의 전례를 보아도 건전한 정신을 소유한 자는 이런 종류의 어두운 행동을 거부했다. 피로스 왕에 대한 암살 제의를 로마는 거부했고, 테미스토클레스의 속임수에 대해 아테네 시민들은 반대했다. 안토니우스조차도 콤미우스의 분노와 두려움은 정당하다고 결론 내렸다. 타고난 성품과 기질은 쉽게 변하지 않는

다고 했다. 콤미우스를 살해하기 위해 모략을 계획한 라비에누스는 내전 때, 결국 카이사르를 배반하고 폼페이우스에게 달려감으로써 자신의 기질을 다시 한 번 드러냈다.≫

○ 아트레바테스 부족장 콤미우스는 로마에 충직한 동맹이고 호의적이어서 카이사르의 신뢰를 얻고 있었다. 그는 로마군이 아트레바테스족을 정복한 후 그곳의 부족장으로 추대한 자였기 때문이다. 그러나 BC 52년 동족에 대한 연민과 충정이 되살아났는지 그는 로마를 배반하고 갈리아족 총사령관 베르킨게토릭스 측에 가담했다.

○ 베르킨게토릭스가 알레시아 공방전에서 패배하여 파멸하고 난 후,

「카이사르에게 투항하는 베르킨게토릭스」, 리오넬 노엘 로이어 作

BC 51년에 벨로바키족이 로마에 항거했을 때도 그는 계속하여 반란의 편에 섰다. 벨로바키족이 패배하여 카이사르 앞에 무릎을 꿇었을 때, 항거에 참여했던 다른 부족의 지도자들이 모두 인질을 바치고 카이사르의 명령에 복종하기로 했지만, 콤미우스는 이를 거부할 만큼 강경했다.

○ 한때 열렬한 로마 지지자였던 콤미우스가 그렇게 된 것은 그의 자유정신이 되살아난 것이 이유겠지만 라비에누스 때문이기도 했다. 베르킨게토릭스가 로마에 항거하기 얼마 전의 일이었다. 카이사르의 부장 라비에누스는 콤미우스가 갈리아 부족들을 선동한다는 것을 알았지만, 그를 불러들이거나 쉽게 진압할 수 있을 것이라고 생각하고 내버려 두었다. 그러나 항거의 불꽃이 확실하게 타오르자 이제는 콤미우스를 불러도 오지 않을 것이며, 그를 부른다면 오히려 그로 하여금 경계심을 키우는 결과만 초래할 것이 분명해졌다. 따라서 라비에누스는 비열한 계책을 쓰기로 했다. 그는 볼루세누스를 콤미우스에게 보내 회담을 청하는 것처럼 꾸며 살해하라고 지시한 것이다. 그러면서 그 일을 순식간에 해치울 백인대장 몇 명도 함께 딸려 보냈다.

○ 회담이 시작되자 볼루세누스는 계획한 대로 콤미우스에게 악수를 청하며 손을 잡았고, 바로 그때 백인대장이 검을 뽑아 들어 콤미우스의 머리를 내리쳤다. 그러나 그 백인대장은 처음 해 보는 낯선 임무 때문에 불안했는지 아니면 콤미우스 곁에 있던 동료들이 신속히 방어했는지 알 수 없어도 머리에 부상만 입혔을 뿐 살해하지 못했다. 그렇게 되자 양측의 병사들은 검을 뽑아 들고 서로 간에 경계를 하면서 물러났다. 콤미우스 측은 더욱 위험한 함정이 있을 것으로 생각했

고, 볼루세누스 측은 콤미우스가 회복할 수 없는 치명상을 입었다고 생각했기 때문이다. 이런 일을 겪고 난 후 콤미우스는 로마군을 믿을 수 없다고 생각하고, 앞으로는 절대로 로마군 앞에 모습을 나타내어 회담하지 않겠다고 마음을 굳게 가다듬었다.

○ 그 이후 알레시아 전투에서 그는 베르킨게토릭스 편에 섰지만 패배하자, 갈리아의 군사력은 지리멸렬되고 로마의 패권이 갈리아 전역에 미치고 있었다. 하지만 카이사르의 승리 앞에 무릎을 꿇기는커녕 볼루세누스의 속임수에 아직도 분노의 감정을 지우지 못하고 있던 콤미우스는 기병들을 이끌고 다니면서 도적 떼처럼 여기저기서 습격을 자행하곤 했다. 이는 그가 아트레바테스 부족장이긴 했으나 알레시아 전투의 패배로 로마군을 두려워한 부족민들이 그를 멀리하고 있던 탓에 마땅한 거처와 휘하 병사들의 식량을 마련하기 위해서이기도 했다. 그러자 벨기카 지역을 담당하고 있던 안토니우스는 그를 토벌하기 위해 볼루세누스를 파견했다. 다시 한 번 콤미우스와 맞붙게 된 볼루세누스는 은밀한 곳에 매복해 있다가 콤미우스의 기병대를 급습했다. 그러나 그는 지난번에 임무를 완성하지 못해 질책을 받은 탓에 화가 나 있어선지 너무 깊숙이 추격하고 말았다. 도망치던 콤미우스는 이를 알아채고서 말을 돌려 병사들에게 "지난번 저 녀석이 속임수로 회담을 열고서 나에게 큰 부상을 입혔으므로 이번에 복수하고야 말겠다!"고 외쳤다. 그러면서 그는 너무 적진 깊숙이 들어온 것을 깨닫고 달아나던 볼루세누스 뒤로 말을 질풍처럼 몰아 따라붙은 후 온 힘을 다해 창을 던져 볼루세누스의 허벅지에 깊숙이 꽂아 넣었다.

○ 볼루세누스는 생명이 위태로울 정도로 깊은 상처를 입고 겨우 진

지로 돌아갈 수 있었다. 콤미우스는 이번의 공격으로 지난번 볼루세누스에 당한 피해를 충분히 복수했다고 만족해하며, 빈번한 습격과 전투로 많은 병사들을 잃어 이제 더 이상 로마군과 싸우지 않기로 결정하고 분노했던 마음을 가라앉혔다. 그리하여 콤미우스는 안토니우스에게 항복을 표하고 사절과 인질을 보내며 로마군이 있는 곳으로 자신을 불러들이지 말라고 요구했다. 카이사르의 부장 안토니우스는 지난번 라비에누스가 볼로세누스에게 시킨 일을 알고 있는지라 그의 요구가 정당하다고 판단하고 요청을 수락할 수밖에 없었다.

○ 마침내 갈리아 부족 모두가 로마의 무력 앞에 무릎을 꿇었을 때도, 자유의 정신이 충만했던 콤미우스는 로마의 굴레와 속박을 거부했다. 결국 그는 바다를 건너 브리타니아로 갔고, 그곳 남부 해안 근처에서 어느 부족의 왕이 되었다.

마음에 새기는 말

곤경은 친구를 적으로 만든다. _ 율리우스 카이사르

인간의 존엄성에 대한 유린

≪과거의 형벌은 무척이나 비인간적이었고 공포스러웠다. 형벌이 본보기가 되어 그것을 지켜보는 자로 하여금 죄지을 엄두를 내지 못하

게 하려는 것이 목적이었기 때문이다. 하지만 공개 처형이 오락거리가 되고 잔인한 행위가 축제와 얼버무려지면서 인간의 존엄성이 짓밟히는 참혹한 행위가 마구 자행되었다. 게다가 인신 공희의 만행은 인류가 저질러 왔던 참으로 오래된 폐습이었다.≫

○ 고대의 종교 의식은 잔인한 면이 있었다. 갈리아는 율리우스 카이사르가 정복할 때까지 드루이드교가 지배층을 형성하고 있었는데 드루이드교는 종교 · 교육 · 사법을 담당하고 있었으며, 제물의 희생물로서 죄인을 바쳤지만 죄인이 부족하면 무고한 사람을 바치는 인신 공희가 행해졌다. 중병에 걸린 사람들 또는 출전을 앞두거나 위험한 일에 처한 사람들이 드루이드교 성직자에게 희생 제의를 의뢰할 때는 산 사람을 제물로 바쳐야 했다. 그들은 한 사람의 생명을 구하려면 반드시 다른 사람의 생명을 바쳐서 신의 노여움을 달래야 한다고 믿었기 때문이다. 갈리아인들은 적의 머리를 베어 승리의 트로피인 양 집에 걸어 두는 습관이 있었고, 적이 중요 인물일 경우는 머리에 향나무 기름을 발라 여러 세대에 걸쳐 보관하다가 고귀한 손님이 올 때 자랑스럽게 보여 주곤 했다. 또한 갈리아는 문명도에 비하여 호화로운 장례식을 치렀는데, 권력자가 죽게 되면 그를 모시던 하인이나 노예들을 죽은 자와 함께 순장하는 풍습이 있었다. 갈리아뿐 아니라 에트루리아에서도 인간을 제물로 바치는 인신 공희가 행해졌다.

○ 중국과 같은 동양에서는 베어 낸 적군의 머리 수에 따라 무공을 인정했으며, 다만 전쟁터에서 죽인 적병을 운반하기 어려우므로 적병의 시신에서 베어 온 귀로 그 업적을 대신했다. 중앙아메리카의 아스텍

문명에서는 피의 의식에 사용하기 위해 생포한 적을 팔기도 했다. 아스텍인들은 산 사람의 심장을 꺼내는 '피의 의식'을 행했는데 이는 제물이 흘린 피가 땅을 비옥하게 하여 풍요를 준다고 믿었기 때문이다. 그러나 이것은 어디까지나 명분상의 이유였고, 실제로는 아스텍인들이 고원 지대에 살고 있었으므로 가축을 기르기 힘들었기에, 단백질 섭취를 위해 피의 의식을 행하여 수많은 사람들을 희생시킨 후 그 시체를 요리해 먹었다고도 한다. 이러한 야만적인 종교 의식은 16세기 초 아스텍인들을 정복한 에스파냐의 에르난 코르테스에 의해 돼지로 대체될 때까지 계속되었다.

○ 왕정 시대 로마의 사형 집행은 범죄에 따라 달랐다. 위증죄를 저지른 자는 절벽에서 떨어뜨렸고 곡물을 절도한 죄인은 교수형에 처했으며 방화범은 화형시켰다. 하지만 자애와 사랑과 인간애를 외치던 가톨릭 체제하에서조차 로마에서는 처형 방식에 따라 다양한 처형 장소가 존재했다. 캄포 디피오리 광장에서는 이단자를 화형시켰고, 트라스테베레에서는 죄인의 손목을 잘랐으며, 산탄젤로 성으로 이어지는 다리에서는 교수형과 참수형이 집행되었다. 포폴로 광장에서는 사육제를 위한 축제의 일부로 사형이 집행되었는데, 죄수가 죽을 때까지 관자놀이에 망치질하는 전율스런 방식으로 공개 처형함으로써 인간 생명에 대한 존엄성을 마구 짓밟아 왔다. 인간 본성의 잔혹함은 어느덧 TV나 영화에서 잔인한 폭력, 처절한 죽음 그리고 살 떨리는 공포로 방영되며, 콜로세움의 잔인한 공연이 사라진 자리에 유사하게 대체되었을 뿐이다. 로마가 인간에 대한 참혹한 처형을 오락거리로 삼은 것이 죄악이었으나, 공개 처형은 로마만의 풍습이 아니었다.

콜로세움

○ 로마에서는 BC 97년 법으로 인신 공희를 금했다. 그럼에도 옥타비아누스는 안토니우스의 아내 풀비아와 동생 루키우스 안토니우스가 일으킨 페루시아 반란을 진압하고서는 원로원 의원과 기사 계급 가운데 300명을 뽑아 카이사르의 추도일인 3월 15일에 카이사르 제단에 인간 제물로 바쳤다. BC 62년에는 반란을 주도한 카틸리나가 소년을 제물로 바치고 그 내장을 먹었다고 전한다.(註. 적을 죽여 제물로 바치고 그 내장을 먹는 것은 오래된 야만족의 풍습이었다.) 그리고 BC 46년 카이사르는 소요를 일으킨 병사 두 명을 전쟁의 신 마르스에게 희생 제물로 바친 적이 있었다.

○ 로마에서는 이런 일도 전해진다. 제1차 포에니 전쟁이 끝나고 BC 225년 로마는 갈리아인들과 전쟁을 치러야 했다. 마치 갈리아인들은 승자와의 싸움을 기다리고 있었던 것처럼 로마와 카르타고의 전쟁에서 로마가 승리하자마자 로마에 도전장을 던졌던 것이다. 로마인들

포룸 보아리움 내의 신전

은 갈리아가 로마 영토의 경계에 무척 가까웠으므로 몹시 당황했다. 게다가 로마 사람들은 한때 갈리아인들에게 정복당한 경험이 있으므로 그들을 더욱 두려워하고 있었다.(註. BC 390년 갈리아인들은 로마를 침공하여 약탈했다. 이때의 경험으로 갈리아인들에 대한 로마인들의 두려움이 얼마나 컸으면 갈리아에서 침공이 있다면 사제들까지도 군 복무를 면제받을 수 없도록 법에 정할 정도였다.) 원래 로마는 야만적인 종교 관습을 따르지 않고 신들을 향해 온화하고 경건한 마음으로 제사를 지내곤 했다. 그러나 갈리아 전쟁이 터지자 시빌라(Sibylla)의 예언서에 언급된 특정 신탁에 복종하고 말았다.(註. 쿠마이는 BC 8세기 그리스의 에우보이아인들과 그라이코이인들이 이탈리아에 세운 최초의 식민 도시였다. 아폴로 신의 영감을 받은 여사제 시빌라가 이곳에 기거하면서 종려나무 잎에 6보격 그리스어로 된 9권의 예언서를 만들었다고 한다.

구전되어 오는 말에 따르면 로마는 타르퀴니우스 수페르부스 왕이 어느 노파에게 이 예언서를 구입했다고 전해지며, 이를 카피톨리움의 유피테르 신전 지하에 보관하여 2명의 사제가 엄격히 비밀로 보관하고 있었다. 타르퀴니우스에게 책을 판 노파는 시빌라로 알려졌으며, 이 책은 BC 83년 화재 때 불에 타 없어졌다. 책이 불타 없어지자 로마는 사절들을 여러 곳으로 보내어 비슷한 예언들을 수집하여 보관했다. 다만 마르쿠스 테렌티우스 바로에 따르면 시빌라에게 책을 산 왕이 타르퀴니우스 수페르부스가 아니라 타르퀴니우스 프리스쿠스라고 한다.

그 이후 BC 28년 옥타비아누스가 팔라티누스 언덕의 황궁 안에 아폴로 신전을 건립하고 거대한 아폴로 상 아래에 수집된 이 신탁서를 옮겨와, 5세기 때 신전이 파괴되기 전까지 보관했다. 신탁서를 관리하는 사제는 2명에서 10명으로 그다음에는 15명으로 늘어났으며, 로마는 국가의 중대사가 있을 때, 특히 신들의 분노를 피하는 방법을 알아보기 위해 이 신탁서에 의지했다.

시빌라 신탁서에는 이런 전설이 전해져 내려온다. 시빌라가 타르퀴니우스 왕궁을 찾아가 책을 사 줄 것을 제의했지만 너무 비싼 가격 때문에 거절당하자 그 자리에서 그중 3권을 불태웠고, 얼마 후 또다시 나머지를 사 줄 것을 제의했지만 마찬가지로 거절당하자 남은 책 중 3권을 다시 불태웠다. 하지만 그녀는 포기하지 않고 또다시 타르퀴니우스를 찾아가 마지막 남은 3권을 9권의 가격으로 사 줄 것을 제안했는데, 비로소 왕은 그 책의 신비로움과 귀중함을 깨닫고 남은 3권을 9권의 가격으로 샀다고 전해진다.

전설에 따르면 아폴로는 시빌라를 총애하여 모래알만큼 오래 살고 싶어 하는 그녀의 소원대로 천 년을 살 수 있도록 했으나 젊음을 유지하게 해 주는 것을 잊었다. 그녀는 수백 년을 늙어 점차로 쪼그라들었고 마침내 조그만 병에 갇혀 동굴 천장에 매달렸다. 아이들이 그녀를 조롱하며 "마녀야 마녀야 무엇을 원하니?" 하면, 시빌라는 "죽고 싶어!"라며 답했다고 전한다.) 즉 그리스인 남녀 각각 한 명, 그리고 갈리아인 남녀 각각 한 명을 '보아리우스 광장(註. 우시장으로 사용한 곳으로 대경기장과 티베리스강 사이에 있다.)'이라고 불리는 곳에 산 채로 매장해 버린 참혹한 짓을 저지른 것이다. 그 이후에도 이와 비슷한 일이 있었다. BC 114년 베스타 신전의 여사제가 벼락을 맞아 죽었다. 항간에 떠도는 소문에 따르면, 이런 불길한 일은 여사제가 정절의 서약을 어겼기에 일어났다는 것이다. 원래 소문이란 퍼져 나가며 강해지고 옮겨 가며 힘을 얻는 발 빠른 악업이다. 결국 조사단이 이 문제를 조사하고 재판이 벌어졌다. 그 결과 세 명의 여사제가 서약을 어기고 순결을 더럽혔다는 죄가 발견되어 죽음을 당했음에도 민심의 동요가 가라앉지 않자, 시빌라의 신탁서에 문의하여 그리스인과 갈리아인을 신들에게 제물로 바쳤다. 이렇듯 인간의 존엄성은 종교 의식이라는 미명 아래 분별력을 잃고 거리낌 없이 짓밟혀 왔다.

쿠리오(Curio)의 조삼모사(BC 50년)

≪카이사르 편에 선 호민관 쿠리오는 원로원 의원들이 바라는 것이 무엇인지 정확히 꿰뚫었다. 의원들은 반란과 독재의 기미가 있는 카

이사르를 폼페이우스보다 더 두려워했으나, 궁극적으로 어느 누구도 절대적인 군사력과 권력을 가지지 않기를 바란 것이다. "원로원 의원들 모두가 카이사르의 노예가 될 것이다."고 말한 집정관 마르켈루스의 예언은 훗날 카이사르가 종신 독재관이 되고 그의 후손들이 황제가 됨으로써 입증되었다.≫

○ 카이사르의 갈리아 속주 총독 임기는 BC 50년 말까지였다.(註. 학자에 따라서는 폼페이우스의 말에 근거하여 카이사르의 총독 임기는 BC 50년 2월 말까지며 3월부터는 총독 임기가 끝난 이후라고 주장하기도 한다.) 따라서 총독 임기가 끝나고 BC 49년 여름에 집정관 후보로 나서서 당선되면 BC 48년에 집정관 임무가 시작될 수 있었다. 그렇게 되면 한 번 집정관을 한 경우에는 10년이 지나야 다시 집정관이 될 수 있다는 규정에도 부합했다. 하지만 그는 BC 50년 말부터 BC 49년 여름까지 6개월간은 일개 시민의 자격으로 휘하에 병사 없이 지내야 할 처지가 된다. 카이사르가 총독 임기를 끝낸 후 BC 49년 여름까지 일개 시민으로 있다면 로마의 정적들은 이때를 놓치지 않고 그를 고발하는 등 공격할 것이 뻔했다. 그렇다고 속주 총독으로 있는 BC 50년에 집정관 후보로 등록할 수는 없는 일이다. 왜냐하면 후보 등록을 위해서는 직접 로마에 와야 했지만, 속주 총독은 루비콘강을 넘어 이탈리아에 들어올 수 없었기 때문이다.

○ 정적들이 카이사르를 공격하리라고 예상되는 죄목은 원로원의 허가도 없이 속주 경계를 넘어 게르마니아와 브리타니아까지 원정한 죄, 4개 군단이나 추가로 편성하면서 원로원의 승인을 받아내지 않은 죄, 정복지인 갈리아에 함부로 클리엔스 조직을 결성하여 세력을 키

운 죄, 갈리아에서 활동하고 있는 로마 상인들로부터 받은 뇌물수뢰 죄 등이었다. 카이사르는 갈리아 전쟁을 치르면서도 국정을 마음대로 주무르기 위해 휘하의 병사들을 수시로 로마에 보내 선거에 참여하게 했다. 더 나아가 그는 재물을 이용하여 관리들과 영향력이 있는 자들을 매수하기도 했다.

○ 그중 호민관 쿠리오(Gaius Scribonius Curio)는 약 1,500만 데나리우스나 되는 자신의 엄청난 빚을 카이사르가 대신 갚아 주었기에 그를 따르게 된 자였다. 카이사르는 호민관 쿠리오의 막대한 빚을 청산해 주고 자기편으로 끌어들여 로마 원로원에서 자신의 의견을 대변하게 했다. 그리고 쿠리오와 친분 때문에 빚보증을 지고 있던 마르쿠스 안토니우스도 카이사르 편에 섰다. 사실 카이사르로서는 쿠리오가 로마에 숨겨 둔 비장의 무기였다. 쿠리오는 자신이 카이사르에게 매수되었다는 사실을 감춘 채 마치 공화파인 것처럼 행동하다가 결정적인 순간에 본연의 모습을 드러내어 모든 원로원 의원들을 경악하게 했기 때문이다.

○ 쿠리오가 카이사르의 뜻을 받들어 청원하고 요구한 바에 따르면 폼페이우스와 카이사르는 양자 모두 군사력을 포기하거나 그렇지 않다면 양자 모두 군사력을 계속 유지하는 것이었다. 즉 두 사람이 공정하고 평등한 조건에 따라 동시에 지휘관을 내려놓든지 아니면 거느린 병력을 유지하며 서로 맞수로 남든지 간에 혼란은 생기지 않을 것이라고 생각했다. 그러나 BC 50년의 집정관 가이우스 클라우디우스 마르켈루스는 옥타비아누스의 누나인 옥타비아의 첫 남편이며 극렬한 반카이사르 파였다. 그는 거의 20세나 어린 아내가 카이사르와 혈연관계에 있다는 것을 알면서도 자신의 견해를 굽히지 않았고, 카이

사르를 법정에 끌어내야 한다고 생각했다.(註. 다음 해 카이사르가 루비콘강을 건너 이탈리아를 점령했을 때, 그제야 마르켈루스는 자신이 카이사르 집안의 딸과 결혼했음을 상기했는지 반카이사르 파로 대담하게 행동한 자신을 뉘우쳤다. 그리고 그는 조용히 중립의 자세를 지키게 되었다. 내전이 발발하자 그는 이탈리아에 남았는데 이로 인해 폼페이우스 파들에게 조롱을 받았다.) 따라서 쿠리오의 제안에 집정관 마르켈루스는 카이사르의 속셈을 이미 알고 있다며, 무기를 내려놓지 않는다면 원로원 결정을 통해 그를 공공의 적으로 선포할 일만이 남았다고 외쳤다. 그러자 쿠리오는 사실이 어떠한지 우선 조사할 필요가 있지 않느냐고 따졌다. 결국 그는 안토니우스와 피소(註. 피소의 딸 칼푸르니아는 카이사르의 아내였다.)의 지지를 받아 원로원 의견을 조사할 수 있었다.

○ BC 50년 12월 1일 '폼페이우스-리키니우스 법'에 따라 쿠리오는 먼저 카이사르가 무기를 내려놓고 폼페이우스가 지휘권을 유지해야 한다고 생각하는 사람들을 한쪽에 서게 했다. 그러자 원로원 의원 대다수가 한쪽에 섰다. 이어서 두 사람 모두 무기와 지휘권을 포기해야 한다고 생각하는 사람들을 한쪽에 서게 했다. 그 결과, 오직 22명만 제외하고 370명이 모두 한쪽에 서게 되었다. 그러니까 원로원 의원들은 카이사르가 군사력을 가지는 것을 폼페이우스가 군 지휘권을 가지는 것보다 더 싫어했으나, 가장 바람직하다고 생각한 것은 두 명 모두 군 지휘권을 포기해야 한다는 결의였다.

:: 독재관 카이사르 가계도 ::

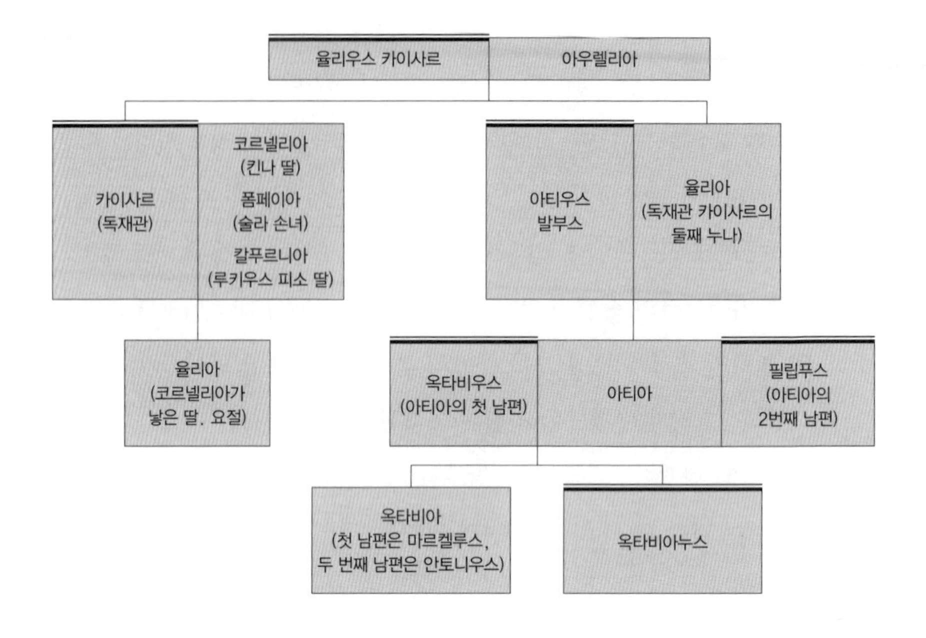

범례: ═ 남성 / — 여성 / [a|b] b가 데려온 자녀 / [a|b] a, b가 낳은 자녀

※ 옥타비아의 첫 남편 가이우스 클라우디우스 마르켈루스는 BC 50년도 집정관으로 반카이사르 파였으며, 그와의 사이에서 훗날 옥타비아누스의 딸 율리아와 결혼한 마르켈루스가 태어났다. 옥타비아누스에게 옥타비아는 작은누나였고, 같은 이름의 배다른 큰누나가 있었다.

○ 논쟁에서 승리했다고 생각한 쿠리오에게 사람들은 축하한다는 의미로 박수를 치고 꽃과 화환을 던졌다. 그러자 마르켈루스는 자리에서 벌떡 일어나서 “모두들 카이사르를 주인으로 모시고 싶어 하는 것

같은데 마음대로 하시오. 나는 더 이상 의미 없고 속임수 투성이의 연설을 듣지 않을 것이오."라고 외치며 원로원 회의장을 박차고 나왔다.

○ 만약 폼페이우스가 카이사르의 말에 경청하고 동의하여 두 사람 모두 군사력을 포기했다면, 그들은 옛정을 회복하고 카이사르는 폼페이우스에게 명목상 우위를 인정하는 대신에 국가의 실권을 틀어쥐고 중단 없는 개혁을 실행했으리라. 하지만 22대 370이 의미하듯 전쟁을 원하는 급진적인 자들은 지극히 소수였지만 세상사란 항상 과격한 자에게 실행할 수 있는 힘을 실어 주기 마련이다. 카이사르는 루비콘강을 건너기 이전에도 그리고 루비콘강을 건너고 나서도 폼페이우스와의 협상을 위해 애썼으나 모두가 허사였다.

루비콘강을 건너다(BC 49년 1월 10일)

≪카이사르는 무력으로 성공한 자가 무력의 기반인 군대를 포기한다면 정적들로부터 멸시와 보복만이 남게 된다는 것을 일찌감치 깨달았다. 운명을 건 모험을 시도한다면 누구나 긴장되는 법이다. 하물며 목숨을 담보로 정권 탈취를 꿈꾼다면 무슨 말을 더할 수 있으랴? 대담한 영웅 카이사르도 루비콘강 앞에서 갈등했고 마음을 다잡았다. 그러나 행운의 여신은 도전하는 자의 품에 안기게 마련이다.≫

○ 쿠리오의 재치로 카이사르와 폼페이우스 모두 총독에서 퇴임하고 군

단도 해산한다는 제안이 통과되긴 했지만, 다음 날인 BC 50년 12월 2일 집정관 마르켈루스는 긴급하게 원로원 회의를 소집하고 "카이사르의 10개 군단이 이미 알프스를 넘어 이탈리아로 진격해 오고 있다."는 충격적인 내용을 폭로했다. 호민관 쿠리오가 허위라고 소리치며 항의했지만 전날의 쿠리오 제안을 재표결에 붙인 결과 어제와는 반대로 부결되고 말았다. 이런 표 결과는 쿠리오의 제안이 아닌 어제 집정관이 의결해 달라고 요구한 안건이 승인된 것으로 보아야 했다. 집정관이 의결 요구한 제안은 카이사르의 후임을 결정하고 폼페이우스의 지휘권은 유지한다는 내용이었다. 즉 이 제안에 따르면, 카이사르는 속주 총독 지위가 박탈되어 군사 지휘권을 포기해야 되며 카이사르의 경쟁자인 폼페이우스는 군사력을 그대로 유지하게 되는 것이다.

○ 그뿐만 아니라 집정관 마르켈루스는 집정관으로서 국가의 방위를 위해 그들 반란군을 쳐부술 장군을 내보낼 것이라고 선언하면서 자신의 신념을 결정적인 행동으로 옮겼다. 히스파니아 총독의 지위에 있던 폼페이우스는 법에 따라 로마의 성곽 안에는 들어올 수가 없어 알바의 별장에 있었는데 마르켈루스가 그를 찾아가 검을 건네면서 "국가의 방패가 되어 카이사르를 향해 진군할 것을 요청하오. 그리고 그대에게 원하는 곳 어디에서든 병력을 모집하고 지휘할 권한을 부여하겠소." 하고 부탁했던 것이다. 그러자 폼페이우스는 말했다. "다른 방법이 없다면 집정관의 요청을 명령으로 생각하고 받아들이겠소." 그러면서 그는 집정관이 내미는 검을 건네받았다.

○ BC 49년 1월 1일부터 전년도 집정관의 사촌 동생인 마르켈루스는 취임 첫날부터 당시 호민관이었던 마르쿠스 안토니우스와 카이사

르의 제안서를 놓고 힘겨루기가 이어졌다.(註. 쿠리오는 호민관을 역임한 자에게 원로원 의석이 배정되는 전례에 따라 BC 49년도에는 원로원 의원이 되어 있었다.)(註. BC 50년 집정관 가이우스 클라우디우스 마르켈루스는 같은 이름을 가진 BC 49년 집정관과 사촌 간이었고, BC 51년의 집정관 마르쿠스 클라우디우스 마르켈루스와 형제간이었다.) 의원들 대부분이 카이사르의 제안에 반대했지만 그때마다 안토니우스는 호민관의 자격으로 거부권을 행사했던 것이다. 이런 일이 며칠이나 되풀이되다가 1월 7일 집정관이 주재한 원로원 회의에서 카이사르는 귀국 명령에 복종할 것, 에노발부스는 카이사르의 후임으로 부임할 것, 카이사르는 로마에 돌아와 집정관 후보에 등록할 것 등을 결의하면서 원로원 최종 결의(세나투스 콘술툼 울티뭄senatus consultum ultimum)를 선포했다. 원로원 최종 결의가 선포되면 호민관은 거부권을 행사할 수 없었다. 또한 집정관들은 원로원과 폼페이우스에게 무제한의 권력을 부여하는 법안을 결정해 달라고 요구했다. 이 법안이 통과되면 원로원과 폼페이우스는 막강한 권력을 행사하며 자신들의 결정에 따르지 않는 자를 '공공의 적'으로 지목하여 처형시킬 수 있었다. 호민관들은 이러한 행위를 권리 침해라고 외치면서 원로원 회의장을 빠져나갔다. 신변의 안전을 보장할 수 없게 된 안토니우스와 쿠리오는 그날 밤 노예로 변장한 채 카이사르가 있는 라벤나로 몰래 탈출했다. 이로써 협상과 타협은 모두 결렬되었고 이제는 창과 검의 논리만 남게 되었다.

○ 일이 이렇게 되자 카이사르는 자신이 준비를 완벽히 하면 적도 준비를 마치게 되어 결과는 오히려 더 나빠질 수 있다고 생각했다. 그런 까닭에 그는 준비된 1개 군단(註. 제13군단)과 약간의 기병대만 데리

고 루비콘강을 건너려고 결심했다. 여기에는 그 나름의 계산이 깔려 있었다. 이탈리아 내에서 폼페이우스가 즉각 지휘할 수 있는 군단은 두 개 군단(註. 제1군단, 제15군단)뿐이었고, 그중 제15군단은 얼마 전까지만 해도 자신의 휘하에 있던 부대이므로 루비콘강을 건널 경우 폼페이우스를 버릴지도 모른다는 기대가 있었기 때문이다.(註. 제15군단이 전향할 것이라는 카이사르의 기대는 이루어지지 않았다.) 따라서 그는 상대가 당황하여 방심하고 있는 사이에 속공을 하기로 마음먹고, 대부분의 병력을 알프스의 저쪽에 남겨 둔 채 우선 기병 3백기, 보병 5천 명을 이끌고 루비콘강 앞에 왔던 것이다. 또한 노예 복장으로 변장하여 진영을 찾아온 호민관들을 그 복장 그대로 병사들 앞에 내세워 부패하고 거만한 원로원과 정적들이 호민관의 신성함을 침범하여 로마 시민들을 멸시하는 것을 넘어서 자유까지 모욕했다며 비난의 소리를 높였다.

○ 로마의 지휘관은 군대를 이끌고 루비콘강 이남까지 올 수 없었다. 그것을 거스르면 반역 행위로 간주되었기 때문이다. 카이사르는 강을 건너기 전에 말없이 서서 앞으로 펼쳐질 모험의 중대성과 비참함을 생각해 보았다. 동포와 전쟁을 해야 한다는 생각에 몸이 마비되고 평정심을 잃었으며 결심은 이리저리 흔들거렸고 목표도 눈앞에서 왔다 갔다 변했다. 그러다가 참혹한 패배의 가능성이 예감되자 거칠고 깊은 바다를 향해 절벽에서 몸을 던지는 사람처럼 눈을 감고 위험스런 장면을 떠올리기도 했다. 마침내 그는 절박하고 무모한 운명에 뛰어들듯이 짤막하게 말했다. "이미 엎질러진 물이다. 이 강을 건너면 인간 세상이 비참해지고, 건너지 않으면 내가 파멸한다. 나아가자, 신들이 기다리는 곳으로. 우리의 명예를 더럽힌 적이 기다리는 곳으

로. 주사위는 던져졌다!(註. 라틴어로 '아레아 약타 에스트Alea jacta est!' 이는 아테네의 희극 작가 메난드로스 작품을 인용한 것으로 알려졌다. BC 4세기에서 BC 3세기 초까지 활약한 메난드로스는 900개가 넘는 짤막한 경구에 의해 명성이 높다. 심지어 사도 바울도 "악한 동무들은 선한 행실을 더럽힌다."는 메난드로스의 경구를 고린도전서 15장 33절에서 인용했다.)" 카이사르의 병사들은 로마 귀족들에게 분노했다. 그들이 적지에서 피흘려 가며 목숨을 걸고 역경 속에서 싸울 때 로마의 귀족들은 평화로운 후방에서 향락과 사치 속에 정쟁을 일삼으며 이러니저러니 간섭하고 불신하는 태도를 보이고 있으니 격분할 만도 했다.

○ 앞장서서 말을 달리는 카이사르를 따라 모든 병사들이 한 덩어리가 되어 루비콘강을 건넜다. 카이사르가 루비콘강을 건넜다는 소식은 곧 로마에 퍼졌고 도시는 소란과 혼란 그리고 두려움에 차올랐다. 원로원 의원들은 허둥지둥 폼페이우스에게 달려가 반란을 일으킨 카이사르 군을 물리칠 병력에 대해 물었다. 폼페이우스는 머뭇거리다가 자신 없는 목소리로 대답했다. "카이사르가 돌려준 병사들은 이미 대기 중이며, 징집 명령이 내려진 3만 명은 즉시 소집할 수 있을 것 같습니다."(註. 갈리아 전쟁을 도우기 위해 폼페이우스는 휘하의 4개 군단 중 1개 군단을 카이사르에게 빌려주었다. 그 이후 원로원은 파르티아와의 전쟁을 준비해야 한다는 명목으로 폼페이우스와 카이사르에게 각각 1개 군단을 이탈리아로 차출하여 보내라고 명령하였고 아피우스가 명령을 수행했다. 그때 카이사르는 폼페이우스에게 빌린 1개 군단과 자기의 몫인 1개 군단을 이탈리아로 보내야 했으므로 결국 2개 군단이 줄어들었다.) 질문을 던졌던 툴루스가 큰 소리로 따졌다. "폼페이우스! 당초 말과 다르지 않습니까?" 그러면서 툴루스는 이대로는 카이사르를 이길 수

없으니 그에게 사절단을 보내자고 제안했고, 파보니우스는 폼페이우스에게 어서 발을 굴러 장담했던 병력을 모집하라고 비꼬았다.(註. 카이사르가 군대를 이끌고 로마로 행군하다면 그를 막을 병력이 없다고 누군가가 염려했을 때, 폼페이우스는 민중의 지지를 믿고 자만심에 차서 한때 이렇게 말했다. "이탈리아 어디를 가든 내가 발을 구르기만 하면 수많은 보병과 기병들이 샘솟듯 솟아날 것입니다.")

○ 폼페이우스가 이렇듯 원로원 의원들의 비아냥거림에 속절없이 당할 수밖에 없었던 것은 무엇보다도 그의 자만심으로 인한 실책에 있었다. 게다가 카이사르가 파르티아와의 전쟁을 위해 보낸 병사들이 이탈리아에 왔을 때 그들이 말하기를 카이사르 군이 사실은 폼페이우스를 따르고자 하며, 만약 그들이 이탈리아로 진군한다면 카이사르를 버리고 폼페이우스에게로 달려갈 것이라고 속닥였다. 폼페이우스는 이러한 말에 허영심이 부풀고 헛된 자만심에 차 병력을 모집하여 내전에 대비하는 진지함을 보이지 않았던 것이다. 폼페이우스는 여기저기서 터지는 비난에 고개를 숙이며, 다만 이제껏 카이사르에 대한 호의적인 판단은 우정에서 우러나온 행동이었을 뿐이라고 변명했다.

○ 내전의 폭풍은 로마에 들이닥쳐 도시는 키잡이를 잃은 배처럼 풍랑 속에 흔들거렸고, 심지어 카이사르를 옹호했던 자들조차 공포에 사로잡혀 거대한 피난의 조류에 휩쓸려갔다. 폼페이우스는 카이사르와 대결하지 않고 남으로 남으로 후퇴하여 3월 17일 병력을 이끌고 이탈리아 동부의 브룬디시움항에서 그리스로 떠났다. 결국 카이사르는 약 2개월 만에 제대로 된 전투 한번 치르지 않고 병력을 그대로 유지한 채 이탈리아 반도를 모두 장악했다. 하지만 주사위는 아직도 구르

고 있었고 어떤 숫자가 나올지는 아무도 몰랐다.

| 마음에 새기는 말 |

나 자신에게 요구하는 것은 내 생각에 충실하게 사는 것이다. 따라서 남들도 자신의 생각에 충실하게 사는 것은 당연하다.

_ 카이사르가 키케로에게 보낸 편지에서

– 이러한 생각에 카이사르는 내전에서 승리한 후에도 폼페이우스 파들의 목숨을 거두지 않았다. 자기 생각에 충실하게 산다는 것은 자신뿐만 아니라, 자신과 생각이 다른 자도 마찬가지라는 판단에서다. 이는 인권 선언과 다름이 없으며, 이러한 생각은 카이사르가 행한 관용 정책의 토대였다. 이에 반해 술라는 내전에서 승리한 후 반대파들을 주저 없이 무참하게 살해했다.

| 알아두기 |

- 로마의 시간

고대 로마의 시간 개념은 현대의 시간과는 달리 정확하지 않았다. BC 4세기 말경에는 하루를 그저 오전과 오후로 나눌 정도였다가, 피로스 전쟁이 있던 BC 3세기 초에는 하루를 4등분할 정도였다. 그러다가 제1차 포에니 전쟁 초기인 BC 263년 최초로 로마 광장에 해시계가 설치되면서 시간 개념이 도입되었지만, 그때도 현대의 시간처럼 명확하지 않았다. 일출에서 일몰까지를 12등분하여 제1시부터 제12시까지로 정했으며, 일몰부터 일출까지를 4등분하여 제1야경시부터 제4야경시까지로 정했다. 그러니까 낮 시간의 제1시는 동지의 경우 7시 33분~8시 17분이었고, 하지의 경우 4시 27분~5시 42분이었다. 그리고 제12시는 동지의 경우 15시 42분~16시 27분이었고, 하지의 경우 18

시 17분~19시 33분이었다. 이를 더듬어 보면 동지는 44~45분 간격이고 하지는 75~76분 간격이다. 밤 시간의 간격은 동지와 하지가 낮 시간과 반대였다. 하지만 이는 현대의 시간 개념으로 억지로 나눈 것이며, 로마의 시간이란 정확하게 수학적으로 자리 잡힌 개념이 아니었다.

정확할 수는 없겠으나 어림잡아서라도 시간 개념을 잡는다면 다음과 같이 현대 시간과 비교할 수 있다. 제1시(hora prima, 6~7시), 제2시(hora secunda, 7~8시), 제3시(hora tertia, 8~9시), 제4시(hora quarta, 9~10시), 제5시(hora quinta, 10~11시), 제6시(hora sexta, 11~12시), 제7시(hora septima, 12~13시), 제8시(hora octava, 13~14시), 제9시(hora nona, 14~15시), 제10시(hora decima, 15~16시), 제11시(hora undecima, 16~17시), 제12시(hora duodecima, 17~18시), 제1야경시(vigilia prima, 18~21시), 제2야경시(vigilia secunda, 21~24시), 제3야경시(vigilia tertia, 24~3시), 제4야경시(vigilia quarta, 3~6시)로 볼 수 있다.

카이사르(Caesar)와 폼페이우스(Pompeius)의 클리엔스

갈리아인들은 자신들을 패배시킨 한때의 적 카이사르를 이제는 공화국 로마에서 부족의 이익을 대변하는 보호자로 여겼다. 로마에서 내전이 불을 뿜자 그들은 카이사르 편에 서서 승리하도록 도왔고 카이사르는 승리 후에 기쁨을 함께 나누었다. 이러한 승리는 지금까지 그대로 이어져 서부 유럽이 히스파니아 · 그리스 · 이집트 · 북아프리카보다 더 큰 세력을 형성하는 토대가 되었다.

○ 앞서 서술한 대로 루비콘강을 전격으로 건너온 카이사르에게 일격을 당한 폼페이우스는 남으로 남으로 후퇴하기만 했다. 에노발부스가 코르피니오에서 카이사르와 싸우겠으니 협공하자는 제안도 폼페이우스는 거부했다. 결국 후퇴를 거듭한 폼페이우스는 브룬디시움에서 그리스로 건너갔다.

○ 폼페이우스의 클리엔스는 히스파니아, 소아시아, 시리아, 이집트, 북아프리카였으며, 카이사르의 클리엔스는 갈리아와 북이탈리아였다. 두 사람 모두 자신이 정복하거나 평정한 지역을 클리엔스로 삼은 것이다. 내전의 초기 대응에 실패한 폼페이우스가 병력을 정비하고 힘을 모으기 위해서는 자신의 클리엔스 지역으로 이동할 수밖에 없었으며, 이를 눈치챈 카이사르가 적극 저지하려고 했으나 실패하고만 결과였다. 다른 한편으로는 너무 감상적일지 모르겠으나 일부 역사가들이 주장하듯 폼페이우스가 자신을 낳아 준 고향 이탈리아를 내전의 참화에서 벗어날 수 있도록, 그리고 조국을 사랑하는 자신의 애정을 알아주기를 바라면서 가능한 이탈리아와 로마로부터 먼 곳을 전쟁터로 삼았는지 알 수 없다.

○ 폼페이우스는 자본과 병력에서 카이사르와는 비교도 되지 않을 만큼 우수한 클리엔스를 보유하고 있었다. 이에 반해 카이사르가 클리엔스로 두고 있는 갈리아는 자신의 클리엔스가 된 지 얼마 되지도 않았을 뿐 아니라, 폼페이우스가 클리엔스로 두고 있던 동방 지역과는 애초부터 경제적으로 격심한 차이가 있었다. 게다가 그나마 남아 있던 힘을 갈리아 전쟁으로 모두 소모시켜 버린 뒤였다. 그렇더라도 갈리아가 마음만 먹었다면 내전이 진행 중일 때 쉽사리 독립과 자유를 쟁취했을 것이다. 하지만 갈리아에서는 전혀 반란의 기미가 없었다.

아니, 오히려 그들은 카이사르에게 병력을 지원하겠다고 나서기까지 했다. 물론 카이사르는 이를 거절했다.

○ 갈리아의 부족들이 카이사르에게 호의적이었던 것은 카이사르의 탁월한 통치력에 있었다. 그는 일단 정복한 후에 갈리아의 지도층 세력들을 달래어 그들이 갖고 있던 권한을 최대한 지켜 준 것이다. 또한 갈리아는 로마의 보호로 인하여 게르만의 침략 행위를 막을 수 있었다는 이점을 포기할 수도 없었지만, 자신의 파트로누스가 히스파니아와 동방의 파트로누스에게 도전을 받아 싸우고 있다고 느꼈을지도 모른다. 마침내 카이사르가 파르살루스 전투로 사실상 내전의 승리를 거머쥐자, 그는 자신에게 충성을 다했고 뛰어난 병사들을 보급했던 포강 이북의 갈리아 키살피나 주민들에게 로마 시민권을 부여하는 법안을 통과시켜 승리의 열매를 나누어주었다.

☼ 쿠리오의 죽음과 누미디아 왕 유바의 판단(BC 49년)

≪쿠리오가 패배한 이유 중의 하나는 부하 병사들이 모두 이탈리아에서 패배한 폼페이우스 파의 병사들로 이루어졌다는 점이다. 내전에서는 어느 편에 서더라도 양심의 가책을 느끼지 않을지 모르나, 바로 얼마 전까지 자신의 상관이었던 자에게 창검을 들이대기란 쉽지 않은 것이며 많은 동요와 불안이 생기는 법이다.

누미디아 왕 유바가 동맹국으로서 걸맞는 태도를 보였다면 로마 시민들에게 우호적으로 행동해야 했으리라. 그 대상이 폼페이우스냐 아니면 카이사르냐 하는 것은 별반 중요한 것이 아니다. 유바가 폼페이우스의 클리엔스라는 것을 감안한다 해도 그는 주어진 임무에 충실하는 것으로 충분했다. 게다가 증오의 대상이었던 쿠리오는 이미 전사한 상황이 아니었던가? 하지만 유바는 자신의 무분별함과 잔인함을 증명이라도 하듯 투항한 로마군을 몰살하는 만행을 저질렀고, 이는 로마인들의 분노를 자아내게 했을 뿐이었다.≫

○ 폼페이우스는 카토에게 시킬리아를 지키라고 했지만 카이사르의 명령을 받은 쿠리오가 병사들을 이끌고 오자, 병력도 부족한 데다 가망 없는 전투를 벌였다가 손실만 커진다고 생각한 카토는 섬을 탈출하고 말았다. 이처럼 간단히 시킬리아를 점령한 쿠리오는 그다음에 북아프리카로 진격했다. 하지만 첫 번째 도전이 너무 쉽게 이루어지면 자만심이 생기기 마련이어서 시킬리아에서 아주 손쉽게 얻은 첫 승리가 북아프리카 전쟁의 실패 원인이 되었다. 쿠리오는 시킬리아의 공략이 너무 쉽게 끝나자 아프리카를 지키고 있던 아티우스를 얕잡아 보았던 것이다. 그런 자만심에서 카이사르로부터 위임받은 4개 군단 중에서 2개 군단과 5백의 기병만을 출동시켰다. 이렇듯 그는 전투에 대한 경험이 없었음에도 쓸데없는 자신감에 따른 경솔한 작전과 전술로 인해 실패를 예고하고 있었다.

○ 쿠리오는 아프리카에서 진을 치고 있던 푸블리우스 아티우스 바루스의 전력을 좀 더 세밀하게 파악했어야 했다. 아티우스는 이탈리아에서 카이사르 군에게 패하여 아프리카로 도주한 후에 그곳에서 2개 군단의 병사를 모집하여 카이사르 군과 싸우기 위해 만반의 준비를 갖추고 기다리고 있었던 것이다. 그는 한때 아프리카 총독을 지냈기에

그곳의 친분을 이용하여 병사들을 모으고 군수품을 구하는 등 도움을 받는 데 어려움이 없었다. 그뿐만 아니라 북아프리카의 폼페이우스 파를 지원하고 있던 누미디아 왕 유바는 폼페이우스의 클리엔스로서 아티우스와 각별한 친분이 있었고, 1년 전 쿠리오가 호민관 시절에 누미디아를 로마의 속주로 편입하여 속주세를 부과해야 한다고 주장한 바가 있어 쿠리오에게 마음의 앙금이 남아 있던 차였다.

○ 쿠리오는 아프리카에서 한 번의 해전과 두 번의 소규모 기병전에서 승리했다. 그리고 히스파니아에서 카이사르 군의 승리 소식이 들려오자 적들이 카이사르 편에 선 병사들을 두려워할 것이라고 생각하며 자신만만해졌다. 그러던 중 쿠리오는 유바의 장군 사부라가 소규모 병사들을 이끌고 공격해 오고 있다는 정보를 입수했다. 그러나 이 정보는 잘못된 것이었다. 사부라의 배후에 유바가 대군을 거느리고 언제라도 전투에 끼어들 준비를 하고 있었기 때문이다. 그러나 전투 경험이 적었던 쿠리오는 적의 기만을 염두에 두지 않았고 탈주병과 포로들을 심문한 다음 병사들에게 말했다. "포로들의 말과 탈주병의 말이 같지 않은가? 그들 모두 유바가 이곳에 오지 않았으며 보잘것없는 병사들만 이곳으로 보냈다고 말하고 있다. 그러니 서둘러 명예와 전리품을 손에 넣어 그동안 흘린 땀의 대가를 보상받도록 하라."

○ 쿠리오가 지휘하는 로마군이 공격하자 사부라의 군대는 겁을 집어먹은 것처럼 가장하면서 조금씩 조금씩 뒤로 물러났다. 그러나 사부라는 로마군이 지칠 때쯤 총공격 명령을 내렸고, 배후에 진을 치고 있던 유바의 병사들도 속속히 전투에 가담했다. 그제야 쿠리오의 로마군은 적의 속임수에 걸렸다는 것을 알았지만 이미 궁지로 몰리어 포위되고 말았으며, 2만 명의 로마군은 최후의 한 사람까지 몰살당하

는 참극이 벌어졌다. 당시 30대에 갓 접어든 쿠리오는 기병대만 데리고 후방인 코르넬리우스 진지까지 후퇴하자는 기병대장의 제의를 뿌리치며, 방패를 버리고 창을 꼬나든 채 과감히 적진으로 뛰어 들어가 장렬하게 최후를 맞았다. 이 전투는 BC 49년 8월 11일에 쿠리오가 아프리카에 상륙한 다음 9일 후인 8월 20일에 일어난 일이었고, 내전이 벌어진 후 카이사르 군이 겪은 최초의 패배였다.

○ 후방에 남아 있던 5개 대대 3천 명의 로마군은 이 사실을 알게 되자 공황 상태에 빠졌으며, 배로 탈출한 일부 병사들만 제외하고 거의 모두 누미디아 왕 유바의 포로가 되었다. 폼페이우스 파의 로마군 사령관 아티우스는 투항한 로마군을 살려 주려고 했지만, 유바는 자신이 승자임을 내세워 승자의 권리를 요구하고 고집을 꺾지 않았다. 결국 투항한 병사들은 누미디아로 데려간 소수를 제외하고는 유바의 명령으로 모두 잔혹하게 살해당했다. 살해당한 병사들은 얼마 전까지 폼페이우스 파에 속해 있다가 항복하여 카이사르 파로 옮겨 간 병사들이었다. 더군다나 폼페이우스 파의 지휘관 중에 섹스투스 퀸크틸리우스 바루스는 한때 그들의 지휘관이었다. 그는 코르피니움에서 항복했으나 카이사르의 관용으로 풀려나서 아프리카로 온 것이고, 휘하의 병사들은 그대로 카이사르 편의 병사로 편성되어 쿠리오가 지휘하게 된 것이다.

○ 하지만 아프리카에서 폼페이우스 파의 승리는 오래가지 못했다. BC 46년 카이사르가 탑수스 전투에서 최종 승리함으로써 막을 내렸기 때문이다. 누미디아는 제2차 포에니 전쟁 시 마시니사가 로마의 승리에 큰 힘을 보태어 그 공로로 독립국의 지위를 인정받았고, 유구르타가 로마에 도전하여 패했을 때조차도 속국 정도의 지위를 변함없

이 지탱했다. 그러나 카이사르와 폼페이우스가 다투었던 내전 때 폼페이우스 편을 들고, 전투에서 패배하여 포로가 된 쿠리오의 카이사르 파 로마군들을 잔인하게 살해한 결과, BC 46년 탑수스 전투 이후에 누미디아는 로마의 속주로 편입되어 국가로서의 지위를 영원히 잃고 말았다. 이렇듯 한 국가의 국운이 절벽으로 떨어진 것은 정치적 균형 감각을 상실한 유바의 어리석은 고집이 낳은 결과였다.

카이사르 진영과 폼페이우스 진영

≪격동적이고 번뜩이는 판단이 필요한 전쟁터에서는 머리와 입이 많으면 행동이 분열되어 힘이 약해지기 마련이다. 카이사르는 폼페이우스 진영의 지휘관들을 사로잡고서도 처형하지 않고 살려 주었을 뿐 아니라, 다시금 폼페이우스 진영으로 돌아가는 것까지 용인했다. 그것은 그의 관용 정책의 발현일 수도 있겠지만 쓸데없이 지휘관만 많은 것은 오히려 전략을 분열시켜 위험할 수 있음을 깨달았기 때문이기도 했다.

수많은 인물들로 화려한 진영을 갖춘 폼페이우스는 디라키움 전투에서 승리한 후, 말 많은 지휘관급 인사들의 비난과 위협에 굴복하여 패전을 자초했다. 이로써 카이사르의 예측은 적중했음이 입증되었다. 결국 화려한 지휘관들보다는 실행하는 손발이 많고 지휘는 뛰어난 한 사람에게 집중되어 있는 것이 불리한 것만은 아니었던 것이다.≫

○ 카이사르는 루비콘강을 도하하여 파죽지세로 이탈리아 반도 발뒤꿈치를 향해 폼페이우스 군을 공격했지만 결국 폼페이우스를 잡지 못했다. 폼페이우스는 브룬디시움에서 카이사르 군을 따돌리고 병사들과 함께 그리스로 들어갔던 것이다. 이로써 내전은 이탈리아 반도를 벗어나 지중해의 전역으로 번졌다. 카이사르는 이 전쟁을 이탈리아 반도 내에서 조속히 종결짓고자 했지만 이제는 어쩔 수 없이 그리스까지 확대할 수밖에 없었다. 하지만 그는 최종적인 모든 중요한 군사적 결정을 모두 혼자서 도맡아야 할 정도로 지휘관이 빈약했다. 그를 따르는 사람들의 대부분이 신출내기였기에 카이사르보다 한 세대가 어렸다. 이에 비하여 폼페이우스 진영은 이를 데 없이 호화스럽고 화려한 수뇌부를 보유했다. 그의 진영에는 카이사르의 부장이었다가 폼페이우스 파로 돌아선 라비에누스를 비롯하여 전직 집정관 마르켈루스 · 렌툴루스 · 小 카토 등 기라성 같은 지휘관과 두뇌들이 있었기 때문이다. 하지만 폼페이우스 진영의 우수한 인재들은 전쟁에 도움을 주기는커녕 방해가 될 뿐이었다.

○ 전쟁에서 승리하려면 강력한 지휘권을 가진 자의 통솔에 따라 일사불란하게 움직여야 했지만, 폼페이우스 진영은 손발과 허리는 빈약하고 머리통만 큰 문어였다. 로마를 떠날 때도 전쟁 자금으로 써야 할 엄청난 국고를 챙기지도 못하고 고스란히 카이사르에게 넘겨줄 만큼 구경꾼이요 간섭만 하는 무리들이었다. 그들은 자신의 지위에 걸맞는 목소리를 내고 대우받기를 원했고 실제로도 폼페이우스에게 그렇게 요구했다. 폼페이우스 진영의 참모들은 사령관의 명령을 받들기보다는 사령관을 감시하고 감독했으며 수시로 명령을 거부하고 사령관의 잘못을 따졌다.

○ 이에 반해 카이사르 진영은 수뇌부가 부족했으나, 전투력에서 중요한 역할을 하는 백인대장 등의 중간급 지휘관은 폼페이우스 진영을 압도했다. 즉 폼페이우스는 머리와 입이 많았지만 손발이 적었던 것이다. 카이사르는 그리스를 정벌하기 전에 폼페이우스 파 정예 군단이 버티고 있던 히스파니아를 먼저 공격하여 승리했다. 그다음 그는 그리스를 공격하러 가면서 폼페이우스 휘하 병사들의 전력을 우습게 여기며 이렇게 말했다. "우리는 병사 없는 지휘관과 싸우러 간다."

☀ 폼페이우스가 받은 의심과 파르살루스(Pharsalus) 전투(BC 48년)

≪때 이른 승리의 기쁨으로 폼페이우스 휘하의 장군들은 헛된 희망과 어리석은 자신감에 차서 완전한 승리를 얻기도 전에 미래를 기약했고 폭죽을 터뜨렸다. 게다가 내분을 일으켰을 뿐 아니라 자신들의 총사령관을 의심하여 절벽으로 몰아세우기도 했다. 그러나 그들의 적은 여간내기가 아니었다.

카이사르와 폼페이우스의 대결은 파르살루스 평원에서 승패를 가름했다. 자신의 약점을 전술로 극복하고 적의 강점을 약화시킨 카이사르가 최종 승리함으로써 로마의 역사는 신기원이 열리고 새로운 장을 쓰게 되었다.

하지만 생각해 보면 전투란 권위와 명성을 다투는 것이 아니라 충성과 용맹을 겨루는 것이 아닌가? 카이사르에게는 충성스럽고 용맹스런 병사들이 많았지만, 폼페이우스에게는 말 많고 사령관의 지휘를 따르지 않는 권위에 찬 자들이 많았다. 요컨대 폼페이우스 진영은 겉으로만 화려할 뿐 전투에는 전혀 쓸모없을 뿐 아니라 오히려 없느니만 못한 자들로 가득 차 있어 패전의 씨앗을 품고 다녔다. 만약 지휘관을 따르지 않고 교만심으로 가득 찬 그들을 모두 모아 얼마간의 병사들을 주고 멀리 보냈더라면 전쟁의 결과가 달랐으리라.≫

○ 로마의 공화정은 발레리우스, 파비우스, 코르넬리우스, 클라우디우스, 아이밀리우스, 푸리우스 등 대략 12개 가문에 속한 20명 내지 30명의 강력한 자들이 국가 권력을 쥐락펴락하던 과두정 형태였다. 물론 몇몇의 가문이 멸문하게 되면 또 다른 가문이 번성하여 로마 공화정을 이끌어 갔다. 폼페이우스는 카이사르의 이탈리아 침공에 대항하여 이러한 귀족들의 과두정 형태인 공화정 체제를 수호하는 대표였다. 두 사람이 치른 전쟁은 이제까지의 공화정 체제가 그대로 유지되어 존속하느냐, 아니면 1인 독재 체제의 다른 길이 열리느냐를 두고 대립각을 세운 내전이었다.

○ 폼페이우스는 루비콘강을 넘어온 카이사르 군을 피하여 후퇴를 거듭하다 아드리아해를 건너서 진영을 차렸다. 카이사르는 이탈리아에서 승부를 가름 짓지 못하고 브룬디시움항에서 폼페이우스를 놓친 것을 못내 후회했으나 소용없었다. 적들의 융합을 막기 위해서도 그리고 국가의 안전을 위해서도 조속히 승패를 결정지어야 했다. 카이사르는 루비콘강을 도하했던 그해에 우선 폼페이우스 파들의 군사적 거점을 치기로 하고 히스파니아로 군마를 돌려 일레르다에서 결정적인 승리를 거두었다. 그다음 해인 BC 48년 마침내 그는 아드리아해를 건너 폼페이우스 파들에게 도전장을 던졌다.

디라키움, 파르살루스

○ 이탈리아를 떠난 폼페이우스는 그리스를 전쟁터로 삼아 카이사르 군과 맞섰다. BC 58년부터 BC 51년까지 치러진 8년간의 갈리아 전쟁에서 수많은 전투로 거의 전쟁 기계가 되어 버린 카이사르의 군은 폼페이우스 군과 싸워 소규모 전투에서는 언제나 상대를 누르고 승리했다. 그러나 어느 날 디라키움(註. 현재 알바니아의 '두러스')에서 폼페이우스가 눈부신 활약을 보이며 카이사르의 전병력을 패주시키고 2천여 명을 도륙했다. 카이사르 군은 그 전투에서 가까스로 참패와 전멸의 위기를 모면했다. 이렇게 되자 이 전투를 성공적으로 이끈 폼페이우스 편의 병사들과 지지자들은 의기양양해지고 조속히 최후의 결전을 벌이고 싶어 안달했다.

○ 반면 전투 후에 군수 물품이 바닥나고 패전의 상심으로 진영을 철수해야 했던 카이사르는 아타마니아를 거쳐 테살리아로 행군했다. 이

를 본 폼페이우스 측 인사들은 카이사르가 도망치고 있다고 생각하고서 패잔병들을 추격하여 마지막 타격을 가해야 한다느니, 이 참에 이탈리아로 진군해야 한다느니 하면서 걷잡을 수 없는 상태가 되었다. 어떤 자는 하인과 동료들을 로마로 보내어 이탈리아로 돌아가자마자 관직에 출마하기 위해 포룸 근처의 가옥을 매수하게 하였고, 어떤 자는 그리스의 레스보스섬에 피신해 있는 폼페이우스 아내 코르넬리아에게 가서 전쟁이 끝났다는 소식을 전하기도 했다. 그리고 일부는 집정관이나 법무관에 출마할 요량으로 병사들 사이를 누비며 유세를 하기도 했고, 도미티우스 에노발부스와 메텔루스 스키피오(註. Quintus Caecilius Metellus Pius Scipio Nasica. 그는 유구르타와 싸운 메텔루스의 아들인 메텔루스 피우스의 양아들이며, 폼페이우스의 장인이다.) 그리고 렌툴루스 스핀테르는 카이사르가 가지고 있던 대제사장직을 서로 차지하려고 계략을 짜고 적의에 찬 말들을 쏟아 내고 있었다. 스핀테르는 연장자에 대한 존경을 요구했고 에노발부스는 시민들의 지지와 자신의 명성을 내세웠으며, 자랑스런 조상들과는 달리 지혜롭지 못하고 방탕한 생활에 젖어 있던 메텔루스 스키피오는 폼페이우스의 장인이라는 개인적인 관계에 의지했다.

○ 하지만 폼페이우스는 커다란 위험을 무릅쓰고 전투를 벌이는 것을 꺼렸다. 왜냐하면 카이사르 군은 물품이 고갈되었지만 폼페이우스 진영은 장기전에 대비해 필요한 물품을 완벽히 갖추었기 때문이다. 따라서 장기전을 펼친다면 카이사르 군이 스스로 무너지고 말 것이라고 생각했다. 이렇듯 폼페이우스가 적군을 얌전히 따라만 가자 온갖 비난과 억측이 난무했다. 그가 전직 집정관들과 전직 법무관들을 노예처럼 부리며 즐기고 있다는 등, 수많은 지휘관들이 그에게 의지

하면서 그의 막사로 찾아오는 상황을 즐기고 있다는 둥, 영원히 총사령관직을 내려놓지 않기 위해서라는 둥 폼페이우스의 마음을 어지럽히는 주장들이 군대 내에서 퍼지고 있었다. 도미티우스 아헤노바르부스는 그를 아가멤논이라고 비꼬았다.(註. 아가멤논은 트로이아 전쟁 때 그리스의 왕들을 대표하는 왕 중의 왕이었다.) 히스파니아에서 패전한 후 반역 혐의를 받고 있던 루키우스 아프라니우스는 폼페이우스가 카이사르와의 전투를 피하는 것을 보고서는 자신을 고발했던 자들이 폼페이우스를 고발하지 않는 것이 놀라울 뿐이라고 경멸했다.(註. 아프라니우스와 페트레이우스는 히스파니아의 일레르다 전투에서 카이사르에게 포위되어 위험에 처했다. 그때 지휘관이 없던 틈을 타 두 진영 간의 병사들이 어울렸고 아프라니우스의 아들은 카이사르의 부장을 통해 자신과 아버지의 목숨을 보장해 달라고도 했다. 페트레이우스의 저항에도 불구하고 결국 폼페이우스 파의 아프라니우스와 페트레이우스는 항복했지만, 그 둘은 카이사르의 관용 정책에 따라 폼페이우스가 있던 그리스로 올 수 있었다.) 한마디로 모든 자들이 전쟁에서 승리를 얻을 방법보다는 직위나 경제적 보상을 선점하기 위해 또는 개인적인 원한을 갚는 데 혈안이 되어 있었다.

○ 게다가 기병들 사이에서는 카이사르를 완전히 패주시킨 후에 폼페이우스도 처치해야 한다는 말이 나돌고 있었다. 이러한 소문 때문인지 폼페이우스는 카이사르 군을 향해 나아갈 때 카토에게 해안가에서 하찮은 짐 관리를 맡겼다.(註. 카토는 한때 루쿨루스와 합세하여 폼페이우스에 대항했던 정적이었다.) 혹여 카이사르를 제거하고 난 후 카토에 의해 자신도 지휘권을 박탈당하고 살해당하거나 그렇지 않으면 기소되어 재판관 앞에 서게 되지 않을까 두려웠기 때문이다. 그럼에

도 카토는 동포인 로마군의 학살을 막고자 하는 마음에서 폼페이우스의 지연전을 칭송한 유일한 사람이었다.

○ 과거 제2차 포에니 전쟁 당시 파비우스 쿤크타토르는 한니발과 맞붙지 않고 지구전을 고집하자 시민들과 정적들로부터 비난이 빗발치고 조롱거리가 된 적이 있었다. 이를 보다 못한 친구들이 전투를 종용하자, "스스로 정한 계획을 버리고 다른 사람들의 의견과 악의에 가득 찬 비난이 두려워 다른 길을 택한다면 중책을 맡을 자격이 없는 사람이네. 어리석은 자들을 일깨워 그들에게 올바른 길로 인도해야 할 의무가 있는 사람이 오히려 그들의 노예가 되어 잘못된 결정을 해서는 안 된다는 말일세."라며 자신의 전술을 굽히지 않았다.

○ 하지만 명예의 노예였던 폼페이우스는 이러한 비난이 빗발치자 뚜렷했던 자신의 계획을 수정하기로 결정했다. 수정된 전술은 폼페이우스가 해군력에서 절대적으로 우세했으나, 해군력을 이용할 수 없는 내륙 지방으로 전쟁터를 변경함으로써 전략면에서 크나큰 실수를 저지르고 말았다. 이는 당초 폼페이우스가 전쟁터의 선정에 대해 면밀히 계획했으나, 디라키움의 승리에 자만해진 지지자들과 휘하 장군들의 폼페이우스에 대한 의심과 조속히 결전에 매듭짓자는 강요에 못 이겨 계획을 수정한 결과였다. 그것은 자신이 치밀하게 세운 최고의 계획을 포기하는 위험한 전략 수정이었는데, 이는 수많은 병사들을 통솔하는 총사령관이 아니라 1개 백인대를 지휘하는 백인대장이라도 하지 말아야 했을 일이었다.

○ 그러나 냉정하게 판단해 보면 그들이 상대해야 할 카이사르의 군대를 아르메니아 왕 티그라네스의 군대로 생각해서는 안 되었다.(註. 폼페이우스는 미트라다테스 전쟁 때 미트라다테스의 동맹자인 티그라네

스로부터 항복을 받아 낸 적이 있었다.) 카이사르의 군대는 BC 58년부터 BC 51년에 걸쳐 1천 개의 도시를 공격하여 무릎을 꿇렸으며, 3백 개가 넘는 국가를 굴복시켰다. 그것은 카이사르 군의 병사들이 게르마니아와 갈리아인들을 상대로 한 수많은 전투에서 모조리 승리한 결과이고, 붙잡은 포로만 1백만 명이며 죽인 적군의 수 또한 1백만 명이었던 무시무시한 전투력을 보유한 지상 최고의 병사들임을 입증하는 것이었다.

○ 전쟁 물자의 궁핍과 패전의 아픔을 안고 후퇴하던 카이사르 군은 마침내 그리스 테살리아의 파르살루스 평원에서 운명을 건 결전을 벌이게 되었다. 결전이 벌어지던 전날 밤 자신이 카이사르 가문의 수호신 베누스 신전을 장식하는 꿈을 꾼 폼페이우스는 사람들에게 해몽을 부탁했다. 그러자 그들은 그 꿈이 카이사르가 패배하여 폼페이우스가 신전을 장식하는 것이라며 호들갑을 떨었지만, 폼페이우스는 승자가 된 카이사르를 자신이 축하하는 계시라고 해석할 수 있어 어두운 낯빛을 감추지 못했다. 카이사르의 전력은 보병 2만 2천 명 기병 1천 기를 합하여 총 2만 3천 명이었으며, 폼페이우스 진영은 보병 4만 7천 명 기병 7천 기를 합하여 총 5만 4천 명이었다. 적군과 아군을 구분하기 위해서 각자 군호를 정했다. 카이사르 군은 '베누스, 승리를 부르는 이름'이었고 폼페이우스 군은 '불멸의 헤르쿨레스'였다. 기병에서 절대적으로 불리했던 카이사르는 기병의 돌격력을 제지할 보병 별동 부대 2천 명을 편성하여 승리의 단초를 마련했다. 카이사르는 별동 부대에게 적의 기병을 맡게 했고, 기병과 맞설 때 투창을 던지지 말고 적의 얼굴을 향해 찌르라고 명령했다. 그는 적의 기병들이 전쟁에서 위험과 부상을 경험하기는커녕 젊음의 미모를 자랑스

럽게 생각하는 풋내기들로 구성된 것을 눈치챘던 것이다. 게다가 로마군의 투구는 머리와 목덜미 그리고 귀는 보호가 되었지만 눈과 코와 입 부위는 노출되어 있었고, 로마군끼리의 전투인지라 카이사르는 이러한 투구의 단점을 잘 알고 있었기 때문이기도 했다.

로마군 투구

○ 전투가 시작되자마자 라비에누스가 지휘한 폼페이우스 기병들은 파죽지세로 카이사르 기병들을 몰아붙이고 200여 명의 기병들을 쓰러뜨렸다. 적의 기병들이 밀리자 라비에누스는 정예 기병 1천 기를 데리고 카이사르 10군단을 포위하려고 달려갔다. 하지만 기병들이 능력을 발휘하자면 넓고 탁 트인 평원에서 싸워야 되거늘 라비에누스가 지휘한 폼페이우스 기병들은 카이사르 병사들을 포위하기 위해 달려갔을 때, 기병들끼리 협소한 장소에서 뒤엉키다 보니 말들이 본능적으로 날뛰고 질서가 무너졌다. 그런 와중에 카이사르의 별동 부대에게 생각지도 못한 방법으로 공격당하자 폼페이우스의 정예 기병들은 당황하여 전열이 흩어진 채로 섬멸되었고 남은 기병들도 퇴각해 버렸다. 그 결과 포위 공격을 하려던 폼페이우스 군은 오히려 포위되었고 믿었던 1군단과 15군단마저 버틸 수 없게 되자 마침내 괴멸하고 말았다. 전투가 끝난 후 카이사르는 죽은 정적들의 얼굴을 응시하면서 조롱 섞인 말투로 이렇게 내뱉었다. "저들이 원했던 바가 바로 이것이 아니던가? 나 또한 저들이 원하는 대로 군대를 해산했더라

▎파르살루스 평원

면 이 같은 운명을 맞았으리라!"

○ 믿었던 기병이 박살나고 전투에서 패색이 짙어지자 폼페이우스는 자신의 별명이 '마그누스'인 것도 잊어버린 듯 넋 나간 사람처럼 말없이 막사로 돌아가서 주저앉았다. 그러는 동안 폼페이우스 군이 모두 패주하고 카이사르 군이 폼페이우스 막사 근처까지 공격하자 파보니우스가 폼페이우스에게 "장군, 적이 여기까지 와 있습니다. 피하셔야 합니다."라고 보고하며 흔들어 일깨웠다. 다시 정신을 차린 폼페이우스는 "뭐야, 내 막사까지?"라고 깜짝 놀란 듯이 말한 후 장군의 복장을 벗어 버리고 신분을 속이기 위한 복장으로 갈아입은 다음 적의 눈을 피해 몰래 막사를 빠져나갔다. 그와 함께 달아난 사람은 모두 5명이었다. 그 후 그는 라리사로 달아나 피신했고 아내가 있던 레스보스 섬을 거쳐 이집트의 펠루시움(註. 현재 이집트의 '텔파라마')으로 갔다.

○ '파르살루스 전투'라는 이름으로 역사에 남은 이 결전은 카이사르의 완승으로 끝났다. 패배한 폼페이우스군은 전사자는 6천 명, 포로는 무려 2만 4천 명이었다. 반면에 카이사르 군은 전사자가 250명이 채 되지 않았다.(註. 전사자가 250명이라는 것은 자신의 전공을 자랑하는 버릇이 있던 카이사르가 과장하여 기록한 것이리라. 아마 전사한 기병의

숫자만 밝힌 것이 아닌가 한다.)

○ 카이사르는 자신의 저서에 별동 부대 병사들 중에서 크라스티누스라는 재입대 고참병의 용맹함을 특별히 적어 두었다. 그는 지난해 10군단에서 수석 백인대장으로 근무했는데 용맹함으로 명성을 떨쳤던 병사였다. 크라스티누스는 돌격선에서 카이사르를 보며 이렇게 말했다. "카이사르! 나는 오늘 전쟁터에서 죽든 살아남든 장군이 가장 찬사하는 병사가 될 것입니다." 그러고서는 가장 먼저 120명의 부대원을 이끌고 뛰어나갔다. 크라스티누스는 용감하게 싸우다가 검에 입안을 찔려 장렬하게 전사했다. 그를 찌른 검이 얼마나 강력했던지 검의 끝이 입안을 관통하여 목뒤로 뚫고 나왔다. 크라스티누스의 예측대로 파르살루스 전투에서 크라스티누스의 용맹함이 가장 뛰어났으며 그가 최고의 병사였다고 카이사르는 찬사했다. 로마군의 전통에 따르면 죽은 자에게는 상을 수여하지 않는 것이 원칙이었지만, 카이사르는 전사자들을 온통 뒤져 크라스티누스의 시신을 찾아낸 다음 수많은 훈장과 함께 정중히 장례를 치러 주었다.

| 마음에 새기는 말 |

나쁜 결과로 끝난 일도 처음에는 좋은 동기에서 시작된 경우가 많다.

_ 율리우스 카이사르

- 카이사르는 "악행의 많은 사례는 본래 선한 출발을 가지고 있다. 즉 선의(善意)가 반드시 좋은 결과로 이어지는 것은 아니며, 결과가 나빴다 해도 당초 의도는 훌륭하고 선의로 가득 찬 것이었다."고 말했다.

☼ 코르넬리아(Cornelia)의 통곡(BC 48년)

≪승리하리라는 달콤한 희망의 말만 전해 듣던 코르넬리아는 상상하지도 못한 남편의 패전 소식을 알게 되었다. 그녀는 자신의 운명을 되돌아보며 스스로 박복한 여자라고 자책했고, 바로 그것이 남편의 패전으로 이어진 것이라며 자신을 책망했다.≫

○ 파르살루스 평원에서 패전한 폼페이우스는 북쪽의 템페 계곡(註. 테살리아 지역에 있는 계곡이며 풍광이 좋은 것으로 명성이 높다.)을 지나 해안을 따라 피신했다. 그는 작은 배를 타고 막 출항하던 중에 상당히 큰 상선이 보여 도움을 청했다. 그 상선의 선장은 페티키우스이며 폼페이우스를 알고 있었던 자였다. 페티키우스는 전날 꿈에서 폼페이우스를 보았는데 평소의 늠름한 모습이 아니라 초라하고 낙담한 모습이었다고 선원들에게 막 이야기하려던 찰나였다. 그때 선원 한 사람이 선장에게 보고하기를 작은 배 한 척이 바다로 나오면서 배 안의 사람들이 옷가지를 흔들며 도움을 요청하고 있다고 말했다. 페티키우스는 꿈 이야기를 하려다 말고 선원이 가리키는 방향을 보고서는 대번에 폼페이우스를 알아보았다. 선장은 폼페이우스에게 거수경례를 하고서 배를 붙이게 하여 폼페이우스와 그의 일행들을 배에 태워 주었다. 그리고 정성껏 식사를 대접했고 코르넬리아가 머무르고 있는 레스보스섬까지 항해했다.

○ 레스보스섬에 도착한 폼페이우스는 아내 코르넬리아와 둘째 아들 섹스투스를 배에 태우기 위해 섬 안의 미틸레네(註. 현재 그리스의 '미틸리니') 성안으로 전령을 보냈다. 코르넬리아는 그때까지 기쁜 소식과

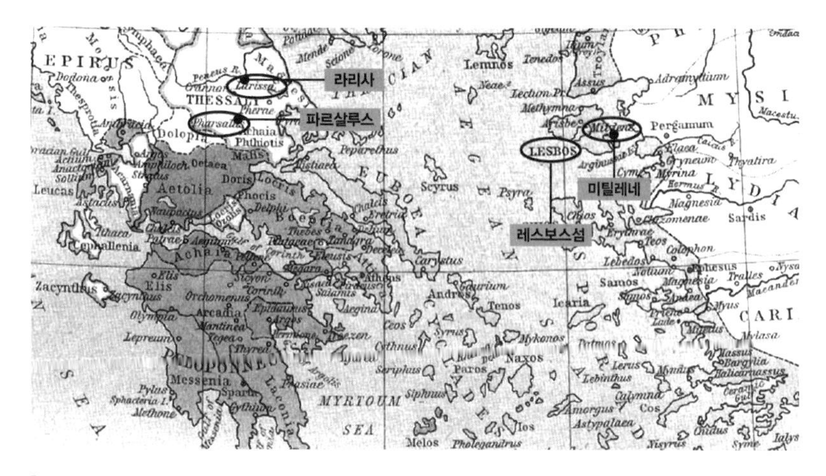

▎파르살루스, 라리사, 레스보스섬, 미틸레네 ___ 출처 : 텍사스 대학 도서관, 이하 같다

편지만을 받아 온 터였으므로 이제는 전쟁이 종식되기만을 기다리고 있던 차였다. 코르넬리아의 이런 심정을 알고 있는 전령은 그녀에게 닥친 크고 엄청난 불행을 차마 말할 수 없어 눈물만 흘렸다. 마침내 전령은 그녀에게 폼페이우스를 만나고 싶으면 서둘러 따라오라고 울먹이며 말했다. 그러면서 그는 폼페이우스가 단 한 척의 배뿐이며 그마저도 남의 배에 타고 있다고 알려 주었다.

○ 코르넬리아는 이 말을 듣자 그제야 어떻게 된 상황인지 납득했고, 정신 나간 사람처럼 한동안 멍하니 있었다. 그러다가 가까스로 정신을 차리고 눈물을 흘리며 이러고 있을 때가 아님을 깨닫고 성을 벗어나 바다로 간 그녀는, 기다리고 있던 남편을 만나 서로 부둥켜안았다. 코르넬리아는 휘청거리며 쓰러지려는 몸을 겨우 가누며 울부짖었다. "당신이 이런 보잘것없는 배에 의지하고 있는 것은 당신의 운명이 아니라 내 운명 탓이랍니다. 나와 결혼하기 전에는 5백 척이나 되는 전

함을 이끄는 로마의 총사령관이었지요. 대체 왜 나를 데리러 여기까지 오셨는지요? 당신에게 이처럼 커다란 불행을 전염시킨 내가 박복한 팔자대로 살게 내버려 두지 않고요. 내가 첫 남편으로 맞이한 푸블리우스를 기억하시지요?(註. 코르넬리아의 첫 남편 푸블리우스 리키니우스 크라수스는 삼두의 한 명인 크라수스의 아들로 파르티아 원정 때 전사했다. 코르넬리아는 메텔루스 피우스의 양아들 메텔루스 스키피오의 딸이며, 메텔루스 피우스는 유구르타 전쟁을 이끈 메텔루스의 아들이다. 코르넬리아는 폼페이우스와 결혼이 재혼이었음에도 남편과 나이 차이가 많아 남편이 거의 친정아버지와 같은 또래였다.) 그가 파르티아 전쟁에서 죽었다는 소식을 듣기 전에 내가 먼저 죽었다면 얼마나 행복했을까요? 그것이 아니더라도 그가 죽은 후 신에게 기도했던 대로 나 또한 죽었다면 불행한 운명은 그쯤에서 끝났을 텐데. 결국 이 박복한 여인이 죽지 않은 이유는 폼페이우스를 멸망시키려고 그러했던 것 같습니다." 그녀는 자신의 혹독한 운명에 몸서리치며 통곡했다. 코르넬리아는 자신의 말대로 남편에 대해서는 박복한 여인이었다.

카이사르 군의 항명(BC 48~47년)

≪병사들의 항명을 유발시킨 것은 제대 보류와 포상금 미지급이 아니라 더욱 많은 포상금과 자신들이 카이사르에게 꼭 필요한 존재임을 확인시키려는 몸짓이었다. 하지만 병사들의 이러한 기만을 꿰뚫어 본 카이사르는 그들의 요구를 받아들이겠다고 선언하며 따라서 그

들은 이제부터 전우가 아니라 평범한 시민일 뿐이라고 격하했다. 그러자 병사들은 충성을 맹세하며 카이사르의 무릎에 매달렸다. 이는 카이사르의 통찰력과 절대적인 권위 위에서만 가능한 희극적인 반전이다. 왜냐하면 훗날 알렉산데르 황제가 유사한 항명을 경험했지만 그리 성공적으로 해결하지 못했기 때문이다.≫

○ BC 48년 파르살루스 전투에서 승리한 카이사르는 폼페이우스와 패잔병들을 추격하기 위해 준비하고 있었다. 하지만 병사들은 더 이상 전쟁터에 나가지 않겠으니 이미 만기가 된 자신들을 제대시켜 주고 약속한 포상금을 지급하여 달라며 항명했다. 제9군단에서부터 시작된 항명은 금세 제8군단과 제7군단 그리고 카이사르의 근위대나 다름없던 제10군단까지 번졌다.(註. 제10군단은 BC 61년 카이사르가 히스파니아 울테리오르 총독으로 있을 때 그곳의 젊은이들로 구성한 부대였다.) 제9군단에서 항명 사태가 일기 시작한 것은 그들이 지난해 플라켄티아(註. 현재 지명 '피아첸차')에서 항명 사건을 일으켰을 때 카이사르가 데키마티오(註. decimatio는 10분의 1 처형이다.)를 실시하여 항명을 주도한 병사 120명 중 12명을 처형했던 것을 기억하고 있었기 때문이다. 그때도 병사들의 요구 사항은 만기 복무자를 제대시키고 포상금을 지급해 달라는 것이었다.

○ 아직도 1만 8천여 명에 달하는 폼페이우스 병사들이 무장한 채로 달아났기 때문에 이들을 추격하여 전쟁을 종결시켜야 하는 마당에 병사들의 항명에 직면하자 카이사르는 격분하고 있었다. 그는 병사들의 불복종을 용서할 수 없다며 본보기로 제10군단에게 데키마티오를 실시하겠다고 선언했다. 그러자 파르살루스 전투의 승리가 자신들의

용맹과 활약 덕분인 것을 알고 있던 제10군단 병사들은 놀라움으로 입을 다물지 못했다. 제7, 8, 9군단의 병사들도 이는 불공정한 처사라며 모두 카이사르에게 고함을 질렀다. 그들은 소리 높여 되풀이하며 외쳤다. "우리에게 제대와 포상금을! 제대와 포상금을!"

○ 게다가 함께 있던 지휘관들이 이 상황에서 카이사르가 병사들의 처형을 강행한다면 처형 집행자가 명령을 거부할 것은 불을 보듯 뻔하고, 그렇게 되면 총사령관의 권위가 바닥에 떨어져 더 이상 병사들을 지휘할 수 없게 되므로 처형 명령을 거두어 달라고 간청했다. 카이사르는 다 이겨 놓은 전쟁에서 병사들의 항명을 겪자 격앙된 상태에서 "그렇다면 항복한 폼페이우스 군에서 선발하여 그들과 나머지 전쟁을 치르겠다."고 선언했다. 결국 그는 포로가 된 제6군단 중 900명에게 충성 서약을 받아 낸 뒤 게르만족 호위병들과 함께 폼페이우스를 추격하면서 곧이어 항명에 가담하지 않은 군단의 병사들을 추가했다. 그리고 제7, 8, 9, 10군단은 안토니우스에게 지휘를 맡겨 로마로 귀국시킨 다음 마르스 광장에 숙영하게 했다.

○ 마르스 광장에서 숙영하던 항명 병사들은 1년간 머물면서 낙담과 지루함으로 점점 더 난폭해졌다. 그들은 안토니우스의 명령과 호소에도 불구하고 시내로 몰려가 부자들의 저택을 약탈하고 시민들을 폭행했다. 이는 카이사르가 자신들이 받아야 할 대가를 주지 않는다면 스스로 그것을 가져가겠다는 표시였다. 그렇지만 제7군단만은 항명에서 벗어나 안토니우스의 명령에 복종했다.

○ 마침내 BC 47년 카이사르가 이집트와 시리아를 평정하고 로마로 되돌아왔다. 그는 안토니우스를 불러 그간의 자초지종을 보고받았다. 하지만 카이사르는 로마로 귀환하여 난폭한 병사들을 단속해 달라는

서신을 몇 달 전부터 수차례 받아 오던 터였다. 사실 안토니우스는 항명 병사들을 잘 다루지 못했고 제대와 포상금은 자신이 결정할 수 있는 사안이 아니라고 분노한 병사들에게 말하곤 했었다.

○ 먼저 카이사르는 군율을 회복하고 참전한다면 병사 개인당 4천 세스테르티우스를 지급하겠다는 밀명을 주어 살루스티우스를 항명 병사들에게 보냈지만 그는 말도 꺼내지 못하고 쫓겨났다. 그들은 카이사르의 대답을 직접 듣고 싶었던 것이다. 이즈음 카이사르에게는 2년 전 쿠리오가 패배하여 적의 수중에 떨어진 북아프리카를 공략하기 위해 제8, 9, 10군단이 꼭 필요했다. 병사들도 카이사르가 자신들을 필요로 하다는 것을 알고 있었기에 더욱 강경했다. 엉성하고 산만한 대열을 이룬 채 총사령관을 맞이한 병사들은 카이사르가 연단에 오르자 비난과 환호가 뒤섞인 함성을 질렀다. 카이사르는 팔을 들어 소란이 멈추기를 기다렸다가 마침내 말문을 열었다. "무엇을 원하는가? 요구 사항을 말하라." 병사들은 제대와 포상금을 바란다고 외쳤다. 다시 한 번 팔을 들어 소란을 진정시킨 그는 자르듯 말했다. "좋다. 제대시켜 주겠다." 이 말에 놀라서 어안이 벙벙해진 병사들을 향해 그는 말을 이어 갔다. "또한 포상금은 이 전쟁을 승리로 끝낸 후 내가 약속했던 모든 것을 지급하겠다."

○ 병사들은 그가 더 말하기를 기다렸지만 고통스런 침묵만 흘렀다. 옆에 있던 참모들이 병사들에게 무슨 말이든 좀 더 해 달라고 요청하자 그는 이렇게 운을 떼었다. "시민 여러분(퀴리테스Qrites)!" 순간 병사들은 머리를 얻어맞은 듯 충격을 받았다. 카이사르는 연단에서 병사들에게 항상 "전우 여러분(콤밀리테스Commilites)!"이라고 말했기 때문이다.(註. "전사 여러분" 또는 "장병 여러분"이라고 하면 "밀리테스

Milites"가 되지만 카이사르는 병사들에게 친근감을 표현하기 위해 "전우 여러분"이라고 불렀다.) 그제야 항명에 가담했던 병사들은 자신의 처지를 깨달았다. 그들은 외쳤다. "카이사르! 우리를 전선으로 데려가 주십시오. 우리는 당신의 병사들이며 항명죄에 대한 처벌은 달게 받겠습니다." 카이사르는 천천히 제10군단 병사들의 얼굴들을 바라보며 이제껏 제10군단을 특히 존중했건만 이런 항명에 가담했다는 사실에 슬픔을 느낀다며 질책했다. 그러면서 제10군단 병사들만 제대한다고 말했다.

○ 제8, 9군단 병사들은 카이사르의 이 말에 환호했지만 제10군단 병사들은 카이사르의 무릎에 매달리며 어떤 처벌이라도 받을 것이니 다시 자신들을 지휘해 달라고 간청했다. 하지만 그는 끝까지 제10군단을 용서하지 않았다. 그렇다고 제대할 마음이 조금도 없었던 제10군단 병사들이었기에 제대 명령을 따르기는커녕 북아프리카 전쟁터로 향하는 행군길을 풀이 죽은 채로 터덜터덜 뒤따라갔다. 물론 제10군단은 북아프리카 전쟁에서 용맹스럽게 싸웠으며 카이사르의 용서를 받은 것은 말할 필요도 없다.

☼ 폼페이우스의 최후(BC 48년)

≪카이사르 밑으로 죽어도 가기 싫다고 했던 폼페이우스는 의탁하고자 했던 이집트에서 무참히 살해되었다. 이집트의 권세가들은 궁지에 몰린 자를 죽였을 뿐 아니라, 잔혹하게도 시신을 훼손하고 구경거

리로 만들었다. 그들은 승자인 카이사르의 성품과 로마의 정치적 성향을 제대로 파악하지 못했으며, 결국 죽음으로써 자신들이 저지른 만행을 반성하게 되었다.

다윗과 치열하게 싸우던 사울의 아들 이스보셋은 부하인 바아나와 레갑에게 암살당했다. 바아나와 레갑은 이스보셋의 머리를 잘라 다윗에게 가져와서는 칭찬과 보상을 바랐지만 그들은 수족이 잘리고 처형됨으로써 죄과에 상응하는 대가를 치렀다. 다윗은 주군을 배반한 행위를 "악인이 의인을 그 집 침상 위에서 죽인 행위"로 규정짓고 이를 용서하지 않았던 것이다.(註. 구약성서 사무엘 하권 4장 11절) 폼페이우스를 죽인 자들과 이스보셋을 죽인 자들이 저지른 동일한 죄목은 힘이 약해지고 궁지에 몰린 자를 살해함으로써 승리자에게 아부하려 했다는 점이다. 그리고 그들이 아부하려고 한 승리자는 온전하고 맑은 정신을 가진 자들이었다는 점이다.≫

○ 파르살루스 회전에서 패한 폼페이우스는 라리사를 거쳐 레스보스를 경유하고 팜필리아(註. 아나톨리아 남부 해안 지역. 아나톨리아는 소아시아의 서단부, 흑해와 마르마라해, 에게해, 지중해에 둘러싸인 반도이며, 현재 터키 수도 앙카라를 포함하여 터키의 대부분을 차지하는 지역이다.)의 아탈레이아(註. 현재 터키의 '안탈리아')로 갔다. 그곳에는 자신의 지휘 아래 있는 함선 몇 척과 흩어졌던 원로원 의원 60명이 대기하고 있어 배를 갈아탔다. 폼페이우스는 승선한 동료들과 머리를 맞대고 몸을 숨길 곳을 의논했지만 그들이 안전하게 도피한 곳은 없어 보였다. 만약 다른 왕국으로 피신해야 한다면 파르티아가 가장 나을 것 같았다. 그러나 사람들은 아프리카가 차라리 임시로 몸을 숨길 곳

으로는 더 적당하다고 주장했다.

○ 이렇게 갈피를 잡지 못하고 있자 레스보스 사람인 테오파네스가 이집트로 피신할 것을 강력하게 추천했다. 그의 말에 따르면 이집트까지는 사흘 정도의 항해로 도착할 수 있으며, 이집트의 어린 왕 프톨레마이오스 13세는 자신의 아버지에게 우정과 호의를 베풀었던 폼페이우스에게 마음의 짐을 가지고 있음에 틀림없다는 주장이었다.(註. 프톨레마이오스 13세의 부왕인 프톨레마이오스 12세 아울레테스는 BC 59년 신하들에게 폐위되어 로마로 망명했다. 그곳에서 그는 폼페이우스에게 도움을 받을 수 있었다. 폼페이우스는 시리아 총독 아울루스 가비니우스에게 명령을 내려 로마군을 이집트에 파병시켰고 로마군의 힘으로 프톨레마이오스 아울레테스는 복위할 수 있었다. 이때 아울레테스는 무려 1만 탈란톤에 달하는 뇌물을 가비니우스에게 바쳤다. 이집트에 있던 로마 병사들은 그때 가비니우스를 따라 파병되었다가 그대로 잔류한 병사들이었다.) 또한 배신을 밥 먹듯이 하는 파르티아의 손안에 비참해진 운명을 맡긴다는 것은 정신 나간 짓이라고 했다. 테오파네스의 주장을 듣고 결국 폼페이우스는 이집트로 도피하기로 결정했다.

○ 3단 갤리선에 몸을 싣고 키프로스를 출발한 폼페이우스는 바다건너 이집트의 알렉산드리아로 들어가는 길목인 펠루시움에 무사히 도착했다. 그곳은 14살인 프톨레마이오스가 이복 누나인 22살의 클레오파트라(註. 카이사르의 연인이었던 클레오파트라 7세를 말하며, 클레오파트라는 그리스어로 '아버지의 영광'이란 의미다.)와 권력 투쟁을 벌이고 있어 양진영의 군대가 일촉즉발의 상황이었다. 폼페이우스가 펠루시움에 도착하기 몇 달 전에 클레오파트라는 동생과의 정쟁에 패하여 왕궁에서 쫓겨났고, 클레오파트라의 자리는 이복동생 아르시노

에 4세가 차지하고 있었다.(註. 훗날 아르시노에는 알렉산드리아 전투에서 패전하여 카이사르의 개선식을 장식한 후 에페수스의 아르테미스 신전에 있다가 클레오파트라의 사주를 받은 안토니우스의 명령으로 살해되었다.) 그러나 프톨레마이오스는 14살의 어린 나이였기에 환관 포테이노스가 모든 권력을 차지하고 국정을 좌지우지했다.

○ 파르살루스 전투의 결과는 빠르게 전달되어 이집트의 권신들도 모두 알고 있었다. 폼페이우스는 프톨레마이오스에게 사자들을 보내 자신이 선왕 프톨레마이오스 아울레테스에게 베풀었던 호의와 환대를 잊지 말고 자신을 알렉산드리아로 들어갈 수 있게 허락해 주고 곤경에 빠진 자신을 보호해 달라고 호소했다. 그 와중에서도 폼페이우스의 사자들은 그곳에 있는 병사들이 아울루스 가비니누스를 따라 파병 왔다가 그대로 눌러앉은 로마군인 것을 알고 폼페이우스가 패장이 되었다고 업신여기지 말고 그의 휘하에 들어오라고 유혹하기도 했다. 이집트의 권신 포테이노스는 폼페이우스의 사자들이 도착하자 수사학자 테오도토스와 장군 아킬라스를 불러 어떻게 할지를 의논했다. 어떤 자는 폼페이우스를 내쫓아 버리자고 했고 어떤 자는 불러들이자고 했다.

펠루시움

○ 그러나 테오도토스는 자신의 특기인 수사학적 능력을 발휘하여 강력하게 의견을 제시했다. 그는 폼페이우스를 받아들이면 카이사르와 적이 될 터이고, 그렇다고 폼페이우스를 쫓아내면 폼페이우스는 이집트를 원망할 것이 분명하며 카이사르는 폼페이우스를 계속 추격하게 만들었다고 탓할 것이므로 최선의 길은 그를 불러들여 죽이는 방법이라고 했다. 그렇게 되면 카이사르도 손에 피를 묻히지 않고 자신의 정적이 제거되었으므로 만족할 것이고, 또한 폼페이우스를 겁낼 필요도 없다는 것이 테오도토스의 논리였다. 그러고서는 테오도토스는 음흉스런 미소와 함께 이렇게 덧붙였다. "죽은 개는 물지 않습니다."

○ 결국 테오도토스의 제안에 따라 폼페이우스가 보낸 사절들을 극진히 대접한 후 폼페이우스에게 직접 왕을 찾아오라고 전하게 하면서 아킬라스에게 일을 맡겼다. 아킬라스는 한때 폼페이우스의 대대장이었던 셉티미우스, 백인대장 살비우스 그리고 부하 서너 명과 함께 조그만 어선을 타고 폼페이우스의 배로 향했다. 폼페이우스 일행은 마중 나온 사람들이 왕실 소속이 아니며 행색도 화려하지 않은 것을 보고는 의심의 눈초리로 바라보았다. 어떤 이가 화살의 사정거리 밖에 있을 때 노를 저어 멀리 바다 한가운데로 나가는 것이 좋겠다고 했다. 그러나 어느새 마중 나온 일행이 가까이 와서는 인사를 한 후, 어선으로 건너오라고 권하고 있었다. 그들은 바닷물이 얕고 바닥이 모래이므로 큰 배를 띄울 수가 없었다고 해명했다. 이미 해안가에는 병사들이 배치되어 있었기에 이제는 도망치려 해도 도주할 수 없을 것 같았고, 또한 의심만 하고 신뢰를 보이지 않으면 오히려 범행의 빌미를 제공할 것으로 생각되었다. 폼페이우스는 할 수 없이

코르넬리아와 어린 둘째 아들 섹스투스 폼페이우스(註. 당시 섹스투스는 겨우 14세였고 선상에서 아버지의 비참한 죽음을 목격했다.)와 작별 포옹을 나누고 마중 나온 어선에 몇 명의 부하들과 같이 옮겨 탔다. 그리고 자신의 운명을 예상했는지 소포클레스의 다음과 같은 시를 읊조렸다. “폭군의 손아귀에 들어간 자는 자유의 몸으로 갔어도 결국은 노예 신세.”

○ 어선에 타자 셉티미우스를 알아본 폼페이우스는 그에게 말을 걸었다. “내 기억이 정확하다면 자네는 나의 옛 전우가 아닌가?” 셉티미우스는 고개만 끄덕일 뿐 아무 말도 하지 않았고, 반가움을 나타내지도 않았다. 그런 서먹서먹한 분위기가 되자 폼페이우스는 프톨레마이오스를 접견할 때 이용하려고 써 둔 두루마기를 펼쳐 읽고 있었다.

○ 어선이 해안에 다가서는 모습을 코르넬리아와 일행들은 선상에서 초조하게 지켜보고 있었다. 어선이 부두에 거의 다 왔을 때, 폼페이우스는 해방 노예인 필립포스의 손을 잡고 일어서려고 했다. 그 찰나 셉티미우스가 폼페이우스의 등에 칼을 꽂았다. 그다음에 살비우스 그리고 아킬라스가 단검을 뽑아 폼페이우스를 찔렀다. 폼페이우스는 단지 작은 신음을 내며 쓰러졌고 로마의 총사령관답지 않은 언행은 없었다. 그때가 그의 나이 59세였고 생일 바로 전날이었다.

○ 선상에서 이 비극적인 광경을 보고 있던 폼페이우스 일행들은 비명을 지르며 어쩔 줄 몰라 하다가, 정신을 가다듬고 재빨리 닻을 올린 후 펠리시움 해안으로부터 멀리 도주했다. 궁지에 몰린 자를 죽음으로 몰아넣은 이집트의 살인자들은 부두에서 폼페이우스의 머리를 잘라 내고 옷을 벌거벗긴 뒤 바다에 던져 몰려든 사람들에게 끔찍한 구경거리를 선사했다. 그들은 카이사르에게 선물로 보내기 위해 폼페

이우스의 잘린 머리를 소금물에 절여 두었다. 같이 갔던 해방 노예 필립포스는 잔혹한 구경이 끝날 때까지 기다렸다가 폼페이우스의 머리 없는 시신을 수습하여 화장해 주었다. 그가 시신을 화장할 때 단 한 사람, 로마의 임페라토르를 함께 화장할 수 있는 영광을 달라며 어느 늙은이가 그를 도왔다. 나중에 안 일이지만 그 늙은이는 폼페이우스의 첫 전투에 참가했던 퇴역병이었다.

○ 3일 후 폼페이우스를 쫓아 카이사르가 이집트에 왔다. 그는 그동안 얼마나 혐오스런 일이 있었는지 알게 되었고 폼페이우스의 머리가 도착하고 인장 반지를 전달받았을 때에는 울음을 터뜨렸다고 전해진다. 알렉산드리아에 머물던 카이사르는 이집트의 내분을 수습한 다음 두 남매가 화합하여 이집트를 공동 통치하게 했다. 그리고 이를 기념하기 위해 잔치를 벌였다. 하지만 이집트의 권신들은 오누이에게 다시금 공동 통치하라는 카이사르의 고압적인 태도에 불만을 품고 화합의 잔치가 벌어지고 있는 어수선한 틈을 타 카이사르를 살해하려고 음모를 꾸몄다. 음모를 미리 알아챈 카이사르가 음모자 중 포테이노스를 찾아내어 처형했지만 아킬라스는 그대로 도망치고 말았다. 하지만 아킬라스의 생명줄은 그다지 오래가지 못했다. 왜냐하면 도망친 그는 카이사르에 대항하여 전쟁을 일으켰지만 내분으로 아르시노에 공주에게 결국 살해당했기 때문이다. 포테이노스를 비롯한 살인자들이 카이사르에 의해 사형에 처해질 때 죄목은 로마의 지도자를 감히 살해한 죄였다. 카이사르는 하찮은 자들이 로마의 임페라토르를 비열한 방법으로 살해한 것을 용서할 수 없었으리라.

○ 폼페이우스를 살해한 자들은 카이사르에게 사로잡혀 심문을 받을

때 폼페이우스가 이집트 병사들을 사주하여 이집트를 점령할지 몰라서 살해했다고 변명했다. 사실 폼페이우스는 강제 징집한 1천 명의 병력과 엄청난 군자금을 배에 싣고 있었으며, 또한 함께 피난길에 올랐던 사람들이 이집트에 있던 아울루스 가비니누스 휘하의 로마군에게 폼페이우스 아래로 들어오라고 유혹하기는 했다. 그렇다고 해서 그들이 저지른 죄를 카이사르에게 용서받을 수는 없었다. 폼페이우스 죽음과 관련된 자들 중 테오도토스는 카이사르의 분노를 피해 가까스로 죽음을 모면했지만 훗날 마르쿠스 브루투스에게 붙잡혀 온갖 고문을 받은 뒤 처형되었다. 그리고 폼페이우스의 유해는 코르넬리아에 의해 알바에 있는 자신의 저택에 묻힐 수 있었다.(註. 다만 2세기 역사가 아피아노스에 따르면 폼페이우스의 유해는 펠루시움에 묻혔다고 했다.)

○ BC 56년의 루카 회담으로 삼두들이 국가의 권력과 영토 그리고 군대를 나누어 가지자 카토가 격분하며 폼페이우스에게 이렇게 경고한 적이 있었다. "이는 카이사르를 그대의 어깨 위에 태우는 것과 다름없소. 어깨의 짐이 무거워질 때가 오면 내려놓을 힘도 없고 그렇다고 계속 짊어질 수도 없을 것이오. 그때는 그대 자신과 어깨의 짐 모두가 로마를 덮칠 것이고, 그제야 내가 주장한 것이 정의에도 그리고 그대의 안위에도 옳은 것이라는 걸 알게 되겠지만 이미 너무 뒤늦은 깨달음이라는 것 또한 알게 될 것이오." 그 당시 폼페이우스는 자신의 행운과 권력을 너무 믿은 탓에 이 충고를 듣고서도 무시했지만, 결국 자신이 비참하게 죽음으로써 카토의 예견이 적중했음을 알게 되었다.

| 마음에 새기는 말 |

운명은 인간의 본성과 비교하면 참으로 보잘것없다.

- 폼페이우스와 카이사르가 거대한 로마를 둘로 나누어 지배하여야 할 운명이었음에도 권력을 향한 크나큰 본성은 운명에 만족하지 않았다. 그 두 사람은 신들까지도 우주를 셋으로 나누고 권력을 나누어 가졌다는 것도 알고 있었으나(註. 올림푸스의 신들이 크로노스에게 이긴 뒤 제우스가 하늘, 포세이돈이 바다, 하데스가 저승을 나누어 지배했다는 의미), 로마의 영토를 둘로 나누기에는 본성의 욕망이 너무나 컸다는 것에 대하여.

떠난 자에 대한 예의와 키케로의 표리부동

≪죽은 자에게는 욕하지 않는 법이다. 망자의 허물을 들추어내어 명예를 훼손하는 것은 해서는 안 되는 일이라고 사람들의 마음속에 보편적으로 자리 잡고 있기 때문이다. 키케로는 이러한 보편적인 인간 감정을 지켰지만 그의 언행을 보면 시시때때로 표리부동했다는 비난을 면하기 어려웠다.≫

○ 키케로의 폼페이우스에 대한 평가는 수시로 뒤바꼈다. 그는 BC 66년 호민관 마닐리우스가 미트라다테스 전쟁의 지휘권을 루쿨루스에게서 빼앗아 폼페이우스에게 맡길 때 적극적인 지지를 표했다. 그러면서 폼페이우스가 위대한 장군으로서 지녀야 할 덕목인 군사 지식,

용맹성, 권위 그리고 행운까지 두루 갖추었다며 칭찬을 늘어놓았다. 그러다가 폼페이우스가 나이가 들고 정치적 공세에 몰리게 되자, 그는 자신의 친구인 아티쿠스(註. Titus Pomponius Atticus. 키케로의 친동생 퀸투스 키케로는 아티쿠스의 누이와 결혼했다.)에게 "폼페이우스는 지성이 부족하다. 설득력은 전혀 없다. 신체적인 지구력도 이제는 옛날이야기다. 젊은 아내한테 푹 빠져서 국정을 소홀히 한다. 자제력도 없으며 일관성이나 관대함도 없다. 어떤 일을 지속하겠다는 의지는 옛날부터 없었던 게 아닐까?" 등등의 비난 섞인 평가를 했다. 하지만 폼페이우스가 죽고 난 후 그에 대한 비난을 뚝 그쳤을 뿐만 아니라, "내가 알고 있던 폼페이우스는 정직하고 심지가 굳은 진실한 사람이었네."라고 아티쿠스에게 편지를 보냈다.

○ 이는 비단 키케로뿐만이 아니리라. 죽은 뒤에는 살아 있을 당시의 비판을 깨끗이 잊어버리고 좋은 점만 들추어내는 것은, 이것이 대부분의 사람들에게 공통된 인간성의 현실이기 때문이다.(註. 하지만 키케로는 카이사르가 죽은 후 그가 불경스러운 승리를 치사하게 악용했다며 비난을 퍼부었다. 이는 키케로가 카이사르의 관용을 받았음에도 공화정을 짓밟은 그의 행위를 용서하지 못했기 때문이다.)

○ 그러나 키케로가 동일한 사람을 두고서 판단을 달리한 것은 이때만이 아니었다. 훗날 카이사르가 죽은 후 정세가 혼란할 때 그는 데키무스 브루투스에게 보낸 편지에서 카이사르의 고참병들을 가리켜 "비록 시골뜨기에 농촌 출신이지만 가장 용맹하며 선량한 사람들"이라고 정중한 언어로 치켜세우다가, 그들이 옥타비우스 휘하에서 원로원에게 무기를 들이대자 지난번 했던 칭송은 어디로 갔는지 "비록 짐승이 아니라 인간일지언정 거친 시골뜨기에 농사꾼"이라며 멸시했

기 때문이다. 하지만 도시 노동자보다는 노천에서 노동으로 다져진 농사꾼이 전투에 능한 군인의 자질을 갖추었다는 데는 틀린 것이 없으니, 大 카토의 말에 따르면 "농민들로부터 가장 건장한 군인들이 나온다."고 했다.

○ 또한 BC 44년 집정관들은 무티나 전투에서 모두 전사한 히르티우스와 판사였다. 키케로가 공개석상에서 그들이 충성스럽고 애국자이며 능력 있는 자들이라며 다정하고 열렬하게 침이 마르도록 칭찬을 늘어놓았지만, 사사로운 편지에서는 그들을 무능하고 술에 빠져 산다고 경멸했다.

○ 키케로의 이러한 행동을 두고 독일의 역사가 몸젠은 키케로에게 정치적 기회주의자라는 오명을 뒤집어씌웠다.(註. 로마의 정치는 정당정치가 아니라 붕당 정치였다는 것이 밝혀짐으로써 몸젠의 비판은 다소 수정되긴 했다.) 당시 로마 세계의 최고 지성인이자 교양인이 이 정도였다. 이는 키케로의 교활한 면모를 보는 것이기도 하겠지만, 그가 로마의 온갖 정치적 위험 요소를 간파한 후 스스로 결단을 내리지 못하고 그때그때마다 상황에 휘둘린 결과이기도 했고, 인간이란 이렇듯 관점에 따라 선과 악을 거침없이 왔다 갔다 할 수 있다는 점을 일깨워 주는 것이었다.

카시우스(Cassius)의 배반

《카시우스는 크라수스가 총사령관이었던 파르티아 전투에서 탈영

죄를 저질렀지만 처벌받지 않았다. 그러나 충직하지 못하고 시기와 질투 그리고 변덕으로 가득 찬 자는 항상 불만에 쌓여 있어 위험하기 마련이다. 그러한 자는 죄를 용서받았더라도 자비의 은혜를 배반으로 갚기 쉽기 때문이다. 카시우스에게 관용을 베푼 것은 자신의 직무와 생각에 충실한 자와 불성실한 자를 가리지 않고 모두에게 관용을 베풀어서는 안 된다는 원칙을 위반한 것이다. 하지만 카이사르는 인간 본성에 대한 깊은 이해가 부족했는지 이 점을 너무나 가볍게 지나쳤다.≫

○ 카이사르를 살해한 암살자 중의 한 사람인 카시우스(Gaius Cassius Longinus)는 영악했고 양보를 싫어했으며 다른 사람이 내세우는 자랑을 듣지 못하며 베풀 줄도 모르는 거친 성격의 소유자였다. 플루타르코스에 의하면 그는 어렸을 적 독재관 술라의 아들인 파우스투스와 학교를 함께 다녔다고 한다. 술라는 파우스투스가 어린아이 때 죽었지만 파우스투스는 독재관이었던 아버지의 권력을 자랑스레 말했고, 평소부터 독재를 싫어하던 카시우스가 이를 듣고 있다가 참지 못하고 파우스투스를 두들겨 팼다.(註. 파우스투스는 술라의 4번째 아내인 메텔라가 낳았으며, 메텔라는 병을 얻어 술라보다도 먼저 죽었다. 즉 파우스투스는 아주 어렸을 때 고아가 되었다.) 파우스투스의 친척들은 이 문제를 법정으로 가져가려 했으나 폼페이우스의 만류로 겨우 진정되었다. 그렇지만 카시우스는 파우스투스에게 사과 한마디 하지 않았다. 다만 이렇게 말했다. "파우스투스, 네가 나를 화나게 했던 말을 또다시 해 봐. 그러면 다시 또 너를 두들겨 패 줄 테다!" 이미 학교에 다닐 때부터 그의 성격이 드러났던 것이다.

- 그러나 생각해 보면 공화정 로마는 독재관의 권력이라 해도 그 권력이 가족까지 미치지 못했음을 알려 주는 일화이다. 훗날 파우스투스는 아버지의 도락과 씀씀이를 닮았는지 재산을 탕진하고 빚더미에 앉게 되어 집안 살림을 팔아 치워야 했는데, 심지어 아버지가 아테네를 함락시키고 약탈해 온 도서들까지 키케로에게 넘겼다.
- 군인인 된 카시우스가 삼두의 일원인 크라수스의 참모로 파르티아 전투에 참전했을 때의 일이다. 그는 크라수스와 로마군이 파르티아 군의 공격으로 위기에 닥쳤을 때 총사령관 크라수스의 명령을 어기고 500명의 기병과 함께 전선을 이탈했다. 그러나 처벌받지 않고 그 이후에도 시리아 속주에 잔류했다.
- 내전 때 그는 폼페이우스 편에 서서 그리스와 소아시아 사이에 놓인 헬레스폰투스 해협을 자신의 관할권에 두었다.(註. 헬레스폰투스 해협은 마르마라해와 지중해를 잇는 해협으로 현재 '다르다넬스 해협'이라고 한다. 그리스 신화에 따르면 프릭소스와 헬레는 계모인 이노가 못살게 괴롭히자, 날개가 달린 황금 털의 숫양을 타고 바다를 건너 도망치다 헬레가 어지러움을 느껴 바다에 떨어져 죽고 말았다. 그녀가 빠져 죽은 바다를 '헬레의 바다'란 의미로 '헬레스폰토스Hellespontos'라고 불렀으며 라틴식 발음으로 '헬레스폰투스Hellespontus'가 된다.) 그때 파르살루스 전투에서 카이사르에게 패한 폼페이우스가 바다를 통해 동쪽으로 피신하자, 카이사르는 육로를 통해 그 뒤를 쫓고 있었다. 육로를 통해 소아시아로 가려면 헬레스폰투스 해협을 지나가는 것이 당연한지라 카시우스는 폼페이우스를 추격하고 있던 카이사르 군과 마주쳤다. 파르살루스 전투의 결과는 이미 카시우스에게도 알려져 있었다. 군인이라면 그리고 적장을 만났으면 대항

하는 것이 당연한 것이나, 그때 그는 저항을 해 볼 생각도 하지 않고 투항해 버렸다. 카이사르는 자신의 권위와 힘을 바탕으로 카시우스가 굴복한 것이라고 믿었는지 그의 항복을 순순히 받아들였다. 이러한 카시우스의 태도는 한 지역을 지키는 지휘관으로서 비난받아 마땅했다.

○ 하지만 카이사르 파로 말을 갈아탄 카시우스는 또다시 신뢰를 저버리는 행동을 했다. 그는 파르살루스 회전에서 포로가 되었으나 어머니 세르빌리아의 구명 운동으로 용서받은 처남 마르쿠스 브루투스를 끌어들여 카이사르를 암살한 주모자였기 때문이다. 카시우스는 3번을 배반했다. 한 번은 크라수스의 명령에, 또 한 번은 폼페이우스의 기대에, 그리고 마지막에는 카이사르의 자비에 침을 뱉었다. 그는 자신에게 신뢰와 은혜를 베푼 자가 위험과 어려움에 처했을 때 등을 돌리고 못 본 체했지만, BC 42년 필리피 전투에서 안토니우스에게 패배하여 자결할 때까지 자기 잘못의 본질을 끝까지 깨닫지 못했다.

☼ **왔노라, 보았노라, 이겼노라!**(BC 47년)

≪동방의 나약한 병사들은 갈리아 전쟁과 내전의 승리로 자신감에 차 있는 카이사르 군의 적수가 아니었다. 카이사르는 자신의 자신감을 선언적 의미에서 로마 원로원에 세 마디의 구절로 보고했다. 역설적이지만 카이사르가 군사력을 가지지 못했다면, 그의 품성과 기질로 보아

평범하기보다는 오히려 오물을 뒤집어쓴 진주가 되었으리라. 왜냐하면 돌고래의 재주도 마른 땅에서는 아무 소용이 없기 때문이다.≫

○ 폰투스 왕 파르나케스 2세는 세력을 모아 아버지 미트라다테스 6세에게 반역을 하고 로마 편에 섬으로써 왕국을 손에 넣은 자였다. 그의 아버지 미트라다테스 6세는 로마와 3차례에 걸쳐 전쟁을 벌이다가 폼페이우스에게 쫓기는 처지였다. 그는 그런 와중에 아들이 반역했다는 소식이 날아들자 절망하여 결국 자살하고 말았다. 그러나 파르나케스는 로마가 내전을 치르는 동안 어수선한 정세를 틈타 부왕의 영토를 수복하겠다는 야심이 생겨 로마에 반기를 들었다. 그러고서 그는 로마군 수석 부사령관인 도미티우스 칼비누스를 격파하는 등 소아시아 일대를 휘젓고 다녔다. 그때 카이사르는 폼페이우스를 쫓아 이집트로 갔다가 클레오파트라 7세와 프톨레마이오스 13세 간에 일어난 내분에 휘말려 알렉산드리아 전쟁을 치른 직후였다. 카이사르가 알렉산드리아 전쟁을 위해 칼비누스의 3개 군단 중 2개 군단을 긴급히 차출했으므로 칼비누스가 겨우 1개 군단으로 파르나케스를 상대하기가 힘에 겨웠던 것은 사실이다. 이제 카이사르가 직접 파르나케스를 정벌하지 않을 수 없었다.

○ 폰투스와의 전쟁에 동원할 수 있는 로마군은 1천 명만 남아 있는 제6군단, 게르만 기병 800기, 칼비누스 휘하의 1개 군단 및 동맹국의 병사 등 2만 명 정도였다. 병력에서 수적으로 열세에 있던 로마군이었지만, 파르나케스의 동방군은 갈리아 전쟁 및 폼페이우스와의 파르살루스 전투 등으로 담금질된 로마군의 적수가 되지 못했다.

○ 소아시아 젤라(註. 현재 터키의 '질레')에서 카이사르는 도착한 지 5일

▍젤라

만에, 그리고 파르케나스를 본 지 4시간 만에 결정적인 승리를 거두었다. 너무나 쉽게 승리를 거두자 카이사르는 한때 동방을 정벌했던 폼페이우스를 빗대어 심드렁하게 한마디 했다. "이처럼 형편없는 적군을 상대로 승리하여 장군으로서의 명성을 높인 폼페이우스는 얼마나 행운아인가?" 카이사르는 폰투스와의 승전을 로마 원로원에 보고하면서, 스파르타인들이 즐겨 쓰던 간결한 문체를 흉내 내어 다음 세 마디로 시작했다. "왔노라, 보았노라, 이겼노라!(베니 비디 비키veni vidi vici!)"(註. 플루타르코스는 카이사르가 로마에 있는 친구 아만티우스에게 보내는 편지에 그렇게 썼다고 했다.)

☼ 키케로에 대한 카이사르의 우정(BC 47년)

≪카이사르는 관용을 실행한 사람이다. 자신의 적에게도 용서를 베푸는 마당에 자신을 도운 자의 은혜를 잊을 수 없는 것은 어쩌면 당연했다. 그는 키케로의 정직함과 우정을 기억했고, 훗날 로마 세계의 유일한 최고 권력자가 되었을 때, 폼페이우스 파였거나 적어도 자신의 지지자는 아니었던 키케로에게 우정과 호의를 베풀었다.≫

○ 카틸리나 음모 사건 때였다. 루키우스 베티우스라는 밀고자가 특별위원 노비우스 니게르에게 넘긴 카틸리나 음모의 가담자 명단에 카이사르의 이름이 적혀 있었다. 그뿐만 아니라 음모에 참여했다가 배신한 퀸투스 쿠리우스가 원로원 앞에 내놓은 명단에도 카이사르의 이름이 있었다. 쿠리우스는 그 명단이 카틸리나에게서 직접 나왔다고 했으며, 베티우스는 한 발 더 나아가 카이사르가 자필로 쓴 카틸리나에게 보내는 편지도 있다고 했다. 이들은 모두 카틸리나 음모를 최초로 알린 사람에게는 보상금을 받게 된다는 사실에 주목한 사람들이었다.

○ 카이사르는 이들의 모함에 굴복하지 않고, 집정관인 키케로에게 자신의 결백함을 호소했다. 키케로는 원로원에서 카이사르가 자신을 찾아와 음모에 관해 미리 경고했다는 사실을 인정했다. 키케로의 이러한 증언으로 쿠리우스와 베티우스 모두가 거짓말을 한 것임이 드러나 감옥에 갇히게 되었다. 쿠리우스와 베티우스는 목숨을 구하기 위해서라도 차라리 감옥에 있어야 했다. 그들이 만약 감옥으로 가지 않았다면 카이사르를 지지하는 민중들의 분노로 거의 찢겨 죽을 판

이었다.(註. 그 이후 카이사르는 카틸리나 음모에 가담한 자들을 재판도 없이 처형하려 하자 처벌은 범죄보다도 가벼웠던 것이 로마의 전통임을 내세워 반대했다. 그뿐만 아니라 재판도 없이 상소권도 인정하지 않고 로마 시민권자를 처벌하는 것은 셈프로니우스 법의 위반이었다. 카이사르는 원로원에서 이 같은 연설을 하고 나오다가 부유한 기사 계급 청년들의 폭력으로 하마터면 살해될 뻔했다. 결국 카이사르는 위험에 처하게 되어 도피하고 있어야 했다.)

○ 키케로는 개인적으로 폼페이우스보다는 카이사르를 높게 평가했고, 지성이나 교양에서도 카이사르가 자신과 대적할 만한 인재라고 인정했다. 폼페이우스에 대한 키케로의 부정적인 판단은 폼페이우스가 동방을 정벌하고 난 후 자신의 계획과 의지를 관철시키지 못하자 정치적 역량이 부족하다고 생각했기 때문이다. 그렇다고 키케로가 카이사르와 국가 통치의 방법에서 견해가 같은 것은 아니었다. 키케로는 카이사르의 내면에 은밀히 감추어진 완강한 고집을 보았다. 카이사르가 항상 상냥한 미소와 생기 있는 겉모습을 보였지만 키케로를 속일 수는 없었다. 키케로는 카이사르의 정치적 계획과 도모하는 일이 결국 독재를 향한 것임을 눈치챈 것이다. 이는 공화주의를 신봉하는 키케로와는 결코 섞일 수 없는 태도였다. 따라서 내전이 일어났을 때 폼페이우스의 역량을 의심한 키케로는 카이사르와 정치적 견해를 달리하면서도 폼페이우스를 따라가지도 못하고 그렇다고 적극적인 카이사르 파가 되지도 못한 채 어정쩡하게 이탈리아에 남아 있게 되었다. 그러면서 내전에서 어느 편에도 서지 않고 중도를 지키겠노라고 말했다.

○ 하지만 카이사르가 이탈리아를 접수하고 폼페이우스 파들과 싸우기

위해 히스파니아로 떠나자, 키케로는 곧바로 그리스에 있는 폼페이우스 진영을 찾아갔다. 여기에는 쿠리오가 시킬리아를 공격하러 가면서 키케로에게 들러 카이사르의 관용은 정략적인 것이어서 곧 덮개가 벗겨지고 잔인한 본성이 드러날 것이라고 말하자, 키케로의 불안감이 더해진 데도 이유가 있었다. 키케로를 보자 대부분의 폼페이우스 지지자들은 반겼으나 카토만은 둘만이 있는 자리에서 키케로의 행동을 비난했다. 카이사르에게 약속한 대로 어느 쪽의 편도 들지 않고 로마에 남는 것이 자신의 노선을 지키는 명예로운 행동이며 국가와 동료들에게도 더 큰 도움이 된다는 것이 이유였다. 카토의 질책을 듣자 키케로의 마음은 바뀌었고, 이는 그곳에서 자신이 할 일이 없다는 것을 알게 되자 더욱 굳혀졌다. 키케로는 공공연히 폼페이우스 진영으로 온 것을 후회한다고 말하기도 했다.

○ 파르살루스 전투에서 폼페이우스가 패전한 이후 카토는 자신이 맡고 있던 군대의 지휘권을 키케로에게 넘기려고 했다. 하지만 키케로가 이를 거절할 뿐 아니라 전쟁을 함께하는 것 자체를 꺼리자 폼페이우스의 아들과 지지자들은 그를 배신자라고 욕하며 검을 뽑아 들었는데, 만약 카토가 말리지 않았다면 목숨을 잃을 뻔했다. 결국 키케로는 폼페이우스의 진영을 빠져나와 이탈리아로 되돌아와서는 브룬디시움에 머물렀다. 당시 로마를 책임지고 있던 안토니우스가 카이사르의 허락 없이는 죄를 사면할 수도, 로마로 귀환하는 것을 용납할 수도 없다는 전갈을 보내왔기 때문에 키케로는 이러지도 저러지도 못했다. 하지만 카이사르는 아직도 이탈리아로 귀환하지 못하고 있었다.

○ 키케로가 브룬디시움에 오랫동안 머물렀지만 항상 남편을 쥐락펴락

했던 아내 테렌티아는 찾아오지도 않았고 곤경에 처한 자신에게 따뜻한 배려를 베풀지도 않았다. 게다가 그녀는 키케로를 무척이나 따랐던 외동딸 툴리아가 아버지가 보고 싶다며 로마에서 브룬디시움까지 그 멀고도 위험한 길을 떠났을 때 보호자를 붙여 주기는커녕 여비조차 주지 않았다. 동시에 그녀는 사치로 살림살이를 거덜 낸 것도 모자라 이곳저곳에 빚더미를 지게 했다. 결국 훗날 키케로는 30년을 함께 산 아내와 이혼했다. 테렌티아는 키케로가 젊은 여자와 놀아나기 위해 자신을 버렸다고 주장했지만, 그녀는 키케로가 참아 내기 힘든 까다로운 성격인 데다 남편 못지않은 말재주로 남편의 삶을 매우 고달프게 했다. 한 집안에 두 명의 웅변가란 너무 많은 법이기도 했고, 키케로의 말대로 말재주가 좋은 사람들이 힘을 얻게 되면서 인류의 불행한 역사가 시작되었기 때문일지도 모른다.

○ 키케로가 테렌티아와 이혼한 후에 돈 많은 젊은 상속녀 푸브릴리아와 결혼한 것은 사실이었다. 하지만 키케로의 해방 노예 티로의 말에 의하면 키케로가 테렌티아 때문에 짊어지게 된 상당했던 빚을 갚을 수 있다는 생각에서 젊은 상속녀와 결혼한 것이라고 한다.(註. 티로는 키케로의 편지를 받아쓰곤 했다. 키케로는 늘 가만있지 못하고 왔다 갔다 하면서 편지에 쓸 내용을 불렀는데 워낙 빠른 속도로 부르는지라 티로는 속기체를 개발해야 할 정도였다.) 그러나 BC 45년 그가 젊은 상속녀와 재혼한 후 얼마 되지 않아 툴리아가 출산 중에 그만 숨지고 말았다. 당시 그녀는 3번째 남편 돌라벨라(Publius Cornelius Dolabella)와 이혼한 지 얼마 되지 않았고, 이혼할 때 임신 중이었다. 딸을 무척이나 아꼈던 키케로는 딸을 잃은 슬픔을 이루다 말할 수 없었다. 그는 딸이 죽자 "공직 생활이 아무리 비참해도

내 집안에서 위안을 얻을 수 있었지만 이제 내 집안의 불행이 나를 짓누르고 어디에도 마음 둘 곳이 없구나!" 하고 울먹였다. 친구들이 사방에서 그를 찾아와 위로했지만 아무 소용없었다. 그때 그는 새로 결혼한 젊은 아내가 툴리아의 죽음에 대해 기뻐한다는 소문을 듣고서는 결혼한 지 몇 주밖에 되지 않은 그녀와 당장 이혼해 버렸다.(註. 키케로의 젊은 아내는 겨우 10대 중반이었으니 차라리 어리다고 해야겠다.)

○ 키케로가 폼페이우스 진영에서 빠져나와 브룬디시움에 한참을 머물고 있을 때 마침내 파르살루스 전투에서 결정적인 승리를 거둔 카이사르가 알렉산드리아와 젤라에서도 승리한 다음 브룬디시움으로 귀국하자, 그는 카이사르를 만나러 환영 군중 속으로 갔다. 하지만 많은 사람들 보는 앞에서 이제 로마 제국 최고의 유일한 권력자가 된 카이사르에게 자신의 잘못을 선처해 달라고 부탁하기도 부끄러워 괴로워했다. 그러나 군중 속에 섞여 있는 키케로를 발견한 카이사르가 바로 말에서 내려 그를 포옹하고 친밀하게 이야기를 나누며 먼 거리를 함께 걸어갔다. 키케로의 걱정거리가 단박에 날아가 버린 것이다. 아마도 카이사르는 카틸리나 음모에서 키케로가 보여 준 정직함과 호의를 잊지 않았으리라.(註. 다만 카이사르와 크라수스가 모두 죽고 난 후 키케로는 두 사람 모두 카틸리나 음모에 깊이 관여했다고 기록했다. 이는 그 사실 여부도 알 수 없거니와 그가 카이사르가 고발되었을 당시에도 그렇게 생각한 것인지 아니면 카이사르가 죽고 난 후 새로운 사실을 알고서 그렇게 서술한 것인지도 알 수 없다.) 그렇다고 해서 키케로가 전향하여 카이사르의 견해를 따랐던 것은 아니었다. 왜냐하면 카이사르가 죽은 후에 그가 불경스런 명분을 내세우며 승리를 치사하

게 악용하여 시민들의 재산을 몰수하고 속주들을 파멸로 몰아넣었다고 비난했기 때문이다.

○ 하지만 카이사르는 좋은 점에서뿐만 아니라 나쁜 점에서도 은혜를 잊지 않았다. BC 81년 그는 술라의 체포령을 피해 달아나다가 코르넬리우스 파기테스에게 붙잡힌 적이 있었다. 그때 파기테스는 뇌물을 받고 풀어 주었는데 카이사르는 파기테스가 자신을 체포했다는 것보다는 뇌물을 받더라도 자신을 놓아주었다는 것에 대한 고마움을 잊지 않았는지, 훗날 파기테스가 고발을 당할 위기에 몰렸을 때 카이사르는 그를 고발하기를 거부했다.

| 마음에 새기는 말 |

병사들의 사기가 폭발했을 때는 작전에 어긋나더라도 저절로 폭발한 사기를 억누르기보다는 거기에 편승하는 편이 낫다.

_ 율리우스 카이사르

- 항명 사건을 일으킨 벌로 제대 명령을 받았던 로마군 제10군단은 속죄하기 위해 탑수스 전투 때 투지에 차 있었다. 그들은 공을 세우려는 마음이 앞서 공격 명령이 떨어지기도 전에 병사들의 강요에 못 이겨 우익의 나팔수가 공격 나팔을 불었다. 백인대장들이 총사령관의 명령 없이는 공격할 수 없다며 병사들을 막아섰지만 소용없자, 카이사르는 이를 제지하지 않고 작전을 변경하여 즉시 공격 명령을 내렸다. 이처럼 전투와 같은 격동적인 현장에서는 급작스런 상황에 따라 그때그때 그르침 없이 신속히 판단해야 한다는 것에 대하여.(註. 다른 사료에 따르면 탑수스 전투가 시작될 즈음 카이사르는 간질 발작 증세를 보여 막사에 있었으며, 전투가 한참 진행된 다음에야 전쟁터에 올 수 있었다고 한다. 여하튼 탑수스 전투는 지휘관의 명령을 따르지 않고 전의에 불탄 병사들이 독단으

로 시작한 것이 분명하다.)

| 알아두기 |

• 탑수스 전투(BC 46년)

파르살루스 전투에서 결정적으로 패배한 폼페이우스 파들은 북아프리카로 집결했다. 카이사르와 메텔루스 스키피오(註. 폼페이우스의 장인)를 총사령관으로 하는 폼페이우스 파 간에 탑수스(註. 현재 튀니지의 테불바에서 동쪽으로 약 8㎞쯤 떨어진 항구)에서 일전이 치러졌는데, 폼페이우스 파에 섰던 누미디아 왕 유바가 폼페이우스 파와 합류하기 전에 전투는 카이사르의 승리로 끝났다.

▌ 탑수스

이 소식을 전해 들은 유바의 군대는 철수했으나, 북아프리카의 도시들은 유바 앞에서 모두들 성문을 닫아 버렸다. 이들 도시에서도 탑수스 전투의 결과가 알려진 것이다. 체념한 누미디아 왕 유바는 폼페이우스 파 장군 페트레이우스와 동시에 검을 휘둘러 목숨을 끊었다. 이로써 150년 전 스키피오 아프리카누스와 함께 싸우면서 성장한 누미디아 왕조는 최후를 맞이했다. 탑수스에서 패배한 메텔루스 스키피오는 전사했으며, 라비에누스와 폼페이우스 두 아들은 히스파니아로 도망쳤다. 그러나 小 카토는 항복하기를 거부하고 할복했다. 그는 숨이 빨리 끊어지지 않자 스스로 자신의 창자를 끄집어내어 장렬하게 죽음을 맞았다.

카토의 죽음(BC 46년)

≪카토가 목숨을 구걸했다면 카이사르는 그의 목숨을 거두지 않았으리라. 하지만 그의 고집은 자유로운 정신을 포기하고 독재의 체제 아래 굴복할 수 없었다. 전투는 폼페이우스와 카이사르가 겨루었지만 국체의 방향을 놓고 싸운 것은 사실상 카토와 카이사르였다. 카토는 국가 통치 철학이 판이한 카이사르가 지배하는 하늘 아래서는 함께 살 수 없었던 것이다.≫

○ 북아프리카에서 탑수스 전투로 결정적인 승리를 거둔 카이사르는 군대를 우티카로 돌렸다. 폼페이우스 파 중 小 카토 등이 파르살루스 전투에서 패한 후 우티카로 피하여 기회를 엿보고 있었기 때문이다.(註. 小 카토는 스키피오의 정적이었던 大 카토의 증손자이며, 시민권 확대를 주장하다 살해된 호민관 리비우스 드루수스의 생질이고, 카이사르를 암살한 브루투스의 외삼촌이다. 훗날 브루투스는 어머니의 반대에도 불구하고 클라우디아와 이혼하고, 남편 비불루스와 사별한 후 미망인으로 있던 외삼촌 카토의 딸 포르키아와 결혼했다.) 그곳은 카르타고가 멸망하고 난 이후 북아프리카 최대의 도시였다.

○ 탑수스 전투에서 라비에누스와 메텔루스 스키피오의 폼페이우스 파가 패했다는 소식은 카이사르 군이 우티카에 도착하기도 전에 우티카의 카토에게 알려졌다. 카토는 항전을 하려고 해도 민심은 카이사르 편이었으며, 바다로 탈출하려고 해도 카이사르 군이 다가오고 있다는 소문 때문에 출항하는 배가 자취를 감추었다.

○ 카토는 카이사르 친척이면서도 폼페이우스 파에 있었던 루키우스 카이사르를 불러 요인과 가족들을 데리고 카이사르에게 가도록 했다. 그러고 나서 카토는 우티카의 유지들을 초청하여 "자유란 무엇인가?"란 주제로 심포시움을 열었다. 그는 심포시움에서 자기 자신에게 정직한 사람은 설령 죽는다 해도 자유로운 인간으로 계속 살 수 있다고 말했다.

○ 카토는 심포시움이 끝나고 침실에서 『파이돈』을 읽었다. 『파이돈』은 소크라테스가 독약을 마시기로 된 마지막 날 감옥을 찾아온 친구 크리톤과 제자들에게 삶과 죽음에 관해 대화하는 광경을 파이돈이 들려주는 내용이다.(註. 『파이돈』은 플라톤이 서술한 대화편 중에 하나지만 소크라테스가 죽음을 맞이하던 날 플라톤은 병이 나서 그 자리에 없었다고 한다. 파이돈은 소크라테스의 호의를 입어 전쟁 노예에서 벗어날 수 있었던 자였다.) 책을 읽고 있던 그는 늘 걸려 있던 단검이 사라졌다는 걸 알았다. 아마도 아들이 치웠을 것으로 생각하고, 하인에게 단검을 가져오라고 했지만 아무리 기다려도 가져오지 않았다. 더 큰 목소리로 검을 가져오라고 명령해도 따르지 않자 한 하인의 얼굴을 주먹으로 때렸고 카토는 때리다가 손을 다쳤다. 그는 분노에 차 아들과 하인들이 자신의 무기를 빼앗고 자신을 적에게 넘기려 한다며 외쳤다. 마침내 아들이 울먹이면서 친구들과 달려와서 아버지를 진정

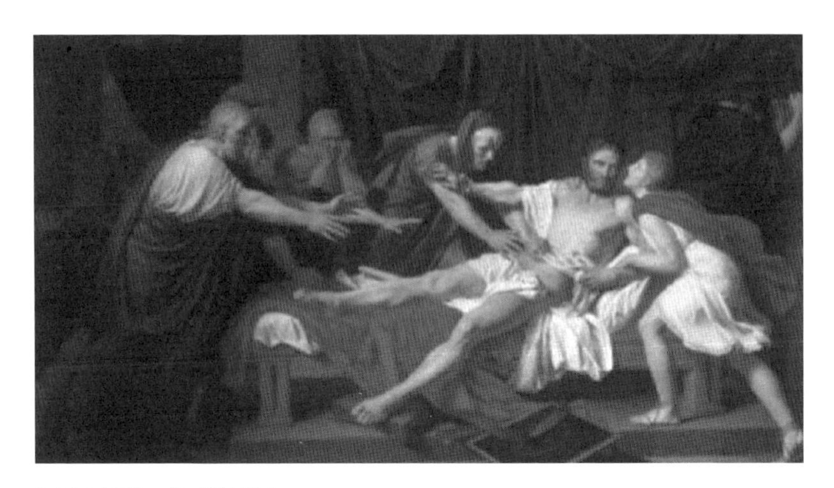

▎「카토의 죽음」, 가브리엘 부셰 作

시켰다. 카토는 아들에게 말했다. "너는 내가 정신이상자인 줄 아느냐? 왜 내 판단력을 의심하고 무기를 빼앗아 가느냐? 내가 만일 죽고자 하면 칼이 아니더라도 여러 방법이 있느니라."

○ 마침내 카토는 단검을 돌려받아 칼날이 예리한 것을 보며 말했다. "비로소 이제 내가 나의 주인이 되었다!" 잠시 책을 더 읽던 카토는 결국 단검으로 자신의 배를 찔렀다. 하지만 단검을 찾아 달라고 실랑이를 벌일 때 하인을 때리다가 다친 손 때문에 칼끝이 단번에 목숨을 끊지 못했고, 몸부림치는 과정에서 근처의 물건이 넘어지며 큰 소리가 났다. 혹시나 하고 걱정하며 침실 밖에서 몰래 상황을 살피고 있던 가족과 노예들은 상황을 재빨리 알아챘다. 급히 의사를 불러 고통으로 신음하는 카토의 상처를 꿰매려 했으나 카토는 의사를 밀쳤다. 자살을 결심한 사람일지라도 단번에 죽기보다는 재차 죽으려 할 때 더욱 큰 용기가 필요한 법이다. 그는 의사를 밀친 다음 흔들리지 않

은 기백과 용기로써 자신의 손으로 내장을 끄집어내어 마침내 죽음을 맞이할 수 있었다. 이로써 그의 정신세계에서 한결같이 내뿜던 강렬한 빛줄기가 이제 꺼졌고 사실상 로마 공화정은 종말을 고했다. 그때 그의 나이 50세였다.

○ 카토는 매우 엄격한 생활을 고수했다. 당시 유행했던 향수를 사용하지 않았고, 가마를 이용하지 않고 언제나 걸어 다녔으며, 극한의 추위나 더위에 인내할 수 있도록 스스로를 단련했고, 열심히 일했으며, 결코 거짓말을 하지 않았다. 그가 스파르타쿠스와 싸웠을 때였다. 군대는 반란군에게 패했지만 그런 와중에도 공훈을 세운 사람은 있는 법이어서 카토가 무공 훈장 수여자로 지명되었다. 하지만 그는 훈장을 거절했다. 그의 자부심과 가문의 명예는 치욕을 당한 군대에서 훈장을 받아들이는 것을 허락하지 않았으리라.

○ 훗날 플루타르코스는 그의 근엄함에 대해 이렇게 기록했다. "카토를 웃게 하는 것은 정말 힘든 일이다. 그는 겨우 이따금 표정을 풀고 미소를 지을 뿐이었다." 그러면서 카토에 대해 이렇게 평가했다. "그는 때 이른 계절에 열린 열매와 같아서 우리는 이런 열매를 신기하게 여기고 바라볼 뿐 먹지는 않는다. 이렇듯 그가 지닌 탁월한 인품에서 우러나오는 진중함과 위엄은 당시 사람들의 필요에 들어맞지 않았다." 아마 이는 카토가 민중을 달래야 한다는 선거의 원칙을 무시한 결과 BC 52년 실시된 집정관 선거에 낙선한 것을 두고 한 말이리라. 그는 원로원에서 막강한 영향력을 행사했지만 집정관은 되지 못했고 법무관이 그가 오른 최고의 직책이었다. 당시 선거에서는 뇌물 살포가 판쳤는데 이는 명백한 불법이었다. 키케로의 말에 의하면 카토가 이런 세태를 따르지 않았기 때문에 집정관 선거에서 낙선했다

는 것이다. 이는 유권자들이 카토의 청렴함에 박수를 보내고서도 투표장에서는 그들이 흠모했던 카토의 도덕성보다도 탐욕 앞에 굴복한 결과였다. 그럼에도 낙선한 카토는 사람이란 남을 기쁘게 하려고 태도를 바꾸지 않는 법이라고 말했다.

○ 그런 그에게도 단점이 있었으니 도박에 약했고, 음주가 과했으며, 그리고 카이사르가 통렬히 지적한 대로 남을 믿지 못해 일을 맡기지 못했다.(註. 카이사르는 음주를 삼갔다. 그런 이유로 카토는 "술에 취한 것도 아니면서 술에 취해 정신이 나간 사람처럼 국가 체제를 파괴하려는 유일한 자가 카이사르다."고 분노하며 말했다. 또한 카토가 키프로스 총독으로 부임하여 키프로스 왕가의 재산을 경매에 부칠 때 측근들을 믿지 못하자, 절친한 친구 무나티우스는 분노에 휩싸였다.) 또한 원칙에 어긋나지 않은 정의롭고 공정한 눈을 가진 그도 가족에 대해서만은 치우친 생각을 버리지 못했다. 카토는 만성화된 로마의 부정 선거를 격렬하게 비판했지만 사위인 비불루스가 집정관에 출마했을 때 엄청난 뇌물 공세를 보고서도 눈을 감았기 때문이다. 그리고 비불루스가 시리아의 총독으로서 킬리키아와 시리아의 경계에 있는 아마누스 산맥의 전투에서 무공을 세우기는커녕 심각한 패배를 당한 적이 있거늘 카토는 원로원에서 무려 20일간의 감사제를 지내자고 제안했다. 이는 카이사르가 BC 55년 갈리아 전쟁에서 브리타니아 공략을 기념하기 위해 선포한 감사제 기간과 동등한 것이며, 카이사르와 비불루스의 무공은 서로 비교조차 할 수 없다는 것은 누구나 다 아는 사실이다. 이런 얘기를 전해 들은 카이사르는 카토의 이중 잣대를 비웃었다. 아마도 카이사르를 너무도 싫어했던 카토가 정치판에서 항상 카이사르와 경쟁이 되었던 비불루스가 무공에서 뒤진다는 것을 못 견

며 했기 때문이리라.

○ 카토의 죽음을 알게 된 카이사르는 그의 죽음을 애석해하며 이렇게 말했다고 전해진다. "카토! 나는 자네의 죽음을 부러워하네. 자네는 내게 목숨을 살려 줄 기회를 주지 않았어." 그러나 이 말은 카이사르가 카토에 관해서라면 항상 격분을 감추지 않았으므로 카토를 살려 둠으로써 그의 열정과 이상에 대못을 박고 모욕을 가하지 못한 것을 분하게 여긴다는 것일 뿐 자신의 관용 정신을 발현하지 못하여 안타깝다는 다사로운 말은 아니었으리라. 훗날 4~5세기 히포 레기우스(註. 히포 레기우스는 당초 '히포Hippo'라고 불리다가 '왕의'라는 의미의 라틴어 '레기우스regius'가 붙은 것은 누미디아의 왕이 히포를 수도로 삼은 것에서 유래했다. 현재 알제리의 '안나바')의 주교였던 아우구스티누스는 카토의 자살에 대해 "그의 자살은 칭송되고 있으나 사실은 강한 정신력의 징표가 아니라 오히려 유약함의 징표이며 불명예를 피하려는 명예심의 증거라기보다는 고난을 견디지 못하는 나약함의 증거일 뿐이다." 하며 비판했다. 이는 어떠한 경우에도 자살을 용납하지 않았던 그리스도 교리에 따른 것이었다. 하지만 그의 자결은 자유의 정신이 풍미했던 공화정 시대에서는 순교자적 행위가 되었고, 제정 시대의 황제들조차 그에게 존경을 표했다.

| 알아두기 |

• 문다 전투(BC 45년)

폼페이우스가 패망하고 그의 맏아들 그나이우스와 둘째 아들 섹스투스 그리고 탑수스 회전에서 패배하여 도망친 라비에누스가 히스파니아에서 원주민을 자기편으로 끌여들여 8만 명의 병력을 갖게 되었다.

카이사르는 군단장 페디우스(註. 카이사르의 생질이었다.)와 파비우스를 파견하여 진압하려 했으나 실패하고, 자신이 직접 나서게 되었다. 그는 제5군단 · 제6군단 · 제10군단과 북아프리카의 마우레타니아 왕국의 병사들로 이루어진 병력을 주축으로 히스파니아 문다에서 전투를 벌였다.

전투 결과, 카이사르군 1천 명, 폼페이우스군 3만 3천 명이 전사했다. 한때 카이사르의 부장이었으나 폼페이우스에게로 간 라비에누스도 이 전투에서 전사했으며 그나이우스는 부상을 당해 도망치다가 붙잡혀 살해되었다. 섹스투스는 히스파니아의 오지인 대서양 연안의 산지로 도망쳐 목숨을 건졌다. 이 전투가 어찌나 치열했던지 카이사르는 이렇게 털어놓았다고 한다. "나는 대개 승리를 위해 싸웠다. 하지만 이번 전투에서는 처음으로 살기 위해 싸웠다."

▎문다

카이사르는 전투에서 승리한 후 당시의 전례에 따라 적의 방패와 창으로 탑을 쌓고 그 꼭대기에 적군의 머리를 잘라 장식했다. 하지만 가증스럽게도 그가 개선식을 거행하자 마침내 로마인들은 격노했다. 지금까지 갈리아 전쟁을 포함한 4번의 개선식 중 3번의 개선식은 사실상의 내전이었지만 알렉산드리아 전쟁을 프톨레마이오스 13세와 폰투스 전쟁을 파르나케스와 그리고 탑수스 전쟁을 유바와의 싸움으로 각색할 수 있었다. 그리고 당연한 것이지만 파르살루스 전투의 승리에 대해서는 로마인끼리의 내전이므로 개선식을 개최하지 않았다. 로마인들이 격분한 것은 문다 전투의 승리를 기념하는 개선식이 외국과의 전쟁이 아니라, 로마 최고의 집안에서 자란 아들들과 혈육들의 처참한 멸망을 기념하는 행사였음을 모두 다 알고 있었기 때문이다.

카이사르의 독전(督戰)

≪위기 상황에서는 상승장군 카이사르조차 병사들의 항명을 경험했다. 다만 유능한 장군과 평범한 장군의 차이란 위기가 닥쳤을 때 휩쓸리고 마느냐 아니면 대담한 슬기로 헤쳐 나가느냐에 달려 있다. 카이사르는 병사들을 독려할 때 그들의 이름을 불렀는데 병사들이란 지휘관이 자신을 알아줄 때 가장 큰 용기를 낸다는 것을 깨달았기 때문이다.≫

○ 카이사르는 조직력과 관리 능력을 발휘하여 목적을 이루는 데 뛰어난 지휘관이었다. 전투에서는 기동력을 중히 여겨 병력의 이동을 신속하게 했고 정보의 중요성을 깨달아 사전에 철저하게 적정을 탐색했으며 병사들에게는 가혹하리만큼 혹독하게 훈련시켰다. 또한 야영지와 전투 장소를 직접 정했으며 진영 주변은 적의 침공에 대비하여 철저히 방책을 세웠다. 그러면서도 부하들을 지극히 아껴 BC 54년 패전한 티투리우스 사비누스의 복수를 위해 머리와 수염조차 깎지 않았고 병든 부하를 위해 잠자리를 양보하기도 했다.

○ 카이사르는 전투에서 병사들이 밀리고 있을 때는 직접 나서서 대열을 정비했다. 수세에 몰린 병사들이 적군에게 등을 보이며 도망치지

않도록 독려하고 직접 병사들을 돌려세우기도 했다. 폼페이우스와 디라키움에서 싸울 때 패퇴하는 병사를 잡고서 후퇴하지 말고 적과 마주 보라고 명령했을 때였다. 키가 크고 덩치도 제법 있는 이 병사는 폼페이우스 군의 공격에 온통 정신을 빼앗기고 공포에 휩싸여 퇴로를 막아서는 자신의 사령관 카이사르에게 검을 겨누었다. 마침 옆에 있던 호위병이 그 병사의 팔을 잘랐기에 망정이지, 하마터면 카이사르는 아군의 병사에게 목숨을 잃을 뻔했다.

○ BC 46년 탑수스 전투가 벌어지기 전 카이사르 군은 평원에서 군량을 마련하기 위해 밀을 수확하다가 적에게 포위 공격을 받았다. 천신만고 끝에 적의 포위망을 뚫고 도망쳤으나 얼마 못 가 또다시 적의 공격을 받자 카이사르 군은 완전히 겁에 질렸다. 그때 군단기를 든 기수까지도 대열을 이탈하여 후퇴하려는 통에 카이사르가 병사를 막고 적진을 향하라고 소리치자, 그 병사는 은독수리 군단기의 날카로운 끝부분으로 카이사르를 위협했다. 위협을 당한 카이사르가 군단기를 붙잡으려 하자, 병사는 군단기를 카이사르에게 내팽개치고 도망치고 말았다. 그러자 카이사르는 내던져진 군단기를 수습하여 선두에 서서 백인대장들의 이름을 부르며 전열을 정비시키고 적과의 싸움을 지휘했다. 히르티우스의 기록에 따르면 마침내 카이사르가 적장 페트레이우스에게 중상을 입히고 적을 격퇴한 다음 기지로 돌아올 수 있었다고 전했다.(註. 다만 다른 사료에 따르면 해가 저물자 페트레이우스가 병사들에게 철수를 지시하여 카이사르는 겨우 목숨을 구할 수 있었다고 한다.) 그는 말로만 지휘하는 지휘관이 아니라 직접 행동하는 사령관이었다.

☼ 카이사르의 악행과 기행

≪패권자가 되기 전 카이사르는 대개의 사람이 지녔던 악행을 보였지만, 패권자가 된 후 그는 대단히 오만했다. 어쩌면 그의 이런 점은 가장 인간적인 면모를 보인 것이기도 했다. 이렇듯 강력한 독재자가 로마에 군림하자 이제까지 정의로운 정책이자 사상이었던 공화주의는 현 체제에 대한 반란이며 카이사르에 대한 도전으로 간주되었다. 그리하여 국가 정책은 합의에 의한 것이 아니라, 단 한 사람의 선호와 판단을 따랐다.≫

○ 카이사르는 여가 시간의 대부분을 동료 정치가의 아내를 쫓아다니는 데 허비했다. 심지어 그가 남자와 잤다는 소문까지 나돌았다. 그의 수많은 애인 중에 가장 아꼈던 브루투스의 어머니 세르빌리아에게는 무려 24만 세스테르티우스의 진주 반지를 선물했다고 한다. 그의 사치는 대단했으며, 특히 옷과 외모에 대해서 무척이나 노력을 기울였다. 그는 잘생기고 재능 있는 노예라면 높은 가격을 마다 않고 매수했으며, 그런 노예를 매수하는 데 너무 높은 가격을 지불하여 회계장부에 적어 놓기를 부끄러워 할 정도였다.

○ 공화파에 속하는 정적들을 공격하기 위해 고발자를 매수한 카이사르는 이 고발자에게 연단에 올라가 공화파 일부가 폼페이우스의 암살을 사주했다고 고백하게 했다. 그러나 준비와 계획이 허술했던 탓에 속임수가 있는 것이 아닌가 하는 강한 의혹이 제기되었고 결국 공화파 정적들을 제거하기 위한 계획은 수포로 돌아갔다. 자신이 너무 성급했다는 것을 깨달은 카이사르는 매수한 고발자의 입막음을 위해

독살했다.

○ 카이사르는 유일한 최고 권력자가 된 이후에 자신에게 도움을 준 사람들에게 베풀기를 주저하지 않았다. 그들이 원하는 대로 어떤 사람에게는 금전적으로 보답했으며, 어떤 사람들에게는 로마의 관직을 주었다. 단 하루만이라도 집정관에 임명해 달라는 요청도 거리낌 없이 받아들이기도 했다.

○ 또한 그는 명예와 권위를 존중하여 따르는 무리들이 자신에게 부여하기를 원하는 모든 명예와 권위의 상징을 거절하지 않았다. 그가 지지자의 호의를 거절할 경우에도 이런 식이었다. 어떤 행사에 참여했던 군중 중에 한 명이 왕관을 카이사르 상에 씌웠을 때, 호민관 에피디우스 마룰루스와 카이세티우스 플라부스는 이런 행위가 로마법을 따르지 않은 불경한 일이라고 그자를 찾아내 투옥한 일이 있었다. 그러자 시민들은 두 호민관의 행동이 왕권의 세습을 멈추게 하고 권력을 시민과 원로원에게 넘겨준 브루투스에 비견된다며 격찬했다. 하지만 이 사실을 안 카이사르는 버럭 화를 내며 그 두 명의 호민관의 관직을 빼앗고 '브루테스(註. Brutes. '우둔한 자들'이란 의미.)'라며 격렬히 비난했다. 그는 그렇게 처분한 사유에 대해 말하기를, 불경스런 행동을 한 사람에게 자신이 직접 거절할 수 있는 기회를 박탈했고 자신을 곤란한 상황으로 몰아넣어 오명을 씌우려 했기 때문이라고 말했다. 이런 식으로 카이사르는 자신이 왕이 될 것을 요구한 지지파들에게 거부의 의사를 나타냈다고 주장했다.

○ 로마 제국의 유일한 권력자가 된 카이사르는 오만함으로 인하여 그를 반대하는 자들이 더욱더 염증을 느끼게 했다. 원로원에서 카이사르에게 수여할 특권과 영예의 목록을 들고 찾아왔을 때 일어서서 받

는 것이 예의이나, 그는 그냥 앉아서 받았던 것이다. 또한 카이사르는 개선식에서 모든 사람들이 기립하여 자신에게 경의를 표했지만 오직 폰티우스 아퀼라라는 호민관만은 개선 행렬이 앞을 지날 때, 그냥 자기 자리에 앉아 있자 불손하다는 이유로 "아퀼라, 자넨 공화주의자인가? 할 수 있다면 공화국을 다시 찾아가 보라고!" 하며 소리쳤다. 폼페이우스 편이었던 아퀼라는 재산은 몰수되었지만 관직은 그대로 유지할 수 있었던 자였다. 카이사르가 외친 말은 "나에게 도전하는가?"라고 물은 것이나 다름없었다. 그는 좀처럼 화가 풀리지 않았는지 며칠간 사람들과 약속할 때마다 "폰티우스 아퀼라가 허락한다면." 하고 냉소 섞인 답을 했다.

카이사르의 특권(BC 45년)

≪플라톤에 따르면 참주란 민중의 지도자라는 뿌리에서 생겨난다고 했다. 이 주장이 옳다면 민중파 카이사르는 독재 권력을 휘두를 만한 참주의 기질을 분명히 지니고 있었다. 그는 무력과 민중의 힘으로 경쟁자들의 무릎을 꿇린 다음 마침내 독침을 내밀었기 때문이다. 카이사르의 특권이란 제정으로 나아가는 독재를 노골적으로 선언한 깃발이다. 독재란 동족과 동포에 대한 무자비한 대량 살상으로부터 나온다는 점에서 독재의 기미는 마리우스가 가능성을 보여 주었고 술라가 체제를 열었다. 그 이후 카이사르는 이미 열린 문과 닦인 도로에 팻말을 세웠고, 아우구스투스가 보수 공사를 완료하여 그 팻말에

글자를 적어 넣었다.≫

○ 내전에서 승리하고 권력을 쥐게 되면 아부하는 자들이 법석을 떨게 마련이다. 카이사르가 탑수스 전투에서 승리했을 때 그들은 구(球) 위에 그의 조각상을 세우고 받침돌에 '정복되지 않는 신에게'라는 문구를 새기기도 했다. 물론 나중에 카이사르가 귀환하여 이를 보고 문구를 지우라고 명했지만 내전이 막을 내리면 어떤 일이 벌어질지 충분히 예견되던 사건이었다.

○ 문다 전투를 끝으로 사실상 내전이 종결되자, BC 45년부터 BC 44년에 걸쳐 56세인 카이사르에게 원로원과 민회는 공화정 로마에서 찾아볼 수 없었던 막대한 권위와 권력을 주었다. 카이사르가 손아귀에 넣게 된 것은 종신 독재관, 필요시에는 집정관을 겸임할 수 있는 권리, "임페라토르"라는 칭호를 언제나 사용할 수 있고 후세에 물려줄 수 있는 권리, 사망 시에는 아들이나 양아들에게 대제사장(폰티펙스 막시무스potifex maximus) 자리를 주는 권리, "국가의 아버지(파테르 파트리아이pater patriae)"라는 칭호를 받는 영예, 자주색 망토를 평소에도 착용할 수 있는 권리(註. 자주색 망토는 개선장군이 개선식 때 착용했다.), "윤리 감찰관"(註. 프라이펙투스 모룸praefectus morum. 원로원 의원 및 사회전반의 윤리와 풍속을 감찰하며 요즘의 감찰 기관에 해당)에 단독 취임, 원로원에서 집정관보다 한 단 높은 곳에 앉을 수 있는 권리, 카피톨리움의 유피테르 신전 입구에 있는 왕들의 입상 사이에 자신의 입상을 놓을 수 있는 권리, 원로원 회의에서 가장 먼저 발언할 수 있는 권리, 민회 승인을 받은 로마 관리의 임명권, 거부권과 신체불가침권, 화폐에 자신의 옆얼굴을 새길 수 있는 권리(註. 애초에 로

마의 소유권은 '토지와 가옥'이 아닌 '노예와 가축'이 대상이었다. 이는 경작지가 오랫동안 집단적으로 경영되었다가 나중에야 개인에게 분배되었기 때문이다. 따라서 양치기들이 세운 도시 국가였던 당초 재화의 가치를 양으로 나타냈다. 그래서 라틴어로 '돈'을 의미하는 페쿠니아pecunia가 '양떼'를 나타내는 페쿠스pecus에서 유래했다. 그러다가 BC 5~4세기에는 크기가 일정하지 않은 청동 덩어리를 교환의 수단으로 사용했으며, 점차로 발전하여 청동 덩어리에다 국가가 품질과 함량을 인정한다는 표시를 찍게 되었다. 그러다가 BC 3세기 피로스의 침입 시에 카피톨리움의 유노 모네타 신전 앞에 화폐 주조소를 세워 동전에다 가치를 표시하고 신들을 새겨 화폐의 형식을 갖추었으며, 그 이후 권력자들이 자신의 업적을 기리기 위해 초상을 새김으로써 홍보의 중요한 역할을 했다. 리비우스에 의하면 로마 최초의 은화는 BC 269년에 발행되었으며, 최초로 화폐에 새겨진 초상은 독재관 술라였다. 다만 살아 있는 사람의 초상을 화폐에 새긴 경우는 BC 44년 카이사르가 처음이었다.), 7월을 카이사르가 태어난 달임을 기념하여 종래의 "퀸틸리스" 대신에 "율리우스"로 하는 영예, 카이사르의 관용을 신격화하여 "클레멘티아 카이사리스(clementia caesaris. 카이사르의 관용)"라고 명명한 신전 건립 등이었다. 이것은 사실상 왕조의 수립 가능성을 열어 준 것이나 다름없었다.

○ 게다가 원로원은 카이사르가 어디까지 아첨을 허락하는지 두고 보려는 의도에서인지는 몰라도 더욱더 수많은 특권을 부여했다. 그럴 때마다 카이사르는 그 권한들을 거의 모두 받아들였다. 그 특권 중에는 무한 면책이라든가 심지어 그의 기질에 영합하기 위해 '자녀를 생산할 목적이라면 어떤 여인과도 동침할 수 있는 권한'까지 포함되었다. 하지만 결국 이 모든 특권은 그의 죽음을 재촉하는 결과를 낳았다.

○ 원로원에서 맨 처음 카이사르에게 여러 가지 특권을 부여한 사람은 키케로였고, 그가 부여한 특권은 그다지 과분한 것이 아니었다. 하지만 아부하고픈 자들이 서로 경쟁하며 카이사르에게 특권과 영예를 주자고 제안함으로써 눈살을 찌푸리게 했고, 카이사르에 반대하는 자들까지도 카이사르의 목숨을 노릴 그럴듯한 구실을 만들기 위해 지나친 특권을 부여하는 데 주저하지 않았다. 로마 제정 초기의 역사가 수에토니우스는 카이사르가 가진 특권을 두고 이렇게 평가했다. "카이사르는 암살될 만한 특권을 가진 인물이었다."

○ 이와 같은 권위와 권한이 시행됨으로써 세습 제도와 왕이란 칭호만 빠져 있을 뿐 사실상 독재 권력에 의한 제정이 탄생했다. 시민들은 그렇게 싫어했던 왕정 시대의 왕과 같은 존재를 보게 되었고, 귀족들은 국가를 이끌었던 자유로운 정신이 쇠퇴하고 비굴한 복종이 어두운 빛을 띠기 시작했다.

| 알아두기 |

• 카이사르의 제책법

고대 서적은 파피루스 종이에 필사한 두루마리여서 책을 제○장이라 하지 않고 제○권이라는 흔적을 남겼다. 그러나 카이사르는 긴 두루마기를 일정한 길이로 절단하고 그것을 한 묶음으로 철하여 한 권의 책을 만드는 방법을 생각해 냈다. 그것은 필요한 부분을 즉석에서 찾아 읽을 수 있도록 하기 위해서였다. 그러나 책장을 넘기기보다 긴 두루마리를 굴리는 편이 한결 장중한 느낌을 주어서 장중함을 유난히 좋아하는 로마 지배계급 남자들의 취향에는 카이사르가 고안한 제책법이 인기가 없는 데다, 자주 사용하면 낱장이 뜯겨져 분실되는 단점이 있어 제대로 실현되지 못했다.

그런데 중세 그리스도교 수도원에서 카이사르의 제책법에 주목했다. 중세의 종이는 파피루스가 아니라, 두루마리 모양으로 만들기에는 두껍고 뻣뻣한 양피지였기 때문이다. 마침내 카이사르가 고안한 제책법이 새롭게 인식되어 사용되었고, 종이가 얇아져서 두루마리로 해도 괜찮은 현대에서도 카이사르의 제책법은 계승되어 오늘에 이르고 있다.

안토니우스(Antonius)의 경거망동(BC 44년)

≪안토니우스의 무분별한 행동은 왕만이 파르티아를 정복할 수 있다는 신탁에 근거한 아부였지만 이는 카이사르를 난감하게 했다. 측근이 경박한 행동을 일삼는다면 자신이 곧 어려움에 처할 수 있기 때문이다. 카이사르는 원로원 의원들의 발언 내용을 기록하여 공개했듯이, 이번에는 집정관 안토니우스의 요청을 거부했음을 기록하고 공개함으로써 위기를 모면하고 정치적 목적을 달성했으며 시민들의 의심을 풀었다. 그럼에도 그로부터 꼭 1달 후, 그는 분노한 공화파의 단검에 살해당했다.≫

○ 안토니우스는 때때로 유치한 연기를 하곤 했는데 자신의 용기와 기개를 보이기 위해 사자가 끄는 전차를 타고 다닌 것이 그러했고, 루페르칼리아 축제에서 다른 자들은 모두 양가죽 채찍을 들었지만 그는 월계관을 들고 와서 카이사르에 바치는 것이 그러했으며, 클레오파트라와 낚시질하면서 남몰래 어부를 시켜 자신의 낚시 바늘에 미

루페르칼리아 축제

리 잡은 물고기를 끼워 놓게 한 것이 그러했다. 여기서 말하고자 하는 것은 그 두 번째 내용이다.

○ 해마다 2월 15일이면 로마에서는 루페르칼리아 축제가 열렸고, 카이사르도 연단에 놓인 황금 의자에 앉아 축제를 참관했다. 축제에 참여한 젊은이들은 허리 아래만 가리고 벌거벗은 채 팔라티누스 언덕에서 시내로 내달리는 동안 만나는 모든 여성들에게 털 달린 양가죽으로 된 채찍을 휘둘렀다. 여성이 이 채찍에 맞으면 임신한 여성은 출산이 쉽게 되고 불임 여성은 임신을 할 수 있다고 여겼기 때문에 여성들은 일부러 그들을 가로막고 때려 달라고 손을 내밀었다. 이러한 행사에 당시 집정관이던 안토니우스도 참여하고 있었는데, 다만 그는 로마 광장으로 뛰어 오면서 손에 양가죽 채찍 대신에 월계수 왕관을 들고 와서 카이사르에게 바치는 촌극을 벌였다. 그것은 뜻하지 않은 행동으로 상식의 도를 넘은 무지한 아부였고, 분별력 없이 속셈을 내보인 노예와 같은 행동이었다. 안토니우스가 왕관을 내밀자 군

중 속의 안토니우스 동료들이 환호했고, 카이사르가 내미는 왕관을 거절하자 온 군중들이 환호했다. 안토니우스가 다시 한 번 월계관을 카이사르에게 내밀자 카이사르는 불쾌한 듯 이를 밀어내고 자리에서 일어나 "나는 왕이 아니라 카이사르다!"라고 말하고서는 목을 내밀며 누구든 내가 왕이 되기를 원하는 자라고 생각한다면 자신의 목을 치라고 외쳤다.(註. 일설에 의하면 안토니우스는 로마의 사제 제도를 본떠 카이사르의 플라멘이 되었다고 한다. 즉 살아 있는 카이사르를 유피테르나 마르스와 같은 신의 반열에 올리고 안토니우스는 그 신을 모시는 사제가 되었다는 것이다. 이 이야기의 진실 여부를 떠나 아부하고픈 안토니우스는 그보다도 더한 아부도 하고 싶었으리라.)

○ 로마인들은 왕정에 대해서는 민감하게 거부 반응을 일으키는 민족이었다. 그래서 정적들을 몰아세울 때 왕의 자리를 노린다고 폭로하기도 했다.(註. 티베리우스 그라쿠스도 정적들로부터 왕이 되려 한다는 모함을 받았다.) 카이사르는 사태의 심각성을 이해하고 안토니우스를 나무라며, 로마 광장(포룸 로마눔Forum Romanum) 한쪽의 대리석 기둥에다 "집정관 마르쿠스 안토니우스가 종신 독재관 가이우스 율리우스 카이사르에게 왕의 권위를 받도록 요청했지만 카이사르는 그것을 거절했다."라고 새기게 했다. 그럼에도 카이사르에게 왕의 권력을 주고 싶었던 자들은 시빌라의 신탁서에 적힌 내용을 따른다면 로마가 파르티아 원정에 성공하기 위해서는 왕을 내세워 공격해야 한다고 주장했다. 역사가들 중에는 이 사건이 카이사르가 자신의 의도를 안토니우스를 통해 드러내고자 미리 짜 놓은 계략이었고, 연출 결과 상황이 좋지 않자 본심을 숨겼을 뿐이라고 말하는 자도 있다.

○ 하지만 이런 일은 지난날의 잘못을 반복한 것에 지나지 않았다. 이

런 일이 있기 얼마 전 집정관과 법무관들이 원로원 의원들과 함께 연단 위에 앉아 있는 카이사르에게로 다가갔을 때 카이사르는 일어서지 않았다. 집정관이 오면 일어서서 예를 갖추어야 했지만 카이사르의 행동은 전통적인 로마의 관습을 저버린 비난받을 행동이었으므로 원로원 의원들뿐만 아니라 시민들도 매우 불쾌하게 여겼다. 그러나 진실을 살펴보면 이러했다. 논리적으로 따지자면 독재관 카이사르가 집성관보다 우위에 있지만 관례에 따라 카이사르는 집정관 일행을 일어서서 맞이하고자 했다. 하지만 옆에 있던 발부스(Lucius Cornelius Balbus)가 원로원 의원들이 카이사르에게 윗사람 대우를 하게 해야 한다며 말렸던 것이다.(註. 히스파니아의 가데스 출신인 발부스는 세르토리우스와의 전쟁 때 로마 측에서 일하며 폼페이우스로부터 로마 시민권을 부여받았다. 또한 카이사르가 히스파니아에서 근무할 때 그와 친분을 쌓아 같은 이름을 가진 조카와 함께 로마에 올 수 있었다. 폼페이우스와 카이사르 두 명 모두와 인연을 맺은 발부스는 미래에 더욱 가능성이 있다고 여겨지는 카이사르에게 점차 다가가 그의 측근이 되었으며, BC 40년 옥타비아누스의 지지로 집정관 자리에 올랐다. 가데스는 현재 에스파냐의 '카디즈'.) 아마 발부스는 내전의 승리자에게 아부하려고 했으리라. 엉겁결에 발부스의 요구대로 그 자리에 앉아 있었던 카이사르는 단박에 자신의 실수를 깨닫고 자리에 그냥 앉아 있었던 것은 지병으로 어지러웠기 때문이라며 핑계를 대었고, 무례를 저지른 자신을 벌한다면 당장 목이라도 내놓겠다고 소리쳤다. 잔인한 술라조차 왕의 자리를 마음속에 두지 않았다. 하지만 이제 로마 시민들은 내전의 승리자 카이사르가 왕의 행동을 흉내 냈지만 분노의 마음을 숨기고 마냥 견디며 바라볼 수밖에 없었다.

| 알아두기 |

• 카이사르 암살자

카이사르의 암살에 관여한 사람은 귀족만 60여 명이라고 한다. 그러나 BC 44년 3월 15일 폼페이우스 상 밑에서 카이사르를 직접 살해한 암살자는 14명으로 알려졌으며 여기에는 폼페이우스 파도 있었지만 카이사르 파도 있었다. 폼페이우스 파였지만 카이사르에게 용서받은 자로서 암살에 가담한 자는 마르쿠스 브루투스(세르빌리아의 아들, 41세), 카시우스 롱기누스(브루투스의 매부, 41세), 가이우스 카스카, 푸블리우스 카스카, 데키무스 투룰리우스, 폰티우스 아퀼라, 퀸투스 리갈리우스, 오타킬리우스 나소, 루블리우스 루가 등이다.

카이사르의 화장터

그리고 카이사르 파로서 암살에 참여한 자는 틸리우스 킴베르, 가이우스 트레보니우스, 데키무스 브루투스, 술키피우스 갈바, 미누키우스 바실루스였다. 암살당했을 당시의 카이사르 나이 57세였다.

클레오파트라(Cleopatra)의 오판(BC 44년)

≪클레오파트라가 낳은 카이사르의 아들 카이사리온은 훗날 결국

옥타비아누스에게 죽임을 당했다. 옥타비아누스가 카이사리온이 카이사르의 아들임을 알지 못했다면 생명을 거두지는 않았으리라. 왜냐하면 옥타비아누스는 카이사르의 후광이 얼마나 큰 영향을 미치는지 직접 경험한 자였기 때문이다.≫

○ 로마는 군사적으로 정복된 경우에도 모두 속주로 만들지는 않았다. 동맹국의 상태로 두면 자국의 방어는 자국이 스스로 책임져야 하기 때문에 때에 따라서는 속주로 만드는 것 대신에 키노스케팔라이 전투에서 패한 마케도니아처럼 그대로 동맹국 관계를 유지하는 경우도 있었다.

○ 이집트의 경우에도 BC 63년 폼페이우스가 동방을 제패했을 때 로마가 마음만 먹었다면 시리아의 셀레우코스 왕조처럼 왕조를 멸하고 속주로 만들 수 있었다. 그러나 이집트의 프톨레마이오스 왕조는 폼페이우스와 카이사르를 통한 외교 노력을 인정받아 속주가 되는 것을 면하고 내정 간섭을 받지 않는 동맹국의 자격을 인정받게 되었다.

○ 이집트 프톨레마이오스 12세의 유언장에는 첫째 왕자 프톨레마이오스 13세와 첫째 공주 클레오파트라 7세가 나라를 공동 통치하라고 적혀 있었다. 그러나 카이사르가 폼페이우스를 추적하여 이집트에 갔을 때 오누이는 사이가 벌어져 프톨레마이오스 13세가 누나 클레오파트라를 몰아내고 단독 통치하고 있었다. 이때 폼페이우스가 파르살루스 회전에서 패하고 이집트로 망명하고자 펠루시움에 도착했지만, 앞서 서술한 대로 폼페이우스는 이집트 권력자들에게 잔혹하게 살해당하고 말았다. 이때 클레오파트라는 권력에 밀려나 있었기 때문에 폼페이우스 살해에는 가담하지 않았다.

○ 폼페이우스를 쫓아 이집트에 왔던 카이사르는 자신이 집정관을 지냈던 BC 59년 프톨레마이오스 12세와 동맹을 맺었기에 이집트 왕가의 다툼을 해결해야겠다고 마음먹었다. 그는 프톨레마이오스와 클레오파트라가 무력 충돌을 벌일 것이 아니라, 선왕의 유언을 따라 오누이가 화해하고 다시금 공동 통치하라는 판결을 내렸다. 그러나 이에 불만을 품은 프톨레마이오스 13세의 추종자들이 병사를 일으켜 카이사르에 도전했다. 이렇게 되자 카이사르는 클레오파트라를 대신하여 이집트의 내란에 끼어든 격이 되었다. 어쩌면 카이사르의 내심에는 로마인을 죽인 자가 이집트 왕이 되도록 내버려 둘 수는 없기에 클레오파트라를 이집트 왕의 자리에 앉혀야 된다고 생각했을지도 모른다.

○ 여하튼 클레오파트라는 카이사르가 자신의 편이 되어 정적들과 싸워 주고 이집트의 왕위를 인정한 것은 자신의 미모와 재치 덕분이라고 믿지 않았나 생각된다. 1세기 말에서 2세기 초의 로마 역사가였던 그리스인 플루타르코스는 클레오파트라에 대해 다음과 같은 글을 남겼다. "클레오파트라는 보기만 해도 유혹될 정도의 미인이거나 비할 바 없이 아름다운 여인이 아니었다. 하지만 그녀와 이야기를 나누다 보면 저항할 수 없는 매력적인 자태, 대화와 어우러진 미모와 행동 그리고 목소리는 마법처럼 사람의 마음을 빼앗아 갔다."

○ 클레오파트라의 확신에도 불구하고 카이사르는 정치에 있어서 매우 냉정하고 정확했으며 여인의 치맛바람에 놀아나는 사람이 아니었다. 그는 훗날 자신의 유언장이 공개되었을 때 클레오파트라와 자신과의 사이에서 태어난 아들 카이사리온(註. 프톨레마이오스 15세를 말한다. 일부 역사가들은 카이사리온이 카이사르의 친아들이 아니라고 주장하기

도 한다.)에 대해서는 언급조차 하지 않았다. 그것은 나중에 있을지도 모를 권력 투쟁에 휘말려 위험해지지 않도록 배려한 조치였다. 카이사르의 냉철한 판단은 훗날 옥타비아누스가 이집트를 정복했을 때 옳았음이 증명되었다. 왜냐하면 옥타비아누스는 클레오파트라의 자녀 모두를 살려 두었으나, 유독 카이사리온만은 끝까지 찾아내어 죽였기 때문이다.

○ 사실 알렉산드리아가 함락되자 카이사리온은 상당한 재물을 가지고 옥타비아누스의 권력이 미치지 않는 곳까지 도망쳤다. 하지만 왕국을 주겠다는 약속을 옥타비아누스에게 받아 냈으니 이집트로 돌아가는 것이 좋겠다는 가정교사 로돈의 거짓말에 속아 알렉산드리아로 되돌아왔을 때 처형당하고 말았던 것이다.(註. 클레오파트라에게는 카이사르와 관계해서 낳은 카이사리온이 있고, 안토니우스와의 사이에서 쌍둥이 남매 알렉산드로스 헬리오스와 클레오파트라 셀레네 그리고 막내아들 프톨레마이오스 필라델푸스가 있었다. 또한 옥타비아누스는 카이사리온 외에 안토니우스와 풀비아 사이에서 태어나 BC 37년 타렌툼 협약 때 자신의 딸 율리아와 약혼까지 했던 안틸루스를 처형했다. 그것은 안틸루스가 일찌감치 성년식을 치렀고 위험했기 때문이다. 그는 아버지를 찾아 어린 나이에 이집트로 왔는데 가정교사 테오도로스의 배신으로 붙잡혀 죽임을 당했다. 안틸루스는 처형이 결정되자 신격 율리우스 신상 아래로 도망쳐 살려 달라고 목숨을 구걸했지만 옥타비아누스는 가차 없이 그를 끌어내 처형했다. 하지만 훗날 신격화된 황제의 신상이 세워진 곳은 매우 신성시되어 설령 노예가 난폭한 주인의 학대를 피해 그곳으로 은신했을 때조차 그를 강제로 끌어내서는 안 되었다. 목숨을 잃었을 때 카이사리온은 18세였고 안틸루스는 겨우 16세였다. 또한 가정교

사 테오도로스는 처형된 안틸루스의 보석을 훔친 죄가 들통나 십자가에 매달렸다.) 하지만 앞날을 내다볼 줄 아는 혜안이 없었던 클레오파트라는 카이사르의 유언장이 공개되었을 때 카이사리온의 몫이 전혀 없음을 알게 되자, 자존심에 커다란 상처를 남기고 실망과 배신감을 느낄 수밖에 없었다.

| 마음에 새기는 말 |

인간은 눈에 보이는 위험보다는 보이지 않는 위험에 더 마음이 흐트러지지 쉽다.

_ 율리우스 카이사르

카이사르 암살의 전설

≪역사의 한 획을 긋는 큰 사건은 언제나 기이하고 믿을 수 없는 소문을 낳게 마련이다. 카이사르의 죽음에도 수많은 전조가 있었다고 전래되고 있다. 그러나 그의 죽음을 재촉한 것은 무엇보다도 공화정과 독재에 대한 그의 견해 때문이었다. 그는 자신의 생각을 이렇게 털어놓았다. "공화정은 이름에 불과하다. 술라는 스스로 최고 권력을 내놓음으로써 정치를 모르는 자임을 자인하고 말았다."≫

○ 카이사르가 살해당할 것이라고 암시하는 경고는 도처에 있었다. 카피아로 이주해 간 퇴역병들이 농장 가옥을 짓기 위해 필요한 돌

을 마련하느라 고대 무덤들을 부수다가 엄청난 양의 꽃병을 발견했다. 그 무덤 중의 하나는 카피스(註. 안키세스의 아버지이며, 곧 로마의 시조인 아이네아스의 할아버지)의 무덤이었으며, 그곳에는 그리스어로 다음과 같이 쓰인 동판이 발견되었다고 한다. "카피스의 유골이 어지럽혀지면, 트로이아 혈통의 남자가 동족에게 살해당할 것이고 이탈리아는 나중에 큰 대가를 치르게 되며, 그 복수를 보게 될 것이다."

○ 그리고 루비콘강을 건널 때 카이사르가 봉헌하여 방목한 말들이 갑자기 풀을 먹지 않고 눈물만 흘리고 있었다는 것, 점술가 스푸린나가 3월 15일에 위험이 닥쳐올 것이라고 예언했다는 것, 왕의 새라고 불리는 작은 새가 월계수 가지를 물고 폼페이우스 회랑 안에 들어왔을 때, 다른 새가 그 새를 갈가리 찢어 놓았다는 것, 암살되기 전날 카이사르는 꿈을 꾸었는데 구름 위로 솟아올라 유피테르 신과 악수를 나누었다는 것, 아내 칼푸르니아도 꿈에서 집의 박공이 무너지더니 카이사르가 칼에 찔린 채 그녀의 팔에 안겨 있었으며 이때 갑자기 침실 문이 저절로 활짝 열렸다는 것 등이 전해지고 있다.

○ 아내 칼푸르니아는 카이사르가 원로원 회의에 나가기 전날 밤에 이렇듯 사나운 꿈을 꾸자 남편에게 원로원에 나가지 말고 뒤로 미루라고 애원했다. 이에 카이사르는 다른 여인들과는 달리 미신을 쉽게 믿지 않던 아내가 이렇게까지 말하고, 또한 예언자들이 징조가 불길하다고 전해 오자 그가 의심과 공포를 느꼈는지 안토니우스를 보내 예정된 원로원 회의를 취소하고 뒤로 미루기로 결정했다.

○ 하지만 이때 데키무스 브루투스가 나섰다. 그는 음모에 가담하고 있었으므로 카이사르가 원로원 회의를 미루면 실행일이 늘어지게 되어

결국 모든 것이 들통날까 봐 조바심을 내고 있었다. 그가 회의장에서 카이사르 저택까지 약 20분 거리를 걸어서 갔을 때 저택 주위에는 카이사르가 외출할 때마다 그랬듯이 그를 보기 위해 많은 군중들이 여기저기에 웅성거리며 있었다. 그들을 헤치고 카이사르를 만난 데키무스 브루투스는 그에게 아내의 꿈을 핑계로 회의를 취소한다면 우스운 꼴이 될 것이며, 게다가 원로원 의원들이 우롱당했다고 느껴 성토하게 될 것이라고 말했다. 그러면서 정히 불길한 생각으로 회의를 진행하기가 거리끼면 직접 원로원에 나가 회의를 연기하는 것이 더 좋은 방법이라고 말하며 카이사르의 손을 잡아끌었다.

○ 전래되어 오는 말에 의하면 암살되던 당일에 점술가 스푸린나가 원로원 회의에 참석하기 위해 회의장으로 가는 그를 막아서며 "카이사르, 3월의 이두스를 조심하시오!"라고 경고했다고 한다.(註. 3월의 이두스는 15일) 카이사르는 그가 지난번에도 위험을 경고한 것을 기억하고 있어 "오늘이 그대가 경고했던 3월 이두스가 아니오. 하지만 나는 이렇듯 아주 멀쩡하오."라고 답하자, 스푸린나는 "아직 3월의 이두스가 다 지나가지 않았습니다."고 말했다. 그러나 그는 이

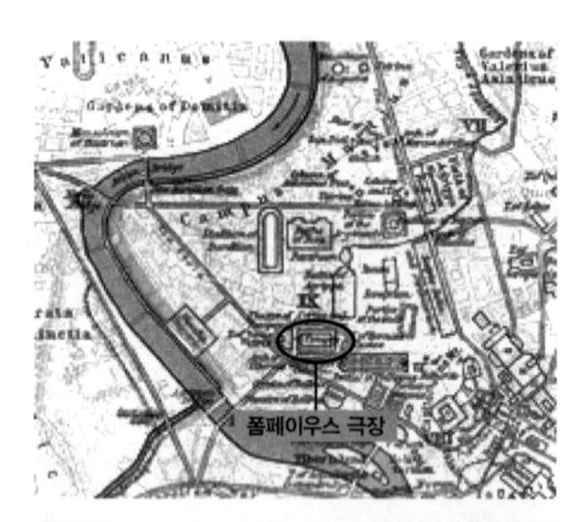

▌폼페이우스 극장

미 위험을 생각하고 충분하게 조심성을 보였기 때문인지 점술가의 말을 가볍게 한쪽 귀로 흘려버린 채 회의장으로 갔다. 원로원 의사당은 클로디우스를 화장할 때 화재로 불타 재건 중에 있어 폼페이우스 극장 주랑 뒤편에 마련된 회의소를 원로원 회의 장소로 사용하고 있었다.(註. BC 52년 풀비아의 첫 남편 클로디우스가 밀로에게 살해당하자 풀비아는 남편 죽음의 억울함을 알리기 위해 시체를 원로원 의사당으로 옮겨 화장했다. 그때 원로원 의사당이 불탔다.) (註. 극장은 문란하고 난잡한 장소로 인식되어 있어 임시 건축물로 설치했다가 연극이 끝나면 철거하는 형태였던 것을 폼페이우스가 마르스 광장에 석조 건물로 웅장하게 건립했다. 따라서 그는 관람석 한쪽에 베누스 신전을 함께 건립하여 그곳을 타락한 장소가 아닌 경건하고 신성한 장소로 위장했다. 즉 관람석을 신전으로 올라가는 계단으로 꾸민 것이다.)

○ 카이사르는 파르티아 정벌을 떠나기 전에 원로원에 전쟁의 필요성에 대해 보고할 예정이었다. 암살자들은 바로 그날을 암살 결행일로 정했다. 카이사르가 회의장에 들어서자 킴베르가 추방형을 받고 있던 형제를 대신해 그에게 탄원하는 척하며 다가왔고, 다른 음모자들도 그를 둘러싸며 탄원을 거듭했다. 사면이 불가하다고 거절했음에도 탄원이 계속되자 카이사르는 탄원자들을 꾸짖으며 자신의 자리에 돌아가라고 타일렀다. 그때 킴베르가 카이사르에게 달려들어 그를 꼼짝 못하게 했고, 동시에 옆에 있던 카스카가 처음으로 카이사르의 몸에 단검을 찔러 넣었다. 엄청난 용기가 필요할 때면 긴장으로 누구나 그럴 수 있듯이 카스카 역시 첫 일격으로 카이사르에게 치명상을 입히지는 못했다. 그러나 암살을 모의한 자들이 각자 단검을 꺼내 들고 카이사르를 둘러싼 후 마구 단검을 찔렀다. 암

살자들끼리 한 사람도 빠짐없이 제물을 희생시키기로 약속한 터였으므로 마르쿠스 브루투스도 카이사르의 사타구니를 한 번 찔렀다. 카이사르는 놀라며 외쳤다. "브루투스, 너마저(Et tu, Brute)!"(註. "Et tu, Brute!"란 외침은 고증된 것이 아니라, 세익스피어의 희극에서 비롯되었다.)

○ 죽기 전날 카이사르는 마르쿠스 레피두스가 베푼 만찬에서 어떤 죽음이 가장 좋은가로 대화가 흘러갔다. 그러자 편지에 서명을 하고 있던 카이사르가 누가 대답하기도 전에 최상의 죽음은 '갑작스런 죽음'이라고 말했던 적이 있었다. 그는 자신이 최상이라고 말했던 바로 그 '갑작스런 죽음'을 맞았다. 그가 쓰러져 죽은 자리는 폼페이우스가 복수라도 지휘하듯이 폼페이우스 극장의 폼페이우스 조각상 발치 아래에서였고 그날은 BC 44년 3월 15일이었으며 그의 나이 57세였

▎「카이사르의 죽음」, 장 레옹 제롬 作

다.(註. 폼페이우스 조각상은 파르살루스 전투가 끝났을 때 카이사르 부하들에 의해 철거되었지만 카이사르의 요구로 다시 복구되었다. 키케로는 이를 두고 카이사르의 관대함을 칭송한 것이 아니라 언젠가는 자신의 조각상도 철거당할 날이 올 것을 예견하고 그때 그것이 안전하게 유지되기를 바라는 마음에서 그랬을 거라며 빈정거렸다.)

○ 수에토니우스에 따르면 카이사르는 늘 암살당할 수 있다는 생각으로 살았다. 그럼에도 그는 중요한 것은 내가 살아남는 것이 아니라 로마가 살아남는 것이라며 당당했다. 그는 이렇게 덧붙였다. "만약 내가 살해당한다면 로마는 더 이상 평화를 누리지 못하고 훨씬 끔찍한 상황에 직면할 것이다." 카이사르의 예측은 그가 죽고 난 후 14년간에 걸친 내전으로 입증되었다.

○ 역사가들 중에는 술라가 천수를 다한 반면에 카이사르는 암살된 것을 두고 그가 정적들에게 관용책을 폈기 때문이라고 말하지만, 은밀한 정적까지 모두 제거하기는 힘들 뿐 아니라 정적이란 항상 새로이 생겨나는 법이어서 이런 생각은 옳다고 할 수 없다. 무엇보다도 두 사람의 차이점이라면 술라는 잠깐 동안 독재관에 있으려고 했지만 카이사르는 종신토록 독재관의 지위를 누리려고 했다는 점이다. 바로 그것이 한 사람은 천수를 누리게 하고 다른 한 사람은 분노한 암살자들의 단검에 희생된 이유였다. 훗날 아우구스투스는 이 점을 깊이 새겨 종신의 권력을 차지하는 대신 10년마다 자신의 권한을 연기했던 것이리라.

☼ 브루투스(Brutus)의 루비콘강

≪용기와 결단은 지속적인 추진력을 요구한다. 브루투스에게 카이사르 암살은 이미 엎질러진 물이며, 던져진 주사위였다. 그는 머뭇거릴 겨를 없이 계속 추진력을 보태야 했거늘 오히려 제동기를 밟고 말았다. 하지만 브루투스는 분노한 카이사르의 지지자와 시민들에게 쫓기어 이탈리아에서 도망치고 난 후에야 필리피 들판에서 핏빛 검을 뽑았다.≫

○ BC 44년 3월 15일 폼페이우스 극장에서 카이사르를 살해한 브루투스(Marcus Junius Brutus) 일당은 광란이 아직 가시지 않은 채로 로마 거리로 나와 시민들에게 카이사르의 죽음을 알렸다. 어떤 자들은 암살에 참여하지 않았지만 영광의 단맛을 함께 맛보기 위해 칼을 들고 환호하면서 암살자 대열에 끼어들기도 했다. 하지만 원로원 회의장을 미리 빠져나간 사람들로부터 독재관의 죽음이 이미 알려져 있었다. 암살자들은 카이사르가 살해되었다는 사실을 시민들에게 알리면 틀림없이 함성을 지르며 환호할 것이라는 생각에 군사적 뒷받침도 없이 결행한 것이지만, 공포에 휩싸인 시민들이 모두 문을 걸어 잠그고 로마 시내가 텅 빈 거리로 변했다.

○ 암살자들에게는 두려움이 밀려왔다. 독재자만 제거되면 모든 시민들이 자유의 도래를 환호하며 정의의 핏빛 단검을 휘두른 자신들에게 박수치며 명예를 부여할 줄 알았다. 하지만 암살자들이 '자유와 정의'라는 이름으로 독재자를 타도한 것은 누구를 위한 것인가? 그들이 원한 것은 시민들의 자유가 아니라 귀족들의 자유였던 것을 시민들

은 알아챘다. 로마의 민중들은 귀족들의 횡포에서 자신들을 구해 주고 생활의 궁핍으로부터 식량과 볼거리를 제공하여 시민들의 갈채와 환호를 받은 민중의 대표자가 또다시 귀족들의 폭력에 희생되었다고 느꼈다. 그럼에도 암살자들은 로마가 시민 대다수보다는 몇몇 귀족들이 세력을 잡고 기득권을 놓치지 않으려고 폭력을 휘둘렀던 과거를 잊고 있었다. 그들은 공화정의 실패가 그라쿠스 형제 때 이미 완결되었지만 술라의 완력과 고집으로 희망 없이 되살아났을 뿐이라는 것을 깨닫지 못했다. 게다가 45년도 채 지나지 않은 동맹시들의 분노와 참혹한 잔상은 아직도 가시지 않고 있었다. 카이사르가 수많은 병사들에게 혜택을 베풀며 로마 시민들에게 무상으로 곡물을 배급할 때 도대체 암살자들은 어디에서 무엇을 하고 있었던가? 안토니우스가 많은 사람들 앞에서 말했듯이 암살자들 중에서 오직 브루투스만이 카이사르를 암살하는 것이 명예롭고 훌륭한 과업이라고 생각해서 참여한 유일한 사람이었다. 나머지는 모두 관직을 차지하지 못해 불만에 쌓인 자, 카이사르의 관용이 거만하다며 반감을 가진 자, 공화정이란 허울을 쓰고 권익의 독점을 원하는 자들이었다. 게다가 반란을 실행했으면 뒤처리를 치밀하고 신속하게 움직여야 하거늘 그들은 어린애들처럼 일만 저지르고 수습할 줄 몰랐다.

○ 이렇듯 암살자들은 명예를 얻은 게 아니라 오히려 위험에 처하자 신전이 있는 곳이라면 안전할 것이라고 생각하며 데키무스 브루투스가 모은 검투사들의 호위 속에 카피톨리움에 틀어박혔다. 이 소식을 들은 키케로가 한때 사위였던 돌라벨라와 함께 카피톨리움으로 가서 암살자들을 치하하고 난 다음 마르쿠스 브루투스에게 법무관의 권한으로 원로원을 소집하라고 충고했다. 그러자 브루투스는 집정관인

안토니우스가 있으므로 자신이 원로원을 소집하는 것은 불법이라고 거절했다.(註. 당시 집정관은 안토니우스와 돌라벨라였다.) 암살자들이 목표로 했던 공화정 재건의 희망은 이 순간 사라지고 말았다. 브루투스는 루비콘강을 건넜지만, 카이사르와 달리 건너자마자 제자리에서 멈춰 버린 것이다. 하지만 독재자가 죽은 후에도 시내에서 별다른 혼란이 없자 암살자들은 카피톨리움에서 내려와 군중들에게 자신들이 한 행위는 정당했다고 선언하기에 이르렀다. 잠잠하게 연설을 듣고 있던 군중들은 코르넬리우스 킨나가 카이사르를 비난하는 연설을 시작하자마자 갑자기 광분하면서 암살에 관련된 자들을 모두 죽이라고 소리쳤다. 그런 소란과 위험이 닥치자 암살자들은 다시금 카피톨리움으로 되돌아갈 수밖에 없었다.

○ 브루투스는 독재 체제를 반대했다. 하지만 그를 꼬드긴 카시우스는 독재자를 반대했다. 왜냐하면 카시우스가 조영관으로 선출되었을 때 오락거리를 제공하기 위해 사자 몇 마리를 가지고 있었는데 카이사르가 이를 빼앗았기 때문이라고 한다. 아마 이것은 카시우스의 모난 성격을 설명하기 위해 과장된 얘기일 것이다.(註. 아프리카 등지에서 사로잡은 맹수들은 로마까지 운반하는 도중에 80% 정도가 죽었다는 주장이 있을 만큼 귀하고 비쌌다.) 하지만 카시우스가 고귀한 정신과 품격 있는 용기에 근거하여 암살을 부추긴 것이 아님은 분명하다. 이에 반해 카시우스의 부추김을 받아 암살을 주동했던 브루투스는 국가를 올바른 길로 인도해야 된다는 정신과 의지 그리고 동료들의 설득에 따라 행동한 것이었다. 게다가 '브루투스'란 이름이 왕정을 폐기하고 공화정을 창시한 '브루투스'와 이름이 같았다는 것도 한몫했다.(註. 두 사람이 혈연관계라는 것은 증명되지 않는다.) 당시 카이사르는 지지

자들에 의해 거의 왕으로 떠받들어졌으며, 그들은 카이사르의 조각상에다 몰래 왕관을 씌워 놓기도 했다. 이것은 지지자들이 카이사르를 공화정 체제의 독재관이 아닌 왕으로 만들고 싶어 했다는 의미였다. 결국 카이사르를 지지하는 자들의 왕정을 깨뜨리기 위해서는 타르퀴니우스 왕을 내쫓은 브루투스처럼 또 다른 '브루투스'가 필요했던 것이다. 게다가 타르퀴니우스 왕을 추방한 이후 로마에서는 왕이 되려는 자를 암살하는 것은 고결한 행동이며 국가가 그의 손에 무기를 들려 주고 공화국의 수호자로 인정한다는 법률과 판례까지 확립되어 있었다. 브루투스는 만약 자신의 아버지가 다시 살아 돌아온다 해도 카이사르처럼 왕이 되려 한다면 죽일 수밖에 없다고 단언하기도 했다. 또한 그는 카이사르를 사랑했지만 로마를 더욱 사랑했기에 그를 죽였다며 자신의 행동을 변호했다.

○ 사실 마르쿠스 브루투스는 악덕한 고리대금업자였고, 파르살루스 전투에서 패한 폼페이우스가 이집트로 도망했을 것이라고 카이사르에게 알려 준 배신자였다.(註. 브루투스는 키프로스섬의 도시 살라미스에 돈을 빌려주고 연 48% 이율로 갚도록 키케로에게 압력을 행사한 적이 있었다. 당시에는 속주민을 대상으로 고리대금을 하는 것은 가비니우스 법으로 금지되어 있었으나, 브루투스는 빌려준 돈을 더 쉽게 받아 내기 위해 자신을 대신하여 고리대금업을 맡긴 자를 기병대 장교에 임명했

▍마르쿠스 브루투스

고 심지어는 대금을 갚지 못한 지방의원 5명을 살해하기도 했다. 이것은 BC 59년 킬리키아 총독으로 부임한 키케로가 밝혀낸 사실이다. 또한 브루투스는 파르살루스 전투에서 패한 후 카이사르 진영에 와서 용서를 받은 다음 카이사르의 측근이 되었을 때, 폼페이우스가 이집트로 도주했을 것이라며 카이사르의 물음에 자신의 의견을 말한 적이 있었다.) 하지만 그는 생각이 진지하고 기품 있는 보기 드물 정도의 온화한 성품의 지식인이었으며, 청탁을 잘 들어주지 않았고 남을 설득할 때는 정확한 논증과 숭고한 원칙을 무기로 삼았기에 강력하고 효과적이었다. 또한 뛰어난 성품으로 시민들과 친구들은 그를 아꼈고 귀족들은 그를 존경했으며 심지어 적들도 그를 인간적인 면에서는 미워하지 않았다.

○ 사실 브루투스의 아버지는 레피두스(註. 제2차 삼두 정치의 한 명인 레피두스의 아버지. BC 78년 집정관인 그는 술라의 정책을 뒤집어엎고 새로운 노선을 정하자, 기존 세력과 갈등을 빚어 군사를 일으켰으나 실패하고 카툴루스와 폼페이우스에게 진압되었다.) 반란 때 반란군 측에 섰다가 폼페이우스에게 사로잡혀 죽음을 당했기에 내전이 터지기 전에는 폼페이우스를 가증스럽게 여겨 그에게 말조차 걸지 않았다. 아버지가 비참한 죽음을 당한 후 그는 궁핍한 여자의 치맛자락에 매달린 아비 없는 어린아이가 되어 세르빌리아 품에서 자랐다. 따라서 사람들은 브루투스가 카이사르 편에 설 것이라고 믿었지만, 그는 내전의 동기에 있어 카이사르보다 폼페이우스가 올바르다고 믿었기 때문에 폼페이우스 편에 서서 싸운 올곧은 자이기도 했다. 그러한 이유에서 폼페이우스는 카이사르와 그리스에서 대치해 있을 때 브루투스가 자기 진영으로 찾아오자 너무나 기쁜 나머지 여러 사람이 보는 앞에서 꼭 껴안았다고 전해진다.

○ 그럼에도 마르쿠스 브루투스에 대한 카이사르의 애정은 남달랐다. 어떤 사람이 브루투스가 반란을 꿈꿀지 모른다며 카이사르에게 조심하라고 충고하자 카이사르는 가슴에 손을 얹고 이렇게 말했다. "설마? 이 몸뚱이가 얼마나 산다고 그걸 못 기다리겠는가?" 이 말은 카이사르가 자신의 권력을 승계받을 자로서 브루투스를 염두에 두고 있었음을 의미하는 것이었다.(註. 이 내용은 플루타르코스가 기록했지만 카이사르의 유언장이 공개되었을 때 첫 번째 계승자가 옥타비아누스였음을 생각해 보면, 카이사르가 브루투스를 계승자로 여기고 있었다는 것은 너무 확대 해석한 것으로 보인다.) 카이사르는 젊은 시절 세르빌리아와 서로 간에 열렬히 사랑했다. 그 이후 세르빌리아가 브루투스를 낳았기에 어쩌면 카이사르는 브루투스가 자신의 혈육일지 모른다고 생각했을 수도 있다.(註. 카이사르는 세르빌리아뿐만 아니라 그녀의 딸 테르티아와도 불륜 관계였다는 소문이 있었다. 왜냐하면 세르빌리아가 카이사르의 도움으로 아주 싼 가격에 토지를 구입하자 이런저런 말이 많았다. 그러자 키케로가 테르티아를 더 할인받았으니 당연한 거 아니겠냐고 비아냥거렸기 때문이다. 라틴어로 '테르티아tertia'는 '3분의 1'을 의미하는 것이므로 키케로가 카이사르와 테르티아의 관계를 에둘러 말한 것이다. 브루투스가 카이사르를 살해한 이유 중에 이런 것도 하나의 동기가 되었다.) 그래서인지 파르살루스 전투 시에 세르빌리아의 요청으로 카이사르는 병사들에게 브루투스가 항거하더라도 절대 죽이지 말라고 엄명을 내리기도 했다.

○ 또한 매부인 카시우스와 프라이토르 우르바누스(註. praetor urbanus는 로마 시민들 간의 소송을 담당한 법무관) 자리를 놓고 경쟁했을 때 카이사르는 동료들과의 회의석상에서 "카시우스의 주장이 더 일리는 있

지만 프라이토르 우르바누스는 브루투스가 되어야 합니다." 하며 추천을 했다. 안토니우스도 여러 사람 앞에서 말했다. "브루투스는 카이사르의 암살이 국가를 위한 훌륭하고 명예로운 과업이라고 생각한 유일한 공모자였으며, 나머지는 모두 카이사르를 시기하고 증오했기 때문에 뭉친 자들일 뿐이다." 그러나 이러한 브루투스의 정직하고 온화하며 곧고 진중한 성품은 위기에 직면하여 과단성 있는 추진력이 필요한 시점에서는 전혀 쓸모없는 것이 되고 말았다.

○ 이 당시 레피두스는 갈리아 나르보넨시스(Gallia Narbonensis)와 가까운 히스파니아(Hispania Citerior)의 총독으로 부임하기 위해 휘하의 부대를 로마 외곽에 집결시켜 놓고 있었는데, 암살 사건이 터지자 티베리스강 중간의 섬에 있던 1개 군단을 급히 마르스 광장으로 불러 집정관 안토니우스를 지지하며 그의 명령을 기다렸다.(註. 마르쿠스 아이밀리우스 레피두스Marcus Aemilius Lepidus는 술라가 죽고 나서 술라의 정책에 반기를 들었으나 실패한 레피두스의 아들이다. BC 44년 그는 갈리아 나르보넨시스와 가까운 히스파니아의 총독에 임명되었지만 먼저 레가투스들을 속주에 보내고 자신은 로마에서 병사들을 모집하던 중 카이사르가 암살되었다.) 따라서 레피두스는 안토니우스의 든든한 군사적 버팀목이 되어 주었다. 암살자들이 갈피를 잡지 못하고 있을 때 레피두스는 속히 병사들에게 명령을 내려 암살자들이 모여 있던 카피톨리움을 공격하고 카이사르의 영혼을 위로하자고 했고, 다음 해 집정관으로 임명된 히르티우스는 협상을 통해 안정을 회복하는 것이 우선이라고 주장했다. 옥신각신하다 마침내 집정관 안토니우스가 히르티우스의 손을 들어 주고 암살자들 측과 협의하기로 했다.

○ 이처럼 로마가 혼란하자 마리우스의 손자라고 자처하는 아마티우스

▎자살하는 마르쿠스 브루투스

란 자가 나타나 카이사르의 죽음을 비통해하며 그가 화장된 곳에 제단을 만들고 지지 세력을 끌어모아 공포를 일으키며 폭력을 휘둘렀다. 더 나아가 그가 브루투스와 카시우스를 암살하려 한다는 소문까지 나돌자 안토니우스는 집정관의 권한으로 아마티우스를 체포하여 재판도 없이 처형하는 비상계엄 조치를 취했다.

○ 암살자들과 카이사르 측이 협의한 결과, 3월 17일에 안토니우스의 주재로 회의가 열렸다. 많은 원로원 의원들은 카이사르를 참주로 단죄하고 살해한 것은 정의로운 것으로 평가하여 그의 시체를 티베리스강에 던져 버리고 그가 제정한 모든 법령을 백지화하자고 했다. 그러자 안토니우스는 그러한 조치들은 현명하지 못한 것이며, 로마시에서 혼란이 일어나면 이탈리아와 속주에서 반란이 일어날 것은 뻔한 이치라고 말했다. 게다가 바깥에서 암살자들에 대한 처단을 요구하는 시민들의 함성이 들리지 않느냐고 원로원 의원들을 겁주며 설득했다. 그

러자 카이사르에 반대했던 의원조차도 그가 제정한 법령들을 그대로 유효하게 하고, 암살자들에게 사면을 베풀면서 카이사르의 국장을 허락하자는 안으로 타협안을 제시했다. 카시우스는 끝까지 반대했지만 브루투스가 타협안에 동의하면서 타협안이 통과되었다.

○ 하지만 이 결정은 암살자들에게 치명적인 결과를 낳고 말았다. 왜냐하면 3월 20일 행해진 장례식에서 시민들은 구구절절 읽어 가는 추도사에 눈물을 흘리며 카이사르를 애도했고, 암살자들에게 분노를 품게 되었기 때문이다. 장례식은 관례에 따라 안토니우스가 고인을 기리는 연설을 하게 되었는데, 청중들이 연설에 흔들리고 매료되는 모습을 본 그는 카이사르에 대한 찬사에 끔찍했던 암살에 대한 분노를 섞어 넣었다. 그러면서 연설의 막바지에 와서는 단검에 갈기갈기 찢겨진 카이사르의 피범벅 된 옷을 높이 흔들며 암살자들은 살인자요 악한이라고 매도하며 외쳤다.

"말 한마디로 세상을 멈추게 하던 카이사르가 이제는 여러분 앞에 누워 가장 하찮은 자로부터도 무시당하고 있습니다. 만약 내가 여러분의 마음과 정신을 받든다면 브루투스와 카시우스를 공격하고 해쳐야 할 것입니다. 그러나 나는 사악한 그들을 해치기보다는 차라리 나 자신이 해를 입는 쪽을 택할 것입니다. 여기 카이사르의 인장이 찍힌 유언장이 있습니다. 여러분이 유언장의 내용을 알게 된다면 살해당한 카이사르의 상처에 입 맞추고 눈물로 옷깃을 적실 것입니다.(註. 카이사르 유언장에는 모든 로마 시민에게 각각 300세스테르티우스를 주고 티베리스강 서안에 있는 카이사르 소유 정원을 시민들에게 기증하라는 내용이 포함되어 있었다. 따라서 이 내용을 시민들이 알게 된다면 더욱 카이사르의 죽음을 슬퍼하고 그를 살해한 자들에 대해 분노할 것이란 의미다.) 울고 싶다면 실컷 울 준비를 하십시오. 여러분은 카이사르가 걸쳤던 이 망토를 보았을 것입니다. 이것을 잘 보십시오. 여기는 카시우스가 단검을 찌른 곳입니다. 찢어진 이곳은 카스카의 잔인한 칼부림을 알려 주고 있습니다. 그리고 여기는 그가 아꼈던 브루투스가 찌른 칼자국입니다. 카이사르는 몸에서 피가 솟구치는 것을 보면서 자신을 찌른 자가 자식처럼 대했던 브루투스임을 확인했을 것입니다. 나로서는 여러분을 감동시킬 만한 정신도 웅변술도 가지고 있지 않습니다. 다만 알고 있는 것을 그대로 말할 뿐입니다. 만약 내가 브루투스와 같은 선동가라면 여러분의 마음에 뜨거운 불을 지피고 카이사르의 상처마다 분노의 혀를 돋아나게 하여 이 땅에 맹렬한 봉기를 일으킬 것입니다. 하지만 나는 카이사르의 상처와 불행을 보여 주며 그것이 나 대신 말해 주기를 바랄 뿐입니다."

안토니우스의 할아버지가 탁월한 연설가였던 것처럼 그도 대단한 연설가여서 그의 연설은 민중의 심중을 파고들었다. 그의 연설에 격분한 청중들은 화장터를 결정하기도 전에 광장에 있던 의자와 탁자에 불을 붙여 카이사르의 시신을 불태웠고 불타는 장작을 꺼내어 암살자들의 집으로 달려가 마구 공격하기에 이르렀다. 카이사르의 친구이자 시인이었던 헬비우스 킨나는 카이사르의 장례식에 참석했다가 카이사르를 비난했던 자신과 같은 이름을 가진 코르넬리우스 킨나로 오해받아 군중들에게 갈가리 찢겨져 살해당했다. 이 불행한 사건은 브루투스와 카시우스에게 공포를 심어 주기에 충분했다.

○ 안토니우스가 장례 연설에서 암살자들을 매도한 것은 브루투스를 끌어내린다면 자신이 로마의 권력을 독차지할 수 있다는 기대 때문이리라. 하지만 그러한 그의 행동은 은혜를 배반으로 갚은 것이다. 왜냐하

면 브루투스는 안토니우스를 죽여야 한다는 공모자들의 의견에 반대하여 죽여야 할 자는 카이사르 한 명이면 족하다고 말했기 때문이다.

키케로의 필리피카(BC 44년)

≪키케로는 전제 권력을 휘두르는 안토니우스를 탄핵하여 그의 미움을 샀다. 그는 권력의 깃발이 어디로 나부낄지 모를 때 함부로 용기를 내다가 죽음을 맞이한 것이다. 키케로가 안토니우스를 싫어했던 것은 사실이지만, 그렇다고 해서 자신의 죽음과 맞바꿀 만큼 분노했던 것은 아니었으리라.≫

○ 안토니우스가 노력한 결과 카이사르가 미리 서류에 적어 임명한 대로 카이사르 암살의 주모자인 브루투스는 마케도니아로, 카시우스는 시리아로 총독이 되어 떠나게 되었다. 독재 타도를 외치던 카이사르 암살 당시인 3월 15일에는 생각조차 할 수 없었던 사실상의 망명이었다. 키케로는 이들을 친구인 아티쿠스에게 보낸 편지에서 유치한 어린이 같은 자들이라고 맹렬히 비난했지만, 63세의 로마 최고 지식인이 떠나는 그들을 배웅하고 격려하는 것을 보고 누구라도 감동에 젖지 않을 수 없었다. 사실 키케로는 비록 나약한 성품 때문에 암살자 무리에 끼지는 못했지만 브루투스를 비롯한 카이사르 암살자들이 피 묻은 현장을 뛰쳐나오며 "키케로!"라고 외쳤던 것은 그가 공화주의자들에게 매우 중요한 자였다는 방증이기도 했다.

○ 브루투스와 카시우스가 로마를 떠나자 키케로 역시 안토니우스가 집정관 임기가 끝나는 연말까지는 안토니우스의 기세를 피해 아테네에 머무르는 것이 좋겠다고 생각했다. 하지만 두 번이나 시도한 바다 여행은 그때마다 역풍으로 실패하고 결국 로마로 되돌아올 수밖에 없었다. 지중해의 여름은 북대서양 기단이 아프리카와 아시아로 이동하는 영향을 받아 북서풍이 분다. 하지만 일부 지역에서는 강력한 북동풍으로 변하기도 하는데 키케로가 바다 여행에 실패한 것은 바로 이 역풍 때문이었다. 키케로가 로마로 되돌아올 때 시민들의 환호와 다음해 집정관으로 선출된 히르티우스와 판사가 찾아와 국정 운영을 도와달라고 간청까지 하자 이에 용기를 얻었는지 이때부터(註. BC 44년 9월 2일) "필리피카(Philippica. 복수형은 필리피카이Philippicae.)"의 포문을 열었다. 이것은 무려 14회나 걸친 안토니우스 탄핵 연설이었다. 필리피카는 알렉산드로스의 아버지인 필립포스 2세가 쇠퇴하기 시작한 그리스 도시 국가들을 통일하려고 했을 때, 아테네의 웅변가 데모스테네스가 자유야말로 시민이 지켜야 할 최고의 가치라고 호소하며 마케도니아 왕 필립포스를 규탄했던 연설의 제목이었다. 데모스테네스는 아테네를 마케도니아로부터 독립시키기 위해 갖은 노력을 다했으나 실패하여 독약을 먹고 생을 마감했다. 키케로가 이것을 안토니우스 탄핵 연설의 제목으로 인용했고, 따라서 사람들은 제목만 들어도 연설자의 의도를 알 수 있었다.

○ 키케로는 전부터 안토니우스가 힘만 센 무식한 자라고 비난했지만 안토니우스는 자신이 헤르쿨레스(註. 그리스의 '헤라클레스'에 해당) 신의 아들인 안톤의 후손이라며 가문의 우수성을 넌지시 주장하기도 했다. 사람 보는 눈이 매서웠던 카이사르가 안토니우스를 중용하고 자신이

부재중에 이탈리아 통치를 맡긴 것을 보아도 그는 용맹무쌍하고 끈기 있는 지휘관을 넘어선 비상한 정치인이었음에 틀림없다. 그가 지닌 용기와 기민함과 자신의 할아버지를 닮은 뛰어난 연설 능력과 임기응변이 무절제하고 방종한 사생활로 감추어졌을 뿐이다.(註. 탁월한 연설가였던 안토니우스의 할아버지는 BC 87년 마리우스가 아프리카에서 귀환하여 무시무시한 복수의 검을 휘두를 때 희생되었다. 다만 안토니우스의 아버지는 청렴하고 너그럽게 베푸는 자였으나 공직에서 명성을 누리지는 못했다.)

○ 카이사르가 살해되고 나서 키케로는 안토니우스를 살려 둔 것에 대해 개탄하면서 친구에게 이렇게 편지를 썼던 적이 있었다. "그들의 행동은 영웅적이었으나 전략은 어리석기 그지없다네. 독재의 지도자만 죽이고 후계자를 살려 두다니. 이 얼마나 우둔한 짓인가!" 또한 그는 카시우스에게 자신을 3월 15일 만찬에 초대하지 않은 것에 대해 질책했고, 만약 자신이 초대되었더라면 안토니우스라는 음식을 남기지 않고 해치웠을 거라며 아쉬워했다. 또한 카이사르의 상속 재산은 몇몇 사람들에게 넘어갔지만 그가 남긴 권력에 대한 탐욕은 수많은 사악한 자들에게 승계되었다며 개탄하고 있었다. 안토니우스가 칼부림의 혼란 속에서 살 수 있었던 것은 카시우스가 안토니우스도 함께 제거해야 한다고 주장했지만, 브루투스가 오직 한 사람의 죽음에만 찬성했기 때문이다. 반란을 꾀하려면 과감하게 내딛고 가차 없이 결정해야 하거늘 브루투스는 인정과 도리에 머물고 말았던 것이다. 사실 안토니우스는 카시우스로부터 암살에 대해 넌지시 전해 듣고 동참을 요구받기도 했지만 그는 그 말을 제대로 알아듣지 못한 듯 한쪽 귀로 흘려버렸다고 한다. 아마도 암살에 성공하여 카이사르가 죽게

되면 자신이 그 뒤를 이어 갈 수 있을 것이며, 만약 실패하더라도 수많은 정적들을 제거할 수 있는 좋은 기회가 될 것이라는 교활한 생각을 가졌으리라.

○ 카이사르 집안의 여인이었던 안토니우스의 어머니는 남편이 죽고 나서 코르넬리우스 렌툴루스와 재혼한 다음 안토니우스 형제들과 함께 살았다. 하지만 BC 63년 의붓아버지 렌툴루스가 카틸리나 음모에 가담한 죄로 집정관 키케로에게 처형되자, 안토니우스는 키케로에게 깊은 앙심을 품게 되었다. 그러다가 키케로가 필리피카를 발표하자 안토니우스는 격노와 함께 마음속에 있던 오래된 앙금이 떠오르면서 마침내 제2차 삼두 정치 때 키케로를 살생부의 제일 윗자리에 이름을 적어 넣었다. 어쩌면 키케로는 필리피카를 시작했을 때 이미 데모스테네스의 말로를 생각했을지도 모를 일이다. 인간이 악습에 의해서 너무나 타락했고, 이 악습에 의해 자연이 우리에게 점화한 불꽃 즉 이성이 말살되었다고 통탄했던 이 불세출의 연설가는 아스툴라 별장에서 처형당했다. 용기보다도 더 아름답고 고귀한 것은 없다고 말했던 그는 평소에 늘 그것을 실천하지 못했지만, 죽음에 맞닥뜨려 목숨을 구걸하지 않고 용기에 대한 자신의 신념을 그대로 실천했다. 그리고 안토니우스의 명령에 의해 잘린 그의 머리와 오른손이 로마에 왔다. 키케로의 머리와 오른손을 받아 든 안토니우스는 의기양양하게 바라보며 큰 소리로 여러 차례 웃었다고 전한다. 그리고 키케로의 머리와 오른손은 로마 광장에 내걸리었다. 안토니우스는 자신을 욕보인 키케로의 오른손을 용서할 수 없었던 것이다.

○ 안토니우스 아내 풀비아도 키케로에 대해 분노하고 있었다. 왜냐하면 키케로가 두 번째 필리피카 연설에서 풀비아의 운명에 대해 대놓

고 악담을 퍼부었기 때문이다. 그는 풀비아의 첫 남편 클로디우스가 살해되었고 두 번째 남편 쿠리오가 북아프리카 전투에서 전사했으니 세 번째 남편인 안토니우스 또한 풀비아의 숙명에 따라 비참한 죽음을 맞이할 것이라고 말했던 것이다. 풀비아는 이렇듯 자신의 불행이 조롱당하자 격분하고 있었다. 그녀는 키케로의 머리와 오른손이 로마 광장에 걸리자 앙갚음을 하기 위해 밤중에 조용히 키케로의 머리에 다가가서 그의 혀를 잡아당긴 후 자신의 머리에 꽂혀 있던 날카로운 머리핀 끝으로 내리찍었다.

○ 하지만 이 모든 것은 때늦은 조치였을 뿐이다. 안토니우스의 명예는 키케로의 독설로 이미 더럽혀질 만큼 더럽혀졌고, 치명적 결함만이 부각되어 그 오명은 영원히 지워지지 않았기 때문이다. 사람들은 풀비아가 머리핀으로 키케로의 혀를 내리찍었을 때 로마 공화정도 종지부를 찍었다고 말한다.

옥타비아누스(Octavianus)의 결혼

≪로마 귀족층들에게 결혼이란 애정의 토대 위에 이루어지는 인연이 아니라, 더 나은 미래를 보장하고 정적으로부터 자신을 지키기 위한 정략적인 과정이었다. 공화정을 짓밟고 제정을 구축했던 옥타비아누스의 경우도 예외는 아니어서 온통 정략결혼으로 얼룩졌다. 그러나 그가 죽음이 부부를 갈라놓을 때까지 해로한 여인은 한눈에 반해 구혼한 리비아였다.≫

○ 옥타비아누스는 어릴 적에 푸블리우스 세르빌리우스 이사우리쿠스의 딸과 약혼했다. 그러나 그는 카이사르가 살해되고 권력 다툼의 소용돌이에 들자 결혼이란 정략적으로 이용할 수 있는 가치가 있음을 알게 되었다. 게다가 그는 결혼을 통하여 안토니우스와 긴밀한 동맹관계를 맺어 견제를 피하고 도움을 받아야 될 필요가 생겼다. 그래서 약혼을 파혼하고 겨우 결혼 적령기가 된 안토니우스의 의붓딸 클라우디아(註. 풀비아가 호민관 클로디우스와의 사이에서 낳은 딸이었다. 그녀는 클로디우스가 살해당하자 쿠리오와 결혼했고, 쿠리오가 전사하자 안토니우스와 결혼했다.)와 결혼했다.

○ 하지만 안토니우스가 동생 루키우스의 반란 문제로 풀비아와 다투고 풀비아가 절망하여 자살하는 통에 옥타비아누스는 클라우디아와 합방하기도 전에 이혼하고 말았다. 왜냐하면 클라우디아는 풀비아가 데려온 안토니우스의 의붓딸이었으므로 풀비아가 죽은 다음에 안토니우스와 연결고리가 사라져 정략결혼의 가치가 없어졌기 때문이다. 옥타비아누스는 곧 전남편 두 명이 전직 집정관이었고 섹스투스 폼페이우스(註. 폼페이우스 마그누스의 둘째 아들) 아내의 고모였던 상당한 연상의 스크리보니아와 결혼했다. 이 결혼도 정략결혼이었다. 안토니우스와 섹스투스 폼페이우스 간의 동맹을 염려했던 옥타비아누스가 마이케나스에게 편지를 써서 자신과 스크리보니아의 결혼을 주선하게 하자, 마이케나스가 섹스투스 진영에 득달같이 달려가 노력한 결과였다. 그러나 그 결혼은 그리 오래가지 못했다. 옥타비아누스는 스크리보니아의 잔소리를 도저히 참을 수 없었다는 이유로 그녀와 이혼했지만 사실은 리비아 드루실라에게 홀딱 빠져 있었던 것이다.

○ 만삭이던 스크리보니아는 강제로 이혼당해 황궁에서 쫓겨나던 그날

율리아를 낳았다.(註. 율리아에게는 친어머니가 자신을 낳던 그날의 비극이 아버지로부터 유배형을 받아 유배지에서 삶을 마감하던 날까지 계속 이어졌다.) 그리고 옥타비아누스는 곧 클라우디우스 네로의 아내인 리비아 드루실라와 BC 38년에 결혼하여 그녀와는 죽을 때까지 해로했다. 리비아는 로마 시민권의 확대를 주장하다 살해당한 호민관 리비우스 드루수스의 손녀이기도 했다.

☼ 옥타비아누스의 인내와 카이사르의 평가

≪옥타비아누스는 선천적으로 허약한 몸으로 태어났으나 책임감이 강했다. 사람 보는 눈이 날카로웠던 카이사르는 그가 어려운 여행길을 오직 책임감과 인내력으로 완수한 것을 보았다. 아마 이런 일들이 어우러져 카이사르가 후계자를 선택할 때 옥타비아누스를 깊이 고려했으리라.≫

○ 카이사르는 갈리아 전쟁, 이집트 전쟁, 아시아 전쟁, 북아프리카 전쟁을 승리로 치장한 다음 개선식을 거행했다. 그러고서는 개선식의 영광을 함께했던 옥타비아누스에게 개선식 공연을 관리하는 책임을 맡겼다.(註. 당시의 옥타비아누스는 '옥타비우스'라는 이름으로 불렸다. 카이사르는 옥타비아누스 외할머니의 남동생이었다. 옥타비아누스의 본명은 가이우스 옥타비우스 투리누스였고 로마 남동쪽에 있는 조그마한 도시 벨리트라이의 부유한 은행가의 외손자였다. 그는 카이사르가 암살당

하고 자신이 양자로 지명되었다는 사실을 알게 되자 이름을 가이우스 율리우스 카이사르 옥타비아누스로 개명하여 카이사르의 후광을 최대한 이용했다. 옥타비아누스는 선천적으로 약한 체질로 태어났으며 특히 위장 등 소화 기능이 허약했다고 한다.) 책임감이 철저했던 옥타비아누스는 공연이 길어도 그리고 아무리 더워도 끝까지 남아 공연을 관람하며 관리했다. 하지만 타고난 체질이 약한 그는 결국 병들어 쓰러지고 말았다. 카이사르는 옥타비아누스가 쓰러지자 걱정과 불안으로 제정신이 아닐 정도였다. 한번은 카이사르가 저녁 식사를 하고 있을 때 옥타비아누스의 상태가 악화되어 죽을지도 모른다는 소식이 전해졌다. 그는 자리에서 뛰쳐 일어나 맨발로 옥타비아누스가 있는 곳으로 달려가기도 했다.

○ 그 후 옥타비아누스의 병이 점차 나아졌으나 완전히 회복되지는 않았을 때였다. 카이사르가 폼페이우스의 두 아들을 무찌르기 위해 히스파니아로 떠나게 되었다. 그는 옥타비아누스를 전쟁에 참여시키고 싶어 몸이 회복되거든 뒤따라오라고 말했다. 옥타비아누스는 병이 완전히 낫도록 최선을 다했지만 많은 시간이 걸리겠다고 생각되자, 완전히 낫기를 기다리지 않고 겨우 반쯤 회복된 상태에서 소규모의 호위대만 이끌고 할아버지뻘인 카이사르를 쫓아갔다. 그는 힘세고 날랜 하인들 몇 명과 아그리파(Marcus Vipsanius Agrippa)를 포함한 아주 친한 친구 몇 명을 데리고 길을 떠났다. 카이사르를 만나기 위해 떠난 그들은 로마에서 갈리아 남부인 프로방스의 육로를 따라 히스파니아에 도착했다. 그곳에서는 적의 공격으로부터 위험을 피하고자 배를 탔으나 겨울철 바다의 예기치 못한 풍랑을 만나 난파되고 말았다. 옥타비아누스 일행은 바다에서 배가 난파당하자, 어쩔 수 없

이 적들이 둘러싸고 있는 험난한 육로를 여행하여 천신만고 끝에 카이사르의 막사에 도착할 수 있었다.

○ 옥타비아누스 일행이 카이사르 진영에 도착했을 때는 이미 카이사르가 승리한 후였다. 카이사르는 온갖 어려움을 겪은 끝에 자신의 진영에 도착한 옥타비아누스를 보고 몹시 기뻐했다. 그는 정신없이 바쁜 와중에도 옥타비아누스가 자신을 찾아온 것에 놀라워하면서 동시에 그를 따뜻이 안아 주었다. 카이사르는 험난한 여행을 감내한 옥타비아누스의 투지뿐만 아니라, 곱상하고 나약하게만 보였던 이 젊은이의 성품에 대해서도 높게 평가하기 시작했다.

○ 카이사르는 진영을 떠나기 전 한 달가량 옥타비아누스와 함께 지내면서 그의 현명하고 분별력 있는 성품을 더욱 잘 알게 되었다. 사실 카이사르에게는 두 명의 누나가 있어 옥타비아누스 외에도 큰누나가 낳은 루키우스 피나리우스와 퀸투스 페디우스 형제가 있었지만, 그는 점차적으로 옥타비아누스에 대해 최종적이고 확실하며 긍정적인 결론에 도달하는 마음을 품게 되었다.(註. 이러한 내용은 카이사르가 옥타비아누스를 후계자로 선택할 수밖에 없었다는 필연의 끈으로 묶기 위해 후세의 사람들이 억지로 찾아낸 사건들이라는 것이 역사가들의 견해이다. 하지만 모든 정황을 보면 카이사르가 죽기 전부터 옥타비아누스는 양자 지명의 필연성을 확증할 만한 정도는 아니었더라도 상당히 영향력이 있는 카이사르 가문의 일원이었던 것은 사실이다. 다만 그를 무명의 청년이라고 한 것은 극적인 것을 좋아하는 역사가들에 의해 그렇게 표현되었을 뿐이다.)

원로원의 책략(BC 43년)

≪원로원은 더욱더 가난해진 시민들의 생활고를 해결하기보다는 고난과 불평등이 오히려 사회의 균형을 잡아 주는 받침대 역할을 한다고 강변했다. 이는 자신들의 재산과 권한을 보존하려는 탐욕에서 그랬으리라. 하지만 창검의 위협 앞에서 그들의 탐욕은 무릎을 꿇었고 병사들에게 하사금과 토지 분배를 주저 없이 약속했다. 위기에 닥쳐 앞뒤를 재지 않고 아무렇게나 선언한 약속을 맹신할 수는 없겠지만 내전의 위험과 불행은 원로원으로 하여금 약속을 이행하도록 내몰았다.≫

○ 로마 원로원은 토지 분배, 곡물 배급, 부채 말소 그리고 제대 병사의 퇴직금 지급과 같은 현실적인 문제에 지극히 냉담했다. 원로원 의원 중 특히 키케로를 비롯한 옵티마테스들은 사유 재산권이란 신성하며 시민 간의 신분과 재산의 불평등은 곧 공정한 것이며 형평의 원리에 합당하다고 주장했다.(註. 공화정 말기에 나타난 두 가지 형태의 정파를 분류하면서, 원로원에 의한 과두정을 옹호한 자들을 '옵티마테스optimates', 시민들의 지지를 얻어 국정을 주도하고자 한 자들을 '포풀라레스populares'라고 했으며, 모두 복수형이다.) 키케로는 나시카 세라피오가 티베리우스 그라쿠스를 살해한 것을 스키피오 아이밀리아누스가 누만티아 전쟁을 승리로 이끈 것보다도 더 탁월한 공적이었다고 칭송했으며, 심지어 그는 BC 58년 호민관 클로디우스의 입법으로 곡물 무상 배급이 실시되자 이를 받으려고 몰려든 시민들을 보고 '더러운 찌꺼기들, 국고를 빨아먹고 사는 비참하고 굶주린 거머리들'이라

고 혹평하기도 했다. 그러면서 채무자의 부채를 말소시키는 것은 공화국의 주춧돌을 흔드는 것이라며 규탄했다.(註. 하지만 키케로가 곡물 배급 자체를 반대한 것은 아니다. 그는 그라쿠스 형제보다 후세대 인물인 마르쿠스 옥타비우스가 제안한 곡물 배급은 적정 규모여서 국가로서는 견딜 만하고 가난한 자들에게는 필요한 것이라고 말했기 때문이다. 그러면서 가이우스 그라쿠스의 곡물 배급은 워낙 대규모여서 국고를 고갈시켰다고 주장했다.)

○ 안토니우스가 갈리아 키살피나 총독 자리를 빼앗기 위해 데키무스 브루투스가 진을 치고 있던 무티나를 포위 공격하고 있을 때, 원로원은 안토니우스의 야심을 저지하기 위해 두 집정관 히르티우스(Aulus Hirtius)와 판사(Gaius Vibius Pansa)를 파견했다. 하지만 좀 더 확실한 승리를 위해서는 옥타비아누스의 도움이 필요했다. 그의 휘하에는 용맹스런 마케도니아 2개 군단(마르스 군단과 제4군단)과 카이사르와 함께했던 수천 명의 재소집 퇴역병(제7군단, 제8군단)들이 있었다. 따라서 원로원은 그들에게 하사금을 약속하며 금전으로 매수하고 토지를 제공하겠다는 약속을 다급하게 선언하며 병사들의 마음을 사로잡기 위해 안간힘을 쏟았다.(註. 학자들의 연구에 의하면 훗날 아우구스투스는 히스파니아의 루시타니아를 평정하고 병사 1인당 66유게룸 정도의 토지를 분배했다고 추정하고 있다.) 아마도 원로원이 병사들에게 하사금과 토지 분배를 약속하며 유혹한 데는 옥타비아누스를 밀어내고 그 자리에 친원로원파를 앉히겠다는 속셈도 포함되었으리라. 이렇게 하여 원로원이 병사들과 직거래를 트게 되면, 옥타비아누스를 어느 정도 소외시킬 수 있을 터이고 병사들이란 어느 쪽이 되었건 하사금과 토지를 많이 주는 편에 붙기 마련이었다. 마침내 원로원은 마르스

군단과 제4군단의 지휘권을 집정관 히르티우스에게로 이양하는 데 성공할 수 있었다.

○ 더 나아가 원로원은 안토니우스 지휘를 받는 재소집 퇴역병들의 토지를 몰수하여 옥타비아누스 지휘를 받는 재소집 퇴역병들에게 지급함으로써 그들의 생계를 뿌리째 뽑아 버리고 안토니우스가 병사들로부터 원망과 불신을 받도록 했다. 또한 하사금의 지급에서 마르스 군단과 제4군단에게만 5천 데나리우스를 주겠다고 약속함으로써 다 같이 옥타비아누스 휘하에 있던 제7군단과 제8군단의 퇴역병들로 하여금 모욕감을 느끼게 했다. 이는 옥타비아누스 군대의 분열을 획책하기 위해서였다고밖에 볼 수 없다. 하지만 제7군단과 제8군단의 병사들의 눈에 마르스 군단과 제4군단은 배반을 밥 먹듯이 일삼는 무리일 뿐이었다. 애초에 그 2개 군단이 안토니우스의 명령으로 이탈리아에 왔다가 안토니우스를 배반하고 옥타비아누스에게로 붙었다가 이번에는 재물에 매수되어 히르티우스로 사령관으로 바꾸었기 때문이다.

○ 어찌 되었건 이런 식으로 원로원은 옥타비아누스의 힘과 가능성을 약화시켰고 분열을 조장하여 손쉬운 이익을 얻었다. 하지만 로마는 카이사르가 죽은 후 그가 신전에 남겨 둔 7억 세르테르티우스에 달하는 국고가 흔적 없이 사라지고 없었으므로 하사금의 약속은 제대로 지켜질 수 없었다. 그동안 로마는 속주와 동맹국에서 들어오는 수입으로 국고를 채웠으나 124년 만인 BC 43년 키케로가 전쟁을 위한 세금 징수안을 원로원에 상정하여 통과되기도 했다.(註. 키케로가 제안한 세금은 '트리부툼tributum'으로 BC 405년 베이이와의 전쟁 시에 병사들에게 급료를 지급하기 위해 처음 거두었지만, 마케도니아를 멸망시키고 그곳에서 가져온 3천만 데나리우스의 전리품으로 국고가 넘치자 BC

167년에 중지되었다가 BC 43년에 다시 부활했던 것이다. 하지만 이 조세 정책은 실패했고 공화국을 회생시키려던 키케로의 노력은 물거품이 되었다.) 이렇게 할 수밖에 없었던 것은 로마의 권력자들과 정치인들이 자신의 야심을 위해 국고에 손을 대어 마구 탕진한 결과였다. 특히 안토니우스가 의심을 받았다. 그럼에도 그는 마케도니아 군단들이 이탈리아에 상륙했을 때 그들에게 불과 100데나리우스의 하사금을 주겠다고 하여 병사들의 야유를 받은 적이 있다. 이때 안토니우스는 기강을 잡는다며 병사들을 300여 명이나 처형했다. 하지만 이런 일이 있은 후 마르스 군단과 제4군단이 경쟁자인 옥타비아누스의 진영으로 떠나 버리자 그제야 그는 하사금을 500데나리우스로 올려 남아 있던 병사들의 마음을 다독거렸고, 무티나를 포위 공격하기 위해 그들을 북이탈리아로 끌고 갈 수 있었다. 이 내용은 제2차 삼두 정치에서 좀 더 상세히 다루어진다.

옥타비아누스에 대한 의혹과 제2차 삼두 정치(BC 43년)

≪옥타비아누스는 카이사르가 자신에게 쥐어 준 양자 입적 · 카이사르라는 이름의 계승과 같은 무형의 자산을 이용하여 군사력을 모았고, 그 군사력은 자신의 힘이자 정치적 기반이 되었다. 그는 때로는 무형의 자산이 유형의 자산보다 더 큰 힘을 가지게 되는 것을 깨달은 것이다.

이 힘을 결집시켜 그는 자신의 양아버지 카이사르를 흉내 내어 삼두 정치를 성립시켰고, 이로써 공화정은 로마 세계에서 한 발자국 더 멀어진 것을 넘어 완전히 짓뭉개지고 말았다. 공화정의 꽃망울이 다시 맺으려면 옥타비아누스를 제거하는 것이 먼저였다. 이미 죽은 독재자가 지명한 후계자는 선택되었다는 이유만 가지고서도 막강한 세력을 결집할 수 있었고, 게다가 체제 계승의 의무까지 느꼈기 때문이다. 공화주의자였던 키케로는 옥타비아누스를 염두에 두면서 이렇게 말했다. "그 젊은이한테 명예를 주어야 한다. 그런 다음 격려(제거)해야 한다.(註. 키케로가 사용한 라틴어 'tollendum'은 '격려하다, 북돋아 주다' 외에 '제거하다'란 의미를 동시에 지녔다. 'tollendum'의 기본형은 'tollo')" 하지만 이 불세출의 연설가는 사람의 마음을 통찰하지 못했다. 옥타비아누스는 절대로 공화주의자일 수 없었고, 필요 없게 되면 언제든지 용도 폐기할 수 있는 존재가 아니었다. 피비린내 나는 내전은 그다음 이어지는 당연한 수순이었다.

14세기 동로마 황제 칸타쿠제누스는 말했다. "적국과의 전쟁은 여름이 내뿜는 더위와 같아서 언제든 참을 만하며 대개 유익하다. 하지만 내전은 열병이 가져오는 치명적인 열기와 같아서 마땅한 치료약도 없으며 나라의 생명력을 갉아먹는다." 또한 호메로스는 "내전을 좋아하는 자는 친족도 없고 법도 무시하며 가정도 없는 자다."고 갈파했다. 하지만 술라, 마리우스, 카이사르는 물론이거니와 옥타비아누스까지도 내전의 승리로 최고 권력자가 되었고 진정한 승리자가 되었다. 내전의 승리자가 적국과의 승리자보다 더욱 달콤한 승리감을 맛보는 만큼 내전에서 패배한 자는 적국과의 전쟁에서 패전한 장군보다 훨씬 더 비참했다.≫

○ BC 44년 집정관이었던 안토니우스는 트리부스 평민회에 상정하여 마르쿠스 브루투스가 가게 되어 있던 마케도니아를 빼앗아 자신을 그곳의 총독으로 임명하게 했다.(註. 카이사르가 남긴 문서에 의거 마르쿠스 브루투스는 마케도니아 총독, 데키무스 브루투스는 갈리아 키살피나 총독으로 임명되어 있었다.) 그리하여 그는 집정관 임기가 끝나는 12월에 마케도니아의 총독으로 떠날 예정이었으며, 파르티아 공략을 위해 마케도니아에 파견되어 있던 군단을 자신의 휘하에 넣을 수 있었다. 그러나 로마에 문제가 생겼을 경우 마케도니아는 즉시 개입하기에 다소 멀었다. 따라서 그는 갈리아 키살피나에 총독으로 서둘러 떠났던 데키무스 브루투스에게 마케도니아 총독 자리와 서로 맞바꾸자고 제의하면서 BC 44년 6월 1일 그 내용을 '속주 교환에 관한 안토니우스 법(Lex Antonia de permutatione provinciarum)'으로 통과시켰다. 그 법률에 따르면 안토니우스는 갈리아 키살피나(註. 북이탈리아 지역)와 갈리아 트란살피나(註. 현재 프랑스 지역으로 흔히 '갈리아 코마타'라고 불리는데 이는 그곳의 주민들이 장발이었기 때문이다. 훗날 아우구스투스가 이곳을 아퀴타니아, 루그두넨시스, 벨기카로 나누었다.)를 맡게 되었다.

○ 그러나 갈리아 키살피나에 총독으로 가 있던 데키무스 브루투스는 안토니우스에게 총독 자리를 양보하지 않았다. 데키무스 브루투스는 총독 자리를 바꾸게 되면 이미 마케도니아 군단은 안토니우스의 지휘를 받고 있는 데다 갈리아 키살피나의 병사들까지도 잃게 되어 군사력을 포기하는 것이나 마찬가지고 그렇게 되면 자신의 파멸이 뻔했기 때문이다. 게다가 안토니우스가 정략적 이익을 위해 우격다짐으로 총독 임지를 변경했으므로 데키무스 브루투스로서는 안토니우

스의 불법성을 비난하며 버티고 있었다.

○ 그러자 안토니우스는 데키무스 브루투스와의 결전을 염두에 두고 마케도니아 6개 군단 중 4개 군단을 이탈리아로 이동시켜 브룬디시움에서 인계받았다. 하지만 안토니우스가 병사 1인당 겨우 100데나리우스의 하사금을 약속하자 마케도니아의 군단병들에게 환영을 받기는커녕 야유가 터져 나왔고, 이에 격분한 그는 군기를 바로잡는다며 마르스 군단의 병사 300여 명을 아내 풀비아가 지켜보는 앞에서 처형했다. 이런 일이 터지고 난 후 결국 이탈리아에 상륙한 4개의 마케도니아 군단 중 먼저 마르스 군단이 그리고 며칠 후에는 제4군단이 안토니우스가 로마에 간 틈에 카이사르의 후계자임을 자처하는 옥타비아누스 편으로 돌아섰다. 왜냐하면 옥타비아누스는 카이사르의 양아들이었을 뿐 아니라 500데나리우스의 하사금을 약속했기 때문이다. 이것은 로마 역사상 최초로 돈 때문에 자신의 사령관을 배반한 사건이었다. 하기야 카이사르는 돈이 있으면 군대를 얻을 수 있고, 군대가 있으면 돈을 얻을 수 있다고 말하기도 했다.

○ 이렇듯 병사들은 사령관의 선택을 옛정이나 충성심에 따라 결정하는 것이 아니라 탐욕의 충족에 따라 복종하는 행태를 보였고, 이로써 로마군은 최고 입찰가를 부르는 장군의 사병으로 전락했다.(註. 파르티아 정벌을 위해 마케도니아에 있던 병력 중 마르스 군단, 제4군단, 제2군단, 제35군단이 안토니우스의 명령을 받아 이탈리아로 왔다. 이 중 2개 군단이 변절한 것을 두고 카이사르 양아들에게 충성심을 보이기 위해 적은 하사금을 핑계 삼았을 뿐이라고 주장되기도 한다. 하지만 마케도니아 병사들에 대한 지휘권을 놓고 옥타비아누스와 안토니우스가 하사금으로 경쟁했으므로 이 주장은 받아들이기 어렵겠다.) 그동안 옥타비아누스는

퇴역병들을 3천 명가량 모아 로마로 진격해 자신의 포부를 밝혔고, 곧이어 마케도니아의 2개 군단까지 휘하에 들어오자 무시할 수 없는 막강한 군사력을 가지게 되었다.(註. 옥타비아누스가 카이사르 휘하에서 복무했던 퇴역병을 모아 로마로 진군한 다음 연단에 올라 자신은 안토니우스와 싸우겠다고 선언했다. 그러자 퇴역병들은 "옥타비아누스가 카이사르를 살해한 자들과 한편이 되어 카이사르의 충실한 지휘관이던 안토니우스를 해치려 한다."고 탄식하며 로마를 떠났다. 그때 옥타비아누스는 더 많은 하사금을 약속하며 일부의 병사들을 겨우 곁에 붙잡아 둘 수 있었다. 하지만 머지않아 옥타비아누스를 떠난 퇴역병들은 자신들이 얻게 될 물질적 이익을 생각하며 저울질하게 되자, 여러 가지 구차한 핑계를 대면서 다시금 옥타비아누스의 진영으로 모여들었다. 그러자 옥타비아누스는 병사들의 기대에 부응하여 꽤나 많은 돈을 수레에 가득 실어 병사들이 모인 진영으로 끌고 왔다.) 그러자 초조해진 안토니우스는 지체하지 않고 데키무스 브루투스를 몰아내기 위해 남은 마케도니아 병사들을 북이탈리아로 이끌고 무티나(註. 현재 지명 '모데나')를 포위 공격했다. 그때 그는 그제야 탐욕에 대한 병사들의 마음을 깨달았는지 옥타비아누스와 같은 액수인 병사 1인당 500데나리우스의 하사금을 약속하며 다독거렸다. 이 일이 있고 난 후 500데나리우스는 다른 지휘관에 속한 병사들을 빼내려고 할 때 병사들이 요구할 수 있는 공평하고 정당한 가격이 되었다. 이런 과정을 거친 무티나 전투는 결국 안토니우스가 갈리아 키살피나의 총독 자리를 데키무스 브루투스로부터 빼앗으려고 벌인 전투였다. 아마 안토니우스는 카이사르가 갈리아 키살피나 총독으로 있으면서 로마를 압박했던 것을 분명히 기억하고서 자신도 그렇게 하고 싶었으리라.

○ 그때 키케로는 '필리피카'로 안토니우스의 전횡을 탄핵하고 있었다. 특히 안토니우스가 마르스 군단의 병사 300여 명을 처형한 것은 키케로 연설의 독화살에 여지없이 꽂혔다. 키케로는 공화정을 옹호하는 입장이었고 카이사르를 암살한 데키무스 브루투스는 그가 보살펴 주어야 하는 공화주의자였다. 또한 두 집정관 히르티우스와 판사는 선량했고 키케로를 존경해 마지않았으므로 원로원에서 키케로의 영향력은 절대적이었다. 그래서 그는 원로원에 막강한 영향력을 행사할 수 있었고, 그 결과 원로원은 합법적인 총독의 자리를 빼앗으려는 안토니우스의 위법을 지적하며 생각을 바꾸라고 권고했다. 원로원의 권고를 받은 안토니우스는 갈리아 키살피나를 포기할 수는 있지만 그 대신에 갈리아 트란살피나는 계속 보유하겠다고 말했다. 안토니우스는 자신을 지키려면 병사들이 필요했기에 어쩌면 이 제안은 매우 타당한 것처럼 보였다. 그러나 원로원 의원들은 북측 갈리아 키살피나에서 데키무스 브루투스가 포위를 뚫고 공격에 나서고 남측에서 집정관들이 협공한다면 승리할 수 있다고 생각했다. 승리를 확신하자 원로원은 매우 완고해졌고, 게다가 갈리아 키살피나를 포기하겠다는 제의를 의심했으므로 안토니우스의 제안은 거부되고 말았다.

○ 마침내 원로원은 두 집정관 히르티우스와 판사에게 무티나의 데키무스 브루투스를 구하라고 지시했다. 이는 내전의 포문을 여는 선전 포고였다. 원로원의 지시에 따라 당시 집정관 히르티우스와 판사는 4개 군단의 병사들을 이끌고 안토니우스를 제압하러 떠났다. 그때 키케로는 무조건 이겨야 한다는 마음에 원로원을 설득하고 두 집정관 히르티우스와 판사의 허락을 받아 옥타비아누스에게 전직 법무관이라는 직함을 주어 참전시켰다. 옥타비아누스는 자신에게 넘어온 마

케도니아 2개 군단과 수천 명에 달하는 카이사르의 재소집 퇴역병들을 휘하에 두고 있었으므로 상당한 군사력을 보유하고 있었다.

○ 사실 BC 43년 집정관 히르티우스와 판사는 키케로를 무척 존경했으며 선량하기도 했다. 카이사르가 죽은 후 로마의 앞날이 혼란과 갈등으로 갈피를 잡지 못하고 집정관 안토니우스에게 위협까지 받자 키케로는 아테네로 떠날까도 생각했었다. 실제로도 그가 두 번이나 바다 여행을 시도했지만 역풍으로 실패하고 낙심하여 로마로 되돌아왔을 때, 다음 해 집정관으로 선출된 히르티우스와 판사가 찾아와 자신들을 버리지 말고 국정 운영을 도와 달라고 간청하면서 내년도 집정관직을 수행할 때 안토니우스를 권력의 정점에서 끌어내리겠다고 약속까지 했던 것이다. 한때 히르티우스는 카이사르 휘하에서 군복무를 했으며, 갈리아 전쟁기 제8권과 알렉산드리아 전쟁사를 쓴 것으로 알려졌다. 따라서 그는 카이사르 파였지만 안토니우스를 반대하는 원로원을 지지했던 것이다. 키케로는 집정관들의 약속을 완전히 믿었던 것은 아니지만 마음을 바꾸어 그대로 로마에 머물렀다. 하지만 두 집정관이 옥타비아누스를 데리고 벌인 이 전투(註. 무티나 전투를 말한다.)에서 집정관 히르티우스가 전장에서 낙마하여 먼저 죽고, 판사는 히르티우스가 죽기 7일 전에 벌어진 포룸 갈로룸 전투에서 투창에 맞아 부상을 입었으며 히르티우스가 죽은 지 며칠 후에 부상이 악화되어 사망하고 말았다.

○ 집정관 두 명이 모두 죽자 히르티우스와 판사의 죽음 뒤에는 군사력을 손쉽게 장악하려던 옥타비아누스의 계략이 있었다는 소문이 나돌았다. 옥타비아누스가 혼란한 전쟁터에서 부하를 시켜 히르티우스를 죽였고, 그리스인 의사 글리코를 시켜 판사의 부상당한 상처에 독약

을 발랐다는 것이었다.(註. 그 이후 글리코는 판사를 독살한 혐의로 구속되었다. 왜냐하면 판사의 상처는 가벼운 것이었고, 치명적인 감염에 노출된 것도 아니었기 때문이다. 글리코가 구속되자 마르쿠스 브루투스는 글리코가 품위 있고 올곧은 사람이라며 변호하고 나섰다.)

○ 두 집정관이 죽자 원로원은 집정관이 지휘하던 군대를 데키무스 브루투스가 지휘할 수 있도록 지휘권을 넘기라고 옥타비아누스에게 명령했다. 그러나 옥타비아누스는 병사들이 원로원의 명령을 거역하고 있다며 이를 거부했다. 그는 몇 번의 고비를 넘겨 간신히 승리를 손에 넣은 뒤 패전한 안토니우스의 일부 군사뿐만 아니라, 지휘관이 없어진 히르티우스와 판사의 군사들까지도 모두 자신의 휘하에 복속시켰다. 이렇게 하여 옥타비아누스는 8개 군단을 지휘하는 사령관이 되었다.(註. 옥타비아누스가 지휘하게 된 8개 군단은 마르스 군단, 제4군단, 제7군단, 제8군단 그리고 집정관들이 모병한 4개 군단이었다.) 그러고서는 끝까지 안토니우스를 추격하라는 원로원의 명령을 무시했다. 게다가 이즈음 안토니우스 측의 벤티디우스가 피케눔 지역에서 끌어모은 고참병 3개 군단을 이끌고 안토니우스와 합세하기 위해 서진하고 있었는데 이를 막기 위해 에트루리아로 진군하라는 데키무스 브루투스의 요구까지도 옥타비아누스는 거절했다. 왜냐하면 옥타비아누스는 자신의 양아버지인 카이사르의 암살에 참여한 데키무스 브루투스를 도와줄 마음이 없었을 뿐 아니라, 자신의 야심을 이루려면 군대가 필요했고 다른 것을 먼저 해내야 했기 때문이었다. 그는 데키무스 브루투스의 제안에 이렇게 답했다. "신(註. 신격 카이사르를 두고 하는 말이다.)께서는 나에게 당신을 만나는 일조차 안 된다고 했소."

○ 결국 무티나 전투의 결과로 로마 최정예 군사력이 옥타비아누스의 지휘하에 들어왔고, 이로써 로마에서는 옥타비아누스에게 군사력으로 대적할 존재가 없어졌으며, 그의 군사력을 두려워한 원로원은 명령하는 위치에서 명령받는 위치로 전락했다. 옥타비아누스 진영의 병사들은 무엇보다도 원로원에서 약속한 병사 1인당 5천 데나리우스의 하사금과 토지 분배를 받고 싶어 했다.(註. 원로원은 옥타비아누스 휘하에 있던 마르스 군단과 제4군단을 회유하여 집정관 히르티우스에게로 보낼 때 병사 1인당 5천 데나리우스의 하사금과 토지 분배를 약속했었다. 키케로는 이 하사금을 마련하기 위해 세금 징수안을 마련한 후 원로원 회의에 상정하여 통과시켰지만 이 조세 정책은 실패로 끝났다. 그리고 히르티우스가 무티나 전투에서 전사하자 마르스 군단과 제4군단은 데키무스 브루투스의 지휘를 받으라는 원로원의 명령을 거부하고 다시금 옥타비아누스에게로 돌아왔다.) 이러한 약속이 원만히 해결되려면 자신들의 지휘관인 옥타비아누스가 집정관이 되어야 했다. 그렇게 되자 옥타비아누스 진영에서는 병사들의 요구를 관철시키기 위해 백인대장 400명으로 구성된 협상단을 로마로 보냈다. 로마에 나타난 그들은 원로원에서 옥타비아누스에게는 집정관을, 병사들에게는 약속된 하사금의 지급을 요구했다. 하지만 상황을 제대로 인식하지 못한 원로원은 그들의 요구에 답하기를 망설였다. 그러자 코르넬리우스라는 백인대장이 자신의 망토를 뒤로 젖히고서는 검을 빼 들면서 이렇게 내뱉고는 진영으로 돌아갔다. "만약 당신들이 우리의 요구를 거절한다면 이 검이 우리를 도와줄 것이오!"

○ 마침내 옥타비아누스가 분노에 찬 8개 군단을 거느리고 로마로 진격하자 원로원은 당황하여 갈피를 잡지 못했고 수비대로 배치한 3개 군

단도 옥타비아누스 편에 서고 말았다. 이는 쿠데타로 국가 체제가 전복되는 순간이었다. 이렇듯 로마가 옥타비아누스 군에게 접수되자 법무관 코르누투스(註. 코르누투스는 요즘으로 보면 '수도 방위 사령관' 격이었다.)는 분노를 참지 못하여 자살했고, 숨어 있던 키케로는 친구를 통해 옥타비아누스와 겨우 면담 자리를 마련하여 그간의 행동을 변명하고 잘못을 사죄했다. 하지만 옥타비아누스는 키케로가 마지막 친구라며 빈정거릴 뿐이었다. 그리고 원로원은 병사들의 요구를 있는 그대로 모두 받아들일 것을 재빨리 의결했다.

○ 옥타비아누스 군이 로마를 접수하던 그날 밤 마르스 군단과 제4군단이 국가에 저지른 불충을 후회하며 옥타비아누스에게 반기를 들고 원로원 측으로 돌아섰다는 소문이 퍼졌다. 그 소문을 들은 원로원 의원들은 밤중임에도 기쁨에 차 의사당으로 몰려들었고, 키케로는 의사당 입구에서 입장하는 원로원 의원들에게 일일이 악수하며 축하 인사를 보냈다. 하지만 그 소문이 허위임이 밝혀지자 키케로는 제일 먼저 가마를 타고 잽싸게 의사당에서 사라졌다.

제2차 삼두 정치 기념주화: III VIR R P C(국가재건3인위원)가 뚜렷이 새겨져 있다
위: 안토니우스
아래: 옥타비아누스

○ 이제 누구도 옥타비아누스를 젖비린내 나는 어린애로 취급할 수

있는 상황이 아니었다. 원로원은 연령 미달에 상관없이 집정관 선거에 입후보하도록 승인하여 달라는 옥타비아누스의 요구에 결국 굴복할 수밖에 없었다. 그리고 민회에서는 겨우 21세인 그에게 압도적인 표 차이로 집정관에 당선시켰다. 이는 BC 180년경 공직 수행의 적정 연령을 정한 빌리아 아날리스 법을 위반한 것이었다. 옥타비아누스는 집정관이 되어 자신의 군대와 함께 마르스 광장으로 진군하면서 6마리의 독수리를 보았고 연설을 위해 연단에 올랐을 때 6마리를 더 보았다고 주장했다. 이는 로물루스가 보았던 12마리 독수리와 동일한 수였다. 집정관에 취임한 그가 가장 먼저 한 일은 안토니우스의 방해로 실현하지 못한 카이사르 양자 입적이었다. 그때 그는 이제까지 자신의 이름이었던 '가이우스 옥타비우스 투리누스'를 버리고 '가이우스 율리우스 카이사르 옥타비아누스'라고 고쳐, 자신이야말로 카이사르의 양자로서 그의 뜻을 계승하는 자임을 세상에 알렸다. 또한 '페디우스 법'을 제정하여 카이사르를 살해한 자들을 유죄로 선언하고 추방을 결의했다.(註. 퀸투스 페디우스는 당시에 옥타비아누스의 동료 집정관이었다. 그는 카이사르 큰누나의 아들이며, 야심 없는 사람으로 옥타비아누스가 하자는 대로 따랐다.) 물론 옥타비아누스는 자신을 따라 로마로 진군했던 8개 군단의 병사들에게 국고를 털어 우선 병사 1인당 2,500데나리우스를 지급했고 나머지는 조속한 시일 내에 전액 지급하도록 조치했다.

○ 집정관이 된 옥타비아누스는 이제 11개 군단을 이끌고 안토니우스 문제를 해결하기 위해 북이탈리아 속주로 향했다. 한편 안토니우스는 무티나 전투에서 히르티우스와 판사를 전사시켰지만 사실상 패배한 것이었다. 하지만 그는 시련이 닥쳤을 때 최고의 능력을 발휘하

며 불행할 때 가장 선하고 진실됨을 입증하듯, 불리함을 만회하고자 병사들과 똑같이 더러운 물과 산열매 그리고 처음 보는 짐승들을 잡아먹어 가며 갈리아 남부를 향해 어렵고도 힘든 행군을 했다. 그것은 히스파니아와 갈리아에서 병력을 거느리고 있던 레피두스와 플란쿠스의 병력을 통합하여 공동 전선을 짜기 위해서였다. 사실 레피두스는 로마에 있을 때부터 안토니우스 파로 분류되었으나 진중하지 못하고 변덕이 심한 자였다. 안토니우스가 가까이 다가오자 그는 아르겐테우스강을 사이에 두고 안토니우스와 맞서려고 했지만, 히스파니아와 갈리아의 병사들은 갈리아에서 안토니우스와 함께 카이사르 밑에서 동고동락하던 자들이었기에 안토니우스의 계략에 쉽게 빠져들었다. 또한 안토니우스는 레피두스에게 여러 차례 사람을 보내 카이사르 파끼리 힘을 합쳐야 살아남을 수 있으며 만약 분열된다면, 우선 자신이 파멸한 후 다른 카이사르 파들도 자신과 같은 운명에 처해질 것이라며 부드러운 말로 달랬다.

○ 그러자 마침내 레피두스의 병사들이 안토니우스 편에 서게 되었다.(註. 레피두스 휘하의 6군단 병사들은 마실리아가 로마 원로원의 결의로 복권되자 자신들이 하사받은 토지를 다시 돌려줄 수밖에 없으므로 생활 근거지를 잃게 되었다. 그렇게 되자 생활 근거지를 잃지 않으려면 힘을 합쳐 승리해야 한다는 안토니우스의 책략에 쉽게 동조하여 레피두스가 지휘하는 7개 군단이 모두 안토니우스 편으로 돌아섰다.) 게다가 플란쿠스까지도 안토니우스를 추격하여 서진해 온 데키무스 브루투스를 버리고 안토니우스에게로 돌아섰다. 레피두스와 플란쿠스는 병사들이 안토니우스 편에 서자 통합군의 좌장 자리를 안토니우스에게 내주지 않을 수 없었다. 안토니우스는 통합군 지휘권을 얻은 뒤에도 레피두

스에게 최대한의 친절을 베풀며 대접했다. 이로써 안토니우스는 22개 군단을 거느린 지휘관이 되어 북이탈리아로 되돌아왔다.

○ 키케로는 레피두스가 원했든 아니면 어쩔 수 없이 그러했든 간에 그가 안토니우스와 손잡은 것을 두고 "레피두스의 변덕은 국가가 위기에 처할 때마다 본성을 드러내며, 그의 본성에 따른 범죄로 로마는 또다시 내전의 불이 활활 타오르게 되었다."며 맹비난을 퍼부었다. 그때까지 확실한 입장을 보이지 않던 레피두스가 안토니우스에게로 기울자 이 노년의 철학자가 열렬히 바라던 공화정의 회복이 멀어졌고 그렇게 되자 분노했으리라. 이제 안토니우스는 로마 세계에서 가장 강력한 군사력을 거느린 자가 되어 있었다.

○ 한편 북이탈리아의 갈리아 키살피나 총독 자리를 놓고 안토니우스와 대립하던 데키무스 브루투스는 이미 죽고 없었다. 데키무스 브루투스는 집정관들이 죽은 후 무티나 전투에 참여한 히르티우스 휘하의 병사들이 자신을 따르지 않고 옥타비아누스 편에 서자 몹시 마음이 상해 있었다. 게다가 키케로의 충고에 따라 안토니우스를 추격하기 위해 서쪽으로 힘든 행군을 한 끝에 플란쿠스(Lucius Munatius Plancus)의 군대와 병합했지만 플란쿠스가 배신하고 휘하의 병사들까지 회유당해 안토니우스 편에 서자 절망했다.(註. 갈리아 코마타 총독이던 플란쿠스는 애초에 공화파였지만, 때마침 나타난 히스파니아 울테리오르 총독 폴리오의 회유로 변절했다. 훗날 플란쿠스는 안토니우스와 옥타비아누스가 악티움에서 겨루기 얼마 전 안토니우스를 배반하고 옥타비아누스에게 달려감으로써 자신의 변절성을 유감없이 발휘했다. 승리에 대한 그의 직감은 적확하여 그가 버린 자가 항상 패배했고 품 안으로 달려간 자가 항상 승리했다. BC 27년 그는 옥타비아누스에게 '아우구스투스'

라는 호칭을 바쳤다.) 그렇게 되자 그는 알프스를 지나 마케도니아에 있는 마르쿠스 브루투스에게 가려고 북쪽으로 도주했다. 하지만 도중에 갈리아인들에게 붙잡혔고 이 사실을 알게 된 안토니우스의 명령으로 이미 살해당한 뒤였기 때문이다.

○ 안토니우스가 막강한 병력을 거느리고 북이탈리아에 나타나자 그와 겨루어 자신의 운명을 시험한다는 것은 분별력 없는 행동임을 옥타비아누스는 깨달았다. 그러기에는 안토니우스가 너무 강했다. 또한 정치 변혁기에는 당초 적이었던 자와도 정략적인 이유로 쉽게 동맹을 맺기 마련이다. 더군다나 동쪽에서는 카시우스와 브루투스가 공화파 세력을 결집하여 카이사르 파들과 싸우기 위해 군사력을 모으고 있었으며, 이미 가이우스 안토니우스(註. 마르쿠스 안토니우스의 동생)가 마케도니아 총독으로 파견되었지만 브루투스에게 패배해 아폴로니아에 고립된 후 생포된 상태였다. 또한 BC 43년 키케로의 사위였던 돌라벨라가 임지인 시리아로 가면서 카이사르 암살자들 중 한 명인 아시아 속주 총독 트레보니우스를 무력으로 생포하여 잔혹한 고문을 가한 끝에 죽이는 사건이 발생했다. 그때 트레보니우스는 브루투스와 카시우스를 위해 병사들을 징집하고 있던 차였다. 이 사건으로 로마 원로원은 경악하며 돌라벨라를 공공의 적으로 선포했고, 같은 해 그는 카이사르 암살의 주역 중 한 명이던 카시우스와 전투를 벌였으나 패배하여 스스로 목숨을 끊고 말았다. 카시우스가 돌라벨라와 싸운 것은 돌라벨라가 카이사르 암살자들의 일원인 트레보니우스를 살해했기 때문이기도 했지만 자신의 임지인 시리아를 돌라벨라에게 내줄 수 없었기 때문이기도 하다.(註. BC 44년 카이사르가 살해된 후 시리아 총독으로 카시우스가 갔다. 하지만 BC 43년부터

는 카이사르 유언장에 따라 돌라벨라가 향후 5년간 시리아 총독을 맡게 되었다.)

○ 상황이 이렇게 되자 옥타비아누스는 양아버지를 죽인 공화파들보다는 차라리 안토니우스의 동맹군들과 협력하여 통합하고자 했다. 43년 11월 결국 각자의 군대를 이끌고 북이탈리아로 진군하던 그들은 보노니아(註. 현재 지명 '볼로냐') 근처를 흐르는 라비니우스강의 작은 섬에서 회합을 가졌다. 안토니우스, 옥타비아누스 그리고 히스파니아 총독 레피두스가 친카이사르 파로서 결합한 것이다.(註. 레피두스는 술라가 죽은 후 술라 정책에 반대하고 항거하다 실패한 레피두스의 아들이었다.) 이로써 악명 높은 제2차 삼두 정치가 세상에 선보였다. 제1차 삼두 정치가 밀약에 의해 성립된 것임에 반해 제2차 삼두 정치는 공인된 형태로 나타났다. 키케로는 옥타비아누스가 안토니우스를

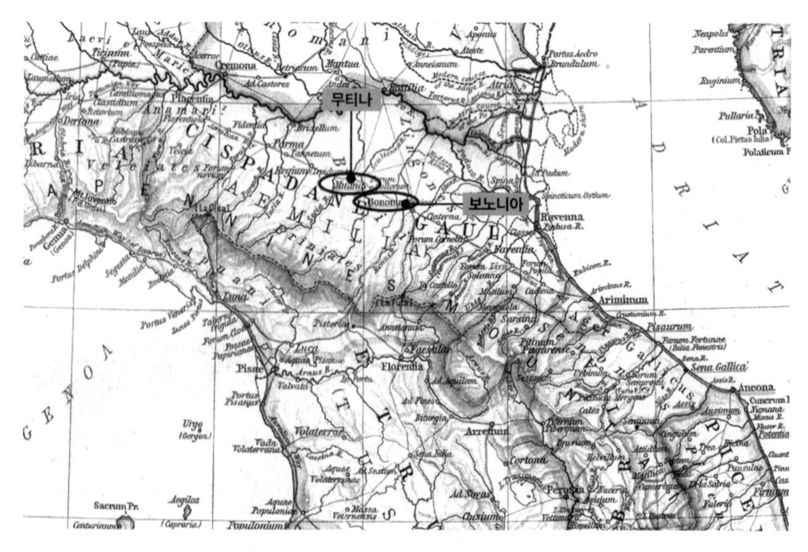

▌무티나, 보노니아

무찔러 주기를 고대했지만 오히려 둘이서 동맹을 맺자 큰 충격을 받았다. 하지만 어쩌면 이는 지극히 당연한 귀결이었다. 키케로와 원로원의 희망을 모조리 무너뜨린 이 사건은 무티나 전투가 끝난 지 불과 3개월 후에 일어난 일이었다.

○ 적의를 가진 엄청난 병사들이 이렇듯 합의에 이르자 도시가 불안과 불길한 전조로 들끓었다. 로마는 에트루리아 지역으로부터 예언가들을 불렀다. 하지만 그들은 공포와 혼란에 싸인 도시를 구해 내기보다는 불안을 더욱 가중시켰다. 왜냐하면 그중 가장 명망 있는 예언가가 과거의 왕정이 되살아나고 있다며 절규하면서 자결하는 일이 발생했기 때문이다.

○ 마침내 삼두들은 병사들을 이끌고 진군하여 며칠에 걸쳐 장대한 행렬을 이루며 로마에 입성했다. 그들은 정적들을 제거하고자 카이사르가 생전에 그렇게도 싫어했던 살생부를 만들어 원로원 의원 300명 기사 계급 2천 명을 숙청했다. 그중 원로원 의원 130명은 반역의 죄를 물어 재판도 없이 즉결 처형했다. 한편으로 이렇듯 무자비한 처형은 삼두들이 거느리고 있던 군단의 운영 비용과 마르쿠스 브루투스와 가이우스 카시우스를 정벌하기 위해 드는 비용을 부담하기 위한 조치이기도 했다. 왜냐하면 살생부에 적혀 처형된 사람들의 재산이 모두 국고로 몰수되었기 때문이다. 그것도 모자라 부유한 여성들에게 세금을 부과했고 기존의 세금도 무겁게 함으로써 '선정의 근간은 공정 과세에 있다.'는 원칙을 저버리는 동시에 '전쟁은 조세의 아버지'란 말을 입증했다. 삼두들은 수많은 군단병들을 먹여 살려야 했는데 서방 속주들에게서는 더 이상 빼앗을 재산이 없었고, 부유한 동방 속주는 브루투스와 카시우스의 수중에 있었으므로 전쟁 자금을 이탈

리아에서 긁어모을 수밖에 없었다. 그럼에도 살생부 작성으로 거둬들인 돈은 너무 적었고, 몰수된 토지와 건물은 한꺼번에 너무 많이 시장에 나와 시세가 폭락했다. 게다가 양식 있는 사람들은 죄 없는 희생자들의 부동산을 구입하기를 꺼렸다.

○ 이때 부과된 세금은 트리부툼(tributum)이었다. 트리부툼은 전쟁 비용을 충당하기 위해 부과된 직접세로서 목적이 매우 제한적이었다. 이는 병사들의 봉급 지불과 장비 마련에 필요한 비용을 마련한다는 목적을 지닌 목적세였고 전시에만 부과되었으므로 특별세라고 볼 수 있었다. 트리부툼은 전비 마련이라는 오직 하나의 목적만을 위해 부과되었으므로 필요할 때 원로원의 결의에 따라 부과되었다.(註. 로마는 전쟁을 했다하면 거의 승리를 거두었으므로 트리부툼을 납부한 만큼 전리품으로 시민들에게 되돌려주었다. 따라서 많은 역사가들은 트리부툼을 세금이 아닌 강제로 납부해야 하는 공채로 보기도 한다. 트리부툼은 BC 405년 베이이와의 전쟁 시에 병사들에게 급료를 지급하기 위해 처음 거두어서 지급되었다. 이 제도는 마케도니아를 멸망시키고 그곳에서 가져온 전리품으로 국고가 넘치자 BC 167년에 중지되었다가 BC 43년에 다시 부활한 것이다. 마케도니아를 멸망시킨 로마 장군은 아이밀리우스 파울루스 마케도니쿠스였는데 그는 뇌물이 통하지 않는 몇 안 되는 로마인 중 하나라는 평을 받은 자였다.)

○ 당초에 부녀자는 로마 시민권자가 아니므로 과세 대상에서 제외되었다. 그럼에도 전쟁 통에 사망한 남편과 아버지의 많은 재산을 넘겨받은 부녀자가 많았고, 그중에 가장 부유한 1,400명의 여자 상속자들이 세금을 부과받았던 것이다. 그녀들은 안토니우스의 처 풀비아를 찾아가 호소했지만 소용없자, BC 42년 당대의 최고 연설가였

던 호르텐시우스의 딸 호르텐시아가 여성이 연단에서 연설하는 경우가 없었던 전례를 깨고, 로마 광장의 연단 위에 올라가 전쟁 비용을 위해 여성에게 세금을 부과하는 것은 부당하다고 열변을 토했다.(註. 훗날 티베리우스 황제 때 발레리우스 막시무스가 "도대체 여자가 남자들의 공식 집회에 무슨 볼일이 있단 말인가?"라고 외칠 만큼 정치에 참여하는 여성에 대한 부정적인 견해는 단호했다. 그러면서 그는 "국가의 안정이 혼란으로 뒤흔들리면 오랜 관습의 권위가 무너진다."고 덧붙였다.) "공직에 오를 권리도 군사 지휘권도 그리고 투표권조차 없는 우리가 왜 세금을 내야 한단 말입니까? 갈리아족이나 파르티아와 전쟁이라면 그나마 좋습니다. 하지만 같은 동포인 당신들끼리 싸워 나라를 이 지경으로 만들어 놓고 부녀자에게 과세하다니 우리는 절대 세금을 낼 수 없습니다." 결국 그녀의 연설은 여론의 지지를 얻어 과세 대상 부녀자를 400명으로 줄일 수 있었다. 거침없이 나아갔던 삼두들도 여성의 외침과 눈물 앞에서는 그럴 수가 없었던지 한 발 물러섰던 것이다.

○ 살생부에 적힌 수많은 사람들이 온갖 잔혹한 방법으로 살해당했다. 죄인이 된 자들은 살해당한 후 목이 잘렸고 그 목은 포상금을 받기 위한 증거 자료로 제출되었다. 위험에 처한 자들은 화려한 옷을 버리고 이상한 모습으로 변장하여 허둥지둥 도망쳤다. 어떤 자들은 바다를 건너거나 아무도 찾지 못하는 곳에 숨어들었으며, 고대 역사서의 표현을 빌리자면 먼지가 가득 쌓인 들보 위로 올라가거나 지붕 아래에 몸을 숨겼다. 어떤 자들은 신의 법칙과 인간의 도리를 저버린 아내나 자식 혹은 재산을 탐낸 이웃이나 채권자 또는 노예에게 살해되었다.

○ 살생부는 서로 간의 적뿐만 아니라 친척과 친구도 교환했다. 레피두

스는 형제인 파울루스를 살생부에 올리는 것을 허락했고, 옥타비아누스는 한때 자신의 후견인이었던 토라니우스를 살생부에 올리는 것을 허용했다. 그것은 토라니우스의 아들이 인간의 규칙을 저버리고 아버지를 살생부에 올려 달라고 부탁했기 때문이다. 살생부에는 '필리피카'로 안토니우스의 탄핵에 열을 올렸던 키케로의 이름이 맨 위에 올라와 있었다. 신뢰할 만한 기록인지는 의심이 가지만, 옥타비아누스가 키케로의 이름이 살생부에 오르는 것을 이틀 동안 반대하자 3일째 되는 날 안토니우스는 자신의 외삼촌 루키우스 율리우스 카이사르를 살생부에 올리는 것을 허락하는 것으로 맞바꾸었다고 한다.(註. 안토니우스의 외삼촌 루키우스 율리우스 카이사르는 독재관 카이사르와 6촌으로서 BC 64년 집정관을 지냈다. 그는 동맹시 전쟁 때의 집정관 루키우스 율리우스 카이사르와는 다른 사람이다. 안토니우스의 어머니는 남편과 사별하고 푸블리우스 코르넬리우스 렌툴루스와 재혼했으나 그도 카틸리나 음모에 연루되어 키케로에게 처형당했다.) 이런 정황을 전해 들은 안토니우스의 외삼촌은 안토니우스의 어머니 집으로 피신했다. 병사들이 외삼촌을 처형하러 쳐들어오자 안토니우스의 어머니는 문간에 서서 두 팔을 벌려 이들을 막고서 버티었고 이런 말로써 오라비의 목숨을 구할 수 있었다. "정녕 안토니우스의 외삼촌을 죽이려면 먼저 나부터 짓밟고 지나가야 할 것이오. 내 아들이 바로 너희들의 사령관이니라." 결국 안토니우스 외삼촌뿐 아니라 레피두스의 형제 파울루스까지도 모두 처형을 면했지만, 권력을 가진 세 사람은 인간적인 감정과 도리를 땅바닥에 패대기침으로써 야망에 불타는 자들이 권력까지 가지게 되면 잔악하기가 사나운 짐승보다 더하다는 세간의 말을 여실히 증명했다.

○ 포고령에는 이렇게 명시되어 있었다. "가이우스 카이사르(註. 옥타비아누스를 말한다.)와 우리가 당한 일을 생각하면, 누구도 이 조치를 불공정하거나 잔인하다거나 지나치다고 여기지 않을 것이다. 또한 일반 대중에게는 위해를 가하지 않을 것이며, 살생부에 오른 자를 신고하여 포상금을 받는 사람의 이름은 문서에 기록되지 않을 것이다." 마지막 문장은 살생부에 적힌 자를 신고하여 포상금을 받는 것이란 수치스런 일이었으므로 이름을 숨겨 주어야 했기 때문이다. 그리고 이 약속은 지켜졌다.

○ 이렇듯 로마의 질서는 시민의 피로 씻어 새로이 기초를 세웠고, 카이사르의 독재가 오히려 황금 시대였다고 느낄 만큼 공포가 도처에 깔렸다. 원로원 의원들의 처형으로 의원수가 격감하자 삼두들에게 아부하던 외국인, 하층민, 불명예스런 직업을 가진 자, 심지어는 도망 노예까지 원로원 의원으로 임명하여 의원의 수가 천 명이 넘었다. 관료들을 선출할 때의 관행도 모두 폐기되어 16명이던 법무관이 어느 해에는 무려 67명에 이를 때도 있었다.

○ 천성적으로 잔혹했던 안토니우스는 이러한 참혹한 상황을 즐겼는지 희생자들의 머리가 잘려 제출되면 검사하는 데 언제나 열심이었고 그것은 식사하는 도중에도 마찬가지였다. 그의 아내 풀비아도 잘린 머리를 검사하는 데 남편에 뒤지지 않은 열성을 보였다.(註. 역사가에 따라서는 이 내용이 최후의 승자인 옥타비아누스가 안토니우스를 깎아내리려고 지어낸 이야기일 수 있다고 주장한다. 이렇듯 잔인한 숙청이 명예에 오점을 남기게 되었다고 생각했는지 옥타비아누스는 훗날 자신의 업적록에서 자신보다 나이가 더 많고 무자비했던 2명의 동료들이 주장했기에 마음에 내키지는 않았지만 어쩔 수 없이 따랐다고 변명하며, 함께 삼

두 정치를 이끌었던 다른 2명에게 책임을 떠넘겼다. 제2차 삼두정치가 시행되던 BC 43년 옥타비아누스는 21세였고 안토니우스는 40세였으며 레피두스는 정확한 나이를 알 수 없지만 47세 정도로 여겨진다.) 그리고 옥타비아누스와 안토니우스가 힘을 합쳐 공동으로 브루투스와 카시우스를 무찌르고 그동안 레피두스는 로마에서 배후를 관리하는 것으로 결의했다.

☼ 필리피 전투와 브루투스의 죽음(BC 42년)

≪필리피의 거친 함성이 그치고 수많은 자유 투사들의 영혼이 그곳에 묻혔다. 그 전투는 공화파들의 성패를 결정짓는 최후의 함성이었다. 패전한 이유야 많겠지만 동방에서 징집한 병사들의 전투력과 투지가 이탈리아에서 징집한 병사들에 비한다면 약했으리라. 왜냐하면 전쟁의 의미와 결과가 동방보다는 이탈리아에서 더욱 거친 물결로 와 닿았기 때문이다. 이 전투의 결과로 공화정의 기개는 짓밟혔고 시민들은 제왕의 발아래 머리를 조아려야 했다.≫

○ 정복왕 알렉산드로스의 아버지인 마케도니아 왕 필립포스 2세는 그리스 북동부 트라키아 지역에서 트라키아 부족을 무찌르고 인근 팡가이오스산의 금광을 지키기 위해 강력한 거점 도시를 세웠다. 도시의 이름은 필립포스 2세의 이름을 따 '필리피'라고 했다.(註. 현재 그리스의 '필리포이'이며, 성서에는 '빌립보'로 되어 있다.) BC 42년 이곳

▎필리피

에서 브루투스를 비롯한 공화파들은 무기를 들고 카이사르 파와 마지막 일전을 겨루었다. 이 전투는 제2차 삼두정치를 결성하고 난 후, 옥타비아누스가 카이사르의 암살자들에 대한 처리를 종결지으려 한데서 비롯되었다. 안토니우스와 옥타비아누스가 동맹군을 이루었고, 카시우스와 브루투스가 이에 대항했다. 안토니우스와 옥타비아누스 측이 기병 1만 3천 기에 총 12만 명이었으며 카시우스와 브루투스 측이 기병 2만 기에 총 10만 명의 병력으로 필리피 들판에서 맞붙었다.

○ 전투의 전반전은 안토니우스와 카시우스의 대결에서 안토니우스가 승리했으며, 옥타비아누스와 브루투스의 전투에서는 브루투스가 승리했다. 안토니우스 군이 기습적으로 카시우스 군을 맹공하여 승리를 낚아챘지만, 전진 공격으로 좌익이 브루투스 군에게 노출되어 브루투스 군에게 좌익과 후방을 공격당했고, 브루투스 군은 그 기세로 옥타비아누스 진지까지 휩쓸었기 때문이다. 하지만 브루투스 군이

옥타비아누스의 막사를 덮쳤을 때 그는 이미 안전한 늪에 숨어 있었는데 이 일로 옥타비아누스는 두고두고 비난을 받았다. 옥타비아누스는 비겁한 행동으로 비난이 일자 자신이 총애하는 의사가 꾼 꿈의 경고에 따랐을 뿐이라고 둘러댔다. 사실 그때 그는 건강이 온전하지 못한 상태이긴 했다.

○ 브루투스가 전투에서 승리했지만 이를 알지 못했던 카시우스는 전투에서 패배하자 절망했다. 그는 패전 후 어느 언덕 위로 퇴각했다가 적의 기병대가 다가오는 것을 보고 더 이상 견디지 못해 자살하고 말았다. 죄에 대한 응분의 처벌을 받았음인지 카시우스가 자살에 사용한 단검은 그가 카이사르를 살해할 때 사용한 바로 그 단검이었다.(註. 역사가 아피우스는 카시우스의 죽음에 대해서는 다른 기록을 남겼다. 그에 따르면 카시우스는 브루투스의 승리를 전령으로부터 보고를 받았으나, 패전에 대한 수치심으로 해방 노예 핀다루스의 도움을 받아 죽었다고 한다.) 하지만 카시우스를 향해 다가오던 기병대는 승리의 소식을 알리려고 온 브루투스 휘하의 병사들이었다. 동지인 카시우스의 죽음을 알게 된 브루투스는 괴로워하며 전의를 상실했고, 진영을 정비하지 않고 내버려 둔 채 거의 3주나 되는 시간을 보내고 있었다. 더군다나 겨울 추위와 가뭄으로 적지에서 싸우는 안토니우스와 옥타비아누스의 동맹군이 불리했음에도 브루투스는 신속히 결전하자는 부하 장교들의 건의를 받아들이는 실수를 저질렀다. 우연히도 같은 날 해전이 있었는데 브루투스는 자신의 해군이 옥타비아누스 해군에게 완승했음에도 이를 알지 못했고, 투항한 적의 병사가 이를 알려 주었지만 부하들은 이 말이 거짓이라며 브루투스에게 보고조차 하지 않고 묵살했다.

▌ 필리피 유적

○ 결국 유리한 상황이었으므로 지연전으로 끌고 가야 했지만 속전을 벌인 것이다.(註. 로널드 사임은 오히려 계속 치열한 전투를 벌였어야 브루투스가 승리했을 것이라고 주장했다. 하지만 상황을 판단해 보면 투지를 가지고 전투를 계속하든가 아니면 확실한 승리를 낚아채기 위해서는 기나긴 장기전으로 끌고 가야 했지만 브루투스는 이도 저도 아닌 어정쩡한 상태에서 두 번째 전투를 치른 것이다.) 결국 두 번째 전투에서 브루투스는 안토니우스와 옥타비아누스의 동맹군에게 패배했고, 이를 견디지 못한 그는 자살로 생을 마감했다. 브루투스는 죽기 직전 이런 시를 읊었다.

"초라한 도덕성이여, 결국 너는 이름에 불과했구나. 하지만 나는 마치 네가 존재하는 것처럼 너를 섬겨 왔는데, 이제 와서 보니 너는 운명의 노예일 뿐이었구나!"

도덕성에 흠결 없이 살았지만 그것이 헛될 뿐이라는 회한이 가득 담긴 내용이다. 치열한 격전 끝나고 브루투스의 시체를 찾아낸 안토니우스는 한때 친구였던 그를 자신의 자주색 망토로 정중히 덮어 주었다. 안토니우스는 해방 노예를 시켜 브루투스의 장례식을 치러 주라고 명했지만, 해방 노예는 탐욕 때문에 화장해야 할 자주색 망토 등을 훔쳤고 이를 알게 된 안토니우스에게 붙잡혀 처형되었다. 이렇듯 안토니우스가 브루투스의 주검에 정중한 예의를 갖추어 대했지만, 옥타비아누스는 그의 머리를 카이사르 조각상 밑에 던져 놓겠다며 결국에는 브루투스의 머리를 잘라 로마로 보내는 참혹한 짓을 저질렀다.(註. 다만 역사가들마다 기록이 달라 카시우스 디오는 로마로 항해 도중에 배가 난파되어 브루투스의 머리를 잃어버렸다고 했고, 플루타르코스는 안토니우스가 브루투스 시신을 화장해 어머니 세르빌리아에게 전해 주었다고 기록했다.) 브루투스가 필리피 들판에 자신의 꿈을 묻었을 때 그의 나이 43세였다.

풀비아(Fulvia)의 분노와 브룬디시움 협약(BC 40년)

≪풀비아는 안토니우스에게 깊은 애정을 갖고 그를 위해서라면 모든 것을 희생할 만큼 큰 야망도 품어 왔다. 그러나 안토니우스는 그녀를 버리고 클레오파트라와 사랑에 빠졌고, 이로 인해 풀비아는 당연히 괴로웠으리라. 이것이 적극적인 풀비아의 성격과 접목되어 반란의 씨앗이 되었는지 아니면 사랑했던 남편 안토니우스의 계략에 빠진 것인지 알 수 없으나, 그녀는 반란의 책임을 전가하는 남편에

게 절망감을 느꼈다. 한때 풀비아와 안토니우스는 죽이 잘 맞는 부부였지만 결국 그녀는 남편을 붙잡지 못했고 오히려 남편에 대한 애정 때문에 험난하고 외로운 죽음을 맞이해야 했다.≫

○ 안토니우스의 아내 풀비아는 가이우스 그라쿠스의 외손녀로 첫 남편이 호민관 클로디우스였다. 클로디우스는 귀족의 신분을 버리고 평민의 양자가 되었으며 호민관에 취임하여 갈리아에 원정중인 카이사르를 대신하여 로마 원로원을 견제한 사람이었다. 또한 카이사르 집안에 잠입하여 문제를 일으킨 자였으며, 키케로를 공격하여 그리스로 망명할 수밖에 없도록 몰고 간 자였다.

○ 당시 클로디우스와 정적 관계에 있던 자는 밀로였다. 그 둘은 난폭한 무리들을 이끌고 정치판을 돌아다녔는데, 밀로는 귀족 과두정을 옹호하는 옵티마테스를 위해 클로디우스는 민중의 지지를 등에 업고 권력을 차지하려는 포풀라레스를 위해 서로에게 폭력을 휘둘렀다. 그리고 BC 53년 밀로는 집정관에, 클로디우스는 법무관에 입후보하고 있었다. 그러나 그다음 해 1월 클로디우스가 시골 별장에 기거하다 로마로 올라오던 중에 밀로와 보빌라이라는 마을 근처에서 마주치게 되자 두 사람과 지지자들 간에 격렬한 싸움이 벌어졌는데, 바로 이때 클로디우스가 살해당하고 말았다. 클로디우스가 살해당하던 BC 52년에 로마는 집정관 없이 새해를 시작할 정도로 무법이었고 무정부 상태로 혼란스러웠다. 남편이 죽자 풀비아는 남편의 시체를 원로원 의사당으로 옮긴 후 그곳에서 화장하면서 민중들에게 남편의 죽음이 부당함을 알렸고, 풀비아의 선동에 의해 밀로는 마실리아로 추방되었다.(註. 밀로가 클로디우스를 살해했다는 혐의로 기소되자, 클

로디우스의 적이었던 키케로가 흔쾌히 변론을 맡았지만, 법정 주변에는 정적인 폼페이우스 병사들이 깔려 있어 두려움으로 제대로 변론을 하지 못했고 결국 밀로는 유죄 판결을 받았다. 키케로가 쓴 "밀로에 대한 변론"은 그때 다하지 못한 말을 쓴 것이라고 한다.)(註. 밀로의 두 번째 아내는 공화주의자인 술라의 딸 파우스타였다. 반면에 풀비아의 남편은 클로디우스, 쿠리오, 안토니우스였는데 이들은 모두 카이사르 파로 포풀라레스였다. 이처럼 로마 귀족들은 정략결혼이 대부분이어서 정치적 성향이 비슷한 가문끼리 결혼하는 경우가 많았다.)

○ 이렇듯 풀비아는 재능 있고 총명하기도 했지만, 누군가에 의해 "몸뚱이 말고는 여자다운 데가 하나도 없었다."란 평가를 얻을 만큼 성격이 괄괄했고 나서기 좋아했다. 그 이후 그녀는 호민관 쿠리오와 결혼했으며, 쿠리오도 전남편 클로디우스처럼 카이사르를 대신하여 원로원을 견제했다. 그러나 얼마 후 쿠리오는 내전이 일어났을 때 아프리카에서 벌어진 전투에서 전사하고 말았다. 남편을 잃은 풀비아는 이번에는 카이사르 휘하의 장군인 안토니우스와 결혼식을 올렸으며, 이 둘은 꽤나 서로 마음이 잘 맞는 부부였다. 플루타르코스에 따르면 안토니우스가 클레오파트라의 말을 잘 따르게 된 것은 그가 풀비아에 의해 여인의 말을 따르도록 길들여졌기 때문이라고 했다. 그러므로 로마인들 사이에는 클레오파트라가 풀비아에게 수고비를 지불해야 한다는 우스갯소리가 나돌았다.

○ 필리피 전투 이후로 로마 세계는 두 개의 깃발 아래 양분되어 옥타비아누스는 서방을, 안토니우스는 동방을 맡았다. 동방을 통치 지역으로 둔 안토니우스는 야심을 품고 로마인들의 숙원인 파르티아 정복을 이루고자 원정 준비를 했다. 그런 중에 안토니우스의 아내 풀비아

가 남편의 책략에 휘말려 BC 40년 시동생 루키우스와 함께 이탈리아 중부 페루시아(註. 현재 지명 '페루자')에서 반란을 일으켰다. 옥타비아누스와 아그리파는 이탈리아 내에서 발생한 반란이기에 고전을 거듭하면서도 포기하지 않고 계속 싸워 결국 반란군을 진압하는 데 성공했다. 만약 안토니우스 측의 폴리오와 벤티디우스가 힘을 합쳐 협공을 가했다면 옥타비아누스 군은 패배하여 지리멸렬되고 역사는 우리가 알고 있는 것과 다르게 진행되었으리라. 하지만 이 둘은 의견이 맞지 않아 서로 다투다가 전선을 떠나 버리고 말았기에 풀비아와 루키우스는 지원군 없이 싸우다가 패배한 것이다. 이 점에서 시련과 위험 속에서도 화합과 융화는 거센 풍랑을 헤쳐 나갈 수 있고, 잔잔한 바다에서도 시기와 불화 속에서는 침몰할 수 있다는 경구가 여기서도 틀리지 않았다.

○ 반란에 실패한 풀비아는 처벌을 피해 그리스로 망명했다.(註. 페루시아 함락 후 옥타비아누스는 반란군 편에 섰던 원로원 의원과 기사 계급 가운데 300명을 뽑아 카이사르의 추도일인 3월 15일에 카이사르 제단에 인간 제물로 바치는 등 가혹하게 대했으나, 루키우스는 죽이지 않고 히스파니아 총독으로 보냈다. 왜냐하면 그의 형 안토니우스를 분노하게 할 수 없었기 때문이다. 그러나 루키우스는 얼마 못 가 그곳에서 죽었다.) 다른 말에 의하면 안토니우스가 클레오파트라와 사랑에 빠져 있는 것을 시기한 풀비아가 안토니우스를 이탈리아로 돌아올 수 있도록 하기 위해 루키우스의 반란을 부추겼다고도 한다. 그러나 이 말은 그렇게 믿을 것이 못된다. 왜냐하면 당시 로마의 귀족들은 흔히 아내 외에 애인을 두고 있는 경우가 많았기 때문이다.

○ 그런데 풀비아가 이집트에서 로마로 돌아오고 있는 안토니우스를 아

테네에서 만났을 때, 무모한 행위를 했다며 남편으로부터 심한 질책을 받았다. 그녀는 남편의 앞날을 위해 최선을 다해 노력했건만 돌아온 건 남편의 통렬한 질책뿐이었다. 그녀에게 생긴 마음의 병은 육체의 병으로 발전했다. 부부가 코린토스만의 항구 도시 시키온으로 갔을 때 마침내 풀비아는 병들어 쓰러졌다. 역사가 아피아누스의 기록에 따르면 풀비아는 자신의 병을 일부러 키워 갔다고 한다. 이렇듯 아내의 마음에 상처를 낸 후 안토니우스는 파르티아와의 전쟁을 위한 병사들을 모으려고 이탈리아로 떠났다. 안토니우스가 풀비아에게 떠난다는 작별 인사도 없이 이탈리아로 갔을 때, 마침내 그녀의 한 가닥 남은 희망조차 무너지고 말았다.

○ 안토니우스가 이탈리아의 브룬디시움으로 향할 때 브루투스를 지지하던 공화파인 아헤노바르부스(Gnaeus Domitius Ahenobarbus)의 강력한 함대가 다가왔다. 옆에 있던 측근들이 한때 적이었던 그가 다가오자 두려워하며 안토니우스에게 피할 것을 청했지만 그는 깃발을 내리고 안토니우스에게 합류했다. 아헤노바르부스는 죽은 카토의 조카였다. 그는 갈리아 키살피나의 병력을 이끌고 페루시아 반란에 참전했다가 실패하고 도망친 집정관 폴리오의 설득을 받아들여 안토니우스 편에 선 것이다. 이것은 안토니우스가 필리피 전투에서 공화파의 거두였던 브루투스와 카시우스를 제거했음에도 공화파들은 안토니우스에게 자신들의 미래를 걸고 있다는 증거였다. 그들은 안토니우스가 카이사르 암살 모의를 사전에 알고 있었지만 발설하지 않았던 적이 있었음을 잊지 않았던 것이다. 왜냐하면 히스파니아에서 돌아오는 카이사르를 마중할 때 트레보니우스가 안토니우스를 조심스레 떠보았고, 그때 안토니우스는 트레보니우스가 무엇을 말하고 있는지 충분히

이해하고서도 답을 주지는 않았지만, 트레보니우스와 나눈 대화를 카이사르에게 밀고하지 않고 의리 있게 침묵을 지켰기 때문이다.(註. 사실 안토니우스는 카이사르가 암살되던 그때 음모자들 중 몇몇이 일부러 말을 거는 통에 회의장 안으로 들어가지도 못했다. 말을 걸었던 자가 트레보니우스이거나 플루타르코스에 의하면 데키무스 브루투스였다.)

○ 안토니우스가 함대를 이끌고 브룬디시움항에 도착하자 옥타비아누스 군대는 그의 입항을 저지했다. 옥타비아누스는 폼페이우스 섹스투스가 페루시아 전투 때 안토니우스의 어머니를 보호하고 안토니우스가 아테네에 오자 사절들과 함께 그녀를 아들의 품으로 돌려보낸 것을 알고 있었다. 그때 안토니우스는 사절들에게 어머니를 보호해 준 것에 대해 고마움을 표했고 적절한 때에 꼭 보답하겠다는 답변을 했던 것이다. 따라서 옥타비아누스가 안토니우스에게 브룬디시움항을 열지 않은 것은 안토니우스와 섹스투스 간에 생겼을 법한 은밀한 우호 관계를 두려워했기 때문이다.

○ 입항이 저지되자 분노에 휩싸인 안토니우스는 항구를 포위하고 옥타비아누스 군과 싸우려 했지만, 양측 병사들은 서로 간에 카이사르 휘하에서 함께 동고동락했던 옛 동료 병사들이었기에 싸우기를 거부하고 오히려 친교를 나누었다. 상관의 명령에 거부하는 병사들을 처벌하자니 상황이 더욱 악화될 것이 뻔했다. 결국 안토니우스 측은 폴리오를 그리고 옥타비아누스 측은

안토니우스와 옥타비아
(IMP는 IMPERATOR, COS는 CONSUL, DESIG는 DESIGNATUS, ITER은 ITERUM, TERT는 TERTIUM의 약자다.)

마이케나스를 사절로 보내 브룬디시움에서 협약을 맺고 안토니우스는 동방을 옥타비아누스는 서방과 일리리쿰을 그리고 레피두스는 아프리카를 통치하기로 합의하게 되었다. 또한 아헤노바르부스는 카이사르 암살 사건에 연루된 혐의로 사형 선고가 내려진 상태였지만, 안토니우스는 그가 막강한 함대로 옥타비아누스를 압박한 공로에 호의를 표시하며 비티니아 총독을 맡겼다.(註. 아헤노바르부스는 카이사르 암살에 참여하지는 않았지만 관련이 있다고 믿어졌고 필리피 전투에서도 암살자들 편에서 싸웠다. 그는 악티움 해전이 터지던 BC 31년 가이우스 소시우스와 함께 집정관이었다.)

○ 안토니우스가 옥타비아누스에게 고백하기를 동생과 아내가 반란을 일으킨 것은 오로지 아내 풀비아가 동생을 부추겨 군대를 일으킨 것이며, 자신은 전혀 모르는 사실이라고 반란의 책임을 아내에게 떠넘겼다. 이렇듯 안토니우스는 페루시아에서 무슨 일이 벌어졌는지 전혀 몰랐다고 발뺌했지만 설득력이 없었다. 왜냐하면 옥타비아누스와 많은 사람들이 안토니우스에게 페루시아 반란의 상황을 수없이 많이 보냈기 때문이다. 따라서 애초에 안토니우스가 페루시아 반란에 대해 몰랐다고 하더라도 얼마 후 곧 알게 되었을 테고, 그렇다면 적어도 사태를 수습하려고 노력했어야 마땅했다. 그러나 그는 동생 루키우스가 항복할 때까지 모른 척했다.

○ 안토니우스가 반란의 책임을 자신에게 떠넘겼다는 말을 전해 들은 풀비아는 분노와 절망에 싸여, 그리스에서 곧 숨을 거두고 말았다.(註. 또 다른 기록에 따르면 풀비아가 분을 이기지 못하고 불에 달구어진 쇠고챙이를 입에 삼키는 방법으로 자살했다고 한다. 이는 小 카토의 딸 포르키아가 필리피 전투에서 남편 브루투스가 죽었다는 소식을 듣고

벌겋게 달구어진 석탄을 입에 삼켜 자살했다는 것과 동일한 부류의 이야기다. 이런 것으로 보면 우리가 거부나 항거를 표현할 때 '혀를 깨물고 죽었다.'고 하듯이, 고대 로마에서 여인의 분노를 표현할 때 뜨거운 것을 입에 삼켜 죽었다고 흔히 말했던 것으로 여겨진다.) 안토니우스는 아내의 죽음에 대한 소식을 듣고 크게 상심하며 스스로를 책망했다. 그 이후 그는 옥타비아누스의 누나인 아름답고 덕망 있는 옥타비아와 정략결혼 하여 옥타비아누스와의 관계를 돈독히 했다. 당시 옥타비아는 남편 마르켈루스를 여읜 지 얼마 되지 않았고 로마법에 따르면 남편이 죽은 지 10개월이 지나야 재혼을 할 수 있었지만, 원로원은 내전을 방지한다는 명분 아래 특별법을 통과시켜 이들의 결혼을 합법화했다.(註. 남편이 죽은 지 10개월이 지나야 재혼할 수 있었던 이유는 여자의 배 속에 죽은 남편의 아이가 없다는 것을 증명할 수 있는 기간이었기 때문이다.) 로마에서는 안토니우스와 옥타비아의 결혼을 기념하여 두 부부가 새겨진 주화가 만들어졌고, 여성이 기념주화에 등장한 것은 처음 있는 일이었다.

| 마음에 새기는 말 |

인간은 자신이 보고자 하는 것만 보인다.

_ 율리우스 카이사르

– 따라서 천재도 새로운 사실을 볼 수 있는 사람이 아니라, 누구나 뻔히 보면서도 그 중요성을 깨닫지 못할 때 그것을 깨닫는 사람이다.

☼ 살비디에누스(Salvidienus)의 변절(BC 40년)

≪내심을 드러내 놓는다는 것은 상대를 신뢰하기 때문이다. 하지만 안토니우스는 살비디에누스의 신뢰를 저버리고 배신했다. 안토니우스가 살비디에누스의 전향 의도를 고발했지만 그에게 돌아온 것은 비난뿐이었다. 살비디에누스로서는 위험한 도박이 실패한 것이며, 안토니우스는 소탈하게 병사들과 잘 어울리는 붙임성 있는 성격이었지만 타인의 불리함과 위험을 감싸 주는 아량과 타인의 감정을 이해하는 능력이 지극히 부족하다는 것을 입증하는 행동이었다. 안토니우스가 살비디에누스의 비밀을 끝까지 감추어 주었다면, 쿠리오가 카이사르의 은밀한 측근이 되었듯이 살비디에누스가 안토니우스의 은밀한 지지자가 되었으리라.≫

○ 안토니우스와 옥타비아누스가 브룬디시움에서 결전을 준비할 때였다. 객관적으로 보았을 때 옥타비아누스는 안토니우스의 적수가 되지 못했다. 안토니우스는 시킬리아를 근거지로 두고 있던 섹스투스 폼페이우스와 우호 관계를 맺고 공화파인 아헤노바르부스의 함대까지 합세하여 브룬디시움을 포위했기 때문이다. 그 당시 옥타비아누스에게는 친구이자 유능한 부하 장군으로서 갈리아 군단을 지휘하고 있던 살비디에누스(Quintus Salvidienus Lupus)가 있었다. BC 40년 페루시아에서 풀비아와 루키우스 안토니우스가 반란을 일으켜 옥타비아누스를 위기로 몰아넣었을 때 살비디에누스는 아그리파와 함께 온갖 어려움을 겪으며 그들을 물리치는 데 결정적인 공을 세우기도 했다. 그는 원로원 의원도 아니었고 공적 경험도 없는 미천한 신분이

었으나 옥타비아누스가 카이사르의 죽음을 안 후 아폴로니아를 떠나 이탈리아로 올 때부터 아그리파 등과 함께 옥타비아누스와 동행한 오랜 친구였다. 그래서인지 옥타비아누스의 두터운 신임을 받아 BC 39년 집정관으로 내정되기까지 했다. 쉽게 말하자면 출세 가도를 달리고 있는 신참자였다.

○ 하지만 살비디에누스는 안토니우스와 옥타비아누스가 브룬디시움에서 대치하고 있었을 때 안토니우스에게 비밀 서한을 보내어 그의 편에 가담하고 싶다는 뜻을 보였다. 살비디에누스가 그렇게 결정한 동기는 모호하지만 옥타비아누스 측근에서 질시 또는 암투가 있었거나 아니면 이번 전투에서 옥타비아누스의 승리가 어렵다고 판단되었기 때문이라고 추측된다. 그러나 안토니우스와 옥타비아누스의 양측 병사들이 모두 카이사르 파 병사들이었기에 서로 간에 동질감이 물결처럼 퍼져 갔다. 두 편의 지휘관이 결전의 강한 의지를 보였지만 피비린내 나는 참혹한 전투가 벌어지기 어려운 상황이 되고 말았다. 결국 살비디에누스가 안토니우스 편에 서기도 전에 양측은 결전을 포기하고 브룬디시움 협약을 맺게 된 것은 앞에서 서술한 그대로다.

○ 이렇게 되자 안토니우스는 옥타비아누스와의 협약을 더욱 돈독히 하기 위해 자신의 충실함을 보여 주려는 정성이 지나쳐서 판단력에 마비가 왔는지 납득할 수 없는 일을 저질렀다. 그는 옥타비아누스에게 살비디에누스가 배신을 도모했다는 사실을 알려 주었던 것이다. 사실 이런 혼란스런 폭풍 시대에 죄가 될 만한 비밀이 없는 사람이란 거의 없는 법이다. 안토니우스조차도 죄가 될 만한 과오를 저지르고서는 남이 눈감아 주기를 바랐을 터였다.(註. 예를 든다면 안토니우스는 카이사르 살해 음모를 사전에 알고 있었으나 가만히 있었다고 한다.

또한 아내 풀비아와 동생 루키우스가 저지른 페루시아 반란도 사전에 계획을 알고 있었으나 몰랐다고 발뺌했다.)

○ 옥타비아누스는 배신자에게 냉혹했다. 그는 안토니우스의 말을 듣자마자 살비디에누스에게 전갈을 보내 지금 바로 협의할 것이 있으니 로마로 오라고 명령했다. 살비디에누스는 깊이 생각해 보지 않고 옥타비아누스의 명령에 순순히 따랐다. 설마 안토니우스가 비밀스런 내용을 발설했으리라고는 생각하지 않은 것이다. 로마에 도착한 살비디에누스는 원로원에서 모진 심문을 당한 후 반역죄로 처형되었다. 이는 살비디에누스의 경솔한 판단과 타인의 감정을 이해하지 못한 안토니우스의 부족함이 옥타비아누스의 잔인함과 어우러져 만들어 낸 비극이었다.

☼ 미세눔 협약(BC 39년)과 섹스투스 폼페이우스(Sextus Pompeius)의 실패

≪섹스투스의 해상 봉쇄에 옥타비아누스도 손을 들고 말았다. 하지만 미세눔 협약은 섹스투스에게 예상하지 못한 결과를 초래했다. 옥타비아누스는 섹스투스가 이미 가진 것을 인정해 주고 허울뿐인 직함을 주었지만, 섹스투스는 자신에게 망명한 수많은 인재들을 다시금 옥타비아누스의 품에 안기게 하는 실책을 저질렀기 때문이다. 섹스투스는 협상 테이블에서 실리의 무게를 저울질해 보지 않았으며, 그렇다고 메노도루스가 함상에서 제안한 비열한 방법을 행동으로 옮길 만큼

노회하지도 못했다. 그는 아직도 여물지 않은 나이에 막강한 적들과 겨루었으나, 원칙과 도리를 중히 여기는 맑은 눈은 음모와 배신이 판치는 혼탁한 세상에서 시야가 흐려지고 살아남을 수 없었다.≫

○ 필리피의 함성이 잦아들고 브루투스와 카시우스의 패잔병들은 옥타비아누스와 안토니우스의 병사로 흡수되었다. 그리고 카이사르 생전부터 오랜 병사 생활을 했던 고참병들을 전역시켰다. 그들은 거의 4만 명이나 되었다. 관습에 따라 옥타비아누스는 이들 퇴역병들에게 토지를 나누어 주고 정착지를 마련해 주어야 했다. 그러나 병사들에게 분배해 줄 토지는 턱없이 모자랐고 내전으로 인해 국고도 바닥났다. 마침내 토지를 마련하기 위해 이탈리아의 18개 도시들이 몰수 대상으로 선정되자 해당 지역 주민들은 분노하며 로마로 몰려들어 소리 높여 외쳤다. "우리는 토지를 몰수당할 만큼 잘못한 것이 아무것도 없다." 옥타비아누스는 이에 답했다. "그렇다면 어디에서 퇴역병들에게 토지와 퇴직금을 마련할 수 있겠는가? 그들의 힘에 대적할 세력은 로마 세계 어디에도 없다." 이 말은 사실이었다. 퇴역병들이 원하는 것은 어떻게든 마련해 주어야 했다. 토지를 몰수당한 시민들과 퇴역병들은 서로 간에 적개심을 품고 싸움을 벌였다. 이를 말리던 백인대장들이 살해되기도 했으며, 하마터면 그 와중에 옥타비아누스도 죽을 뻔했다.(註. 퇴역병들은 토지와 퇴직금을 하사받았을 뿐 아니라, 세금에서 면제되었고 강력 범죄를 저질렀다고 해도 사형이나 광산의 강제노동 같은 가혹한 처벌을 받지 않을 만큼 우대되었다.)

○ 게다가 폼페이우스의 둘째 아들 섹스투스 폼페이우스는 해상 세력을 끌어모아 시킬리아에 근거를 두고 이탈리아를 봉쇄했다. 그러자 로

마에서 물가가 치솟기 시작했다. 시민들은 옥타비아누스가 섹스투스와의 협상을 통해 이탈리아 봉쇄가 풀리길 바랐다. 그러나 옥타비아누스는 완고했고 오히려 군단병의 봉급을 지급하기 위해 새로운 세금을 징수하여 시민들의 생활을 더욱 궁핍하게 만들었다. 시민들은 전쟁, 토지 몰수, 살생부, 기근 등 모든 어려움을 견뎌 냈지만 이제는 인내심이 한계에 달했다. 시민들이 시위와 폭동을 일으키자, 옥타비아누스는 직접 포룸 로마눔에 나아가 군중 앞에서 실정을 설명하고자 했다.

○ 하지만 옥타비아누스가 나타나자 시민들은 그에게 돌 세례를 퍼부었다. 옥타비아누스는 던진 돌에 맞아 피를 흘렸으나 시민들은 돌 던지기를 멈추지 않았다. 이 소식을 들은 안토니우스는 급히 병사들을 로마 광장으로 이끌고 나가 옥타비아누스를 구했을 뿐 아니라, 신변 안전을 위해 집까지 바래다주었다. 안토니우스의 이러한 행동은 브룬디시움 협약으로 결혼 동맹까지 맺은 처남의 목숨을 구한 행동이었다. 하지만 옥타비아누스를 구할 때 병사들과 폭도로 변한 시민들 간에 싸움이 벌어져 병사들의 무기에 시민들이 무참히 살해되었고, 소요가 진압된 후 살해된 시민

섹스투스의 승전 기념 은화

들의 시체가 티베리스강에 내던져졌다. 시체들을 내던지면서 병사들과 시민들 중에서 탐욕스런 자들은 시체에게서 옷을 벗겨 좋은 것들을 가져갔다.

○ 이런 일이 있고 난 후 옥타비아누스는 시민들의 요구에 굴복할 수밖에 없다는 것을 깨달았다. 권력을 손안에 넣으려면 시민들과 병사들의 지지가 필요했기 때문이다. 그는 섹스투스에게 협상을 위한 서신을 보냈고, 마침내 섹스투스와 미세눔항에서 만났다. 이때 섹스투스 휘하의 함대장 메노도루스는 협상을 하지 말고 계속하여 이탈리아를 해상 봉쇄하여 기아로 몰아넣자고 주장했다. 그렇게 된다면 쉽게 적들의 항복을 받아 낼 것이라고 섹스투스에게 조언했지만 받아들여지지 않았다.

○ 섹스투스는 아버지 폼페이우스의 죽음을 보아서인지 적과의 회담에 신중을 기했다. 협상자들은 바다를 사이에 두고 서로의 진영에서 소리치면서 조율하는 방식을 취했다. 섹스투스가 살생부에 적힌 자들의 재산을 전부 돌려주라고 요구하자, 옥타비아누스는 4분의 1을 돌려주겠다고 답했다. 이런 식으로 이루어진 협상에서 섹스투스는 사르디니아, 코르시카, 시킬리아, 펠로폰네소스 반도의 통치를 인정받고 BC 38년의 차기 집정관으로 내정되었다. 게다가 복점관이라는 명예로운 직책에도 임명되었다.(註. 복점관을 '아우구르augur'라고 하며 모두 9명이었다. 로마에서는 복점관에게만이 전조를 읽을 수 있는 권한이 있었고, 전조를 읽는 것은 미래를 예측하려는 것보다 어떤 계획을 신들이 승인하느냐를 알려는 것이었다. 이들은 꿈 · 천둥 · 번개 · 독수리의 날아가는 방향 등으로 전조를 읽었으며, 독수리 비행의 경우 그리스인들과는 반대로 왼쪽을 길한 방향으로, 오른쪽을 불길한 방향으로 여겼다. 제2

차 포에니 전쟁 때부터 동물의 내장 생김새를 보고 점을 치는 장복술사가 군대를 따라다니며 점을 쳤지만 조점술사보다 격이 낮았다.) 이탈리아를 떠나 섹스투스에게로 망명해 온 자들은 모두 시민권을 다시 부여받았고, 섹스투스 휘하의 병사들도 정규 로마군으로 인정되었다.

○ 이 조약은 얼핏 보면 섹스투스가 많은 것을 얻은 것처럼 보였다. 그러나 실제로 그는 손실을 입었다. 조약이 성립되자 자신에게로 도망왔던 인재들이 이제는 안전해진 이탈리아로 모두 되돌아갔기 때문이다. 섹스투스도 처음에는 몰랐으나 나중에야 자신의 실책을 깨닫기 시작했다.

○ 조약이 체결되자 서로를 초대하여 연회를 열었다. 먼저 섹스투스가 안토니우스와 옥타비아누스를 자신의 전함으로 불러 잔치를 베풀었다. 섹스투스는 손님들을 환대했고, 만찬석상에서는 섹스투스의 딸과 안토니우스의 의붓아들이자 옥타비아누스의 생질인 4살짜리 마르켈루스가 정략적으로 약혼을 맺었다. 그뿐만 아니라 그 이후 같은 해에 마이케나스의 노력으로 아우구스투스와 섹스투스 폼페이우스의 처고모인 스크리보니아가 결혼하면서 미세눔 협약이 더욱 굳건해졌다.

○ 연회가 열리고 있을 때 섹스투스 휘하의 함대장 메노도루스는 섹스투스에게 다가와 조용히 말했다. "제가 저자들을 모두 다 죽이고 당신을 사르디니아, 시킬리아와 같은 조그만 섬이 아니라 아예 로마 제국 전체의 지배자로 만들어 드릴까요?" 그러자 섹스투스는 잠시 생각하더니 이렇게 답했다. "메노도루스, 그대는 나한테 그것을 말하기 전에 먼저 행동으로 옮겨야 했다. 그러나 이제는 다 끝났다. 이 상황을 되돌릴 수 없으며, 나는 약속을 어길 수가 없다."

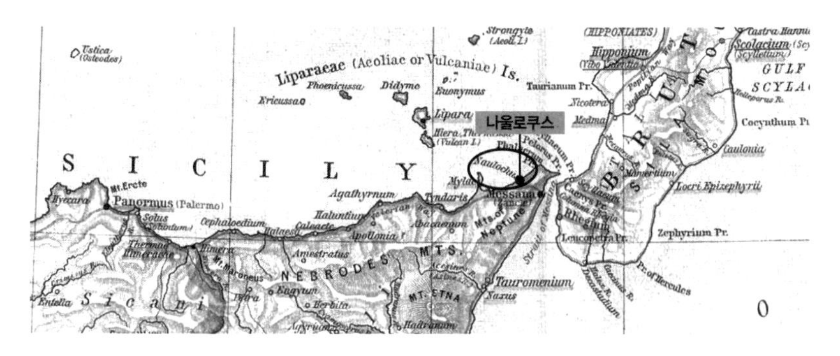

나울로쿠스(현재 지명 '베네티코')

○ 사실 메노도루스는 섹스투스의 명령으로 사르디니아와 코르시카를 통치하던 막강한 함대장이었다. 훗날 그는 섹스투스를 배반하고 3개 군단과 60척을 전함을 이끌고 옥타비아누스 편에 섰다. 이는 그가 섹스투스의 정직한 전략으로서는 험난한 세상에서 살아남기 어렵다고 판단했기 때문이다.(註. 메노도루스는 미세눔 협약 이후 섹스투스에서 옥타비아누스에게로 전향했다. 그 이후 그는 다시 섹스투스에게로 돌아왔다가 또다시 옥타비아누스에게 투항했다.) 미세눔 협약이 얼마 못 가 깨졌을 때 메노도루스의 배반으로 섹스투스는 나울로쿠스 해전에서 아그리파에게 패배하여 소아시아로 도망쳤다. 하지만 그는 그곳의 프리기아에서 안토니우스 명령을 받는 총독 푸르니우스에게 붙잡혀 처형되고 말았다. 안토니우스의 어머니가 페루시아 전투 때 옥타비아누스를 피해 섹스투스에게 의탁하자, 섹스투스는 안토니우스의 어머니를 보호하고 무사히 아들의 품으로 돌려보내기까지 했지만, 그가 옥타비아누스에게 패배하여 궁지에 몰렸을 때 배은망덕하게도 안토니우스는 부하를 시켜 그를 죽였던 것이다.

※ 해임된 벤티디우스(Ventidius)(BC 38년)

≪안토니우스는 위상을 드높이고 명성을 갈망하는 자신의 본성을 좇아 동방의 대국 파르티아를 정복하기 위해 박차를 가했다. 정복 전쟁에 승리하자면 군사적 재능이 탁월한 부하들이 많이 필요하거늘 오히려 그는 휘하 장군의 무공과 명성을 질투하고 시샘하여 그들을 직위에서 해임시켰다. 이러한 그의 태도는 군의 전력 약화를 가져왔고, 다른 이유들과 뒤섞여 BC 36년 파르티아 공략은 결국 실패했다.≫

○ 안토니우스 휘하에는 한때 카이사르 밑에서 무공을 세웠던 벤티디우스(Publius Ventidius Bassus)라는 자가 있었는데 그는 비록 고귀한 출신은 아니었으나 뛰어난 장군이었다. BC 43년 안토니우스가 무티나 전투에서 패하여 갈리아로 도망칠 때, 그는 자신의 고향 피케눔 지역에서 고참병으로 이루어진 3개 군단을 모병하여 안토니우스와 합병함으로써 패전의 상처와 고난으로 괴로워하던 안토니우스에게 투혼의 날개를 달아 주었다. 또한 루키우스 안토니우스가 페루시아에서 반란을 일으키자 안토니우스에 대한 충성심으로 그를 도우려다가 동료였던 폴리오에게 저지당하기도 했다.

○ 그는 청년 시절에 터진 동맹시 전쟁에서 자신의 고향 아우스쿨룸(註. 현재 지명 '아스콜리')을 위해 싸우다가 패배하여 어머니와 함께 로마군의 포로가 되어 그나이우스 폼페이우스 스트라보(註. 폼페이우스 마그누스의 아버지)의 개선식에 끌려온 적이 있었다. 그래서인지 그는 폼페이우스 가문을 증오하고 적대시하여 카이사르와 폼페이우스 간의 내전에서는 카이사르 편에 서서 무공을 세웠고 법무관까지 지

냈다. 그뿐만 아니라 BC 43년 무티나 전투에서 안토니우스 군의 힘을 보태어 준 대가로 안토니우스에 의해 집정관으로 임명되기도 했다. 카이사르의 부하 장군이었을 때 그는 전투에서 기동력이란 얼마나 중요한가를 깊이 깨달은 자이기도 했다.

○ 페루시아 전투로 로마의 정세가 뒤숭숭할 때 파르티아 왕 오로데스의 아들 파코로스는 로마의 변절자 퀸투스 라비에누스(註. 퀸투스 라비에누스는 폼페이우스 편에 속했던 자로서 외세를 끌어들여 정적들과 대항하려 한 것이다. 그는 카이사르의 군단장이었다가 내전 때 폼페이우스에게로 전향하여 문다 전투에서 전사한 티투스 라비에누스의 아들이다.)의 안내로 기병대를 이끌고 시리아를 쳐들어와서 시리아 총독 데키디우스 삭사를 전사시키고 영토를 쑥대밭으로 만들었다. 그 뒤에 시리아 주변까지 영토가 유린되었지만 로마 속국의 왕들은 파코로스의 공세에 속수무책이었다. 그러나 브룬디시움 협약으로 로마가 안정을 찾자 안토니우스는 파코로스를 토벌하기 위해 벤티디우스를 파견했다. 벤티디우스는 카이사르처럼 전광석화 같은 기동력으로 순식간에 세 차례의 큰 전투에서 승리를 거두고 적들을 패주시켰다. 그는 파르티아군을 무찔러 라비에누스를 죽이고 파코로스를 전사시키는 등 무훈을 세웠으며, 파코로스가 뛰어난 지휘관이었던 만큼 벤티디우스의 승리는 더욱 빛났다. 파코로스를 죽인 후 그는 머리를 잘라 여러 도시에 전시시켜 로마에 반기를 들면 어떻게 되는지 보여 주기도 했다. 하지만 그가 파르티아의 침략을 쳐부수며 진격하다가 유프라테스 강변의 사모사타(註. 현재 지명 '삼사트')에 이르렀을 때, 성을 포위하기는 했지만 좀처럼 함락시키지 못했다.

○ 그러자 병사들 사이에서는 벤티디우스가 뇌물을 받고 사모사타의 함

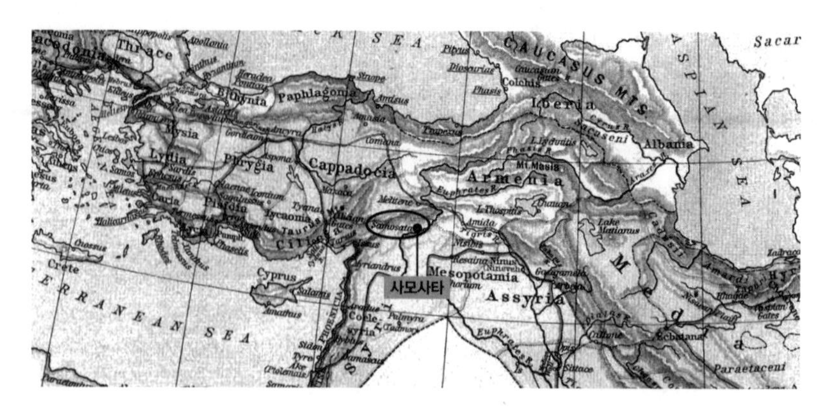

▌사모사타 ___ 출처 : 텍사스 대학 도서관. 이하 같다

락을 지연시키고 있다는 소문이 퍼져 나갔다. 이는 사모사타의 수비대가 벤티디우스에게 1천 탈란톤을 줄 터이니 포위를 풀어 달라고 제의하자, 그런 결정은 안토니우스에게 직접 하라고 말한 것이 와전된 것이다. 이 소식을 듣고 안토니우스는 자신이 직접 나서서 도시를 함락시키고 전투를 마무리 짓겠다고 마음먹었다. 그렇게 해서 사모사타에 온 안토니우스는 자세히 알아보지도 않고 지휘 책임을 물어 벤티디우스를 해임시켰다. 그러나 자신만만했던 안토니우스는 곧 사모사타를 정복하기가 무척 어렵다는 것을 알게 되었고, 결국 도시의 포위를 푸는 대가로 3백 탈란톤의 배상금을 받고서는 병사들을 이끌고 아테네로 돌아와 버렸다.

○ 일이 그렇게 되었으면 벤티디우스를 복직시키는 것이 도리이건만, 그 이후 안토니우스는 벤티디우스를 다시는 등용하지 않았다. 그럼에도 벤티디우스의 찬란한 승리는 감춰질 수 없는 것이므로 해임되었던 그해(BC 38년)에 그는 로마에서 성대한 개선식을 가질 수 있었

다. 안토니우스가 벤티디우스를 해임한 것은 부하의 과실에 엄격한 잣대를 들이대어서가 아니라, 수많은 승리로 빛나는 무공을 세웠다는 평판을 얻고 있는 벤티디우스를 시기했기 때문이다. 진실이야 어떻게 되었든 안토니우스는 유능한 지휘관을 버린 것이며 이것은 자신의 오만함과 경솔함에서 나온 것이었다.

| 마음에 새기는 말 |

진정한 아첨꾼은 때때로 과감한 언어로 말하기도 한다. 그가 이처럼 입맛을 돋우는 양념처럼 아첨과 과감한 말을 섞는 것은 자신이 아첨꾼이 아니라, 상대의 뛰어난 분별력에 굴복한 것처럼 보이게 하기 위해서다.

- 안토니우스가 자신에게 과감한 언행을 하는 사람은 아첨꾼이 아니므로 칭송의 말이 진실되다고 믿는 것에 대해 플루타르코스가 비판하면서.

레피두스(Lepidus)의 오판(BC 36년)

≪레피두스는 무려 22개 군단을 거느리고서도 사실은 혼자였다. 그것은 경솔한 행동과 신뢰할 수 없는 태도로 병사들의 충성심을 잃어버렸기 때문이며, 불확실한 내전의 시대가 되자 불충하게도 병사들이 더 나은 조건과 가능성을 제시하는 자를 따르려 했던 것이 원인이었다. 게다가 훗날 옥타비아누스가 최후의 승자가 되자 그는 감히 로마 황제에게 도전한 죄로 후세 역사가들의 붓끝에 마구 난도질당했다.≫

○ 나울로쿠스 해전을 끝으로 시킬리아는 삼두의 통치권에 놓이게 되었다. 삼두의 일원인 레피두스(Marcus Aemilius Lepidus)는 시킬리아 전쟁에서 승리의 견인차 역할을 했던 스스로를 대단히 만족해하며 시킬리아 지배권을 주장했다. 더군다나 그는 아프리카에서 끌고 온 12개 군단, 아프리카의 2개 군단 그리고 메사나에 잔류해 있던 섹스투스 휘하의 8개 군단이 항복하자 자신의 군단으로 편입시켜 모두 22개 군단을 거느린 막강한 세력이 되어 있었다. 그렇게 되자 전부터 못마땅하게 여기던 옥타비아누스와의 갈등이 표면화되기 시작했고, 마침내 대담하게도 그는 함께 싸웠던 옥타비아누스에게 시킬리아를 떠나라고 명령했다.(註. 레피두스가 거느린 병사들의 충성도와 군사력을 가늠해 보면 22개 군단 중 10개 군단의 병력은 제대로 편성된 군단의 반밖에 되지 않는 병력이었고, 8개 군단은 얼마 전까지 섹스투스 휘하에 있던 병사들이었다.) 둘 사이의 관계가 악화된 것은 이제껏 삼두 중에 세력이 밀리기만 했던 레피두스가 이번 시킬리아 전쟁의 공로를 발판으로 삼아 자신을 옥타비아누스와 동급의 지휘관으로 생각한 반면, 옥타비아누스는 레피두스를 자기 휘하의 지휘관 정도로 여겼기 때문이기도 했다. 옥타비아누스는 레피두스의 말에 분개했지만 레피두스가 거느리고 있는 22개 군단의 위세 앞에 조심스럽게 행동했다.

○ 우선 레피두스 군의 동향을 살피자 그들은 자신들의 사령관을 따르기보다는 옥타비아누스 군과 또다시 내전을 벌여야 할지 모른다며 동요하고 있었다. 영웅으로부터 본받아야 할 점은 위기 상황에서 어떻게 행동하는가이다. 옥타비아누스는 소수의 기병대만 거느리고 레피두스를 찾아갔다. 그는 기병대를 밖에서 기다리게 한 다음 무장도 하지 않은 채 어쩌면 적대 행위를 할지도 모를 레피두스 군의 병영

안으로 들어갔다. 이는 전투에서는 재능을 보이지 못하지만 개인적인 도전 앞에서는 주저 없이 목숨을 걸고 뛰어들었던 그의 습관 그대로였다.

○ 병영 안에서 옥타비아누스를 본 병사들이 함성을 지르며 소란을 피우자 레피두스는 막사에서 나와 무슨 일이 벌어졌는지를 알아채고서 무단으로 들어온 침입자를 내쫓아 버리라고 명령했다. 아마 레피두스의 병사들이 사령관의 명령을 충실히 따랐다면 옥타비아누스는 그곳에서 죽음을 맞이했으리라. 하지만 병사들이 던진 무기는 갑옷을 꿰뚫지 못했고 옥타비아누스는 함께 온 기병대로 재빨리 피신했다. 그리고 몇 시간이 흐른 후 레피두스의 병영 안에서는 화해하라는 외침이 터져 나왔고, '카이사르'라는 이름이 여기서도 힘을 발휘하여 레피두스 군은 처음에는 한두 명씩 떠나더니 마침내는 집단으로 병영을 떠나 옥타비아누스 편에 섰다.(註. 옥타비아누스는 카이사르의 양아들임을 내세워 '카이사르'라고 불렸다.)

○ 레피두스가 병영을 떠나는 군단기를 부여잡고서 군단기를 절대로 내줄 수 없으니 멈출 것을 명령하자 기수는 이렇게 말했다. "당신이 죽게 되면 어쩔 수 없이 군단기를 내주어야 할 것이오." 이제 모든 것이 끝났다는 것을 레피두스는 깨달았다. 그는 군복을 벗고 비무장 상태로 옥타비아누스에게로 달려가 무릎을 꿇었다. 옥타비아누스는 8년 전 아폴로니아를 떠나 이탈리아에 온 후 한 번도 안토니우스와 동등한 힘을 가지지 못했지만, 이 순간 마침내 그는 안토니우스와 겨룰 수 있는 무력을 갖추게 되었다. 그는 레피두스를 일으켜 세우며 아무런 처벌도 하지 않은 채 그 차림 그대로 로마로 보냈다. 이로써 시킬리아 전쟁으로 옥타비아누스가 가장 큰 이득을 움켜쥐었고, 레피두

스는 이 전쟁을 영향력이 약했던 자신의 처지를 바꾸는 발판으로 삼으려 했지만, 섹스투스와 옥타비아누스 간의 힘의 균형이 깨지자 옥타비아누스의 발아래 엎디어 목숨을 구걸하는 처지로 전락했다.

○ 하지만 생각해 보면 BC 43년 제2차 삼두 정치가 성립되고 안토니우스와 옥타비아누스가 공화파와 겨루기 위해 BC 42년 필리피로 떠났을 때, 당시 이탈리아에 남기로 결정된 레피두스는 자신이 거느린 10개 군단 중 3개 군단만 이탈리아에 남기고 7개 군단 병력을 안토니우스와 옥타비아누스에게 딸려 보냈던 적이 있었다. 필리피 전투가 카이사르 파의 승리로 끝나고 귀국하자 레피두스 휘하의 7개 군단 병사들은 더 많은 전리품과 정착지 배분 등 장래를 보장받을 수 있는 안토니우스나 옥타비아누스에게로 마음이 기울기 시작했다. 그러니 그들이 레피두스를 버리고 옥타비아누스에게로 달려간 것은 내전과 배신으로 요동치는 당시로서는 어쩌면 당연한 귀결이었다.

○ 레피두스는 대제사장이란 직함을 그대로 유지한 채 로마 남쪽에 위치한 키르케이에서 24년간 유배 생활을 하다가 생을 마감했다. 그는 카이사르가 암살당했을 당시에 병사들을 거느리고 혼란에 휩싸인 국가에 방향을 제시하고 정책을 주도할 기회를 놓쳤으며, 그 이후에도 무티나 전투에서 패한 다음 서진하여 갈리아에 다다른 안토니우스에게 군대의 수장 자리를 내주었다. 레피두스는 혼란의 시대에 국가를 이끌 중대한 위치에 있었음에도 미래를 예견할 수 있는 안목과 역량의 부족 그리고 경솔한 행동으로 병사들의 신뢰를 얻지 못한 결과 '카이사르'라는 호칭 앞에서 권위와 힘이 속수무책으로 모두 무너져 내리고 말았던 것이다. 훗날 옥타비아누스가 아우구스투스로 불리면서 1인 체제를 구축하자, 레피두스는 감히 권위와 신성으로 가득 찬 로

마 황제에게 도전했던 죄로 후세의 역사가들에게 폄하되었고 심지어는 도덕적으로 타락한 자로 매도되기까지 했다.

○ 레피두스의 아들은 자신보다 먼저 죽었다. BC 31년 악티움 해전이 끝나고 얼마 후 옥타비아누스에게 도전했다는 음모죄로 처형당했기 때문이다. 그때 레피두스의 며느리 세르빌리아는 귀족 가문 출신의 여인답게 남편을 따라 죽음을 택했다. 여기에서 굳이 언급하고 싶은 것은 그녀가 한때 옥타비아누스의 약혼녀였다는 사실이다.

옥타비아누스의 폭로(BC 32년)와 악티움 해전(BC 31년)

≪옥타비아누스는 로마 시민들에게 안토니우스의 충격적인 유언장을 공개하며 벼랑으로 몰아세웠다. 게다가 타고난 그의 순진하고 결백한 모습은 시민들의 신뢰를 더욱 보태었다. 그렇게 되자 안토니우스는 더 이상 조국을 위해 그리고 로마 시민들을 위해 싸운다고 외칠 수 없었고 병사들의 충성을 끌어낼 수도 없었다.

게다가 전쟁을 하려면 돈이 필요하기도 하지만 무엇보다도 충성스런 병사들이 있어야 하는 법이다. 만약 안토니우스가 전투로 다져진 갈리아의 군단을 이끌었다면 그렇게 호락호락하게 파멸하지는 않았을 테지만, 안토니우스 군은 대부분 동방의 병사들로 이루어졌고 당연히 이들의 충성심은 로마인보다 못했다. 정의라는 측면에서 본다면 사실 옥타비아누스는 브룬디시움 협약을 위반했다. 그는 안토니우스가 이탈리아에서 모병할 수 있도록 동의해 놓고서 사실은 방해했기 때문이다.

안토니우스의 또 다른 실책은 자신의 운명을 결정짓는 전투에 경험 없는 여인의 충고를 받아들이고 말았다는 것이다. 게다가 진실이야 어쨌든 그는 도망칠 준비만 하고 있던 여인의 꽁무니를 쫓아다니다 전쟁터를 내팽개침으로써 패전을 자초했다는 비난을 받았다. "클레오파트라의 콧대가 조금만 낮았어도 역사가 바뀌었을지 모른다."는 파스칼의 말은 악티움 해전의 참전을 고집했던 그녀를 빗대어 한 말로서 매우 적절했다.≫

○ 필리피 전투의 승자 중에서 안토니우스의 전리품이 가장 컸다. 그는 갈리아와 동방을 모두 차지했기 때문이다. 그가 동방을 재편성하기 위해 킬리키아의 타르수스로 갔을 때, 이집트 여왕 클레오파트라 7세에게 특사를 보내 지난날 카이사르의 암살범인 카시우스에게 왜 거금을 주는 등 도왔는지에 대해 여왕이 직접 와서 설명하게 했다. 이를 해명하기 위해 클레오파트라가 아프로디테로 분장하여 안토니우스에게 매혹적인 모습으로 왔을 때, 그 둘은 서로의 필요에 의해서 가까워졌다. 즉 안토니우스에게는 파르티아 정벌과 옥타비아누스와의 경쟁을 위해서 이집트의 지원이 필요했고, 클레오파트라에게는 이집트 내의 정적들을 제거하기 위해서 안토니우스의 군사력이 필요했다. 그리고 흔히들 말하듯 그 둘은 사랑에 빠졌는지도 모를 일이다.(註. 그리스계 주민들은 클레오파트라를 아프로디테 신으로 안토니우스를 디오니소스 신으로 보았지만, 이집트인들은 클레오파트라를 이시스 신으로 안토니우스를 이시스의 남편 오시리스 신으로 보았다. 이집트에서 안토니우스가 스스로를 오시리스라고 칭한 것도 이런 이유 때문이었으

며, 옥타비아누스가 BC 28년 포메리움 내에서 이시스 신과 오시리스 신 등 이집트와 관련된 모든 종교 의식을 금지한 것도 똑같은 이유에서였다. 따라서 술라 때 로마에 전래된 이시스 신이 이집트의 신비로움 때문에 로마 여성들 사이에서 인기가 높았음에도, 안토니우스의 외증손자 칼리굴라가 즉위한 후에야 비로소 로마에서 자리 잡을 수 있었다.)

○ 사실 클레오파트라는 옥타비아가 경쟁 상대라는 것을 일찌감치 깨달았다. 안토니우스가 파르티아 전쟁에 실패하고 실의에 젖어 있자, BC 35년 옥타비아는 옥타비아누스의 부탁으로 약간의 군수품과 2천 명의 병력을 데리고 남편 안토니우스를 지원하기 위해 아테네로 갔다. 물론 이는 타렌툼 협약 때 2만 1천 명의 병력을 지원하겠다던 옥타비아누스의 약속에 한참을 못 미친 것이었다.

○ 하지만 클레오파트라는 온화하고 고귀한 성품에 자신보다 어린 옥타비아가 안토니우스를 만나 그를 기쁘게 하고 세심하게 배려까지 한다면, 자신은 안토니우스의 눈과 마음에서 완전히 멀어지고 말 것이라며 불안해했다. 그래서 그녀는 안토니우스를 열렬히 사랑하는 것처럼 가장하고서 체중 조절로 몸매를 가꾸었다. 안토니우스가 다가오면 황홀한 표정을 짓고 떠나면 깊은 나락으로 떨어질 듯한 슬픈 표정을 지었다. 가끔은 눈물을 짜내면서 안토니우스가 이를 보면 마치 들키지 않으려는 듯 재빨리 눈물을 닦는 수법도 썼다. 그것도 모자라 그녀는 여러 사람을 동원했다. 동원된 자들은 무정하게도 안토니우스가 한 남자만을 바라보는 여인을 파멸로 몰아간다고 말하며, 옥타비아가 정부인이라는 떳떳함을 즐기고 있지만 클레오파트라는 오직 애인이라는 불확실한 지위를 마다하지 않고 한 남자에게 애정을 쏟아붓고 있다며 애절하게 한탄했다. 그러면서 만약 안토니우스가 클

레오파트라를 버린다면 그녀는 죽게 될 것이란 소문을 냈다. 마침내 안토니우스는 그들의 탄원에 설복당해 옥타비아에게는 가지고 온 것을 받을 터이니 두고 가라고 전한 후, 혹시라도 클레오파트라가 자살이라도 할까 봐 걱정이 되는 듯 자신은 곧바로 알렉산드리아의 황궁으로 달려가서 머물렀다.

○ 안토니우스가 옥타비아를 버리고 클레오파트라의 치마폭에 싸여 있는 동안 안토니우스와 옥타비아누스 사이에는 수차례의 비난 섞인 편지가 오가며 날카로운 감정이 쌓여 갔다. 두 사람 간의 편지는 공개되었고 로마와 알렉산드리아 사이에 서로의 사절들이 줄기차게 오가며 상대를 비난하고 자신을 옹호하는 편지들을 전달했다. 옥타비아누스는 안토니우스가 함부로 섹스투스 폼페이우스를 죽였으며, 비열한 속임수로 아르메니아 왕을 사로잡았고, 클레오파트라와 바람이 나서 본처인 옥타비아를 멸시하며 모질게 다루었다고 비난했다. 그러자 안토니우스는 옥타비아누스가 브룬디시움 협약에서 이탈리아에서 병사들을 모집하는 것에 동의하고서도 정작 이를 방해했고, 자신의 휘하에 있다가 제대한 병사들에게 정당한 토지 보상을 해 주지 않았으며, 섹스투스 폼페이우스에게 승리한 뒤 한마디 상의도 없이 시킬리아를 점유하고 레피두스를 쫓아 버렸다고 분노하며 비난했다. 서로 간의 비난은 점차 인신공격으로 발전했다. 옥타비아누스는 안토니우스가 술주정뱅이요, 어법도 제대로 쓸 줄 모르는 허위와 과장으로 가득 찬 연설가라고 욕했다. 이를 듣게 된 안토니우스는 자신이 받은 만큼 되돌려주었다. 그는 옥타비아누스가 조상이 무슨 일을 했는지도 알 수 없는 시골뜨기요, 가장 무도회 때 아폴로 신으로 분장하여 음탕한 짓을 저질렀으며, 필리피 전투에서는 아군들이 위험 속

에 사투를 벌이고 있을 때 수치스럽게도 늪지에 숨어서 살아남았고, 옥타비아누스가 리비아만이 아니라 수많은 계집들과 난잡하게 놀아나고 있거늘 내가 기나긴 세월 동안 내 아내가 된 이집트 여왕(註. 클레오파트라 7세를 말한다.)과 잠자는 것을 왜 비난하느냐며 분통을 터뜨렸다.

○ 이 싸움에는 여러 문필가들과 연설가들까지 진리와 정의를 저버리고 자신의 군주를 도왔다. 그러다가 안토니우스는 집정관들에게 서신을 보내 동방에서 자신이 취한 모든 조치들에 대해 원로원의 승인을 받아 달라고 요구했다. 그러면서 자신이 동방에 머물러 있을 수밖에 없는 이유와 아르메니아 정복에 대한 설명을 언급함과 동시에, 삼두 정치를 버리고 공화정을 복원시키겠노라고 약속했다. BC 32년 두 명의 집정관(註. 그나이우스 도미티우스 아헤노바르부스와 가이우스 소시우스였다.)들이 모두 안토니우스 측근이었으나 파장을 우려한 그들은 서신의 내용을 비밀에 부쳤다. 하지만 마침내 소시우스가 원로원에서 안토니우스를 강력히 옹호하고 옥타비아누스에 대한 불신임 투표를 상정하면서 포문을 열었다. 그는 로마의 평화에 대한 위협이 있다면 그것은 안토니우스로부터 비롯된 것이 아니라 옥타비아누스에게 있다며 강력히 규탄했다. 그 투표는 호민관의 거부권 행사로 즉시 중단되었지만, 원로원 회의장의 분위기는 옥타비아누스가 피신해야 할 정도로 험악했다.

○ 옥타비아누스는 정적들의 공격에 그냥 당하고만 있지 않았다. 며칠 뒤에 그는 자신의 지지자들과 병사들을 데리고 원로원에 와서는 안토니우스와 집정관들을 비판하면서 다음번 회의 때 안토니우스의 유죄 증거를 반드시 제출하겠다고 다짐했던 것이다. 옥타비아누스는

두 집정관 사이의 의자에 앉아 온화한 어조로 자신을 변호하고 두 집정관을 비난하는 긴 연설을 했지만, 주변에는 단검을 감추고 있는 병사들과 지지자들의 호위를 받고 있었다. 그것은 일종의 쿠데타였다. 그렇게 되자 신변의 위험을 느낀 두 집정관들과 안토니우스를 지지하는 원로원 의원들 3백 명 이상이 로마를 탈출하여 안토니우스에게로 떠났다. 옥타비아누스는 이런 일이 발생하자 적잖이 당황했으나 이를 수습해야 할 필요성을 느끼고, 자신이 자발적으로 원로원 의원들을 보내 주었다고 말하며 한 걸음 더 나아가 로마를 떠나고 싶은 사람은 언제든지 떠날 수 있게 했다. 이제 내전이 다시 일어나리라는 것이 명백해지자 로마의 상류층 사람들은 누구 편에 서야 할지 서서히 고민하기 시작했다.

○ 많은 사람들이 로마를 떠나 안토니우스에게로 가던 그때 안토니우스의 열성적인 지지자였던 플란쿠스(Lucius Munatius Plancus)는 오히려 안토니우스를 버리고 로마로 왔다. 원래 플란쿠스는 무티나 전투 이후에 안토니우스 파가 되어 안토니우스의 최측근이 된 자였다. 어떤 사람의 말에 따르면 그는 알렉산드리아에서 클레오파트라를 기쁘게 하기 위해 어떠한 굴욕도 그리고 부끄러운 아첨도 마다하지 않았다고 한다. 그러나 클레오파트라가 옥타비아누스와의 전쟁에 참여한다는 소식을 듣고 이렇게 되면 로마에 있는 안토니우스 지지자들에게 부정적인 영향이 미칠 것이며, 또한 안토니우스가 군사적 예리함을 잃어버릴 것이므로 틀림없이 패전하리라 그는 예상했다. 그래서인지 플란쿠스는 안토니우스를 배반하고 옥타비아누스에게 값진 선물을 바쳤는데 그것은 안토니우스가 베스타 여사제들에게 유언장을 남겼다는 정보였다. 옥타비아누스는 즉시 베스타 여사제들에게서 그 유

언장을 강제로 빼앗았다. 그러고는 원로원 회의 때 그것을 낭독했는데, 그 내용은 안토니우스가 사후에 클레오파트라의 자식들에게 자신의 재산을 물려줄 것과 자신을 알렉산드리아의 프톨레마이오스 영묘에 묻어 달라는 것이었다. 또한 카이사리온이 틀림없는 카이사르의 친아들임을 선언했는데 안토니우스가 이렇게 한 이유는 카이사리온이야말로 카이사르를 승계할 권한이 있으며, 옥타비아누스는 단지 양아들일 뿐임을 시민들에게 깨닫게 하고 친아들의 권한을 가로챈 옥타비아누스를 비난하고자 한 것이 분명했다.(註. 역사가에 따라서는 이 유언장이 옥타비아누스 측에서 조작한 것이라고 한다. 만약 조작한 것이 사실이라면 카이사리온이 친아들이란 내용을 포함한 것은 그리 잘한 것이라고 보이지 않는다.)

○ 하지만 한때 폼페이우스 파였던 가이우스 코포니우스는 배신자 플란쿠스가 밝혔다는 유언장에 대하여 신빙성을 의심하며 공공연하게 비웃었다. 이 유언장의 진위야 어쨌든 유언장이 발표되자 심리전과 홍보전에서 옥타비아누스는 안토니우스에게 완승했다. 유언장의 폭로로 로마 시민들은 경악했고 격분했으며, 안토니우스가 클레오파트라의 자식들을 아들로 인정하고 로마를 이집트에 넘길 수도 있다는 생각에 공포스러워했다. 공포는 소문을 낳았고 소문은 시간이 흐를수록 거칠고 가당찮게 변해서, 안토니우스가 클레오파트라를 로마의 여왕으로 삼고 수도를 알렉산드리아로 옮길 것이며 급기야 로마군의 방패에 클레오파트라의 이름을 새길 것이라는 등 악담이 눈덩이처럼 커져 갔다.(註. 카이사르가 독재관이었을 때도 수도를 알렉산드리아로 옮길 것이란 소문이 있었다. 이는 카이사르와 클레오파트라의 관계 때문이기도 했겠지만, 무계획하게 성장한 로마와는 달리 알렉산드리아는 도

시 계획이 매우 잘된 대도시여서 지중해 세계를 이끌 수도로서 손색이 없었다.)

○ 로마의 관습에 따르면 살아 있는 자의 유언장을 공개하는 것은 불법이고 비열한 것임에도, 옥타비아누스는 안토니우스의 유언장을 공개한 다음 타락한 그가 로마 시민들을 공격하여 자유를 말살하고 이집트 여왕의 지배를 받게 하려 한다고 외쳤다. 하지만 실제로는 옥타비아누스가 먼저 공격했고 전쟁으로 번질 것이 뻔한 이번 갈등도 로마시에서 2번에 걸친 군사 행동에 뒤이은 것임을 로마 시민이라면 다 알고 있었다. 따라서 그는 안토니우스를 클레오파트라와 타락한 애정 행각을 벌이고 조국을 배반한 로마인으로 몰아세워 도덕성에 결정적인 타격을 주고자 했던 것이다. 이는 정치에서 민중을 설득하거나 기만할 때 흔히 써먹는 수법이었다.

○ 이로써 옥타비아누스는 안토니우스에게 치명적인 정치적 타격을 가했고, 자신은 배신자 안토니우스와 싸우는 구국의 용사였으므로 전쟁의 명분과 시민들의 동의를 동시에 얻을 수 있었다. 이제 이 둘의 싸움은 창과 검으로 승부를 결정짓는 일만 남게 되었다. BC 32년 옥타비아누스는 페티알리스 신분으로 벨로나 신전에서 가져온 피 묻은 창을 신전 앞에서 가상의 적지로 내던지며 전쟁을 선포했다.(註. 페티알리스는 적의 영토에 창을 던져 선전 포고 의식을 행하는 사제였다. 로마의 영토가 작았던 시절에는 국경으로 가서 적지에 창을 던졌다. 그러나 BC 3세기 피로스가 로마를 침공할 때 이런 의식을 치를 수 없게 되자, 피로스의 병사 한 명을 사로잡아 플라미니우스 경기장 한쪽의 땅을 사게 한 뒤 그곳을 적의 영토로 간주하여 페티알리스로 하여금 창을 던지게 했다. 이때 적의 영토로 간주된 땅이 벨로나 신전 앞에 있었다. 다만 이것

은 옥타비아누스의 행동에 의미를 부여하기 위해 지어낸 이야기라고 주장되기도 하지만, 훗날 마르쿠스 아우렐리우스 황제가 이 의식을 부활시켰다.) 옥타비아누스는 전쟁 자금을 마련하느라 연간 소득의 25%라는 사상 유래가 없는 세금을 부과했다.(註. 이때 옥타비아누스가 부과한 것은 트리부툼으로 보인다. 다만 평상시 로마의 속주민에 대한 소득세율은 10%였다. 이 점에 있어 한국의 국민들은 매우 순종적이다. 왜냐하면 비록 필요 경비를 제외한 다음에 부과하는 것이지만, 최대 소득세율이 38%에 달해도 폭동은커녕 동요의 낌새조차 보이지 않으니.) 과다한 세금 부과에 시민들이 폭동을 일으키자, 옥타비아누스는 시민들 앞에 나아가 만약 이번 전쟁에서 진다면 이집트 여왕에게 로마 시민들이 머리를 조아려야 할 것이라며 겁을 주고 군대의 힘으로 진압하면서 시민들의 충성 서약을 받아 냈다.

○ 또한 그는 로마의 지도층 인사들에게 전투에 동행하기를 요구했다. 옥타비아누스의 요구에 모두 다 따랐지만 정계를 은퇴한 폴리오(Gaius Asinius Pollio)만은 대담하게도 이 요구를 거절했다. 그는 아헤노바르부스를 설득하여 안토니우스 편에 서게 했고, 브룬디시움 협약에서 안토니우스 측의 대표였다는 사실을 옥타비아누스에게 상기시키며 양심에 꺼릴 것 없이 이렇게 말했다. "나는 안토니우스 아래서 많은 공훈을 세웠고, 그가 나에게 호의를 베풀었다는 것은 세상이 다 알고 있는 사실이오. 따라서 나는 이 전쟁에 끼어들지 않겠소. 다만 둘 중에 누가 이기더라도 승자에게 충성을 바칠 것을 맹세하오."

○ BC 31년 9월 2일 그리스 프레자만 앞바다 악티움 해협에서 내전을 종결짓는 해전이 벌어졌다. 이는 안토니우스와 옥타비아누스 간의 해묵은 감정까지도 끝장내는 접전이었다. 그러나 안토니우스는 전투

에 앞선 전략 회의에 클레오파트라가 참견하는 것을 허용했다. 그뿐만 아니라 휘하 장군들의 반대에도 불구하고 군사에 관해서는 전혀 문외한인 클레오파트라의 주장을 받아들였다. 왜냐하면 그녀는 안토니우스의 연인이기도 했지만 이 전투에 많은 재산을 투입했기 때문이다.

○ 그러나 여자의 간섭을 의심의 눈초리로 바라보던 안토니우스 군에서는 탈영이 거듭되었다. 육전과 해전 중 해전으로 먼저 맞붙게 되었으나, 안토니우스 군은 해군에서도 탈영병이 속출했다. 로마에서 안토니우스에게로 왔던 집정관 아헤노바르부스는 클레오파트라를 이집트로 돌려보내 전쟁의 결과를 기다리게 하라고 안토니우스에게 강력하게 권고했고, 유대 왕 헤롯은 클레오파트라가 있으면 이 전쟁에서 승리하기 어려우니 그녀를 죽이라고 냉혹하게 충고했다. 그렇게 되자 클레오파트라는 육군 사령관 카니디우스(Publius Canidius Crassus)에게 많은 뇌물을 주며 자신이 참전할 수 있게 편들어 달라고 부탁했다. 결국 안토니우스는 그녀가 전쟁을 위해 병사, 돈, 전함을 제공했고 이제껏 거대한 이집트를 혼자서 다스려 올 만큼 지략이 모자라지 않으며 그녀가 없다면 이집트 병사들의 사기가 떨어질 것이라는 카니디우스의 의견을 지지하여, 수많은 조언에도 꿈쩍하지 않고 클레오파트라를 전쟁에 참가시켰다.

○ 하지만 뇌물에 젖어 클레오파트라를 편들었던 카니디우스도 전투가 임박하자 안토니우스에게 클레오파트라를 떠나보내야 한다고 조언했다. 그러면서 시킬리아 전쟁을 통해 해전에 익숙해진 옥타비아누스 군에게 바다를 내주는 것은 수치가 아니니 트라키아 혹은 마케도니아에서 지상전을 벌여야 한다고 주장했다. 카니디우스 외에도 경

험 많은 지휘관들과 병사들이 지상전으로 운명을 결정짓자고 탄원했으나 안토니우스의 결정을 돌려놓지 못했다.

○ 악티움에서 최후의 결전을 벌이기 전 안토니우스는 우세한 해군력을 이용하여 옥타비아누스를 고립시키려 했다. 하지만 아그리파가 지휘하는 옥타비아누스의 해군은 비록 적은 병력이긴 해도 최근까지 패배와 승리를 반복하여 맛본 담금질된 병사들이었다. 결국 안토니우스의 제독 소시우스는 해전에서 아그리파에게 크게 패배했고, 그 결과 안토니우스는 오히려 적에게 포위되고 말았다. 안토니우스 군은 적에게 포위되자 물자 보급이 어려워진 데다 전염병까지 나돌았다. 안토니우스가 진영을 꾸린 그곳은 해충이 서식하기 좋은 습지였고 수많은 병사들이 주둔하기에는 비위생적이었다. 한니발이 피로스를 세상에서 2번째 위대한 사령관으로 손꼽은 것은 그가 진지와 진영의 위치 선정에 탁월했기 때문이다. 그만큼 진지와 진영을 설치할 장소 선택은 중요한 지휘 능력이었지만 안토니우스는 그런 능력을 보이지 못했다.

○ 이렇듯 참모진의 의견이 묵살되고 이집트 여왕의 간섭과 불운이 이어지자, 많은 자들이 패전하리란 생각에 불안과 공포를 견디지 못하고 탈영을 시도했다. 클레오파트라의 참전을 끝까지 반대했던 집정관 아헤노바르부스는 악티움에 퍼진 전염병에 옮자 안토니우스의 진영을 버리고 작은 배로 전쟁터를 벗어났다. 안토니우스는 배신감을 느꼈지만 그의 짐뿐 아니라 하인들까지 보내 주었다. 하지만 남아 있던 그의 부하들에게는 용서를 베풀지 않고 모두 처형했다. 결국 마음도 상하고 병약해진 아헤노바르부스는 얼마 후 죽고 말았다. 아헤노바르부스가 전염병에 걸려 전쟁터를 버리고 도주한 것에 대해 관대

한 처분을 내렸던 안토니우스도 그 관대함을 다른 사람에게 계속 베풀지는 않았다. 다른 두 명의 지도층 인사가 도주하다가 잡히자 그는 붙잡힌 자 중 아라비아 왕은 고문하여 죽였고, 원로원 의원은 팔다리를 말에 묶은 채 찢어 죽였기 때문이다.

○ 해상 전력 면에서는 옥타비아누스가 절대 우위였다. 안토니우스는 500척의 전함을 가졌으면서도 노잡이가 부족하여 230척의 전함만이 전투에 투입할 수 있었고 옥타비아누스는 노잡이가 제대로 편성된 전함 400척을 보유하고 있었다. 안토니우스는 출전하기 전에 함장들을 불러 모은 뒤 배에 돛을 달고 나가라는 이해할 수 없는 명령을 내렸다. 전투에 나가는 전함은 돛을 가지고 나가지 않는다. 돛을 배에 실으면 걸리적거릴 뿐 아니라 적의 배를 향해 여기저기 옮겨 다니자

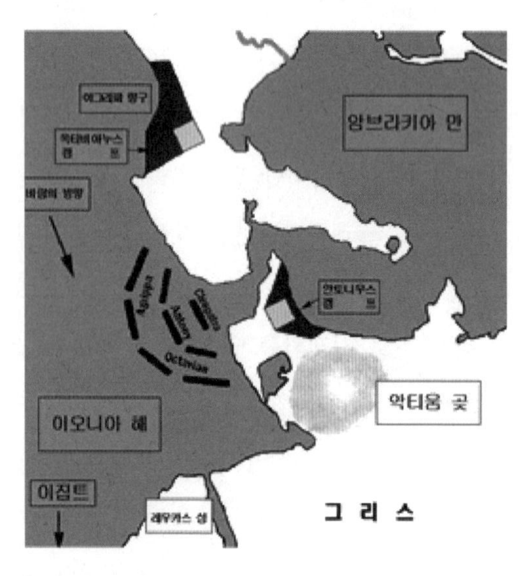

▎악티움 해전

면 기동력이 떨어지기 때문이었다. 부하 함장들은 당황했다. 그들은 안토니우스가 해전에서 승리보다는 바람을 타고 돛을 펴서 도주할 생각임을 간파했다.

○ 오전에는 서로 대등한 전투를 벌였다. 그럼에도 안토니우스 군의 늘어선 함대 중앙이 많이 약화되었기에 아그리파는 만족했다. 두 시간 정도의 전투가 끝나고 오후가 되자 바람의 방향이 남쪽으로 바뀌었다. 그때 뒤에 남아 소함대를 거느리고 있던 클레오파트라가 잽싸게 돛을 펴더니 두 함대 사이를 지나 전쟁터에서 벗어나 남쪽으로 달아났다. 안토니우스도 기함을 버리고 배를 옮겨 탄 후 전함 40척을 이끌고 클레오파트라의 뒤를 따라갔다. 고대 사료에는 클레오파트라가 전투의 참혹함을 견디지 못하고 갑작스레 도주했으며 사랑에 눈먼 안토니우스가 그 뒤를 쫓아갔다고 서술되어 있다. 그러나 그 내용은 패배자가 된 안토니우스를 깎아내리려고 꾸며 낸 것임에 틀림없다. 그가 옥타비아누스와 온갖 설전을 벌이고 창검을 겨룬 끝에 패배함으로써 승리자에게 아부하는 역사가들의 붓끝에 마구 난도질되고 진실은 왜곡되었으리라. 전투 전에 돛을 준비하라고 함장들에게 지시했고, 바람의 방향이 바뀐 것을 놓치지 않고 이용했으며, 악티움 해협에서 고립되어 물자의 부족과 전염병 등으로 힘들었던 안토니우스 군의 상황을 이해한다면 안토니우스와 클레오파트라의 도주는 이미 계획된 행동이라고 보아야 한다. 안토니우스는 휘하의 다른 전함도 돛을 펴고 악티움 해협을 빠져나올 수 있을 것이라고 생각했겠지만, 그들은 적의 전함들과 싸우느라 도주할 여력이 없었다. 남겨진 안토니우스의 전함들은 옥타비아누스 군에게 포위되어 제대로 싸워 보지도 못하고 모두 항복하고 말았다. 승자가 된 옥타비아누스는 싱겁게

끝나 버린 악티움 해전을 로마와 반로마 세력이 싸운 대전투요 선과 악이 겨룬 성전이며, 심지어는 문명과 야만의 대결로 탈바꿈시켜 대대적인 홍보에 열을 올렸다.

○ 악티움 해전의 패배에 따른 여파로 5만 명에 이르는 안토니우스의 육군들이 동요했다. 그들은 총사령관 안토니우스를 기다렸으나, 끝까지 총사령관이 전쟁터에 나타나지 않게 되자 적과 협상을 통해 유리한 조건으로 항복하고 말았다. 옥타비아누스가 안토니우스의 육군에게 군단을 해산하지 않아도 될 뿐 아니라, 자신의 군단병과 동일한 보수를 지급하겠다고 약속했기 때문이다. 하지만 육군 사령관 카니디우스를 비롯한 몇몇의 장교들은 싸워 보지도 않고 항복한다는 것은 당치 않다고 생각하고서는 병영을 빠져나와 안토니우스에게로 갔

▎「악티움의 해전」, 로렌조 A. 카스트로 作

다. 옥타비아누스의 진영으로 편입되기를 거부한 카니디우스는 내전이 끝나고 옥타비아누스에 의해 사형에 처해졌다. 그 이유는 전쟁터에서 병사들을 버렸다는 것이었다. 그러나 엄격하게 말한다면 카니디우스가 병사들을 버린 것이 아니라 병사들이 카니디우스를 버린 것이다. 다만 그는 패배했음에도 굴복하기를 거부한 데다 충절로 사람을 가늠하기보다는 적에게 냉혹했던 승자를 만났다는 것이 죽음의 원인이었다.

○ 클레오파트라는 전투가 벌어지기 직전까지도 안토니우스를 버리고 옥타비아누스의 품에 안기겠다는 의미로 선물과 연정이 담긴 편지를 보내면서 추파를 던졌지만 옥타비아누스는 전혀 흔들리지 않았다. 40대에 가까운 나이로 30대의 권력자를 유혹하기에는 아무래도 무리였는지 모른다. 이 해전으로 안토니우스는 권력 투쟁에서 사실상 패배하게 된다. 전쟁을 치르자면 그 비참함과 공포를 제대로 이해하면서도 전투를 두려워하지 않는 자와 함께해야 한다. 안토니우스가 전쟁의 동반자로 삼았던 클레오파트라는 전쟁의 의미조차 모를 뿐 아니라 나설 때와 물러설 때를 분간하지 못함으로써 동료이자 남편을 파멸로 몰아넣고 말았다. 안토니우스와 한때 친구 사이였던 마르쿠스 브루투스는 이렇게 말한 적이 있었다. "안토니우스는 브루투스, 카시우스와 어깨를 겨루며 일을 도모해야 하거늘 자신을 옥타비아누스에게 맡겼으니, 옥타비아누스와 함께 패하여 파멸하거나 그렇지 않는다면 얼마 못 가 그와 싸우게 되어 그 어리석음의 대가를 반드시 치르게 되리라." 악티움 해전의 결과는 그러한 브루투스의 예언이 적중했음을 입증했다.

헤롯 왕의 연명책

≪헤롯 왕이 살아남기 위해 충성 대상을 수시로 바꾸어도 성공했던 이유는 자신의 가치를 충분히 깨닫게 했기 때문이며, 아울러 자신의 충성을 받게 되는 자 또한 그 가치를 이해할 정도로 현명했기 때문이다.≫

○ 헤롯(註. 개신교에서는 '헤롯', 천주교에서는 '헤로데', 라틴식으로는 '헤로데스'라고 불린다.) 왕의 아버지인 안티파테르는 유대의 남쪽 이두매(註. '에돔'의 그리스식 지명) 태생으로 뛰어난 능력과 부유함으로 시민들 중에서도 제일인자였다. 그는 로마 장군 폼페이우스에게 호의를 보이며 친구로 삼았으나 그가 죽자 카이사르에게 충성을 바쳤다. 안티파테르는 로마가 이집트의 펠루시움을 공략할 때 로마 편에서 싸워 로마의 지휘관을 구출하는 등 큰 무공을 세웠다. 카이사르는 그의 공로를 인정하여 로마 시민권을 주었고 세금을 면제했으며 유대 전 지역의 장관으로 임명했다. 그때 안티파테르는 둘째 아들 헤롯을 갈릴리로 파견하여 그곳을 통치하게 했다.

○ 안티파테르의 아들 헤롯은 아버지의 활달함과 지혜를 그대로 이어받았다. 이두매에서 태어난 그는 치열한 권력 투쟁에서 승리하여 유대의 패권을 장악한 만큼 대왕이라고 불렸던 대단한 인물이었다. 폼페이우스가 승리로 빛날 동안은 아버지를 따라 폼페이우스 편에 붙었고, 폼페이우스를 이긴 카이사르가 유대 왕국을 재건하자 아버지를 따라 당장 카이사르에게 달려가 율리우스라는 가문 이름을 하사받고 카이사르의 부하로 변신했다.(註. 오늘날 많은 사람들에게 헤롯은 유대

왕으로 예언된 예수가 태어나자 베들레헴의 사내아이를 모조리 학살한 교활한 살인마로만 알려져 있다. 그가 많은 친인척들을 살해한 것은 사실이나 실제로 이 같은 죄를 저지르지 않았을 가능성이 매우 높다. 왜냐하면 그런 잔인한 죄를 저질렀다면 수많은 고대 역사서에 기록될 것이 분명했겠지만, 오직 마태복음에만 기록되어 있기 때문이다.)

○ 그 이후 카이사르가 암살되자 동방에서는 브루투스 일파의 세력이 강하다는 이유만으로 카이사르 암살의 주모자인 브루투스와 카시우스 편에 붙었다. 그때 카시우스는 유대인들에게 7백 탈란톤의 자금을 요청하자 헤롯은 자신의 부담금인 1백 탈란톤을 다른 통치자들보다 가장 먼저 바쳐 카시우스를 기쁘게 하여 신임과 총애를 받기도 했다. 또한 카이사르 파인 안토니우스와 옥타비아누스가 반카이사르 파인 브루투스와 카시우스를 토벌하기 위해 필리피 들판에서 대결했을 때는 어느 쪽에도 가담하지 않을 만큼 냉철했다.

○ 마침내 반카이사르 파가 몰락하고 안토니우스와 옥타비아누스가 승리를 굳히자 즉시 그들에게 달려가 승리자들의 마음을 사로잡았다. 안토니우스는 헤롯을 신임하여 그를 갈릴리의 영주가 아니라 유대 전체의 왕으로 앉히고자 작정했다. 게다가 옥타비아누스는 안토니우스보다 더욱 헤롯에게 호감을 가지고 있었는데, 이는 양아버지인 카이사르가 이집트에서 싸울 때 헤롯의 아버지인 안티파테르의 공로를 기억했을 뿐 아니라 헤롯의 호의에 찬 행동을 보았기 때문이다. 그렇다 해도 안토니우스와 옥타비아누스가 호각지세를 보이며 로마 세계를 동서로 양분하여 지배하고 있을 때 헤롯에게 충성의 대상은 어디까지나 옥타비아누스보다는 안토니우스였다.

○ 옥타비아누스가 원로원에서 헤롯을 소개하며 그의 행적을 칭찬했을

때 안토니우스가 나타나 파르티아와의 전쟁에 대비하기 위해서라도 헤롯이 유대 왕권을 가져야 한다고 강력히 주장하자 모두가 찬성함으로써 마침내 헤롯은 유대의 통치권을 손안에 넣게 되었다. 뒤이어 안토니우스와 옥타비아누스가 권력 투쟁을 벌이자 동방에서는 안토니우스의 세력이 강하다는 이유로 안토니우스에게 돈과 물자를 상납하는 등 그의 편에 붙었다. 이를 가상히 여긴 안토니우스는 클레오파트라가 아무리 간청해도 유대 왕국만은 클레오파트라에게 넘기지 않았다.

○ 그런데 BC 31년 악티움 해전에서 안토니우스가 옥타비아누스에게 완패했다. 그러자 헤롯은 이제껏 안토니우스에게 충성을 다한지라 두려움에 사로잡혀 서둘러 옥타비아누스가 체류 중인 로도스섬을 방문했다. 그는 유대 왕의 복장을 벗어 버리고 평민의 차림으로 옥타비아누스 앞에 섰다.

헤롯 왕

"황제시여! 저는 안토니우스에 의해 왕이 된 자로서 안토니우스를 위해 최선을 다했음을 고백합니다. 저는 할 수 있는 한 안토니우스와 우호 관계를 맺으려 했고 그를 위해 많은 전쟁 물자를 제공했을 뿐 아니라, 그가 악티움에서 패전한 지금에도 그의 은혜를 잊을 수 없습니다. 하지만 저는 안토니우스와 함께 전쟁에서 패했고 운명이 정한 대로 왕관을 내려놓았습니다. 이제 저는 구원을 바랄 희망으로 황제

앞에 섰습니다. 다만 저의 신의가 누구에 대한 신의인지로 판단받지 아니하고 그 신의가 어떠했는지로 판단받기를 원할 따름입니다."

옥타비아누스가 답했다. "그대는 신의로 통치자가 되었으니 많은 자들을 통치할 자격이 있소. 따라서 이제 나는 그대의 통치권이 지속될 것임을 입증하는 포고를 내릴 것이오. 이는 그대가 안토니우스를 다시금 생각하지 않도록 나도 그대에게 호의를 보이는 것이오." 이렇게 하여 헤롯은 훗날 아우구스투스로 이름을 바꾼 옥타비아누스에게 충성을 맹세하고 왕위를 인정받았다.

○ 상황 변화에 따라 충성 대상을 바꾼 헤롯 왕에 대해 나약하고 비열하다는 비판을 하기는 아주 쉽다. 그러나 약소국의 주권자로서 자신과 국가를 살리기 위한 그의 노력은 그야말로 연명책의 표본이라는 평판을 받을 만했다.

승리자에 대한 옥타비아누스의 시기심

≪군사적 승리에 뒤따르는 명예의 요구는 공화정 때에는 당연한 관행이었다. 크라수스와 갈루스의 요구와 처신도 그 범주에 속했을 뿐이지만, 이제는 군사적 승리란 프린켑스의 시기심만 부추길 뿐 시민들의 인기를 얻고 명예를 추구하는 과거의 방식은 생각할 수조차 없는 시대가 도래하고 있었다.(註. 프린켑스princeps는 로마 원로원에서 '제일인자'란 의미로 사용했지만, 제정 시대에는 황제의 호칭으로 사용했다.)≫

○ 제1차 삼두의 한 명인 크라수스의 손자 리키니우스 크라수스는 폼페이우스 지지자였지만 그가 패하고 죽자 안토니우스를 따랐다. 그러다가 악티움 해전이 터지기 직전에 옥타비아누스의 진영으로 옮겨왔다. BC 30년 그 대가로 그는 옥타비아누스와 집정관을 함께 지냈고 그다음 해 마케도니아 총독으로 부임하게 되었다. 그가 마케도니아 총독으로 있을 때 바스타르나이족과 전쟁이 벌어졌으며 그 전쟁에서 그는 대승을 거두었을 뿐 아니라 적장 델도와 일대일로 겨루어 델도를 전사시키고 그의 갑옷을 전리품으로 빼앗았다.

○ BC 28년 크라수스가 로마로 돌아왔을 때 개선식을 요구했고, 당연한 것이지만 그것은 허락되었다. 더 나아가 그는 스폴리아 오피마의 봉헌을 요구했다.(註. 스폴리아 오피마spolia opima는 '빛나는 전리품'을 의미하는 것으로 주로 적장과 일대일로 싸워 이긴 후 적장으로부터 벗긴 갑옷을 말한다.) 이는 장구한 로마 역사상 단 3명만이 누린 대단한 영예였다. 첫 번째는 카이니나 왕 아크론과 일대일로 싸워 이긴 다음 아크론의 갑옷을 봉헌한 로물루스였고, 두 번째는 BC 437년 톨룸니우스를 무찌른 코르넬리우스 코수스이며, 세 번째는 BC 223년 5만 명의 갈리아족이 쳐들어왔을 때 그다음 해 적장과의 일대일 전투에서 적장 비리도마루스의 가슴에 창을 꽂은 집정관 클라우디우스 마르켈루스였다. 하지만 로마 세계의 유일한 최고 강자가 된 옥타비아누스는 자신 외에 어떤 자도 군사적 영예를 누리며 시민들의 인기를 얻고 경쟁자로서 떠오르는 것을 용납하지 않았다.

○ 스폴리아 오피마를 유피테르 신전이 봉헌하겠다는 크라수스의 끈질긴 요구를 거절할 궁리를 찾던 옥타비아누스는 코르넬리우스 코수스의 케케묵은 흉갑을 세심히 살피다가 'COS'라는 글자를 찾았는데,

'COS'는 바로 consul(집정관)의 약자이므로 코수스가 스폴리아 오피마를 봉헌할 수 있었던 것은 그가 통수권(임페리움imperium)을 가진 집정관이었기 때문에 가능했다고 주장했다. 그러면서 그는 크라수스가 통수권을 가진 자신의 지휘 아래에 있었으므로 스폴리아 오피마를 봉헌할 수 없다고 거절했다. 또한 같은 이유로 '임페라토르' 칭호를 수여하는 것 역시 거부했다.(註. 스폴리아 오피마를 보관하는 유피테르 신전은 허물어졌다가 재건되었을 뿐만 아니라 수백 년이 지난 흉갑에 글씨가 보였다는 것은 충분히 의심받을 만했다. 게다가 코수스가 에트루리아의 베이이 왕 톨룸니우스를 무찌른 것은 그가 집정관이 아니라 기병 장교로 참전했을 때이므로 흉갑에 집정관 표시를 할 수 없었다. 그는 7년이 더 흐른 BC 430년에 비로소 집정관을 지냈다. 역사가 리비우스는 "이 모든 것을 감안하면 불순한 추측이 들기도 하지만 유피테르의 신전에 놓인 신성한 봉헌물에 누가 감히 손을 대어 위조했겠는가? 다만 그대로 믿을 수밖에 없다."며 위험한 추측을 피해 갔다.)

○ 결국 크라수스는 BC 27년 개선식만 겨우 치를 수 있었다.(註. 카이사르의 재정 비서 역할을 했던 루키우스 코르넬리우스 발부스와 이름이 같은 조카가 BC 19년 아프리카에서의 승리를 기념한 것이 로마 장군으로서 가진 마지막 개선식이었다. 그 이후로 개선식은 황제의 전유물이 되었고, 장군들에게는 약식 개선식만 허락되었다. 개선식은 5천 명 이상의 적군을 전사시킬 만큼 완벽한 승리를 했을 때 주어지는 것으로 '트리움푸스triumpus'라고 했으며, 약식 개선식은 '오바티오ovatio'라고 하며 전차 대신 말을 타고 행진했다.) 그 이후 그는 로마 역사에서 사라졌다. 이를 두고 많은 역사가들은 군사적 영예에 시기심을 부린 옥타비아누스에게 크라수스가 희생된 것으로 추측하고 있다. 아마도 시기심 많은 권

력자가 자신도 가질 수 없었던 대단한 영예를 무례하게도 요구당하자 그를 제거했으리라.

○ 이러한 종류의 비극은 역사의 향방을 제대로 이해하지 못해 또다시 발생했다. 초대 이집트 장관을 지낸 갈루스의 비극적인 말로가 그러했다. BC 30년 옥타비아누스는 알렉산드리아 전쟁에서 승리하고 275년간 이어져 온 프톨레마이오스 왕조의 문을 닫았다. 그리고 옥타비아누스는 그곳이 왕의 지배에 익숙한 국가라는 것에 근거하여 자신의 탐욕과 필요성에 따라 스스로 왕의 행세를 하는 통치자가 되었다. 다만 현지에서 통치는 옥타비아누스의 지시를 받는 이집트 장관이 대신했다. 그리고 그는 이집트 장관을 원로원 의원이 아닌 기사 계급에서 임명했는데 초대 이집트 장관으로 가이우스 코르넬리우스 갈루스를 앉혔다.

○ 이집트는 사르디니아, 시킬리아, 북아프리카와 함께 로마의 주요한 곡물 공급지였고 옥타비아누스의 개인 영지였으며, 이제껏 왕의 전제 정치에 길들여진 곳이며 원로원 속주와는 달리 황제 속주이므로 군단을 보유하고 있어 옥타비아누스로서는 매우 중요한 속주였다.(註. 로마는 이집트로부터 1년에 밀 2천만 모디우스를 공급받았다. 이는 1백만 명 로마 시민이 1년 소비하는 밀 3천만 모디우스의 2/3에 해당했다. 실로 옥타비아누스가 권력을 유지할 수 있었던 것은 군대의 힘이 아니라, 개인 영지로 만든 이집트의 곡물 생산 능력에 있었다고 해도 지나치지 않았다. 병사들의 충성이란 쉽게 변절하기도 하지만, 광대한 농토에서 나오는 막대한 곡물은 변절하는 법 없이 언제나 강력한 지원군이 되어 주었기 때문이다. 다만 군단병 1인의 1달치 밀 배급량이 6모디우스이므로 1백만 명 로마 시민이 1년간 필요한 밀의 양을 7천 2백만 모디우스

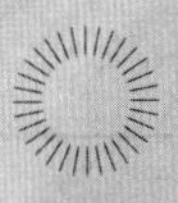

부 록

군사제도

※ 로마 군단의 구성

○ 건국 당시 로마의 군대는 3부족(람네스족, 티티에스족, 루케레스족)이 각각 10개의 쿠리아 단위로 100명씩의 병사를 소집하여 총 3천 명의 보병과 각 부족의 귀족들을 뽑은 300명의 기병대로 짠 다음, 병력 배치의 전술 없이 대충 무더기로 서서 적을 향해 공격했다. 그러다가 6대 왕인 세르비우스가 재산에 따라 시민들을 기사 등급과 무산자 등급 외 5개 등급으로 나누고 재산이 없는 자는 군역에서 제외했다. 각 등급별로 갖추어야 할 장비가 달랐으며 현역병은 18세(만 17세. 아우구스투스 때부터는 만 20세부터 입대)에서 46세(만 45세)로 정하여 징집했다.

○ 그 이후 BC 4세기 카밀루스는 2개의 백인대를 1개 중대로 개편하여 전투의 기본 단위로 구성했다. 이것은 적들의 팔랑크스(phalanx)와 같은 밀집 대형을 격파하기 위한 전술이기도 했다. 그는 세르비우스의 5등급을 그대로 유지했지만, 병사들을 벨리테스, 하스타티, 프린키페스, 트리알리로 구분한 것이다. 이 편제는 마리우스가 군제를 개편할 때까지 그대로 존속했다.

○ 또한 오늘날의 군대와는 달리 각 군단마다 병사들을 동시에 입대시키고 동시에 제대시켰으며, 그중 일부 병사들은 복무 연장을 지원했다.

○ 공화정 때는 1명의 집정관이 2개의 군단을 지휘했다. 일반적으로 1명의 집정관은 내치를 맡고, 다른 1명의 집정관은 전쟁을 수행했으나,

국가 위기 상태에서는 2명의 집정관 모두가 출전했으며, 이때는 4개 군단이 전투에 나섰다.

○ 제정 초기였던 69년(註. 네로 황제 사후 연거푸 황제가 교체되던 혼란의 시대였다.) 로마군의 보병 군단 총병력은 30개 군단이었다. 세부적으로 보면 히스파니아 3개 군단, 갈리아 1개 군단, 고지 게르마니아 3개 군단, 저지 게르마니아 4개 군단, 브리타니아 3개 군단, 달마티아 2개 군단, 판노니아 2개 군단, 모이시아 3개 군단, 시리아 3개 군단, 유대 3개 군단, 이집트 2개 군단, 아프리카 1개 군단으로 구성되었다. 해군의 경우는 아우구스투스 때 라벤나와 미세눔 2곳에 기지가 있었다.(註. 악티움 해전 당시 양측의 보병 군단을 모두 합치면 60개나 되었다. 그것을 아우구스투스가 28개 군단으로 감축했고, 9년 토이토부르크 숲에서 3개 군단을 잃고서 25개 군단을 유지했다. 이후 69년 내전 때 30개 군단으로 늘어났다가 다시 줄어든 것을 마르쿠스 아우렐리우스가 30개로 늘였고, 셉티미우스 세베루스가 33개 군단으로 더욱 늘였다.)

○ 카이사르는 지방의회 의원이 될 수 있는 최소 연령을 군단병 경력자가 유리하도록 차등 적용했다. 그는 병역 무경험자는 만 30세 이상, 군단보병 경험자는 만 23세 이상, 기병 또는 백인대장 경험자는 만 20세 이상으로 정했다.

▣ 마리우스의 군제 개혁 이전

○ 이 제도는 BC 4세기 초 카밀루스가 편성한 군제로서 2개 백인대로 구성된 1개 중대(마니풀루스manipulus)가 전투의 기본 단위였다. 다만 벨리테스의 경우는 하스타티, 프린키페스, 트리알리의 총 60개 백인

대에 20명씩 나누어 배치했다. 카밀루스 시대에는 벨리테스가 제일 뒤에 따라다녔지만, 나중에는 이들이 전투 대형 제일 앞에 서서 창이나 돌을 던지는 전초전을 주로 담당했다. 하스타티가 제1열에 프린키페스가 제2열에 트리알리가 제3열에 서되, 각 열은 중대별로 띄워서 배치했고 그다음 열은 앞 열의 띄운 곳에 배치되어 격자 모양이 되었다. 중대장은 2명의 백인대장 중 연장자가 맡았다. 벨리테스, 하스타티, 프린키페스는 60명이 1개 백인대였고, 트리알리의 경우는 1개 백인대가 30명이었다.

○ 통상 로마 1개 군단은 시민병 4,500명(보병 4,200명+기병 300명)이지만, 1개 군단이 참전할 경우 동맹군 4,500명이 추가로 구성되어 총 9,000명이 전투에 투입되었다. 그러나 역사가들의 기록에 따르면 1개 군단이 5천 명(동맹군까지 포함할 경우 1만 명) 선에서 들쭉날쭉하므로 군단의 병력은 고정된 것이 아니라 상황에 따라 변했다고 보는 것이 타당하다. 보병의 구성은 다음과 같다.

- 벨리테스(velites) : 경무장 보병 1,200명, 전위부대 · 유격대, 제4계급에서 제5계급
- 하스타티(hastati) : 중무장 보병 1,200명, 제1열, 18세 이상
- 프린키페스(principes) : 중무장 보병 1,200명, 제2열, 30대
- 트리알리(triarii) : 중무장 보병 600명, 제3열, 46세까지

* 1개 백인대(켄투리아centuria)가 60명으로 구성된 시절이었으며, 2개 백인대가 1개 중대(마니풀루스manipulus)이므로 1,200명이란 병력은 10개 중대 병력임.

○ 따라서 1명의 집정관이 통솔하는 병력은 2개 군단과 동맹군을 합쳐 18,000명~20,000명 정도이며, 국가 위기 때는 2명의 집정관

이 동맹군을 포함하여 36,000~40,000 정도의 병력을 동원하게 된다.

:: 군단 배치도 ::

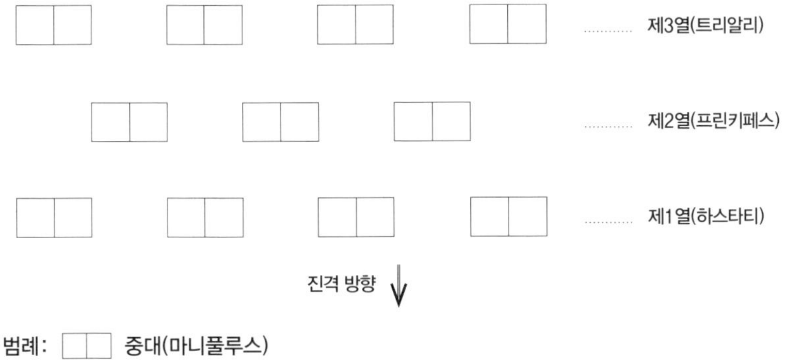

제3열(트리알리)

제2열(프린키페스)

제1열(하스타티)

진격 방향 ↓

범례: 중대(마니풀루스)

▣ 마리우스의 군제 개혁 이후

○ BC 107년 마리우스는 의무병이 아니라 지원병을 모집하여 직업군으로 구성했다. 이는 무산자 계급을 군에서 흡수하여 도시의 가난한 빈민을 구제하는 역할을 했고, 훗날 이들은 마리우스의 클리엔스가 되어 정치적 기반이 없던 마리우스의 정치 기반이 되었다. 다만 자원입대하는 사람이 모자랄 때는 징집하여 병력을 충원했다. 훗날 티베리우스 황제는 "자원입대한 자들이 대부분 빈곤한 자와 부랑자들이어서 과거와 같은 용기와 규율을 보여 주지 못하고 있다."며 개탄했다.

○ BC 104년 마리우스는 벨리테스, 하스타티, 프린키페스, 트리알리의 구분을 없애고, 1개 군단은 10개 대대(코호르스cohors)로 구성했으며, 각 대대는 6개 백인대로 개편했다. 1개의 백인대는 78명(13명씩 6열)

의 병사와 백인대장 1인 부관 1인으로 모두 80명이었으며, 백인대는 8명으로 구성된 10개의 분대로 나누었다. 다만 제1대대의 백인대는 160명이었다.

○ 10개의 대대 중 제1대대는 1개 백인대가 160명이므로 총 960명이며, 제2대대부터 제10대대는 1개 백인대가 80명으로 구성되어 총 4,320명이 된다. 따라서 1개 군단의 중무장 보병은 5,280명으로 구성되었다.

○ 그 외 대대장 등 장교와 참모, 기병대, 군무원, 의료원 등을 합쳐 1개 군단은 약 6천 명이었다.

 * 1개 군단에는 4,500~6,000명의 보조병이 따르게 된다.

▣ 근위대의 창설

○ 근위대는 아우구스투스가 창설했으며, 군단을 두지 않는 본국의 방위를 위해서라는 것이 겉으로 내세운 명목이지만, 실제적으로는 황제의 반대파에 대한 억제력이 주목적이었다. 요즘도 권력 수호를 목적으로 하는 부대는 우대되고 있듯이, 그들의 대우는 군단병보다 좋았고 복장도 화려했다. 근위대 창설 당시의 조직 구성은 아래와 같다.

 - 구성인원 : 9개 대대이며 총 9천 명으로 이루어졌고(註. 당초 근위대 1개 대대는 500명이었다가 1천 명으로 바뀌었다.), 근위대장은 2명이었으나 1인일 때도 있었다. 당초에는 3개 대대가 로마 근처에 주둔했고 나머지는 6개 대대는 이탈리아의 외곽에 있는 소도시에 주둔했으나, 티베리우스 황제 때 근위대장 세야누스가 대대 병영을 모두 로마 근처로 합쳤다.

 - 복무기간 : 16년(병사들의 복무 기간은 수시로 변했다. 근위대의 경

우도 한때 복무 기간이 12년이었다.)

- 연봉 : 675데나리우스(군단병은 225데나리우스, 동맹군은 동맹국 자체에서 군단병의 5/6 지급)
- 퇴직금 : 5천 데나리우스(군단병은 3천 데나리우스)

* 아우구스투스는 병사들의 급여 중 일부를 군단 사령부에서 운영하는 기금에 저축하도록 장려했다. 이렇게 저축된 돈은 제대할 때 퇴직금과 함께 돌려주었다. 나중에는 이런 관행이 의무적으로 되었는데, 이것은 일시불로 지급된다는 것을 제외하면 오늘날의 퇴직연금제도와 같은 개념이었다. 또한 그는 AD 6년 속주의 조공(스티펜디움stipendium), 5%의 상속세, 1%의 경매세를 재원으로 군사기금을 만들어, 이것으로 병사들의 급여와 제대 병사들의 퇴직금(aerarium militare)을 충당했다.

글라디우스(gladius) 검

○ 로마의 정식 검으로 스키피오가 도입한 총길이 50~70㎝의 짤막한 양날 검. 베기보다는 찌르는 검이었다. 베기 위해서는 팔을 들어야 하며 그 순간 옆구리가 무방비 상태가 되지만 찌르는 검은 자신의 신체를 보호하면서 신속히 적을 공격할 수 있다는 장점이 있다. 이 검은 제2차 포에니 전쟁 시에 히스파니아의 갈리아족 병사들의 짧은 외날 검을 모방하여 만든 것이다. 이와 같이 로마인들은 적일지라도 좋은 것이 있으면 받아들이는 데 주저함이 없었다. 심지어는 제정 후기에 로마군들은 전투 시에 지르는 함성까지도 게르만족을 모방했다. 그 방법은 처음부터 커다란 함성을 지르며 돌격하는 것이 아니라, 처

음에는 낮은 소리로 중얼중얼 하다가 점점 소리를 크게 하고 적과 마주하여 싸우게 되면 최대한의 함성을 지르는 방식이었다.(註. 게르만족으로부터 도입된 이러한 함성을 '바리투스 barritus'라고 한다. 전문가에 따르면 이런 함성이 적의 자율 신경계를 자극하여 공포심을 유발시킨다고 한다.)

▎글라디우스 검

※ 방패

▎클리페우스

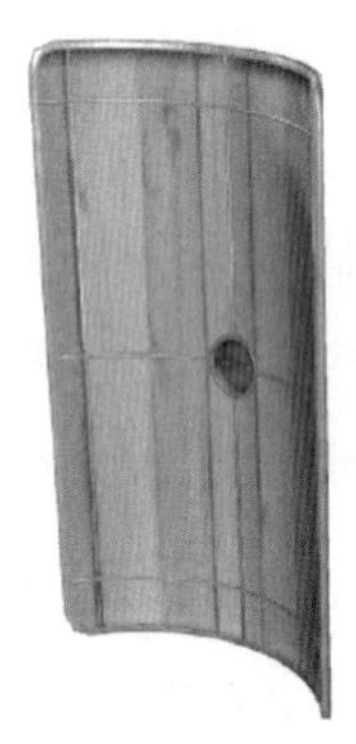

▎스쿠툼

○ 클리페우스(clipeus) : 둥근 방패이며, 스쿠툼 이전의 방패.

○ 스쿠툼(scutum) : 가로 80㎝, 세로 120㎝가량의 장방형 방패로서 테

두리 부분 25㎝는 쇠로 보강되었고 안쪽은 마포로 대고 바깥쪽은 소가죽을 대었다. 이것은 갈리아족의 방패를 모방한 것이었다. 무게 약 10㎏.(註. 리비우스에 따르면 봉급을 받고 군 복무를 하게 된 BC 5세기 말부터 스쿠툼을 사용했다고 전한다.)

필룸(pilum)

○ 투창을 말하며 가늘고 길게 낭창낭창하게 만들어 졌다. 적에게 던져 적의 방패에 꽂히게 되면 끝이 구부러져 되던질 수 없게 되어 있다. 원래 창두와 손잡이를 연결하는 부분이 두 개의 쇠못으로 고정되어 있었던 것을 마리우스가 두 개의 쇠못 중 한 개를 나무못으로 바꾸었다. 그렇게 한 이유는 던져진 투창이 적의 방패에 꽂혔을 때 충격으로 나무못이 부러지면 창두나 쇠못이 구부러져 적이 되던질 수도 없거니와 방패에서 뽑기도 힘들었기 때문이다. 필룸의 길이는 약 1.5m, 무게는 약 2㎏. 필룸이 투창인데도 무거운 것은 창두 50㎝ 정도가 쇠로 되어 있었기 때문이며, 따라서 근거리에서 적과 싸울 때 사용했다.(註. 이에 반해 장창은 하스타hasta라고 했으며, 하스타티는 하스타를 사용한 부대라는 의미에서 나왔다. 그러나 하스타티의 경우에도 나중에는 투창을 사용했다. 하스타의 길이는 약 2m, 무게는 약 1.5㎏)

▎필룸

5단 갤리선(퀸퀘레미스quinqueremis)

○ 노잡이 300명, 전투원 120명, 선원 100명으로 총 승선 인원 520명이

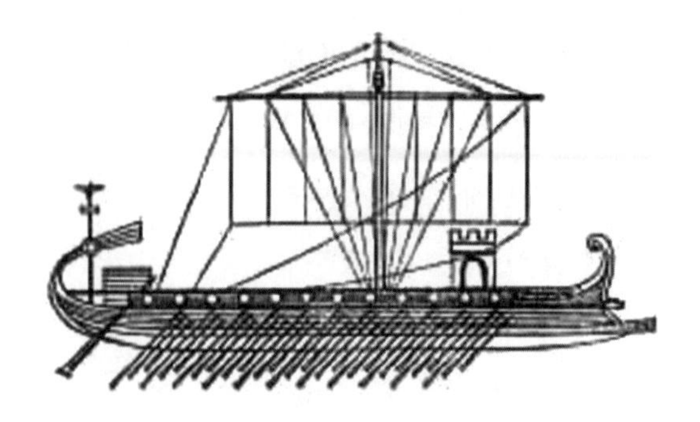

갤리선

었다. 속도는 시속 15㎞ 정도이며 배의 길이는 약 45m이고 배수량은 230톤가량 되었다. 다만 3단 갤리선이 노가 3단이기 때문에 붙여진 이름인 것은 틀림없지만 5단 갤리선은 노가 5단이 아니라고 주장되기도 한다. 즉 노를 5단으로 배치하는 것은 기술적으로 불가하므로 5단 갤리선이란 하나의 노에 5명의 노잡이가 배치된 것을 의미했다고 한다. 하지만 아무리 고대 언어일지라도 이렇듯 혼란스럽게 이름을 정하지는 않았으리라. 만약 하나의 노에 5명이 배치되어 5단 갤리선이라고 했다면 3단 갤리선은 하나의 노에 3명이 배치된 것을 의미하지 않았겠는가 말이다.

* 3단 갤리선(트리레미스triremis)의 경우 노잡이가 170명

식단

○ 우유 또는 양젖을 넣어 끓인 죽이나 빵, 치즈 1조각, 양파, 포도주 1잔(註. 현대 서구인이 육식을 주식으로 하는 것은 그들이 로마인이 아니라, 갈리아인이거나 게르만인이기 때문이다.)

○ 병사들에게 1개월치 식량으로서 보병에게는 밀 6모디우스가 지급되고, 기병은 밀 18모디우스(註. 기병의 경우는 말을 다루는 하인의 몫까지 포함)와 말 사료용 보리 63모디우스가 지급되었다. 또한 동맹국 보병에게는 밀 6모디우스가 지급되고, 동맹국 기병은 밀 16모디우스와 말 사료용 보리 45모디우스가 지급되었다.

* 1모디우스(modius, 복수형은 모디이modii) = 8.49ℓ

숙영지

로마군 숙영지

○ 600m×800m가량이며, 카르도(cardo)라는 남북을 가로지르는 도로와 데쿠마누스(decumanus)라는 동서로 난 도로가 있었다. 1개 군단(동맹군 포함 18,000~20,000명)이 숙영했으며, 1개 막사에는 8명이 한 조의 분대(콘투베르니움contubernium)가 되어 기거했다. 로마군의 숙영지는 상비군 체제가 되면서 영구 주둔지가 건설되기 시작

했고, 1세기 말부터는 석재로 지어졌다. 이렇듯 주기적으로 이동하던 병영이 한곳에 주둔하게 되자 병사들 간에 다양한 사적 모임이 생겨났으며, 군당국은 이를 경계의 시선으로 바라보며 이들이 어느 한순간 항명 집단으로 변질될 것을 우려했다.

상과 벌

○ 용맹을 떨친 병사는 철제 창 또는 철제 잔을, 공격 시 가장 먼저 성벽에 매달린 병사는 황금 사슬을, 적의 성벽을 제일 먼저 타고 올라간 병사는 성벽 모양의 금관인 코로나 무랄리스(corona muralis)를 수여받았다. 또한 아군을 구한 병사는 떡갈나무(註. 떡갈나무는 유피테르 신을 상징하는 신성한 나무였다.)로 만든 코로나 키비카(corona civica, 시민관)가 주어졌는데, 이는 목숨을 건진 병사가 자신의 목숨을 구한 병사의 공로를 증언하고 직접 그 관을 바쳐야 했다. 티베리우스 황제 때 아프리카 전쟁에서 루푸스라는 병사가 동료 병사의 목숨을 구한 공로로 코로나 키비카를 수여받고 수석 백인대장으로 승진했다. 그 이후 코로나 키비카는 백인대장 이상의 지휘관에게만 주어지는 영광이 되었다. 그리고 군단이나 부대를 구한 지휘관에게는 전장의 풀로 만든 코로나 그라미네아(corona graminea, 풀잎관)를 수여했다.

○ 로마군의 군율은 엄격하여 야간 보초 중에 잠들거나 임무를 게을리한 병사(註. 이 죄를 저지르게 되면 양쪽에 동료 병사가 늘어서서 해당 병사를 지나가게 하고 몽둥이로 때리므로 대부분 죽었다), 도둑질한 병사, 위증한 병사, 집합 시간에 세 번 늦은 병사, 전시에 갑옷 · 방패 · 검 등 개인 무기를 잃어버린 병사는 모두 처벌했다. 그리고 최선

을 다해 싸우지 않고 전의를 잃고 일찌감치 적에게 등을 보이는 부대도 처벌되었다. 가장 비인간적인 엄벌은 데키마티오(decimatio)였다. 그것은 벌을 받아야 할 부대원들을 추첨으로 10명당 1명씩 뽑아 나머지 9명이 몽둥이로 때려죽이는 형벌로서, 기록으로 보면 BC 471년 볼스키족과의 전투에서 병사들이 연거푸 이틀 동안을 도망가자 이를 시행했다고 전한다. 하지만 이 벌칙은 잔혹함뿐 아니라 가장 큰 잘못을 저지른 병사가 추첨에서 운 좋게 제외되는 경우가 있으므로 자주 시행되지는 않았다.

보수

○ 공화정 초기의 로마군은 일일 보수가 보병이 4아스, 백인대장이 8아스, 기병이 12아스가 지급되었다. 다만 주로 행정 업무를 맡았던 수혜 병사(베네피키아리우스beneficiarius)의 경우는 일반 병사의 2배에 해당하는 급여를 받았고, 전령(테쎄라리우스tesserarius)은 일반 병사의 1.5배에 해당하는 급여를 받았다. 그러다가 1세기 아우구스투스 때는 군단병이 일당 10아스, 근위병이 30아스가 지급되었다. 로마군은 1월, 5월, 9월에 연봉의 1/3씩 지급받았다.

* 원래 로마군은 무보수 원칙이었으나 BC 405년 베이이와의 전쟁 중에 병사들에게 급료가 지급되기 시작했다. 이는 베이이와의 전쟁 이전까지는 전쟁 기간이 짧았으나 이후에는 전쟁이 장기화됨에 따른 조치였다. 로마의 관리들은 이 조치가 어차피 세금을 거두어 급료를 지불하는 것이라고 설명했으나, 로마 시민들은 결코 가질 수 있으리라고 희망조차 한 적도 없었고, 결코 요청할 수도 없었

던 혜택을 입은 것으로 생각하여 온통 환희에 휩싸였다.

☼ 병사들의 연봉 인상

○ 도미티아누스(재위 81~96년)는 라인강 너머의 게르만 부족을 공략한 후 군단병의 연봉을 225데나리우스에서 300데나리우스로 인상했다. 그 이후 셉티미우스 세베루스(재위 193~211년)가 600데나리우스로 인상했고, 그의 아들 카라칼라가 또다시 900데나리우스로 인상했다. 카라칼라는 동생 게타의 죽음에 불만을 가진 병사들을 무마하기 위해 연봉 인상을 단행했는데, 이 조치로 국고가 고갈되자 상속세와 노예 해방세를 2배로 올렸다. 그 이후 막시미누스(재위 235~238년)가 1,800데나리우스로 올렸으며, 디오클레티아누스(재위 284~305년)는 곡물 구입비로 600데나리우스와 곡물로 30모디우스(註. 3,000데나리우스의 가치에 해당)를 추가로 지급함으로써 병사들의 연봉이 5,400데나리우스에 달했다. 그러나 물가 상승이 연봉 인상을 앞질렀기 때문에 디오클레티아누스의 연봉 인상이 병사들의 실질적 경제 향상에 도움이 되지 못했다.(註. 아우구스투스 때의 병사들의 연봉은 225데나리우스였으며, 서로마 제국의 재정이 악화되고 쇠락해 가던 5세기에는 병사들의 연봉이 보병은 6솔리두스, 기병은 10.5솔리두스였다. 즉 5세기 병사들의 연봉을 아우구스투스 시대의 데나리우스 화폐 가치로 환산하면 보병의 경우 약 87데나리우스, 기병의 경우 약 151데나리우스 정도로 급료가 떨어졌다.)

* 1세기 때 일반 노무자의 연봉 약 720세스테르티우스(180데나리우스)

☼ 군단병의 행군과 군장

○ 군단병은 행군 시에 개인 물품으로 3일분의 식량, 조리 기구, 물병, 땅을 파는 도구, 천막용 말뚝 2개, 옷, 도끼, 갈고리, 기타 개인 소지품 등 약 20㎏이 되었고, 여기에다 전투 장비로 투구, 갑옷, 방패, 벨트, 검, 단검, 투창 등이 약 30㎏이었다. 따라서 군단병은 총 50㎏이나 되는 엄청난 짐을 지고 다녔다. 그리고 막사나 맷돌과 같은 분대원이 공유하는 물건은 각 분대에 1마리씩 배분되는 노새가 싣고 다녔다. 이렇듯 병사들로 하여금 짐을 많이 지게 한 사람은 마리우스였다. 그는 군수품이 적들과 도적 떼들에게 강탈당하는 일이 잦자, 병사들의 체력을 향상시키고 군수품 행렬을 줄여 일거에 적에게 빼앗기는 일을 막고 기동력을 높이기 위해서 이를 시행했다. 그래서 로마군을 '마리우스의 노새'라고 불렀을 정도였다. 하지만 이러한 로마군의 강건함도 제정 후기로 가면서 군기가 갈수록 해이해졌고 훈련은 느슨해졌다. 4세기에는 탈영병이 급증하여 신병으로 입대하자마자 가축이나 노예처럼 병사들의 양손에 달군 쇠로 낙인을 찍기에 이르렀다. 아래와 같이 시오노 나나미는 행군 속도를 구분했다.

- ▸ 이테르 유스툼(iter justum) : 1일 20~25㎞(5시간 소요, 평상시)
- ▸ 이테르 마그눔(iter magnum) : 1일 30~35㎞(7시간 소요, 강행군 시)
- ▸ 이테르 막시뭄(iter maximum) : 밤낮으로 최대한의 거리를 행군

☼ 군단병의 복무 기간

○ 군단병은 만 17세부터 병역의 의무가 있으며, 공화정 때는 군 복무 기간이 군단병의 경우 보병은 16년, 기병은 10년이었다. 로마군은

연속적으로 복무하는 것이 아니라 전쟁 시에 징집되었다가 다시 귀향하는 방식이었으므로, 군 복무 기간은 군에서 복무한 기간을 모두 합쳐 그 기간이 되어야 했다. 다만 수십 년 동안 계속 근무하는 병사가 있기는 했지만 이는 공식적인 것이 아니었다. 그러다가 BC 13년부터 군단병의 복무 기간을 현역 16년과 예비역 4년으로 정했으며, AD 6년부터는 현역 20년과 예비역 5년으로 확정되었다.(보조병의 경우는 25년, 해군은 26년) 즉 만 20세에 입대하여 만기 제대하려면 만 40세가 되어야 했다.(아우구스투스 때부터는 만 20세에 입대) 군단병의 현역(유니오레스juniores) 연령은 만 17세~45세까지다. 또한 국가 위기 상황 때 소집되었던 예비역(세니오레스seniores)의 경우는 만 46세부터 만 60세까지였다.

※ 결혼

○ 공화정 때 병사들은 결혼이 가능했다. 왜냐하면 전시에 모집되었다가 평화시에 다시 집으로 돌아가는 방식이었기 때문이다. 그러나 아우구스투스가 상비군 체제로 바꾸면서 수십 년간의 군 생활에서 결혼이 걸림돌이라고 보았고, 그때부터 병사들의 결혼이 금지되었다. 결혼 후에 입대한 병사의 경우에 입대와 동시에 그 결혼은 무효가 되어 병사의 아들이 상속을 받게 되면 타인에게 상속받는 것으로 간주되어 5%의 상속세를 납부했다.(註. 상속세의 경우 6촌 이내의 친족에게는 제외되었다.) 또한 병사의 아들은 법적 지위가 없었던 탓에 출생지를 '진영 안'이라고 표기했다. 대신 병사들에게 특권을 주었는데, 로마법상 유언장은 상속인 지정 · 상속 재산 목록 · 재산 처분 한도 등

형식과 내용에서 명확해야 유효했지만, 군인의 경우에는 엄격한 절차에 따라 작성된 유언장이 아닌 경우에도 상속할 수 있었고, 가부장이 아니더라도 재산의 소유권을 가질 수 있게 했다.

그러나 로마 제국으로서는 병사들이 독신으로 있다는 것이 인재 양성이라는 측면에서 불리했다. 강건하고 충성심이 높은 병사가 결혼하여 자식을 많이 낳고, 그 아들이 군대에 입대해야 제국의 군사력과 안전이 높아지기 때문이다. 그리하여 로마는 법적으로는 병사들의 결혼을 금지시켰지만 실제로는 병사들의 결혼을 묵인했다.

이렇듯 현실에 맞지 않던 병사들의 금혼 제도는 셉티미우스 세베루스 황제 때 폐지되었다. 황제는 197년 병사들의 결혼을 허용했고, 병사의 아내는 병영 바깥에 사는 것을 공식으로 허용함으로써 현실을 합법화시킨 것이다.(註. 법률학자 중에는 셉티미우스 세베루스가 비시민 병사에게까지 로마법상 완전한 혼인을 허용한 것이 아니라, 군인 신분에 따른 혼인의 장애 사유를 제거한 것에 지나지 않는다고 주장하는 자도 있다.)

군대과 민간의 분리

○ 2세기 초 하드리아누스 황제는 제국의 관료제를 개편하는 과정에서 기사 계급 관리들의 군사 업무와 민간 업무를 분리했다. 그러면서 군대 경험이 없는 기사 계급은 민간 부서에 임명했다. 그 이후 3세기 중반에 갈리에누스 황제는 원로원 의원이 군사령관으로 나가는 것을 금지했으며,(註. 갈리에누스 황제의 이와 같은 조치로 황제 속주는 기사 계급이 총독이었으므로 군대와 민간이 모두 총독의 지휘하에 있었다. 반

면에 원로원 속주는 원로원 계급이 총독이었으므로 군대와 민간이 각각 분리되어 총독은 군대 지휘에서 배제되었다.) 더 나아가 3세기 후반 디오클레티아누스 황제 때 모든 계층의 군대 경력과 민간 경력을 분리한 결과, 두 조직 간의 인적 유동성이 없어졌을 뿐만 아니라 각자의 조직을 서로 비대하게 만들게 되었다. 그 이후 콘스탄티누스 황제가 군대 조직과 민간 조직을 완전히 분리하여 기능을 서로 겸하지 못하게 했다.

특히 원로원 계급의 군사령관 진출 금지는 빈번한 반란을 방지하자는 측면에 유효할 것이라는 점에서 시행된 듯하다. 게다가 몇 년간의 군 복무 후에 다시금 정치에 뛰어드는 원로원 계급보다는 기사 계급을 군사령관에 임명함으로써 군사 전문가를 양성하고 이들로 하여금 갈수록 거칠어지는 페르시아와 야만족들의 침공에 맞설 수 있다고 생각할 수 있었다. 하지만 이러한 정책은 성공적이지 못했다는 평가를 받았다. 로마군은 뛰어난 체제로 누가 지휘관이 되든지 비슷한 결과가 나왔으며, 군 사령관의 지위를 꿰차고 있던 기사 계급도 권력의 유혹을 떨쳐 버리지 못했기 때문이다.

군대와 민간 행정이 서로 간에 유동적이었던 제정 초기의 체제가 효율성과 편리성을 이유로 점차 분리되는 쪽으로 나아갔지만, 결국 이것은 실패한 정책이었다. 왜냐하면 군사적 이해가 부족한 행정 관료가 군사령관의 도전을 받을 때 매우 위험한 상황이 빈번하게 발생했기 때문이다.

연대표

BC 88	술피키우스는 호민관에, 술라는 집정관에 취임. 술라가 군사력으로 로마 장악.
BC 88~85	제1차 미트라다테스 전쟁.
BC 87	술라가 미트라다테스 6세를 토벌하기 위해 이탈리아를 떠남. 술라의 그리스 원정 중에 킨나가 정변을 일으킴. 마리우스가 로마로 귀환.
BC 86	마리우스 죽음.
BC 84	킨나 살해됨. 핌브리아 자결.
BC 83~82	제2차 미트라다테스 전쟁.
BC 83	술라, 이탈리아에 상륙.
BC 81	술라가 종신 독재관에 취임.
BC 80	세르토리우스 전쟁 발발.(BC 72년 종전), 술라 집정관이 됨.
BC 79	술라가 종신 독재관 사임 후 정계에서 은퇴.
BC 78	술라 죽음.
BC 75~65	제3차 미트라다테스 전쟁.
BC 74	루쿨루스가 미트라다테스를 토벌하기 위해 파견.
BC 73~71	스파르타쿠스 반란.
BC 72	세르토리우스가 페르페르나에게 살해됨.
BC 70	베레스 재판으로 키케로 명성 높임.
BC 69	카이사르의 아내 코르넬리아 죽음. 카이사르 히스파니아 울테리오르에 재무관으로 근무.
BC 67	폼페이우스에게 해적 소탕을 위한 군지휘권 부여. 카이사르가 폼페이아와 결혼.

BC 66	미트라다테스 정벌을 위한 군사 지휘권을 루쿨루스로부터 빼앗아 폼페이우스에게 부여함. 티그라네스 2세가 폼페이우스에게 항복.
BC 64	시리아의 셀레우코스 왕국을 로마의 속주로 만듦.
BC 63	키케로 집정관에 취임. 카이사르 대제사장에 취임. 미트라다테스 6세 죽음. 옥타비아누스 출생. 폼페이우스의 동방 정복. 카틸리나 음모 실패.
BC 62	카틸리나 죽음. 카이사르 법무관에 취임. 클로디우스가 보나 데아 축제가 열리고 있는 카이사르 집에 침입. 폼페이우스 동방 정벌군 해산.
BC 61	클로디우스 재판에 회부. 카이사르가 히스파니아 울테리오르 총독으로 부임.
BC 60	제1차 삼두 정치 시작됨.
BC 59	카이사르 집정관에 취임하고 칼푸르니아와 결혼. 폼페이우스와 율리아 결혼. 로마 원로원이 프톨레마이오스 12세 아울레테스를 이집트 왕으로 승인.
BC 58~51	카이사르의 갈리아 전쟁.
BC 58	클로디우스 호민관에 취임. 클로디우스가 셈프로니우스 법을 위반했다며 키케로를 공격하자 망명. 카토가 키프로스 총독으로 부임.
BC 57	폼페이우스와 밀로의 도움으로 키케로가 로마로 귀환.
BC 56	루카 회담으로 위기를 맞았던 삼두 정치 체제 강화. 카토가 키프로스 총독 근무를 마치고 귀환.
BC 55	카이사르가 라인강을 건너 게르만족 공격. 카이사르의 제1차 브리타니아 침공. 크라수스가 자신의 임지인 시리아로 출발.
BC 54	카이사르의 제2차 브리타니아 침공. 카이사르의 딸 율리아 죽음.
BC 53	카이사르가 푸블리우스 크라수스를 기병 1천 기와 함께 그의 부친 크라수스에게 보냄. 크라수스 카르하이 전투에서 사망. 카이사르 두 번째로 라인강 도하.
BC 52	폼페이우스가 피소의 딸 코르넬리아와 결혼. 밀로가 클로디우스 살해. 알레시아 전투에서 카이사르가 베르킨게토릭스에게 승리.
BC 49	카이사르의 루비콘강 도하. 히스파니아 일레르다(註. 현재 지명 '레리다') 전투에서 카이사르가 폼페이우스 파 군대에게 승리.

BC 48	밀로 살해됨. 디라키움 전투에서 폼페이우스가 카이사르에게 승리함. 파르살루스 전투에서 카이사르가 폼페이우스에게 승리함. 폼페이우스가 이집트에서 살해됨. 알렉산드리아 전쟁 시작. 도미티우스가 파르나케스 2세에게 패하여 시리아로 후퇴함.
BC 47	카이사르가 도미티우스의 원군을 지원받아 알렉산드리아 전쟁에서 승리. 프톨레마이오스 13세 전사. 이집트는 클레오파트라 7세와 그녀의 막내 동생 프톨레마이오스 14세가 공동 통치. 카이사르가 폰투스 왕 파르나케스 2세를 물리침.
BC 46	탑수스 전투 터짐. 小 카토 자결.
BC 45	문다 전투 발발.
BC 44	카이사르 종신 독재관에 취임. 카이사르 살해됨. 안토니우스를 탄핵하는 키케로의 필리피카 시작됨.
BC 43	무티나 전투에서 판사와 히르티우스 전사. 데키무스 브루투스 살해됨. 제2차 삼두 정치 시작됨. 키케로 살해됨.
BC 42	필리피 전투에서 안토니우스와 옥타비우스가 카시우스와 브루투스를 무찌름. 카시우스와 브루투스 자결. 카이사르 신격화함.
BC 41	안토니우스의 동생 루키우스와 아내 풀비아가 페루시아에서 반란을 일으킴.
BC 40	페루시아 반란 진압됨. 브룬디시움 협약 체결. 안토니우스와 옥타비아 결혼. 로마 원로원 헤롯을 유대 왕으로 승인.
BC 39	옥타비아누스, 안토니우스, 섹스투스 폼페이우스 간에 미세눔 협약 체결. 옥타비아누스와 스크리보니아 결혼. 율리아 탄생.
BC 38	옥타비아누스와 리비아 결혼.
BC 37	마이케나스와 옥타비아의 중재로 타렌툼 협약 체결. 안티오키아에서 안토니우스와 클레오파트라 결혼.
BC 36	나울로쿠스 해전에서 아그리파가 섹스투스 폼페이우스에게 승리. 안토니우스의 페르시아 원정 실패.
BC 35	섹스투스 폼페이우스 죽음.
BC 32	옥타비아누스가 안토니우스의 유서 공개.
BC 31	악티움 해전에서 옥타비아누스가 안토니우스에게 승리.
BC 30	안토니우스와 클레오파트라 죽음. 옥타비아누스가 이집트를 자신의 개인 영지로 만듦.

다른 자들의 지혜를 위해 여백을 남긴다

Ad sapientias aliarum marginem relinquo

참고문헌

○ Edward Gibbon 저, 김희용 외 2 역,『The History Of The Decline And Fall Of The Roman Empire』(로마 제국 쇠망사), 민음사, 2008~2010

○ Publius Cornelius Tacitus 저, 박광순 역,『Annales』(연대기), 종합출판 범우(주), 2005

○ Publius Cornelius Tacitus 저, 김경현 외 1 역,『Historiae』(타키투스의 역사) 한길사, 2011

○ Theodor Mommsen 저, 김남우 외 2 역,『Römische Geschichte』(몸젠의 로마사) 푸른역사, 2013~2015

○ Plutarchos 저, 이다희 역,『Bioi Paralleloi』(플루타르코스 영웅전), Human & Books, 2010~2015

○ Gaius Julius Caesar 저, 김한영 역,『Commentarii De Bello Civil』(내전기) 사이, 2005

○ Gaius Julius Caesar 저, 김한영 역,『Commentarii De Bello Gallico』(갈리아 전쟁기), 사이, 2005

○ Fritz M. Heichelheim, Cedric A. Yeo 공저, 김덕수 역,『A History Of The Roman People』(로마사) 현대지성사, 1999

○ Donald R. Dudley 저, 김덕수 역『The Civilization Of Rome』(로마 문명사), 현대지성사, 1997

○ 시오노 나나미 저, 김석희 역,『Res Gestae Populi Romani』(로마인 이야기), 한길사, 1995~2007

○ Niccolo Machiavelli 저, 권혁 역,『Il Principe』(군주론), 돋을새김, 2005

○ Niccolo Machiavelli 저, 강정인 외 1 역,『Discorsi sopra la prima deca di Tito Livio』(로마사 논고), 한길사, 2003

○ Peter Heather 저, 이순호 역,『The Fall of the Roman Empire : a new history of Roman and the Barbarians』(로마 제국 최후의 100년), 뿌리와이파리, 2008

○ Philip Matyszak 저, 박기영 역, 『Chronicle of the Roman Republic』 (로마 공화정), 갑인공방, 2004
○ Alberto Angela 저, 주효숙 역, 『Una Giornata Nell'antica Roma』 (고대 로마인의 24시간) 까치, 2011
○ Chris Scarre 저, 윤미경 역, 『Chronicle of the Roman Emperors』 (로마 황제), 갑인공방, 2004
○ Jérôme Carcopino 저, 류재화 역, 『Rome à l'apogée de I'Empire : la vie quotidienne』 (제국의 전성기 고대 로마의 일상생활), 우물이있는집, 2003
○ Alberto Angela 저, 김효정 역, 『Amore e sesso nell'antica Roma』 (고대 로마인의 성과 사랑) 까치, 2014
○ Marcus Tullius Cicero 저, 허승일 역,『De Officiis』 (의무론), 서광사, 2006
○ Marcus Tullius Cicero 저, 김창성 역,『De Re Publica』 (국가론), 한길사, 2007
○ Marcus Tullius Cicero 저, 김남우 역,『Tusculanae Disputationes』 (투스쿨룸 대화), 아카넷, 2014
○ Anthony Everitt 저, 조윤정 역, 『The First emreror』 (아우구스투스 : 로마 최초의 황제), 다른세상, 2008
○ Gaius Suetonius Tranquillus 저, Robert von Ranke Graves 영역, 조윤정 역,『De Vita Caesarum』 (열두 명의 카이사르), 다른세상, 2009
○ Frank McLynn 저, 조윤정 역,『Marcus Aurelius』 (철인황제 마르쿠스 아우렐리우스), 다른세상, 2011
○ Marcus Tullius Cicero 저, 천병희 역『Cato maior de senectute』 (노년에 관하여), 숲, 2011
○ Marcus Tullius Cicero 저, 천병희 역,『Laelius de amicitia』 (우정에 관하여), 숲, 2011
○ Publius Vergilius Maro 저, 천병희 역 『Aeneis』 (아이네이스), 숲, 2004
○ Publius Ovidius Naso 저, 천병희 역 『Fasti』 (로마의 축제일), 한길사, 2005
○ Herodotos 저, 천병희 역,『Histories Apodexis』 (역사), 숲, 2009
○ Thucydides 저, 천병희 역,『Ho Polemos Ton Peloponnesion Kai Athenaion』 (펠로폰네소스 전쟁사), 숲, 2011
○ Publius Cornelius Tacitus 저, 천병희 역, 『De origine et situ Germaniorum』 (게르마니아), 숲, 2012

○ Publius Vergilius Maro 저, 김남우 역『Aeneis』(아이네이스), 열린책들, 2013
○ Adrian Goldsworthy 저, 백석윤 역,『Caesar』(가이우스 율리우스 카이사르), 루비박스, 2007
○ Adrian Goldsworthy 저, 하연희 역,『The Fall of the West』(로마 멸망사), 루비박스, 2012
○ Adrian Goldsworthy 저, 강유리 역,『In the Name of Rome: The Men Who Won the Roman Empire』(로마전쟁영웅사), 말글빛냄, 2005
○ Ronald Syme 저, 허승일 외 1 역,『Roman Revolution』(로마 혁명사), 한길사, 2006
○ Charles de Montesquieu 저, 김미선 역,『Considérations sur les causes de la grandeur des Romains et de leur décadence』(로마의 성공, 로마 제국의 실패), 사이, 2013
○ Aurelius Augustinus 저, 추인해 역,『De civitate dei』(신국론), 동서문화사, 2013
○ Ray Laurence 저, 최기철 역,『Roman Passion』(로마 제국 쾌락의 역사), 미래의 창, 2011
○ Gaius Sallustius Crispus 저,『Bellum Jugurthinum』(유구르타 전쟁기)
○ Cassius Dio Cocceanus 저,『Historia Romana』(로마사)
○ Titus Livius Patavinus 저,『Ab Urbe Condita Libri』(로마사)
○ Augustus 저,『Res Gestae Divi Augusti』(업적록)
○ Gaius Sallstius Crispus 저,『Bellum Catilinae』(카틸리나 전쟁기)
○ Homeros 저, 천병희 역,『Ilias』(일리아스), 숲, 2012
○ Homeros 저, 천병희 역,『Odysseia』(오딧세이아), 숲, 2006
○ Platon 저, 천병희 역,『Πολιτεια』(국가), 숲, 2013
○ Menandros 저, 천병희 역,『메난드로스 희극(심술쟁이, 중재판정, 사모스의 여인, 삭발당한 여인)』, 숲, 2014
○ Euripides 저, 천병희 역,『에우리피데스 비극 전집(안드로마케)』, 숲, 2009
○ Lucius Annaeus Seneca 저, 천병희 역,『Dialogorum Libri Duodecim : De brevitate vitae(인생의 짧음에 관하여), De tranquillitate animi(마음의 평정에 관하여), De providentia(섭리에 관하여), De vita beata(행복한 삶에 관하여)』(인생이 왜 짧은가 : 세네카의 행복론), 숲, 2005
○ Lucius Annaeus Seneca 저, 김혁 외 3 역,『De Beneficiis』(베풂의 즐거움), 눌민, 2015

○ Platon 저, 박종현 역, 『Pratonis Opera : Κριτων, Φαιδων』 (플라톤의 대화 편 : 크리톤, 파이돈), 서광사, 2003
○ Ramsay MacMullen 저, 김창성 역,『Roman Government's Response to Crisis』 (로마 제국의 위기:235~337년 로마 정부의 대응), 한길사, 2012
○ Flavius Josephus 저, 박정수 외 1 역『Historia Ioudaikou Polemou Pros Romaious』 (유대 전쟁사), (주)나남, 2008
○ B.H. Liddell Hart 저, 박성식 역,『Scipio Africanus : Great than Napoleon』 (스키피오 아프리카누스), 사이, 2010
○ Tom Holland 저, 김병화 역,『Rubicon』 (루비콘 : 공화정에서 제정으로, 로마 공화국 최후의 날들), 책과함께, 2017
○ Tom Holland 저, 이순호 역,『Dynasty(다이너스티 : 카이사르 가문의 영광과 몰락), 책과함께, 2017
○ Philipp Vandenberg 저, 최상안 역,『Nero』 (네로 : 광기와 고독의 황제), 한길사, 2003
○ Gaius Petronius Arbiter 저, 강미경 역,『satyricon』 (사티리콘), 공존, 2008
○ Lucius Apuleius 저, 송병선 역,『Metamorphoses』 (황금 당나귀), 매직하우스, 2007
○ Barry Strauss 저, 최파일 역,『Spartacus War』 (스파르타쿠스 전쟁), 글항아리, 2011
○ Jean Yves Boriaud 저, 박명숙 역,『Histoire de Rome』 (로마의 역사), 궁리, 2007
○ Reinhart Raffalt 저, 김이섭 역,『Grosse Kaiser Roms』 (로마 황제들의 눈물), 찬섬, 1997
○ Pamela Marin 저, 추미란 역,『Blood in the forum』 (피의 광장 : 로마 공화정을 위한 투쟁), 책우리, 2009
○ K.R. Bradley 저, 차전환 역,『Slaves and Masters in Roman Empire : A Study in Social Control』 (로마 제국의 노예와 주인 : 사회적 통제에 대한 연구), 신서원, 2001
○ Jean-Marie Engel 저, 김차규 역,『L'Empire romain』 (로마 제국사), 한길사, 1999
○ Karl Wilhelm Weeber 저, 윤진희 역,『Nachtleben im alten Rom』 (고대 로마의 밤문화), 들녘, 2006
○ 장진쿠이 저, 남은숙 역, 『흉노제국 이야기』, 아이필드, 2010
○ 시부사와 다츠히코 저,『세계 악녀 이야기』, 삼양미디어, 2009

○ Robert Knapp 저, 김민수 역,『Invisible Romans』(99%의 로마인은 어떻게 살았을까), 이론과실천, 2012
○ Tomas R. Martin 저, 이종인 역,『Ancient Rome : From Romulus to Justinian』(고대 로마사), 책과함께, 2015
○ Carl Richard 저, 이광일 역,『Why We're All Romans : The Roman Contribution to the Western World』(왜 우리는 로마인의 후예인가? : 고대 로마와 로마인의 입문서), 이론과실천, 2014
○ Simon Baker 저, 김병화 역,『Ancient Rome』(처음 읽는 로마의 역사), 웅진지식하우스, 2008
○ Stephen Dado Collins 저, 조윤정 역,『Caesar's legion』(로마의 전설을 만든 카이사르 군단), 다른세상, 2010
○ Indro Montanelli 저, 김정하 역,『Storia di Roma』(로마 제국사), 까치, 1998
○ Ivar Lissner 저, 김지영 · 안미라 역,『So Lebten Die Roemischen Kaiser』(로마 황제의 발견 : 천의 얼굴을 가진 사람들의 이야기), ㈜살림출판사, 2007
○ Procopius 저, 곽동훈 역,『Αποκρυφη Ιστορια』(프로코피우스의 비잔틴제국 비사), 들메나무, 2015
○ Titus Lucretius Carus 저, 강대진 역,『De Rerum Natura』(사물의 본성에 관하여), 아카넷, 2011
○ Christopher Kelly 저, 이지은 역,『The Roman Empire : A Very Short Introduction』(로마 제국), 교유서가, 2015
○ 김덕수 저,『아우구스투스의 원수정』, 길, 2013
○ 김진경 외 저,『서양고대사강의』, 한울, 2011
○ 배은숙 저,『강대국의 비밀』, 글항아리, 2008
○ 배은숙 저『로마 검투사의 일생』, 글항아리, 2013
○ 임웅 저,『로마의 하층민』, 한울, 2004
○ 정태남 저,『로마 역사의 길을 걷다,』마로니에북스, 2009
○ 차전환 저,『고대 노예제 사회 : 로마 사회경제사』, 한울, 2015
○ 한국서양고대역사문화학회 엮음,『아우구스투스 연구』, 책과함께, 2016
○ 허승일 저,『로마 공화정 연구』, 서울대학교출판부, 1985
○ 허승일 외 저,『로마 제정사 연구』, 서울대학교출판부, 2000

○ 최정동 저, 『로마제국을 가다』, 한길사, 2007
○ Bernard Haisch 저, 석기용 역,『The God Theory』(신 이론), 책세상, 2010
○ Victor J. Stenger 저, 김미선 역,『God The Failed Hypothesis』(신 없는 우주), 바다출판사, 2013
○ 미치오 카쿠 저, 박병철 역,『Parallel Worlds』(평행 우주), 김영사, 2006
○ Martin Bojowald 저, 곽영직 역,『Once Before Time』(빅뱅 이전), 김영사, 2011
○ Stephen Hawking 저, 김동방 역『The illustrated a brief history of time』(그림으로 보는 시간의 역사) 까치글방 1998
○ Brian Greene 저, 박병철 역,『The Hidden Reality』(멀티 유니버스), 김영사, 2012
○ 이지유 저 『처음 읽는 우주의 역사』(주)휴머니스트 2012

○ 강성길, "티베리우스 그라쿠스 농지법의 수혜 대상'" 『경북사학』 12(1989), pp.139~173
○ 강성길, "로마 공화정 후기와 제정 초기 선거 민회의 '입후보 신고(professio)" 『대구사학』 72(2003), pp.277~310
○ 강성길, "로마 공화정 후기 트리부스 선거민회의 투표 결과 공표를 위한 절차와 '집단 투표의 공정성'" 『서양고대사연구』 14(2004), pp.117~151
○ 강성길, "로마 동맹국 전쟁과 내전 시기(기원전 91~82년) 신시민의 투표권" 『서양고대사연구』 17(2005), pp.91~129
○ 강준창, "아우구스티누스와 국가권력 : 농민반란을 중심으로" 『역사와담론』 15(1987), pp.121~140
○ 김경현, "129년 : Gracchani에 의한 Equites 정책의 맹아기? : 공마 반환법(plebiscitum equorum reddendorum) 및 극장법(lex theatralis)과 관련하여(上)" 『사총』 27(1979), pp.49~75
○ 김경현, "기원전 2세기 로마의 정치와 스토아 사상 : 티베리우스 그라쿠스의 개혁의 이념적 배경과 관련하여" 『서양사론』 27(1986), pp.1~42
○ 김경현, "공화정 후기에서 제정 전기 사이 로마 상류층에서 '여성 해방'의 실제" 『서양고전학연구』 11(1997), pp.325~357

○ 김경현, “제정기 로마시의 주택사정”『에피스테메』 창간호(2007), pp.104~146
○ 김경현, “공화정기 도시 로마의 수로 건설 배경에 관한 연구”『중앙사론』 30(2009), pp.79~108
○ 김경현, “율리우스 카이사르의 신격화 : 그리스 · 로마 전통의 종합”『서양고대사연구』 26(2010), pp.251~280
○ 김경현, “고대 로마의 페티알리스(fetialis)와 정당한 전쟁”『역사학보』 216(2012), pp.137~163
○ 김경현, “로마 제국의 흥망”『서양고대사연구』 33(2012), pp.33~96
○ 김경현, “팍스 로마나 시대, 로마 제국의 지배 원리 : 식민지 엘리트의 시선”『역사학보』 217(2013), pp.3~36
○ 김경희, “로마의 지참금 제도에 관한 연구”『서양고대사연구』 6(1998), pp.71~103
○ 김덕수, “프린키파투스의 위기와 아우구스투스의 원로원 재편(23-18 B.C)”『서양사연구』 15(1994), pp.1~43
○ 김덕수, “아우구스투스의 혼인법들과 프린켑스”『서양고전학연구』 11(1997), pp.295~324
○ 김덕수, “옥타비아누스와 레피두스의 권력 분쟁”『서양사연구』 21(1997), pp.1~31
○ 김덕수, “아우구스투스 시기 켄투리아 민회에서의 정무관 선출권”『서양고전학연구』 14(1999), pp.163~183
○ 김덕수, “로마 공화정에서 프린키파투스 체제로의 이행과 기사 신분(equester ordo)”『역사교육』 105(2008), pp.165~184
○ 김덕수, “아우구스투스와 기사 신분 : 기능과 역할에 대하여”『서양고대사연구』 25(2009), pp.147~174
○ 김덕수, “‘로마 공화정의 교사’ 리비우스와 역사의 모범 사례(exemplum) : 브루투스와 아우구스투스를 중심으로”『역사교육』 123(2012), pp.217~242
○ 김병용, “서기 476년 중세의 시작? : 로마 제국과 게르만족의 관계를 중심으로”『독일연구』 9(2005), pp.133~156
○ 김상수, “「로마」공화정의 붕괴 원인에 관한 일고”『서양사론』 9(1969), pp.94~100
○ 김상엽, “로마 공화정기의 곡물 문제와 정치”『서호사학』 38(2004), pp.213~246
○ 김상엽, “로마 제정 초기 황제들의 곡물 정책”『서양고대사연구』 15(2004), pp.79~102

○ 김상엽, “고대 로마의 저출산 현상과 아우구스투스의 결혼 법령 : 한국의 저출산 현상에 대한 대책과의 비교를 중심으로” 『호서사학』 44(2006), pp.121~141
○ 김상엽, “서기 2세기 로마 제국의 알리멘타(alimenta) 프로그램” 『역사와담론』 54(2009), pp.185~203
○ 김상엽, “로마 공화정 말기와 제정 초기 곡물 배급과 정치적 소통의 관계” 『서양고대사연구』 35(2013), pp.175~218
○ 김선정, “원시 기독교의 사회적 정황 : 로마 황제 제의를 중심으로” 『신약논단』 12:1(2005), pp.197~217
○ 김영목, “로마 공화정 말기 정치와 사적 관계” 『서양고대사연구』 8(2000), pp.39~62
○ 김창성, “로마 공화정기 사적소유농지에 대한 과세와 그 귀결 : 기원전 111년 농지법 19~20행 분석” 『서양사연구』 17(1995), pp.137~162
○ 김창성, “로마 공화정 후기 마리우스의 ‘군제개혁’과 국가재정” 『역사학보』 62(1997), pp.95~122
○ 김창성, “로마 공화정기 이탈리아 동맹국의 사회구조와 토지보유 관계 : 통일의 사회 · 경제적 지평 ” 『역사학보』 165(2000), pp.177~210
○ 김창성, “로마 동맹국 전쟁 이후 이탈리아 자치도시의 구조와 중앙의 통제” 『역사학보』 184(2004), pp.247~280
○ 김창성, “폴리비오스의 발전관과 혼합정체 국가들 : 이탈리아 동맹의 관점에서 다시 읽기” 『서양고대사연구』 26(2010), pp.225~250
○ 김창성, “로마 최초 식민시 오스티아 건설의 목적” 『서양고대사연구』 28(2011), pp.207~235
○ 김창성, “로마의 속주 지배와 징세 청부 : 공화정 후기를 중심으로” 『서양고대사연구』 35(2013), pp.141~173
○ 김칠성, “프린키파투스 체제 성립기의 급수 제도” 『서양고대사연구』 31(2012), pp.103~142
○ 김학철, “마태복음서와 로마의 통치 : 로마 제국과의 관계 설정의 문제를 중심으로” 『성서학술세미나』 5(2008), pp.1~21
○ 김혜진, “망각된 얼굴들 : 제정기 로마 미술에서 기록 말살형에 드러난 정치적 금기의 (역)효과” 『미술사학보』 42(2014), pp.7~28

○ 남성현, "로마법과 기독교 : 간통 및 이혼에 관한 로마법 전통과 4~6세기 기독교 시대의 칙법 전통"『서양고대사연구』 29(2011), pp.195~260
○ 류호성, "자색 옷에 관한 역사적 고찰(눅 16:19-31)"『신약논단』 19:1(2012), pp.1~36
○ 박창식, "삭개오의 회개와 로마의 조세제도"『로고스경영연구』 7:1(2009), pp.159~176
○ 배은숙, "전쟁을 통해 본 로마의 역사"『계명사학』 22(2011), pp.93~137
○ 배은숙, "왕정기에서 3세기까지 로마 군대의 규모"『서양고대사연구』 31(2012), pp.143~182
○ 배은숙, "율리아 추방의 정치적 의미"『대구사학』 60(2000), pp.251~277
○ 서동진, "초기 기독교 공동체의 사회구조 변화"『서양고대사연구』 5(1997), pp.53~69
○ 송유례, "역사속의 철인왕 : 율리아누스 황제의 인간애"『철학사상』 34(2009), pp.143~178
○ 신명주, "로마 가족 내에서의 부모-자녀 관계"『서양고대사연구』 7(1999), pp.43~67
○ 신미숙, "기원전 2세기 로마의 동방 정책과 '그리스인의 자유'"『서양고대사연구』 창간호(1993), pp.87~116
○ 신미숙, "제2차 마케도니아 전쟁의 원인"『서양사론』 51(1996), pp.31~68
○ 신상화, "셉티미우스 세베루스의 군대개혁"『서양고전학연구』 3(1989), pp.73~123
○ 안희돈, "로마 황제 베스파시아누스의 임페리움에 관한 법(A.D. 69)"『역사교육』 54(1993), pp.113~152
○ 안희돈, "율리우스-클라우디우스 황실기 로마시의 곡물 문제"『서양사론』 64(2000), pp.5~26
○ 안희돈, "네로 황제와 황금 궁전"『서양고대사연구』 19(2006), pp.201~229
○ 안희돈, "로마제정 초기 왕조지배 정치선전의 구체적 양상"『서양고대사연구』 25(2009), pp.193~216
○ 안희돈, "고대 로마 교육에서 학생 체벌의 문제"『역사교육』 115(2010), pp.199~220

○ 안희돈, “로마 공화정 후기 교육 환경의 성숙 : 도서관 건립과 그리스 지식인의 활동을 중심으로”『역사교육』126(2013), pp.277~301

○ 안희돈, “로마 공화정 중기 문학과 정치 : 리비우스 안드로니쿠스의 활동을 중심으로”『서양고대사연구』35(2013), pp.112~140

○ 안재원, “고대 로마의 이상적 연설가(orator perfectus)론”『서양고전학연구』20(2003), pp.119~140

○ 염창선, “초기 기독교와 로마 제국의 정치적 갈등과 대응”『서양고전학연구』51(2013), pp.107~144

○ 오만규, “콘스탄티누스 체제의 등장과 그리스도교 군복무관의 체제화”『서양사론』35(1990), pp.31~67

○ 오흥식, “로마의 튀케(τυχη)에 대한 폴리비오스의 견해”『서양사론』60(1999), pp.1~19

○ 이광 · 박영태, “로마 제국 시대에서 납의 생산 및 사용과 납중독”『환경과학논집』4:1(1999), pp.343~364

○ 이송란, “폼페이 출토 유리용기와 로마인의 화장 문화”『인문과학연구논총』35:1(2014), pp.305~336

○ 이승문, “로마 공동체의 경제적 갈등과 공존 : 로마서 14:1-15:13, 15:25-16:2을 중심으로”『신약논단』18:2(2011), pp.557~598

○ 이은혜, “암브로시우스는 콘스탄티누스주의적 감독(Constantinian Bishop)인가? : 대립과 결탁(감독 암브로시우스와 3명의 황제들)”『장신논단』45:4(2013), pp.117~140

○ 이지은, “로마 제정 초기의 황제 숭배”『서양고대사연구』25(2009), pp.217~250

○ 임웅, “고대 로마의 기아와 빵 그리고 정치 : 공화정 후기와 원수정기를 중심으로”『서호사학』38(2004), pp.247~285

○ 정기문, “디오클레티아누스 황제의 최고 가격령”『서양사론』63(1999), pp.5~30

○ 정기문, “디오클레티아누스 황제의 세정 개혁 : 예산 개념의 도입과 형평성 제고를 중심으로”『역사교육』72(1999), pp.79~99

○ 정기문, “후기 로마 제국은 쇠퇴와 몰락의 시기였는가?”『서양고전학연구』13(1999), pp.277~300

○ 정기문, “로마 제정의 조세제도 정비와 그 한계”『서양고전학연구』14(1999),

pp.217~240
ㅇ 정기문, “서로마 제국의 멸망” 『서양사연구』 25(2000), pp.139~162
ㅇ 정기문, “로마의 후마니타스와 인본주의” 『서양고대사연구』 30(2012), pp.103~130
ㅇ 정기환, “콘스탄티누스의 종교 정책(Ⅰ)” 『종교와문화』 4(1998), pp.179~195
ㅇ 정기환, “콘스탄티누스의 종교 정책(Ⅱ)” 『종교와문화』 5(1999), pp.99~117
ㅇ 정기환, “데키우스의 기독교 정책” 『한국교회사학회지』 9(2000), pp.165~212
ㅇ 조남진, “스토아 사상과 로마법” 『서양고대사연구』 2(1994), pp.23~78
ㅇ 조영식, “원수정기 로마 황제와 군대” 고려대 박사 학위 논문, 2005
ㅇ 조영식, “임페라토르(imperator)로서의 로마 황제” 『서양고대사연구』 17(2005), pp.171~195
ㅇ 조영식, “3세기 로마의 제국방어 군사전략” 『서양사연구』 35(2006), pp.3~28
ㅇ 조은정, “방문객의 시선 : 로마 저택의 실제와 허상” 『서양미술사학회』 30(2009), pp.163~190
ㅇ 조인형, “대박해(303~312)와 유세비우스의 서술” 『사총』 34(1988), pp.103~154
ㅇ 조인형, “유세비우스와 콘스탄티누스 대제에 관한 연구 : Vita Constantini를 중심으로” 『강원사학』 5(1989), pp.119~187
ㅇ 조인형, “콘스탄티누스 대제의 황태자 처형의 배경과 그 여파” 『서양고대사연구』 2(1994), pp.79~110
ㅇ 지동식, “초기 로마 연구에 있어서의 제문제” 『사총』 11(1966), pp.1~12
ㅇ 지동식, “Etrusci의 동방기원 서설 : R.S.Conway와 R.Blosh의 연구를 중심으로” 『사총』 12(1968), pp.35~58
ㅇ 차영길, “로마 노예의 특유 재산(peculium)에 관한 연구 : 공화정말~제정초의 노예제에 미친 영향을 중심으로” 『사총』 28(1984), pp.99~130
ㅇ 차영길, “로마 노예 해방과 경제적 배경 : 기원 1,2세기 이탈리아의 농업 노예를 중심으로” 『사총』 30(1986), pp.347~368
ㅇ 차영길, “로마 가족사 연구(Ⅰ) : ‘파밀리아’(familia)의 상층구조” 『서양고대사연구』 3(1995), pp.77~102
ㅇ 차영길, “로마 노예 공급원과 ‘쓰렙토스(θρεπτος)” 『부산사학』 28(1995), pp.237~257

○ 차영길, “로마 경제의 ‘노예 대리인’(Ⅰ) : 빌리쿠스(vilicus)”『부산사학』29(1995), pp.139~153
○ 차영길, “로마 상업에서 ‘노예 대리인(actor)의 역할과 존재 형태”『부산사학』32(1997), pp.157~177
○ 차영길, “기원 1세기 로마 가족의 특징과 존재 형태”『역사와경계』49(2003), pp.61~86
○ 차영길, “로마 해상무역에서 노예대리인(mercator)의 역할”『중앙사론』32(2010), pp.307~335
○ 차영길, “고대 로마의 임산과 피임에 대한 이론과 실제”『역사와경계』76(2010), pp.233~258
○ 차전환, “기원전 2세기 전반 로마의 농장 경영 : 카토의 농업서를 중심으로”『역사학보』116(1987), pp.61~98
○ 차전환, “로마 공화정 말 제정 초기의 노예 가족”『호서사학』27(1999), pp.163~185
○ 차전환, “로마 제정 초기 북아프리카 황제령의 경영”『서양사론』76(2003), pp.5~32
○ 차전환, “기원전 4세기 로마인들은 어떻게, 무엇을 위해 전투했는가?”『서양고대사연구』25(2009), pp.119~145
○ 차전환, “로마 제정 초기 타키투스의 역사 서술”『서양사론』110(2011), pp.352~377
○ 차전환, “포에니 전쟁 : 카르타고 문명의 몰락”『서양고대사연구』35(2013), pp.77~110
○ 최온, “원수정기 로마 지배 하의 아테네 : 헤로데스 아티코스(Herodes Attikos)와 그의 가문”『서양고대사연구』20(2007), pp.147~200
○ 최주연, “기원전 1세기 도시 로마의 곡물 문제와 정치 : 클로디우스 곡물법을 중심으로”『서양고대사연구』30(2012), pp.67~102
○ 최화선, “로마 공화정 말기의 ‘종교religio’와 ‘미신superstitio’ 개념”『서양고전학연구』17(2001), pp.133~154
○ 최혜영, “율리아누스 황제의 이교주의”『대구사학』41(1991), pp.185~233
○ 최혜영, “크로노스의 황금 시대”『대구사학』56(1998), pp.141~163

○ 최혜영, “로마 황제 숭배와 기독교”『서양고대사연구』 19(2006), pp.87~115
○ 최혜영, “고대 로마의 지식인”『서양사연구』 34(2006), pp.5~35
○ 한도령, “건강한 신체에 건건한 정신이 깃든다 : 플라톤과 아리스토텔레스를 중심으로”『한국웰니스학회지』 9:2(2014), pp.1~11
○ 허승일, “Tiberius Gracchus의 농지 정책 : 로마 혁명의 발단과 연관하여”『서양사학』 7(1967), pp.105~109
○ 허승일, “티베리우스 그라쿠스의 로마시 곡물수급계획”『역사학보』 142(1994), pp.273~330
○ 허승일, “그라쿠스 형제 개혁 시대의 도시 로마의 경제 위기”『서양고전학연구』 19(2012), pp.51~79
○ 허중권, “세계사에서의 무기 발달과 전술 전략의 변화”『국방과기술』 259(2000), pp.64~67
○ Heinz Bellen, 조인학 역, “로마 황제 이념의 기독교화에 대하여 : 콘스탄티누스 황제에서 테오도시우스 황제까지”『서양고대사연구』 2(1994), pp.129~152
○ Internet Britanica 백과사전
○ Internet 한국어 Wikipedia 등 그 외